U0499137

研究生教育强国建设与拔尖创新人才培养

胡弘弘 肖翠祥 ◎ 主编

JIAOYU
QIANGGUO

中国财经出版传媒集团

经济科学出版社
Economic Science Press

·北 京·

图书在版编目（CIP）数据

研究生教育强国建设与拔尖创新人才培养 / 胡弘弘，
肖翠祥主编 . -- 北京：经济科学出版社，2025.5.

ISBN 978 - 7 - 5218 - 6752 - 7

Ⅰ. G643

中国国家版本馆 CIP 数据核字第 2025S7U336 号

责任编辑：白留杰　凌　敏
责任校对：隗立娜　郑淑艳
责任印制：张佳裕

研究生教育强国建设与拔尖创新人才培养

YANJIUSHENG JIAOYU QIANGGUO JIANSHE
YU BAJIAN CHUANGXIN RENCAI PEIYANG

胡弘弘　肖翠祥　主编

经济科学出版社出版、发行　新华书店经销

社址：北京市海淀区阜成路甲 28 号　邮编：100142

教材分社电话：010 - 88191309　发行部电话：010 - 88191522

网址：www. esp. com. cn

电子邮箱：bailiujie518@ 126. com

天猫网店：经济科学出版社旗舰店

网址：http：//jjkxcbs. tmall. com

北京季蜂印刷有限公司印装

787 × 1092　16 开　22. 25 印张　430000 字

2025 年 5 月第 1 版　2025 年 5 月第 1 次印刷

ISBN 978 - 7 - 5218 - 6752 - 7　定价：79. 00 元

（图书出现印装问题，本社负责调换。电话：010 - 88191545）

（版权所有　侵权必究　打击盗版　举报热线：010 - 88191661

QQ：2242791300　营销中心电话：010 - 88191537

电子邮箱：dbts@ esp. com. cn）

编委会名单

顾　问　覃　红

主　编　胡弘弘　肖翠祥

副主编　董慈蔚　王　华　李　芳　黄　雯

编　辑　胡　盈　刘　洁　张景瑜

前　言

教育是"国之大计、党之大计"。研究生教育肩负着高层次人才培养和创新创造的重要使命，是国家发展、社会进步的重要基石。2025年1月，中共中央、国务院印发《教育强国建设规划纲要（2024—2035年）》（以下简称《纲要》），锚定2035远景目标，明确提出"构建高质量研究生教育体系，培养大批德才兼备的拔尖创新人才"。此次印发《纲要》，是在我国迈上全面建设社会主义现代化国家新征程、向第二个百年奋斗目标进军的关键时刻，党中央、国务院颁布实施的教育事业发展纲领性文件，是首个以教育强国为主题、以全面服务中国式现代化建设为重要任务的国家行动计划，是全面推进教育科技人才一体统筹发展、提升国家创新体系整体效能的顶层制度安排。《纲要》对落实党的二十大重大部署，更好地发挥教育强国建设在全面推进强国建设、民族复兴伟业中的先导任务、坚实基础、战略支撑作用，具有重大而深远的意义。

教育兴则国家兴，教育强则国家强。随着高等教育的普及，研究生教育规模也在持续扩大。《纲要》明确指出，要有序扩大研究生培养规模，稳步提高博士研究生占比，大力发展专业学位研究生教育。我国高层次人才培养正经历从小到大、由大到强的历史转变。1949年，我国研究生在学人数仅为629人；而到2024年，全国研究生在学人数达409.5万人，全年研究生教育招生135.7万人。截至2024年底，全国800多个研究生培养单位向经济社会发展主战场输送了1000多万名高层次人才，为国家经济和社会事业发展提供了强有力的人才支撑。我国研究生教育快速发展，成为国家创新体系的重要组成部分。研究生教育规模扩大，对于实施创新驱动发展战略和建设创新型国家，实现人才培养结构进一步上移意义重大。但同时存在高校教育和科研资源受到挤压、优质师资力量暂时难以匹配扩招需求等问题。在中国特色社会主义进入新时代的大背景下，如何保障和提高研究生教育的质量，已成为一项迫在眉睫的重要课题。

中南财经政法大学是教育部直属的以经济学、法学、管理学为主干，哲学、教育学、文学、史学、理学、工学、艺术学和交叉学科等 11 个学科门类协调发展的全国重点大学，是国家"211 工程"和"985 工程"优势学科创新平台重点建设高校，是国家"双一流"建设高校，是教育部、财政部和湖北省共建高校。学校前身是 1948 年以邓小平为第一书记的中共中央中原局创建，并由第二书记陈毅担任筹备委员会主任的中原大学。2000 年 5 月 26 日，由中南财经大学和中南政法学院合并组建为新的中南财政法大学。学校在中原大学初期，就开始招收研究班学员，首批学员 24 人。经过 70 多年的发展历程，学校在研究生教育工作中披荆斩棘、阔步前行，真正意义上实现了历史性跨越式发展。现有一级学科博士学位授权点 7 个，一级学科硕士学位授权点 17 个，硕士专业学位授权点 18 个，博士后流动站 7 个。学校师资力量雄厚，在读学生数量庞大，现设有 19 个学院，共有教职工 2581 人，专任教师中教授 393 人，副教授 559 人，博士生导师 269 人，硕士生导师 1174 人。在校研究生 10000 余人，其中博士研究生 1300 余人，硕士研究生 8800 余人。在 70 多年的发展历程中，学校秉承"博文明理，厚德济世"的校训，践行"砥砺德行、守望正义、崇尚创新、止于至善"的大学精神，不断深化推进教育改革，积极营造浓厚的学术氛围，树立严谨朴实的校风学风，凸显"人文化成，融通创新"的研究生教育特色，致力于培养复合型、融通性、创新型高素质人才，已为国家输送了 4 万余名经济、法律和管理等各类毕业研究生，毕业生水平和质量得到社会的广泛认可和好评，一大批毕业生已经成为引领时代潮流的高级领导干部、学术精英和商界巨子。随着中国特色社会主义进入新时代，中南财经政法大学与时俱进，开拓创新，坚持社会主义办学方向，努力建设成为财经政法深度融通、特色鲜明的世界一流大学。

为深入学习贯彻习近平新时代中国特色社会主义思想，深入贯彻落实和宣传阐述党的二十大精神，全面贯彻落实全国教育大会、全国研究生教育会议精神，全面总结新时代背景下国内外高校研究生培养模式改革的做法与经验，学校特别结集多位关心研究生教育的专家学者，对研究生教育强国建设与拔尖创新人才培养进行了深入的研究和探讨，相关成果汇聚于本书，以期为提升我国研究生培养质量、提升我国研究生教育管理水平提出对策建议。

全书共分五章，第一章，聚焦基层党建的实践与理论研究，以高质量党建引领高水平治理，不断提升高校基层治理能力，推进高校治理体系和治理能力现代化；第二章，通过"三全育人"模式理论，研究探索如何协同多元管理主体、树立系统性思维，在教学全过程贯彻育人理念，提升研究生教学管理质量；第三章，结合人工智能教育应用案例，批判性分析研究生教育中的数据治理困境，探索数智化时代下如何赋能人文社科类高校研究生教育的发展；第四章，围绕"研究生教育分类发展"的时代背景，构建专业学位与学术学位差异化评价指标体系；第五章，运用一体化思维，系统解构生源质量监测模型、就业竞争力提升策略及校园法治心理支持网络的协同作用机制。

  本书力求在理论与实践的结合中，对现有研究生教育实践经验总结提炼，对未来发展趋势展开前瞻性思考，为我国研究生教育的持续健康发展贡献智慧与力量，共同探索新时代背景下研究生教育强国建设的路径与策略。通过本书的阐述与分析，希望激发更多关于研究生教育改革的思考与讨论，共同推动我国研究生教育迈向新的高度，为实现教育强国梦奠定坚实基础。

编 者

2025 年 4 月

目 录

► 党建引领·组织筑基 ◄

► 思政铸魂·协同育人 ◄

▶ 数智赋能·教育革新 ◀

▶ 分类发展·质量提升 ◀

▶ 招生就业·综合保障 ◀

▶▶▶ 党建引领·组织筑基

全面深化研究生教育改革 奋力谱写教育强国建设新篇章

覃 红

教育是国之大计、党之大计。党的二十大报告明确指出"教育、科技、人才是全面建设社会主义现代化国家的基础性、战略性支撑"，将建设教育强国置于中华民族伟大复兴战略全局的关键位置。作为拔尖创新人才培养的主阵地和科技自立自强的策源地，研究生教育承载着破解"卡脖子"技术难题、塑造发展新动能新优势的战略使命。《教育强国建设规划纲要（2024—2035年）》立足"两个大局"交织的新时代坐标，明确提出要构建中国特色、世界水平的研究生教育体系。面对新一轮科技革命与产业变革的历史性机遇，提高研究生培养质量必须坚持以习近平新时代中国特色社会主义思想为根本遵循，以服务国家战略需求为导向，聚焦学科建设核心要素，深化产教融合机制创新，构建符合人才成长规律的全链条培养体系，为我国实现高水平科技自立自强和教育强国建设注入源头活水。

一、聚焦国家需求，彰显服务社会担当

研究生教育应紧密围绕国家战略需求。从宏观层面，立足"国之大者"，深入研究国家在经济发展、科技创新、社会治理等领域的重大需求，调整学科布局与人才培养方向。在微观层面，鼓励研究生参与国家重大项目研究，将个人学术追求与国家发展紧密结合，将论文写在祖国大地上。通过这种方式，培养出具有家国情怀与社会担当的高层次人才，为国家建设贡献智慧与力量。

二、坚守育人初心，筑牢立德树人根基

在研究生教育中，立德树人是根本任务。教育的本质不仅在于知识的传授，也在

于品德的塑造与价值观念的培育。研究生作为未来社会的中流砥柱，其道德水准与价值取向直接影响着社会的发展走向。通过构建"大思政"育人格局，将"为党育人、为国育才"作为根本目标，将思想政治教育贯穿研究生培养全过程，引导研究生树立正确的世界观、人生观与价值观，将个人理想融入国家发展大局。同时，通过常态化开展学术诚信教育、社会实践和红色文化浸润，增强研究生群体的社会责任感和学术使命感，为党和国家事业培养信念坚定、德才兼备的高素质人才。

三、深化交叉融合，构建特色学科体系

学科是研究生教育高质量发展的根基。在知识高度分化又深度融合的时代背景下，打破学科壁垒、促进交叉融合成为构建特色学科体系的必然要求。一方面，加强基础学科与应用学科之间的交叉互动，为研究生提供多元知识视角，拓宽其学术视野。另一方面，结合学校自身优势与地方发展需求，打造具有独特竞争力的特色学科方向，形成差异化发展格局，提升研究生教育在特定领域的话语权与影响力，培养出适应社会多元化需求的创新型人才。

四、创新培养机制，强化实践与科研协同

研究生教育的核心在于激发创新潜能与实践能力。通过构建分类培养体系，强化学术型研究生的理论创新能力与专业型研究生的实践应用能力，是创新研究生培养机制的关键。学术培养中，注重基础研究的前瞻性，鼓励研究生参与重大科研项目攻关，在解决"卡脖子"问题中锤炼学术思维；专业培养中，深化产教融合，与行业领军企业、政府部门共建实践平台，推行"双导师制"和项目化教学模式，将真实案例、行业痛点融入课堂，实现"学用贯通"。同时，拓展国际交流合作渠道，通过联合培养、学术互访等形式，提升研究生的全球视野和跨文化沟通能力，使其成为具有国际竞争力的创新人才。

五、完善质量保障，涵育严谨治学文化

完善的质量保障体系是提高研究生教育质量的重要支撑。在制度层面，建立健全涵盖招生、培养、毕业全过程的质量评估标准，以科学、规范的评价引导研究生教育质量提升。同时，注重学术诚信建设，对学术不端行为零容忍，营造风清气正的学术环境。在文化层面，涵育严谨治学文化，通过学术讲座、学术交流活动等形式，弘扬

追求真理、精益求精的学术精神，使严谨治学成为研究生的自觉行为与内在追求。

提高研究生教育培养质量是一项系统工程，需要从立德树人、学科建设、培养机制、质量保障以及服务国家等多个方面协同推进。在教育强国建设的征程中，研究生教育责任重大、使命光荣。只有不断改革创新，构建高质量的研究生教育体系，才能为国家培养出更多德才兼备的拔尖创新人才，为实现高水平科技自立自强和中华民族伟大复兴提供坚实的人才支撑与智力保障。让我们秉持教育初心，砥砺前行，在研究生教育领域书写属于时代的辉煌篇章，为教育强国建设添砖加瓦。

（中南财经政法大学党委常委、副校长，教授）

精准服务国家战略需求　打造高素质涉外法治人才培养高地

胡弘弘

党的二十届三中全会审议通过的《中共中央关于进一步全面深化改革、推进中国式现代化的决定》（以下简称《决定》）提出，加强涉外法治建设，建立一体推进涉外立法、执法、司法、守法和法律服务、法治人才培养的工作机制。《决定》专条部署了涉外法治领域改革的一系列重大举措，凸显了涉外法治建设在全面依法治国全局中的重要地位和作用，同时也清晰地点明了涉外法治人才培养在涉外法治建设中基础性、战略性、先导性的地位和作用。在纷繁复杂的国际国内形势下，加强涉外法治人才培养，是应对重大风险挑战、推动党和国家事业行稳致远的必然要求，推动构建人类命运共同体、在百年变局加速演进中赢得战略主动的必然要求。

一、始终以习近平法治思想为统领，大力培养具有坚定理想信念的涉外法治人才

习近平法治思想是全面依法治国的根本遵循，高校培养法治人才作为建设法治国家的重要一环，必须坚持以习近平法治思想为统领。以习近平法治思想统领涉外法治人才培养工作，必须将其核心要义、精神实质有机融入教育教学全过程，把加强党的全面领导贯穿涉外法治人才培养的全过程各方面，把立德树人作为根本任务抓紧抓好，确保人才培养工作始终坚持正确的政治方向，培养政治立场坚定、中国特色社会主义法治理论基础牢固的涉外法治人才。

涉外法治人才除了要拥有扎实的法学理论基础、丰富的法律专业知识、较强的法律思维能力、较高的法律外语水平，还应具有强烈的家国情怀，在涉外法治工作中坚定维护国家主权、安全、发展利益。要坚持党对教育事业的全面领导，坚持立德树人、德法兼修，既遵循人才培养的一般规律，更注重提高涉外法治人才的政治素质。要努

力构建形成完整的习近平法治思想课程体系，要坚持以习近平法治思想为指导，把思政教育与专业教育结合起来、贯通起来，全面推进习近平法治思想进教材、进课堂、进头脑，引导学生坚定对马克思主义的信仰、对中国特色社会主义的信念和对实现中华民族伟大复兴的信心，提高学生运用习近平法治思想观察、分析、处理复杂法律问题的能力，争做习近平法治思想的坚定信仰者、积极传播者、模范实践者，确保涉外法治人才培养始终坚持正确方向。

二、聚焦国家战略需求，培养"明政治、懂法律、通外语、能实战"的复合型高素质涉外法治人才

一是积极整合课程资源，打造国际化、实践性、复合型涉外法律课程体系。持续加大法学与其他专业的融合力度，形成包含法律基础理论课程、国别区域与国际法治课程、法律前沿与复合课程、涉外法律实务与实训课程、外国文化与外语能力课程等完整的涉外法学课程体系，推动法学院与其他学科专业的交叉融通，加快复合型法律人才培养，提升学生涉外法治综合能力。二是进一步提升涉外法治实践教学质量。将实务部门的优质教学资源引入学校，让学生更多地参与涉外法律事务的实践，开展涉外法治仿真和全真教学，选派学生到基地开展实习实践，全程参与调研谈判、文件起草、案件处理等工作。与实务部门联合打造涉外法治赛事，打造国际模拟法庭竞赛的"中国品牌"，推动以赛促教、以赛促学、以赛育人。三是协同校内外师资资源，建设一支专职教师、实务部门专家和国内外兼职教师组成的核心师资队伍。明确引进标准，重点考察教师学术背景和研究成果，突出国际视野和涉外法治实践经验。拓宽引进渠道，建立与实务部门教师队伍互通互聘渠道，从外交机构、国际组织、世界跨国公司、国际律所等机构，招揽经验丰富的一线或退休人员参与人才培养，增进双向国际交流。完善培训机制，加强与实务部门合作，选派教师赴特定国际组织兼职、挂职交流，加强国际组织教学技能培训，不断提升师资队伍水平。

三、扩充国际组织平台，拓展国际组织朋友圈

协同国际组织资源，建成国际组织人才培养骨干示范院校。利用校内、校外、海外等高校资源，拓展国际组织朋友圈，确定国际组织合作对象，开展合作共建。积极整合国际组织资源，积极深化与获批对接国际组织的合作，拓展与更多国际组织的深层次合作，形成"1＋N"的国际组织合作格局。与国际组织共同制定培养方案、共同构建涉外法律课程体系、共同建设多语种实习实践教学平台，协同构建示范性实践教

学基地，为国际组织"量身定制"培养人才。

四、协同法律共同体综合资源，提高法律实践实战能力

协同校内、校外两个课堂，充分发挥法律共同体综合资源，培育即战型涉外法治人才。充分发挥法学学科综合资源，协同高校和社会力量，打破体制机制壁垒，与各部委、法检机关、企业单位等实务部门共建涉外法治实践平台，建立以案例教学、实务课程等为载体的协同培养模式，提升学生涉外法治实践实战能力。

加强涉外法治建设，既是以中国式现代化全面推进强国建设、民族复兴伟业的长远所需，也是推进高水平对外开放、应对外部风险挑战的当务之急。作为承担人才培养重任的高校，应该主动谋划，坚持问题导向，以习近平法治思想为指导，发挥法学类专业传统优势，积极创新人才培养模式，着力培养一批政治立场坚定专业素质过硬、通晓国际规则、精通涉外法律实务的涉外法治人才。

（作者单位：中南财经政法大学研究生院、党委研究生工作部）

深化研究生党纪学习教育
努力锻造高素质可靠人才*

全面建设社会主义现代化国家，全面推进中华民族伟大复兴，关键在党，关键在人。习近平总书记指出"思想建设是党的基础性建设""注重思想建党、理论强党，是我们党的鲜明特色和光荣传统""坚持不懈用新时代中国特色社会主义思想凝心铸魂""弘扬伟大建党精神""加强理想信念教育，引导全党牢记党的宗旨"。这都揭示了我们要坚持思想建党，理论强党。

2024年4~7月，全党上下深入开展了党纪学习教育，主要目的就是教育引导广大党员学纪、知纪、明纪、守纪，真正把纪律规矩转化为政治自觉、思想自觉、行动自觉，以风清气正的政治生态引领形成正气充盈的社会生态。党纪学习教育是中国共产党加强纪律建设、推动全面从严治党向纵深发展的重要举措①。高校也是开展党建工作的重要阵地，加强高校党纪学习教育也是纵深推进高校全面从严治党的重要举措。在新时代背景下，研究生作为拔尖创新人才培养的重要群体，其党建工作显得尤为重要。首先，研究生群体众多，也具有独立性强、思想活跃等特点，传统的管理方式难以适应其需求，研究生群体出现的违纪现象也不少；其次，在全球化、信息化背景下，研究生易受多元思潮影响，需要更加有力的思想引领和纪律教育；最后，部分研究生党员先锋模范作用不明显，未能充分发挥引领作用。因此，抓好新时代研究生党建工作，特别是研究生党员纪律教育，对于发挥拔尖育人作用，为推动教育强国建设贡献力量具有重要意义。

一、在思想上做到学深悟透

理论学习没有完成时，只有进行时。习近平总书记强调，要坚持以新时代中国特

---

* 基金项目：本文系2023年度湖北省高等学校哲学社会科学重大项目"新时代党的组织路线生动实践中高校学生'样板党支部'示范引领作用研究"（项目编号：232D169）阶段性研究成果。

① 徐国亮. 推动党纪学习教育走深走实的着力点［J］. 人民论坛，2024（09）：28–31.

色社会主义思想为指导，全面贯彻党的二十大精神，深刻领会党中央关于党的建设的重要思想，深入落实新时代党的建设总要求和新时代党的组织路线。在贯彻新时代党的组织路线中，我们需要把党纪学习教育融入日常、抓在经常，这是党的纪律建设的必然要求，也是我们落实新时代党的建设总要求的重要途径①。

长期以来，我国对研究生的思想教育管理重视程度不足，导致德育工作相对薄弱。许多高校往往以"不出乱子、不捅娄子"为原则，缺乏系统而严格的规章制度，即使有制度也难以切实执行。加之，研究生受社会大环境的影响，消费主义、拜金主义、功利主义等不可忽视。然而，党的基层组织是党在社会基层组织中的战斗堡垒，是党的全部工作和战斗力的基础。因此，必须加强研究生的党纪学习教育。

研究生党支部是开展研究生党纪学习教育的重要平台，对研究生党员可以有针对性地开展党纪学习教育，将党纪学习教育贯穿研究生党员发展教育全过程。要持续深入学习贯彻习近平新时代中国特色社会主义思想主题教育，把"学思想"作为第一位的任务和贯穿始终的主线，组织推动广大党员、干部读原著学原文悟原理，在以学铸魂、以学增智、以学正风、以学促干上下真功见实效。在学习理论时，注重理论的整体性、体系化研究，注重阐述其中蕴含的学术学理，讲清其理论渊源、发展脉络、立论依据、内在逻辑，要针对普遍关注的党的建设热点敏感问题，组织党员干部撰写理论文章，谈感悟、谈收获，真学实干。

二、在教育上做到真抓实干

（一）分层分类教育，做到真学实干

科学理论只有深入人心、落地生根，才能转化为巨大的物质力量。要认真做好习近平总书记关于党的建设重要思想的学习宣传研究工作。要突出抓好学习培训，把这一重要思想纳入党委（党组）理论学习中心组学习的重要内容，作为高校研究生党员学习培训的首课、主课，推动进教材、进课堂、进头脑。组织学习方面，首先，可以充分发挥研究生党员的模范带头作用，成立党纪学习示范队伍。在研究生党支部中，重点培养党支部书记和纪律委员，使他们成为研究生党纪学习教育和支部纪律建设的骨干成员。可以将研究生党支部书记确定为支部党纪学习教育责任人和联络人，明确党支部书记和纪律委员在支部党纪学习中的责任。定期开展研究生党支部书记和纪律委员专题学习会，提高研究生党支部党纪知识水平和纪律工作业务能力。明确其他支部委员在支部纪律建设工作中配合开展好党纪学习教育的重要作用，形成以党支部书

---

① 本刊评论员.把党纪学习教育融入日常抓在经常［J］.共产党员，2024（19）：1.

记和纪律委员为核心、其他支部成员密切配合、党支部全员参与、辐射带动班级全体研究生同学共学互鉴的党纪学习教育模式。其次，建立健全研究生党员档案管理制度，详细记录党员的学习、思想动态及参与组织生活情况，为个性化管理和精准施策提供依据。实施严格的考勤与考核机制，确保每位研究生党员都能按时参加党纪学习教育，并将其表现纳入综合评价体系。同时，鼓励学生党员自我管理、自我监督，通过设立党员先锋岗、责任区、服务地等形式，激发其内在动力，形成比学赶超的良好氛围。此外，还应加强与学生导师的沟通协作，共同关注研究生党员的成长与发展，形成全方位、多层次的学生管理体系，在专业学习中贯穿纪律教育。

（二）建设完善多元化党纪学习载体

教育方面，要集中开展宣传解读。利用现代信息技术手段，如在线学习平台、微信公众号等，拓宽学习渠道，增强学习的互动性和趣味性。同时，定期组织专题党课、研讨交流、实践锻炼等活动，引导研究生党员深入学习党纪知识，增强纪律意识和规矩意识。充分用好《党建研究》杂志、"共产党员网"、中国干部网络学院等宣传教育平台，加大对这一重要思想的宣传力度，有助于研究生充分利用"碎片化"时间进行党纪学习。不断增进研究生党员、干部的思想认同和理论认同。首先，应创新教育方式方法，采用案例分析、情景模拟、互动讨论等多元化教学手段，增强教育的吸引力和感染力，促进教育主客体之间的平等互动和个性化学习方式的实现，研究生不再是党纪学习教育的被动接受者，而是能够积极参与到学习过程中来。研究生群体中不乏党纪学习的先进分子，他们甚至能够成为研究生群体中的领学人和内容创造者，通过"先学一步"带动研究生思想政治教育的整体质量和效果。可以通过建立常态化领学机制、搭建朋辈学习平台，激励理论学习"优等生"用同学们听得懂、学得会、记得住的"微课堂"等形式，带动广大研究生进行党纪学习。其次，注重理论与实践相结合，引导研究生党员将党纪要求内化于心、外化于行，在科研、学习及日常生活中自觉践行。

三、在实践中干学相长

实践是检验真理的唯一标准。习近平总书记指出，马克思主义不是书斋里的学问，而是为了改变人民历史命运而创立的，是在人民求解放的实践中形成的，也是在人民求解放的实践中丰富和发展的，为人民认识世界、改造世界提供了强大精神力量。不但要学好理论，更要将理论与实践结合，做到干中学，学中干。因此，我们需要在实践中开展党纪学习教育，以学深悟透、入脑入心为首要任务，以行动自觉、实干增效为主要载体、以在实践中融入日常、抓在经常为手段，推动党纪学习教育在实践中取得教育实效。

我们要注重研究生党员的实践锻炼和能力提升工作。通过组织研究生党员参与社会实践、志愿服务等活动形式，让他们走出校园、深入社会、了解国情民情。例如，组织参观红色教育基地、邀请优秀党员分享经验等方式，激发研究生党员的爱党爱国热情，坚定其共产主义信仰。将党纪要求转化为实际行动，在实践中锤炼党性、提升自我。通过设立研究生党员先锋岗、党员责任区、一站式社区党建驿站等方式明确他们的职责和任务；通过开展创先争优活动、评选优秀研究生党员、先进党支部等方式激发他们的积极性和创造性。通过党建引领、志愿服务、专业锻炼、岗位锤炼等实践锻炼活动，使研究生党员在服务他人、奉献社会的过程中锤炼党性、增强服务能力。通过亲身参与和体验，研究生党员将更加深刻地理解党纪的内涵和意义，从而更加自觉地遵守党纪、维护党纪。

此外，我们还应注重情感教育和人文关怀。研究生党员正处于人生观、价值观形成的关键时期，他们的思想波动和心理变化不容忽视。因此，我们应关注研究生党员的思想动态和心理需求，及时开展心理疏导和人文关怀工作，帮助他们解决思想困惑和心理问题。通过情感教育和人文关怀的融入，我们可以进一步拉近与研究生党员的距离，增强他们的归属感和认同感，为党纪学习教育奠定坚实的思想基础。

习近平总书记强调，党纪学习教育取得积极成效，要巩固深化党纪学习教育成果，坚持融入日常、抓在经常，把党纪学习教育成果持续转化为推动高质量发展的强大动力①。加强和巩固深化研究生党纪学习教育成果，将研究生纪律建设作为研究生高质量人才培养的重要支点，以高标准、严要求开展研究生拔尖人才创新培养体系建设，深度融入并全力服务教育强国建设新征程，具有重要意义。因此，在教育上真抓实干是新时代研究生党建工作的必然要求。我们要以高度的政治责任感和使命感认真履行好这一职责使命，通过深入调研、精准施策，强化理论武装、提升政治素养，创新教育模式、激发学习热情，注重实践锻炼、增强服务能力，加强组织建设、发挥引领作用等措施和路径，不断推动研究生党建工作取得新的更大的成效，为教育强国建设贡献力量。

（作者单位：中南财经政法大学研究生院、党委研究生工作部）

---

① 习近平作出重要指示强调　坚持融入日常抓在经常　把党纪学习教育成果持续转化为推动高质量发展的强大动力　蔡奇主持中央党的建设工作领导小组会议并讲话　李希出席并讲话［J］．旗帜，2024（09）：7.

习近平文化思想融入研究生基层党建的理论与实践创新研究*

向　敏

摘　要： 习近平文化思想是新时代党领导文化建设实践经验的理论总结，为研究生基层党建工作提供了重要的思想指引和行动指南。本文深入探讨习近平文化思想融入研究生基层党建的理论基础、价值意义、实践路径及创新举措。通过对相关理论的梳理和实际案例的分析，提出了一系列切实可行的方法，以提升研究生基层党建工作的质量和水平，培养具有高度文化自信和社会责任感的新时代研究生党员。

关键词： 习近平文化思想　研究生基层党建　理论创新　实践路径

自党的二十大胜利召开以来，以习近平同志为核心的党中央对文化建设给予了前所未有的高度重视，并在此基础上提出了一系列具有深刻洞见的新思想、新观点及新论断，这些思想精华共同构成了习近平文化思想的宏大体系。习近平文化思想不仅内涵丰富、体系完备，而且博大精深，为推进我国社会主义文化强国建设提供了重要的理论支撑和实践指南，具有极为重大且深远的影响。在我国高等教育体系中，研究生教育占据着举足轻重的地位，它不仅是培养高层次、创新型人才的摇篮，也是国家科技创新和经济社会发展的重要驱动力。而研究生基层党建工作，作为研究生教育不可或缺的一环，对于保障研究生教育质量、促进研究生综合素质的全面提升具有至关重要的作用。将习近平文化思想融入研究生基层党建工作之中，既是新时代背景下加强和改进研究生党建工作的内在要求，也是培养能够担当民族复兴大任的时代新人的迫切需求。这一举措不仅有助于深化研究生对习近平文化思想的理解和认同，提升其文化素养和人文情怀，还能够进一步增强研究生基层党组织的凝聚力和战斗力，为培养

---

* 基金项目：本文系湖北省教育科学规划课题（项目编号：2024GA142）的阶段性研究成果。

德智体美劳全面发展的社会主义建设者和接班人奠定坚实基础。

一、习近平文化思想的深刻内涵

（一）习近平文化思想的深刻内涵

习近平文化思想，作为习近平新时代中国特色社会主义思想的重要组成部分，其内涵极为丰富且深邃，体现了我们党对文化建设的全新理解和战略部署。这一思想体系主要包含以下四个核心方面：

第一，坚定文化自信是习近平文化思想的基础。习近平总书记多次强调，文化自信是一个国家、一个民族在发展过程中更为基础、更为广泛、更为深厚的自信。这种自信不仅是对中华优秀传统文化、革命文化和社会主义先进文化的深刻认同，更是对我们民族自身历史、文化和精神价值的坚定信念。坚定文化自信，意味着我们要不断增强作为中国人的骨气和底气，以更加开放和包容的心态面对世界多元文化，同时坚守我们的文化根基和精神家园。

第二，习近平文化思想强调以人民为中心的工作导向。文化建设不是为了少数人的精英文化，而是为了全体人民的文化福祉。文化建设要始终坚持为了人民、依靠人民的原则，确保文化成果能够真正惠及广大人民群众。这意味着我们要不断满足人民日益增长的精神文化需求，提高人民的思想觉悟、道德水准、文明素养，以及全社会的文明程度，让文化建设成为人民幸福生活的重要组成部分。

第三，守正创新是习近平文化思想的重要原则。在坚守中华文化立场、传承中华文化基因的基础上，我们要与时俱进、推陈出新，不断推动中华优秀传统文化的创造性转化和创新性发展。这既是对传统文化的尊重和传承，也是对时代精神的积极回应和创新发展。通过注入新的时代内涵，我们可以让中华文化焕发出更加璀璨的光芒，成为推动社会进步的重要力量。

第四，习近平文化思想还强调讲好中国故事，提高国家文化"软实力"和中华文化影响力。在国际舞台上，我们要加强国际传播能力建设，向世界展示一个真实、立体、全面的中国。通过讲好中国故事、传播中国声音，我们可以增进世界各国人民对中国的了解和友谊，提升中国的国际形象和地位。同时，这也是我们推动中华文化走向世界、实现文化强国梦想的重要途径。

（二）习近平文化思想的深远意义

习近平文化思想在新时代背景下，不仅为我国的文化建设指明了方向，更为实现民族复兴的伟大梦想以及构建人类命运共同体的全球愿景提供了深刻的理论支撑和实践指南，其重要意义体现在以下三个方面：

第一，习近平文化思想为新时代文化建设提供了根本遵循。这一思想体系深刻揭示了文化建设的内在规律和本质要求，明确了新时代文化建设的方向、目标、任务和具体路径。它不仅强调了文化自信在国家发展中的基础性作用，还提出了以人民为中心的文化发展理念，以及守正创新的文化发展策略，为推动我国社会主义文化强国建设提供了强大的思想武器和明确的行动指南。

第二，习近平文化思想为实现中华民族伟大复兴提供了精神动力。文化是一个民族的灵魂，是民族凝聚力和创造力的重要源泉。习近平文化思想通过弘扬中华民族优秀传统文化、革命文化和社会主义先进文化，极大地激发了全体中华儿女的文化自信心和自豪感，为中华民族伟大复兴提供了坚实的精神支撑和强大的精神动力。这种精神力量将转化为推动国家发展的强大动能，助力我们实现民族复兴的伟大梦想。

第三，习近平文化思想为构建人类命运共同体贡献了中国智慧。在全球化日益深入的今天，不同文明之间的交流互鉴已成为推动世界发展的重要力量。习近平文化思想倡导尊重文明多样性，推动不同文明之间的交流对话和相互借鉴，为构建人类命运共同体提供了丰富的思想资源和有益的实践探索。通过分享中国文化的独特魅力和智慧，我们为解决人类面临的共同问题贡献了中国方案，为推动全球治理体系的完善和变革注入了新的活力。这一思想不仅彰显了中国文化的深厚底蕴和独特价值，也体现了中国作为一个负责任大国的全球视野和担当精神。

二、习近平文化思想融入研究生基层党建的理论基础

（一）马克思主义视野下的文化与党建关联性阐释

马克思主义深刻揭示了文化与人类社会发展的内在联系，指出文化作为社会经济和政治的镜像，不仅反映着社会现实，更对社会经济和政治产生着能动的反作用。对于马克思主义政党而言，文化建设不仅是意识形态斗争的重要阵地，也是提升党员理论素养、增强组织凝聚力的关键途径。因此，重视文化建设，通过文化教育提升党员的思想境界和理论认识，是马克思主义政党建设的题中应有之义，对于维护党的先进性和纯洁性具有不可估量的价值。

（二）中国共产党文化建设的历史脉络与理论创新

中国共产党自成立以来，始终将文化建设作为党的重要使命之一，历经革命、建设和改革的伟大实践，逐步形成了具有中国特色的文化建设理论体系。毛泽东时期，提出了"民族的科学的大众的文化"建设方针，奠定了中国文化建设的基本方向；邓小平时

期，强调物质文明与精神文明"两手抓、两手都要硬"，明确了文化建设的战略地位；江泽民时代，提出"中国共产党始终代表中国先进文化的前进方向"，进一步升华了党的文化使命；胡锦涛时期，构建了"社会主义核心价值体系"，增强了社会主义意识形态的引领力。进入新时期，以习近平同志为核心的党中央将文化建设提升至新的高度，提出了习近平文化思想，为中国特色社会主义文化建设提供了根本遵循和行动指南。

（三）研究生教育的特性及其对党建工作的特殊要求

研究生教育作为高等教育体系中的高端层次，以其高层次、专业性、创新性等显著特征，对人才培养提出了更高要求。研究生党员作为这一精英群体的中坚力量，不仅承载着学术研究和技术创新的重任，更肩负着引领社会风尚、服务国家发展的历史使命。将习近平文化思想融入研究生基层党建工作，不仅是对研究生党员思想政治素质和文化素养的全面提升，更是对他们社会责任感和创新能力的深度激发。通过这一融合，研究生党员能够更好地将个人理想融入国家和民族的复兴大业之中，以实际行动践行党的宗旨，为实现中华民族伟大复兴的中国梦贡献力量。

三、习近平文化思想融入研究生基层党建的价值意义

（一）坚定理想信念：构筑研究生党员的精神支柱

习近平文化思想深刻阐述了文化自信对于国家与民族发展的重要性，强调要弘扬中华优秀传统文化，为研究生党员提供了丰富的精神滋养。通过学习与实践这一思想，研究生党员能够更深入地理解中国特色社会主义的历史脉络与文化底蕴，从而增强对中国特色社会主义道路的自信心与自豪感。这种文化自信不仅是对国家与民族文化的认同，更是对共产主义远大理想和中国特色社会主义共同理想的坚定信念，为研究生党员构筑起坚实的精神支柱。

（二）提升道德品质：塑造研究生党员的崇高品格

习近平文化思想倡导社会主义核心价值观，将道德建设作为社会文明进步的重要基石。在研究生基层党建中融入这一重要思想，有助于引导研究生党员树立正确的世界观、人生观和价值观，提升其道德修养与社会责任感。通过强化道德教育与实践，将研究生党员培养成为具有高尚品德、勇于担当、乐于奉献的社会主义建设者和接班人，为社会的和谐稳定与国家的繁荣发展贡献力量。

（三）激发创新活力：培养研究生党员的创新精神

习近平文化思想鼓励守正创新，强调激发全民族的文化创新创造活力。在基层党建

工作中，习近平文化思想的深度融入能够激发研究生党员这一高层次创新人才群体的创新意识与创新能力。通过提供创新平台、搭建创新团队、举办创新竞赛等方式，培养研究生党员的创新思维和创新方法，使他们成为科技创新和社会进步的重要推动者。

（四）提升工作质量：推动研究生基层党建创新发展

习近平文化思想为研究生基层党建工作提供了新的思路和方法，为党建工作的创新发展指明了方向。将这一重要思想融入研究生基层党建，可以丰富党建工作的内容和形式，增强党建工作的针对性和实效性。通过创新党建活动方式、优化党建工作流程、提升党建服务水平等措施，提高党建工作的吸引力和感染力，使研究生基层党建工作更加贴近实际、贴近群众、贴近生活，为推动研究生教育的全面发展与国家的繁荣富强贡献力量。

四、习近平文化思想融入研究生基层党建的实践路径

（一）加强理论学习，提高思想认识

将习近平文化思想纳入研究生党员教育培训的重要内容。通过举办专题讲座、研讨会、培训班等形式，组织研究生党员深入学习习近平文化思想，深刻领会其精神实质和丰富内涵。

创新学习方式方法。利用网络学习平台、微信公众号、微博等新媒体手段，开展线上线下相结合的学习活动，提高学习的便捷性和实效性。

加强学习考核。建立健全学习考核机制，对研究生党员的学习情况进行定期考核和评价，确保学习效果。

（二）强化文化建设，营造良好氛围

加强校园文化建设。充分发挥校园文化的育人功能，通过开展丰富多彩的校园文化活动，如文化艺术节、学术讲座、社会实践等，营造浓厚的文化氛围，让研究生党员在潜移默化中受到文化的熏陶。

打造党建文化品牌。结合研究生专业特点和党建工作实际，打造具有特色的党建文化品牌，如"红色文化进实验室""党建＋学术"等，增强党建工作的吸引力和影响力。

推进文化交流与合作。积极开展与国内外高校、科研机构的文化交流与合作，拓宽研究生党员的视野，提高其文化素养和国际竞争力。

（三）开展实践活动，增强党性修养

组织红色文化教育实践活动。带领研究生党员参观革命纪念馆、红色遗址等红色

文化教育实践基地，让研究生党员亲身感受革命先辈的奋斗精神和崇高品德，增强党性修养。

开展志愿服务活动。组织研究生党员积极参与社会公益活动，如扶贫帮困、环保宣传、义务支教等，培养研究生党员的社会责任感和奉献精神。

参与科技创新实践活动。鼓励研究生党员积极参与科技创新项目，在提高自身创新能力和实践能力的同时，为推动经济社会发展做出贡献。

（四）加强队伍建设，提高工作水平

选优配强研究生基层党组织负责人。选拔政治素质高、业务能力强、具有奉献精神的研究生党员担任基层党组织负责人，对其进行培训和指导，注重提高基层党组织负责人的工作能力和水平。

加强研究生党员队伍建设。严格党员发展标准和程序，注重从优秀研究生中发展党员，加强对党员的教育管理和监督，保持党员队伍的先进性和纯洁性。

发挥教师党员的示范引领作用。教师党员是研究生成长成才的引路人，要充分发挥教师党员的示范引领作用，通过言传身教，影响和带动研究生党员不断进步。

五、习近平文化思想引领下研究生基层党建的创新举措

（一）构建"党建＋文化"深度融合的工作新模式

为深化习近平文化思想在研究生基层党建中的融入，需积极探索并构建"党建＋文化"深度融合的工作新模式。这一模式旨在将党建工作的传统优势与文化建设的丰富内涵相结合，通过举办丰富多彩的文化活动、精心打造具有鲜明特色的文化品牌、积极推动内外部文化交流与合作等多种方式，不断丰富党建工作的内容与形式，增强其时代感与吸引力，使研究生党员在参与中增强文化自信，提升党性修养。

（二）运用新媒体技术，创新党建文化传播平台

面对信息化时代的新挑战，应充分利用新媒体技术的便捷性与广泛性，创新党建文化传播的载体与形式。例如，开发集党建资讯、理论学习、文化交流等功能于一体的党建文化 App，制作短小精悍、易于传播的党建文化微视频，以及利用社交媒体平台开展线上党建文化活动等，以此拓宽党建文化的传播渠道，提高党建文化的覆盖面与影响力，让研究生党员在指尖轻触间即可感受到党建文化的魅力。

（三）建立健全党建文化评价体系，促进持续改进

为确保党建文化建设的成效，需建立一套科学、全面、可操作的党建文化评价体

系。该体系应涵盖党建文化建设的各个方面，如文化活动质量、党员参与度、文化品牌影响力等，通过制定具体的评价指标、定期开展问卷调查、组织专家评审等方式，对党建文化建设工作进行客观、公正的评估。同时，根据评估结果及时发现问题，总结经验教训，不断调整优化党建文化建设策略，推动其持续改进与提升。

（四）加强党建文化国际交流，展现中国政党文化魅力

在全球化日益深入的今天，加强党建文化的国际交流对于提升中国共产党的国际形象、增进国际社会对中国政治制度的了解与认同具有重要意义。因此，应积极开展党建文化国际交流活动，如举办国际学术研讨会、开展文化交流项目、参与国际政党对话等，通过这些平台向世界展示中国共产党的文化魅力与建设成就，促进不同国家和地区之间的党建文化交流与合作，为推动构建人类命运共同体贡献中国智慧与中国力量。

习近平文化思想是新时代党领导文化建设实践经验的理论总结，为研究生基层党建工作提供了重要的思想指引和行动指南。将习近平文化思想融入研究生基层党建工作，对于坚定研究生党员的理想信念、提升研究生党员的道德品质、增强研究生党员的创新能力、提高研究生基层党建工作的质量和水平具有重要的价值意义。通过加强理论学习、强化文化建设、开展实践活动、加强队伍建设等实践路径，以及构建"党建＋文化"工作模式、创新党建文化载体、建立党建文化评价机制、加强党建文化国际交流等创新举措，可以有效地将习近平文化思想融入研究生基层党建工作，推动研究生基层党建工作不断创新发展，为培养担当民族复兴大任的时代新人做出贡献。

参考文献

［1］习近平著作选读（第一卷）［M］．北京：人民出版社，2023．

［2］习近平．在庆祝中国共产党成立 100 周年大会上的讲话［M］．北京：人民出版社，2021．

［3］习近平．论党的宣传思想工作［M］．北京：中央文献出版社，2020．

［4］中共中央关于党的百年奋斗重大成就和历史经验的决议［M］．北京：人民出版社，2021．

［5］关于加强和改进新形势下高校思想政治工作的意见［N］．人民日报，2017 - 02 - 28．

［6］张东刚．新时代高校党建示范创建和质量创优的探索与实践［J］．中国高等教育，2020（11）．

［7］刘承功．新时代高校党建工作的创新发展［J］．思想理论教育，2019（11）．

（作者单位：中南财经政法大学金融学院）

新中国成立以来国家安全教育发展变迁研究*

吕　瑞　蒋一鸣

摘　要：国家安全是民族复兴的根基，社会稳定是国家强盛的前提。新中国成立以来，我国国家安全工作指导思想先后经历了传统国家安全观、新安全观和总体国家安全观三个阶段，不同阶段国家安全教育内容、方式和要求各不相同。自总体国家安全观提出以来，国家安全教育的内涵和外延更加丰富、国家安全教育被全面纳入法治轨道、国家安全教育全面融入国民教育体系、国家安全宣传教育方式立体化、国家安全学科建设加快推进，引领国家安全教育发展实现革命性发展，全面开启了国家安全教育发展的崭新篇章，为新时代国家安全教育发展奠定了坚实基础。

关键词：国家安全　总体国家安全观　国家安全教育

国家安全是社会稳定的根基，是实现中华民族伟大复兴的基石。党的十八大以来，以习近平同志为核心的党中央，审时度势提出总体国家安全观，成为我们党历史上第一个国家安全工作指导思想，引领国家安全教育实现革命性发展。党的十九大报告强调，加强国家安全教育，增强全党全国人民国家安全意识，推动全社会形成维护国家安全的强大合力[①]。党的二十大报告要求，全面加强国家安全教育，提高各级领导干部统筹发展和安全能力，增强全民国家安全意识和素养[②]，将国家安全教育放在前所未有的重要地位。本文通过梳理和研究新中国成立以来国家安全工作指

---

　*　基金项目：本文受中南财经政法大学中央高校基本科研业务费专项资金资助"总体国家安全观视域下高校国家安全教育路径研究"（项目编号：2722024DS007）；受中南财经政法大学研究生教学教改项目专项资金资助"国家安全教育融入法治人才培养全过程的路径研究"（项目编号：ZYSZ202418）。

　①　习近平. 决胜全面建成小康社会夺取新时代中国特色社会主义伟大胜利——在中国共产党第十九次全国代表大会上的报告 [J]. 党建, 2017 (11)：15 – 34.

　②　习近平. 高举中国特色社会主义伟大旗帜为全面建设社会主义现代化国家而团结奋斗——在中国共产党第二十次全国代表大会上的报告 [J]. 党建, 2022 (11)：4 – 28.

导思想以及国家安全教育实践的发展变迁，以期进一步厘清国家安全教育的实践特征和发展路径，不断坚定中国特色国家安全教育道路自信，为中华民族伟大复兴提供战略性安全支撑。

一、新中国成立以来国家安全工作指导思想的嬗变

不同历史阶段我国所面临的国际国内国家安全问题各不相同，不同时代主题和国际国内安全环境造就了不同的国家安全观。一般认为，新中国成立以来，我们党关于国家安全工作的指导思想，主要经历了传统国家安全观、新安全观和总体国家安全观三个时期①。

第一阶段是传统国家安全观时期（1949～1977年）。新中国成立以来，我国处于内忧外患的境地，面临着美西方反华势力的层层封锁和"三股势力"谋独分裂的窘境，以毛泽东同志为主要代表的中国共产党人，明确将保卫社会主义政权、国家独立以及国家主权和领土完整作为维护国家安全的首要任务，以政治安全为核心，以国土安全、军事安全为维护手段成为传统国家安全观的核心要义②。

第二阶段是新安全观时期（1978～2013年）。该阶段的国家安全观经历了我们党三代领导集体的不断发展，逐渐走向成熟。在邓小平时期，美西方反华势力对我国的封锁逐渐削弱，和平与发展成为世界两大主题，这一时期的国家安全不仅包括军事安全和政治安全，还包括经济安全与科技安全等非传统安全领域。20世纪90年代，党中央提出"新安全观"，其核心要义是树立"互信、互利、平等、协作"的安全观念。进入21世纪后，国家安全观再次进行丰富拓展，党中央进一步提出构建和谐世界的主张③。

第三阶段是总体国家安全观时期（2014年至今）。进入新时代以来，我国正面临着百年未有之大变局，国家安全的内涵与外延比历史上任何时候都要复杂，国家安全形势发生深刻复杂变化，传统安全与非传统安全威胁相互交织，呈现出国内问题国际化、国际政治国内化等复杂局势。习近平总书记在深刻把握当代国家"两个大局"的基础上，结合前两阶段的国家安全观，创设性提出了总体国家安全观，作为一种全新的国家安全观，其与之前的国家安全观的区别体现在总体国家安全观具备系统性、开放性和互动性等特征，"五大要素""五对关系"与"五个坚持"精准地概括了国家安全的内涵和外延。

---

① 马方，张艺立. 总体国家安全观的发展脉络和创新成就 ［J］. 国家安全研究，2024（02）：40-48.
② 李文良. 国家安全学基础理论框架构建研究 ［J］. 国际安全研究，2022，40（05）：3-29，157.
③ 凌胜利，杨帆. 新中国70年国家安全观的演变：认知、内涵与应对 ［J］. 国际安全研究，2019，37（06）：3-29，153.

二、传统安全观时期的国家安全教育

我们党历来高度重视国家安全问题，在国家安全工作实践中探索形成了不同时期的国家安全思想。从广义上来说，相较于总体国家安全观而言，无论是传统国家安全观还是新安全观均属于传统安全观范畴，新安全观是由传统安全观迈向总体国家安全观的过渡阶段，故将二者共置于此进行论述。

（一）传统国家安全观时期的国家安全教育

传统国家安全观时期，我国面临着严峻的国内外安全形势，内部面临着祖国统一、巩固政权的难题，外部面临着西方国家对我国的封锁以及美苏冷战带来的军事威胁。因此，传统国家安全观的内核就是维护政治安全以及军事安全等传统领域的国家安全。在这一时期，国家安全教育也以国防教育为主，党中央高度重视国防教育，将发展军事力量作为维护政治安全的根本保障。20世纪50年代初期，针对美国侵略朝鲜的举动，我国不仅在军事上开展"抗美援朝"运动，更是加强了对民众的国防教育。国家先后对青少年群体开展了仇视、鄙视、蔑视美帝国主义的"三视"教育，并在军校招收了25万名青年学生。1955年7月，我国出台第一部《兵役法》，国防教育再次得到重视，该法律明确规定高等学校的学生需要在校内接受军事训练。之后，为了进一步强化国防观念和提高民族意识，全国各地开展了"大办民兵师"和"全国学习解放军"等系列国家安全教育活动。

这一时期的国家安全教育以国防教育为主，在教育对象上，受教育群体主要为青少年学生；在教育内容上，国防教育以保卫社会主义政权、抵抗西方帝国主义武装侵略以及保守国家秘密和情报为主；在教育途径上，国家通过广播、报纸及学校开展相关课程等方式，开展安全知识的宣传教育①。

（二）新安全观时期的国家安全教育

随着国家安全形势的变化和新安全观的形成，国家安全教育的战略地位也在不断攀升，国家安全教育政策也随着国家安全实践发展而变化，从传统国家安全观时期的国防安全教育逐渐转向了传统安全与非传统安全并行的国家安全教育，构成了以国防安全教育、文化安全教育和信息安全教育等领域为一体的国家安全教育体系，国家安全教育的具体内容也实现了与时俱进和丰富发展。

一是由单一的国防教育逐渐转向多元的国家安全教育。党的十一届三中全会后，

---

① 吴艳东，陈明. 新中国成立以来我国青少年国家安全教育政策的历史变迁与新时代重塑［J］. 三峡大学学报（人文社会科学版），2022，44（06）：23-29，35.

我国实施"改革开放"，不仅经济得到了长足的发展，国家安全教育也焕发了新的生机。随着改革开放深入发展，"和平与发展"成为时代主题，我国所面临的国家安全问题也愈发错综复杂，呈现出传统安全与非传统安全并行交织的局面。原有的传统国家安全观已不能完全适应社会发展现状，逐步催生出了新国家安全观。受此影响，国家安全教育也由此前单一的国防教育转向多元的国家安全教育转变。1985年6月，时任中央军委主席邓小平在军委扩大会议上着眼于国家经济建设大局，提出对军队建设指导思想实行战略性转变，宣布裁军一百万人，随之进行了一系列的军事改革，这是我们党的第二代中央领导集体着眼于世界形势与中国国情的新变化做出的重要决策，标志着我国国家安全任务向非传统安全领域转变。1993年，新中国首部《国家安全法》出台，明确规定相关单位和组织应履行对本单位人员开展维护国家安全教育的义务。1994年，出台《爱国主义教育实施纲要》，强调对青少年进行国防教育与国家安全教育，国家政策文件首次将国家安全教育和国防教育并列表述，表明了国家安全教育和国防教育同等重要，极大地提升了国家安全教育的战略地位，此后国家安全教育这一专有概念也越发频繁地进入到国家政策文件中。

二是国家安全教育体系初步建构。苏联解体和东欧剧变后，经济全球化与世界格局多极化的趋势更加明显，国内外政治经济环境等因素发生了深刻变化，对我国国家安全的实践产生了极大的影响。在此背景下，我们党的第三代领导集体开始探索适应时代发展的国家安全理念，积极寻求维护国家安全的新途径[①]。1997年3月，中国首次提出"新安全观"，主张通过和平的手段解决地区争端，摒弃"冷战思维"，通过地区间的磋商、对话与合作途径促进地区安全。1999年，时任国家主席江泽民同志出席日内瓦裁军会议，将"新安全观"概括为"互信、互利、平等、合作"，并倡议以共同安全作为实现国家安全的途径，逐步将其确立为我国解决国际安全问题的核心理念。"新安全观"实现了从注重传统国家安全到重视包括政治、经济、文化和国防安全在内的综合安全的转变，国家安全教育也逐渐成熟，形成了初步的国家安全教育体系。同时期出台的《国防法》与《国防教育法》对国防教育进行全面部署，建立了国家、军队、社会、学校、家庭"五位一体"的国防教育体系，明确了各主体在国防教育中的职责，对国防教育的目的、原则、形式进行了法律上的专门规定，主张将国防教育纳入全民教育体系，完善国防安全的制度化。根据"新安全观"的内涵，国防安全作为国家安全不可或缺的部分，其逐步规范化也代表着国家安全教育体系正式进入一个新的历史时期，走向了法治化、系统化和完善化。

三是非传统国家安全教育受重视程度提高。进入21世纪，科学技术的进步和互联

---

① 陆华. 中共三代领导集体国防教育思想的历史探索［J］. 东南大学学报（哲学社会科学版），2002（02）：13－17.

网的广泛普及，使得非传统安全因素对国家安全产生的影响范围显著提升，非传统安全也越来越受到国家的重视①。在此背景下，国家安全教育也在不断进行完善，开始将非传统安全教育纳入教育体系中。2000 年《关于维护互联网安全的决定》强调，国家要加强对互联网的运行安全和信息安全的宣传教育。2002 年，党的十六大报告也指出，影响和平与发展的不确定因素在增加，传统安全和非传统安全威胁的因素相互交织②。2004 年，党的十六届四中全会指出，针对传统安全威胁和非传统安全威胁因素相互交织的新情况，要增强国家安全意识，完善国家安全战略。要确保国家的政治安全、经济安全、文化安全和信息安全。这表明党和政府在重视传统安全问题的同时，也开始将非传统安全问题放到重要的战略地位。与此同时，国家安全教育的目的、内容以及途径也在推陈出新。2011 年，党的十七届六中全会将文化安全教育放在核心位置，要求各个学校加强对文化安全的教育，通过思想政治理论课及加强网络文化建设的方式丰富学生的文化生活。此外，会议还提出要"维护公共利益与国家信息安全"，这意味着社会公共安全教育以及信息安全教育也都得到了国家的重视。

三、迈向总体国家安全战略的国家安全教育

（一）总体国家安全观与国家安全教育发展

2014 年，习近平总书记站在国家战略全局高度，着眼于新时代"两个大局"，深刻把握国内外复杂安全形势，创设性地提出了总体国家安全观，并将其确定为全党和国家安全工作的基本遵循和纲领。总体国家安全观是一个富有中国特色的安全概念，它是以"总体"为关键，以"五大要素③""五个统筹④"和"十个坚持⑤"为核心要

① 刘跃进. 非传统的总体国家安全观［J］. 国际安全研究，2014，32（06）：3 - 25，151.
② 徐宇春. 总体国家安全观视野下的高校国家安全教育研究［J］. 西北人文科学评论，2015，8（00）：252 - 259.
③ "五大要素"指的是以人民安全为宗旨，以政治安全为根本，以经济安全为基础，以军事、文化、社会安全为保障，以促进国际安全为依托。参见《习近平主持召开中央国家安全委员会第一次会议强调坚持总体国家安全观　走中国特色国家安全道路》，人民网，2014 年 4 月 16 日，http：//military. people. com. cn/n/2014/0416/c1011 - 24902431. html.
④ "五个统筹"包括统筹外部安全和内部安全，统筹国土安全和国民安全，统筹传统安全和非传统安全，统筹自身安全和共同安全，统筹塑造和维护国家安全，统筹维护和塑造国家安全。参见《统筹发展和安全　筑牢国家安全屏障（深入学习贯彻习近平新时代中国特色社会主义思想）》，央视网，2020 年 12 月 31 日，https：//news. cctv. com/2020/12/31/ARTInCOf4V1vVDB8vytSFOnw201231. shtml.
⑤ "十个坚持"即坚持党对国家安全工作的绝对领导，坚持中国特色国家安全道路，坚持以人民安全为宗旨，坚持统筹发展和安全，坚持把政治安全放在首要位置，坚持统筹推进各领域安全，坚持把防范化解国家安全风险摆在突出位置，坚持推进国际共同安全，坚持推进国家安全体系和能力现代化，坚持加强国家安全干部队伍建设。参见《习近平在中央政治局第二十六次集体学习时强调　坚持系统思维构建大安全格局　为建设社会主义现代化国家提供坚强保障》，新华网，2020 年 12 月 12 日，http：//www. xinhuanet. com/politics/2020 - 12/12/c_1126852702. htm.

义的科学理论体系，对新时代我国面临的各种安全问题和安全挑战作出全面的系统性回应。总体国家安全观的产生有着深厚的理论渊源和实践基础，身处"两个大局"是谋划新时代国家安全工作最宏观、最基础的现实背景，其理论来源主要为三个部分：一是以民为本的传统思想。总体国家安全观源于深厚的传统文化思想底蕴之中，从先秦到新民主主义革命时期，国家安全总是与"以民为本"思想结合紧密，且成为中华优秀传统文化的核心要素。二是马克思主义基本原理。马克思主义世界观和方法论为总体国家安全观的理论建构提供了深厚的哲学基础，集中体现为唯物安全论、辩证安全论和系统安全论，三者相互联系、有机统一，揭示了认识新时代中国国家安全的基本规则①。三是习近平新时代中国特色社会主义思想。总体国家安全观是以习近平同志为核心的党中央对当前国际国内安全形势的战略判断，形构了习近平新时代中国特色社会主义思想的"国家安全篇"。

总体国家安全观作为全新的国家安全工作指导思想，与其他安全观最大的区别在于其具备系统性、开放性和互动性三个特征，对国家安全教育发展产生了重要影响②。

第一，总体国家安全观具有系统性。总体国家安全观集国家安全体系与各国家安全领域为一体，各组成部分之间不是若干的简单组合关系，而是相互联系、相互作用，彼此之间具备内在联系性，是一个不可分割的系统，作为一个统一的整体来发挥其作用。对于国家安全教育而言，其也同样具备系统性，内容范围早已不囿于传统的"小安全"，而是必须在系统思维下树立"大安全"理念，构建"大安全"格局③。总体国家安全观对国家安全教育的指导意义在于国家安全教育内部也存在着诸多组成要素，用系统的观点看待国家安全教育，改变以往隔绝看待各国家安全教育领域问题的思维方式，深刻把握国家安全教育内部要素之间的联系。在向民众进行国家安全教育的过程中，政府组织不仅是发挥自身职能，而是动员整个社会的力量，共同参与到国家安全教育的全过程中去。要加强国家安全知识的理论构建和大众传播，推动国家安全宣传教育常态化和全覆盖，增强国家安全普及宣传实效，不断夯实国家安全和社会稳定的基层基础，对内发动全党全社会共同努力，汇聚起维护国家安全的强大力量，对外广泛凝聚国际社会共识，构建人类命运共同体，推动形成维护国家安全的强大合力。

第二，总体国家安全观具有开放性。总体国家安全观是一个兼容并包的动态开放体系，其核心内涵和基本外延会随着时间、空间等要素的变换而变化。2015 年《国家安全法》出台至今，所确定的国家安全领域从 11 个扩展到现在的 20 余个，未来还将进一步丰富和发展。国家安全教育也同样具备开放性特征，早期的国家安全教育以单

① 董春岭. 国家安全研究动态［J］. 国家安全研究，2023（06）.
② 贾宇.《中国国家安全法教程》（第一版）［M］. 北京：中国政法大学出版社，2021.
③ 戴开成，李红革. 习近平总体国家安全观系统思维研究［J］. 湖南社会科学，2022（01）：67－73.

一的国防教育为主，随着国家安全形势的变化和综合国力的发展，国家安全教育所覆盖的领域也越来越广泛，社会安全、科技安全、生物安全等不同安全领域的教育，也逐渐被纳入国家安全教育体系中。开放性是形成有序结构的重要前提，只有国家安全教育体系不断进行自我发展和自我革新，才能保证其具有旺盛生命力。

第三，总体国家安全观具有互动性。总体国家安全观的互动性是指尽管各个国家安全领域之间是独属的个体，但其并不是相互割裂的关系，而是相互交叉、相互影响，构成一个有机整体，任何一个领域的安全出现危机都会牵一发而动全身，影响其他领域的国家安全，进而危及整个国家安全体系，对国家安全造成巨大的危害。国家安全教育的内在核心同样是以政治安全教育为根本，以军事安全教育、文化安全教育、社会安全教育为保障。一旦国家安全教育中的某个领域出现问题，那势必会影响到其他领域的安全教育，如文化安全教育的缺失容易导致西方帝国主义对我国进行"和平演变"，加剧文化渗透力度，进而从根本上危及我国的政治安全教育。

（二）总体国家安全观引领国家安全教育创新发展

一是国家安全教育内涵和外延更加丰富。当前我国正处于百年未有之大变局，国内外面临着严峻的安全形势，强有力的国家安全教育无疑是推动中华民族伟大复兴的有机力量。在这一关键节点上，总体国家安全观应时而出、应运而生，其关键点在于"总体"，创设性地构建了"大安全"体系，为丰富国家安全教育的内涵提供了基本理论指导。以往国家安全观下的国家安全教育更多是侧重于国防教育和反间谍教育等传统安全领域的教育。而总体国家安全观蕴含着的"五大要素""五个统筹""十个坚持"以及"20 + N 安全领域"为国家安全教育牵针引线，构成了国家安全教育的知识体系和理论指引。在总体国家安全观指导下，国家安全教育也建立了完整体系，不仅涵盖了以国防教育、军事教育等领域的传统安全教育，还将信息安全教育、科技安全教育、文化安全教育以及生态安全教育等诸多非传统领域的国家安全教育纳入其中。此外，国家安全教育所涉及的法律法规也越发完善，2015 年出台的《国家安全法》和 2023 年颁布的《爱国主义教育法》等诸多法律法规都对国家安全教育进行了规定，不仅明确规定了国家安全教育的对象，还规范了国家安全法治教育的内容①。

二是国家安全教育被全面纳入法治轨道。国家安全法治建设的高速推进使国家安全教育也得到了长足的进步，许多法律都对国家安全教育进行了明确规定。2015 年出台的《国家安全法》将国家安全教育纳入国民教育体系和公务员培训体系，强调国家要通过多种方式开展国家安全教育活动。2020 年出台的《生物安全法》，也要求相关

---

① 姬天雨，王凌皓. 新中国成立以来国家安全教育的历史演进及基本经验 [J]. 学术探索，2023 (03)：129 – 138.

单位和新闻媒体将生物安全法规和生物安全知识纳入对社会公众和相关从业人员的教育中，提高人们对于维护生物安全的社会责任意识。2023 年出台的《爱国主义教育法》也强调，国家要采取多种形式开展法治宣传教育、国家安全教育和国防安全教育。相关法律在丰富国家安全宣传教育方式的同时，也为其提供了合理依据，使之能在法治的轨道上通畅运行。

三是国家安全教育全面融入国民教育体系。总体国家安全观指导下的国家安全宣传教育已经基本实现了全方位、多层次、深领域的全民国家安全教育新局面。党和国家持续深化国家安全教育的思想内涵，贯穿大中小学一体化建设的各个阶段与环节[1]。根据教育部在 2018 年和 2020 年针对国家安全宣传教育所发布的指导意见，大中小学在开展国家安全宣传教育的实践过程中需要立足于实际情况，对不同学段的学习内容、学科建设和实践活动进行完善，在管理上形成全员、全过程和全方位的国家安全"三全育人"机制。党的二十大报告也明确了大中小学国家安全教育一体化建设作为培育时代新人的重要形式，对培育学生的国家安全意识和维护国家安全具有重要的价值导向。

四是国家安全宣传教育方式立体化。随着社会的发展和国家安全资源的整合，国家安全教育方式也更加立体化。一是设立全民国家安全教育日，2015 年出台的《国家安全法》规定，将每年的 4 月 15 日设为全民国家安全教育日，并提出要以国家安全宣传教育日为契机，面向社会大众深入开展国家安全宣传教育，全国各系统、各领域、各部门延续优良传统，精心组织国家安全宣传教育活动，为国家安全教育的普及做出了巨大贡献，有力促进了国家安全教育大众化。二是利用融合媒体开展国家安全宣传教育。以往的国家安全宣传教育多是借助电视、报刊、广播以及书本进行国家安全宣传教育。新时代以来，传播方式发生了日新月异的变化，以融合媒体为主的新媒体进入到大众视野，融合媒体汇集了报刊、广播、电视、电脑和手机等多个媒体渠道，利用视频和图文的形式赋予国家安全教育新的内涵，推动国家安全教育的宣传普及。三是广泛发动社会资源进行国家安全宣传教育。2014 年设立中央国家安全委员会，其主要职能之一就是制定和实施国家安全战略，加强对国家安全工作的全面领导。此外，为扩大国家安全教育的影响范围，国家安全相关部门还在全国若干个城市开设国家安全教育实践基地，助力国家安全教育的宣传。

五是国家安全学科建设加快推进。国家安全教育的发展亟须加强国家安全理论的指导，尽管 20 世纪末就有学者建议创设国家安全学科，但受制于国家安全教育的局限性及高校教育体系的不完善，该建议并未得到落实。总体国家安全观的提出，推动国

---

[1] 李政敏，李伟弟. 一体化视域国家安全教育：历史逻辑·原则遵循·优化路径 [J]. 中学政治教学参考，2023（36）：48－50.

家安全学科建设迈出坚实步伐。2018 年 4 月，教育部出台《关于加强大中小学国家安全教育的实施意见》，首次提出设立"国家安全学"一级学科；2020 年 12 月，国务院学位委员会、教育部决定在"交叉学科"门类下设置"国家安全学"一级学科，全面启动国家安全学科建设和国家安全专门人才培养；2021 年 12 月，国务院学位委员会下发《关于同意增列国家安全学一级博士和硕士学位授权点的通知》，拉开了自主培养我国国家安全学高层次人才的序幕。总体国家安全观提出十年来，国家安全教育学科不断地壮大发展，取得了显著的成果①。在学校规模上，全国开设国家安全学学科的高校共有 30 余所，其中有 17 所高校开设国家安全学一级学科博士点；在学科建设上，国家安全学与相关学科具有很强的交叉性，涉及法学、历史、国家政治、管理、军事、技术与工程等多个方面的知识，囊括了研究国家安全各个领域的问题；在人才培养上，国家安全学作为交叉学科，广泛发挥了其不同培养单位的学科优势以及培养方式的优点，授予国家安全学毕业生法学、管理学、工学和军事学等不同学位，让国家安全学专业人才涌现到社会所需要的各个领域②。

四、研究结论与展望

百年大计，教育为本。深入开展国家安全教育，是推动国家安全体系和能力现代化的关键一环，坚持总体国家安全观对国家安全教育的指导，是国家安全教育创新发展的根和魂。当前，全国各族人民正在中国共产党的团结带领下，坚持以中国式现代化全面推进中华民族伟大复兴。面对新形势下的安全挑战，要加快构建和完善国家安全法治体系、战略体系和政策体系，不断优化国家安全教育体系。只有开展广泛而深入的国家安全教育，将总体国家安全观所蕴含的理念内化于心、外化于行，才能增强广大干部群众的国家安全意识。面向未来，坚持走好中国式现代化之路，需要以新安全格局支撑保障新发展格局，以全方位全覆盖的国家安全体系与能力建设为推进中国式现代化保驾护航，牢牢掌握我国发展和安全主动权。要充分发挥教育的战略性先导性作用，加快构建国家安全学自主知识体系，不断完善国家安全教育体系，努力为中华民族伟大复兴提供战略性国家安全人才支撑：一是不断健全国家安全法律法规体系，推动国家安全立法、执法、司法、守法、法律监督和普法宣传有机衔接，坚持在法治轨道上全面、规范、科学开展国家安全教育。二是要抓好国民教育体系和公务员培训体系中的国家安全教育实施，全面推动国家安全教育融入高等教育战略布局，切实提

---

① 刘跃进. 总体国家安全观指导下的总体国家安全教育 [J]. 河南警察学院学报, 2019, 28 (01): 10 - 15.
② 王林. 国家安全学学科体系构建再思考——兼论国家安全类型思维 [J]. 中国刑警学院学报, 2023 (06): 5 - 12.

升广大干部驾驭复杂安全问题的能力，为培养造就大批量的国家安全专门人才奠定坚实基础。三是以全民国家安全宣传教育日为契机，不断深化全民国家安全宣传教育活动，不断筑牢维护国家安全的基层基础，不断夯实国家安全人民防线。

参考文献

[1] 习近平. 决胜全面建成小康社会夺取新时代中国特色社会主义伟大胜利——在中国共产党第十九次全国代表大会上的报告 [J]. 党建，2017（11）：15 – 34.

[2] 习近平. 高举中国特色社会主义伟大旗帜为全面建设社会主义现代化国家而团结奋斗——在中国共产党第二十次全国代表大会上的报告 [J]. 党建，2022（11）：4 – 28.

[3] 马方，张艺立. 总体国家安全观的发展脉络和创新成就 [J]. 国家安全研究，2024（02）：40 – 48.

[4] 李文良. 国家安全学基础理论框架构建研究 [J]. 国际安全研究，2022，40（05）：3 – 29，157.

[5] 凌胜利，杨帆. 新中国 70 年国家安全观的演变：认知、内涵与应对 [J]. 国际安全研究，2019，37（06）：3 – 29，153.

[6] 吴艳东，陈明. 新中国成立以来我国青少年国家安全教育政策的历史变迁与新时代重塑 [J]. 三峡大学学报（人文社会科学版），2022，44（06）：23 – 29，35.

[7] 陆华. 中共三代领导集体国防教育思想的历史探索 [J]. 东南大学学报（哲学社会科学版），2002（02）：13 – 17.

[8] 刘跃进. 非传统的总体国家安全观 [J]. 国际安全研究，2014，32（06）：3 – 25，151.

[9] 徐宇春. 总体国家安全观视野下的高校国家安全教育研究 [J]. 西北人文科学评论，2015，8（00）：252 – 259.

[10]“五大要素”指的是以人民安全为宗旨，以政治安全为根本，以经济安全为基础，以军事、文化、社会安全为保障，以促进国际安全为依托。参见《习近平主持召开中央国家安全委员会第一次会议强调坚持总体国家安全观　走中国特色国家安全道路》，人民网，2014 年 4 月 16 日，http：//military. people. com. cn/n/2014/0416/c1011 – 24902431. html.

[11]“五个统筹”包括统筹外部安全和内部安全，统筹国土安全和国民安全，统筹传统安全和非传统安全，统筹自身安全和共同安全，统筹塑造和维护国家安全，统筹维护和塑造国家安全。参见《统筹发展和安全　筑牢国家安全屏障（深入学习贯彻习近平新时代中国特色社会主义思想）》，央视网，2020 年 12 月 31 日，https：//news. cctv. com/2020/12/31/ARTInCOf4V1vVDB8vytSFOnw201231. shtml.

[12]“十个坚持”即坚持党对国家安全工作的绝对领导，坚持中国特色国家安全道路，坚持以人民安全为宗旨，坚持统筹发展和安全，坚持把政治安全放在首要位置，坚持统筹推进各领域安全，坚持把防范化解国家安全风险摆在突出位置，坚持推进国际共同安全，坚持推进国家安全体系和能力现代化，坚持加强国家安全干部队伍建设。参见《习近平在中央政治局第二十六次集体学习时强调　坚持系统思维构建大安全格局　为建设社会主义现代化国家提供坚强保障》，新华网，2020 年 12 月 12 日，http：//www. xinhuanet. com/politics/2020 – 12/12/c_1126852702. htm.

[13] 董春岭. 国家安全研究动态 [J]. 国家安全研究, 2023 (12): 30.

[14] 贾宇. 中国国家安全法教程 (第一版) [M]. 北京: 中国政法大学出版社, 2021.

[15] 戴开成, 李红革. 习近平总体国家安全观系统思维研究 [J]. 湖南社会科学, 2022 (01): 67 – 73.

[16] 习近平主持召开中央国家安全委员会第一次会议强调　坚持总体国家安全观　走中国特色国家安全道路 [EB/OL]. 新华网, (2014 – 04 – 15). http: //www. xinhuanet. com/politics/2014 – 04/15/c_1110253910. htm.

[17] 姬天雨, 王凌皓. 新中国成立以来国家安全教育的历史演进及基本经验 [J]. 学术探索, 2023 (03): 129 – 138.

[18] 李政敏, 李伟弟. 一体化视域国家安全教育: 历史逻辑·原则遵循·优化路径 [J]. 中学政治教学参考, 2023 (36): 48 – 50.

[19] 刘跃进. 总体国家安全观指导下的总体国家安全教育 [J]. 河南警察学院学报, 2019, 28 (01): 10 – 15.

[20] 王林. 国家安全学学科体系构建再思考——兼论国家安全类型思维 [J]. 中国刑警学院学报, 2023 (06): 5 – 12.

（作者单位：中南财经政法大学国家治理学院）

高校数字党建的实践原则与进路探索[*]

江　霞　王秀景

摘　要： 运用数字技术强化高校党建的组织架构、工作模式及成效，不仅是党建与数字技术协同发展的必然趋向，也是新时代背景下创新并提升高校党建工作品质的核心策略。高校数字党建的实践应遵循技术理性和价值理性的相称性，技术范式和融合范式的统一性，保障信息安全与维护意识形态安全，以人为本和持续创新的原则。通过提升党务工作者和党员师生的数字素养，加快高校党组织结构的数字化转型，构建线上线下相结合的党建活动模式，促进高校数字党建与智慧校园建设相融合，不断推进高校数字党建的实践与发展。

关键词： 数字党建　数字化　党组织

党的二十大报告明确指出，推进教育数字化，建设全民终身学习的学习型社会、学习型大国。这是以习近平同志为核心的党中央在确定新时代"实施科教兴国战略，强化现代化建设人才支撑"的目标任务时，作出的极具前瞻性、全局性的重大战略决策。在当今时代，适应数字时代的变革已然成为高等教育发展不可或缺的一环。高校积极采用数字技术优化党建工作的组织架构、精进工作模式并增进工作效能，此举标志着高校党建与数字技术深度融合的必然趋势。同时，在新时代背景下，它构成了创新高校党建工作模式、驱动党建工作向更高质量发展的核心战略与关键路径。

一、数字党建的现实意蕴

在高校数字党建的实践中，利用大数据分析提升党建工作的精准性已成为一项关

* 基金项目：2024年度湖北省教育科学规划课题（项目编号：2024GB166）：高校思想政治教育数字化研究；2023年度湖北省教育厅人文社会科学研究项目（项目编号：23Z365）：三人行必有我师，"导学思政+"育人机制探索与实践。

键任务。大数据技术的应用，使得高校能够通过收集和分析海量的党建活动数据、学生反馈、在线互动记录等信息，从而洞察学生群体的思想动态和行为模式。例如，通过构建学生参与党建活动的偏好模型，可以发现哪些活动更受欢迎，哪些内容更能激发学生的兴趣，进而优化活动设计，提高党建工作的吸引力和影响力。

（一）数字党建在高等教育数字化中的重要性

在数字化背景下，高校数字党建的定义不再局限于将传统党建工作进行简单的电子化处理，而是要借助信息技术手段，实现党建工作的创新与发展。它涉及利用互联网、大数据、云计算等现代信息技术，构建一个开放、互动、高效的党建平台，以适应新时代高校师生的思想特点和行为习惯。首先，数字党建在高校中的重要性体现在其能够有效提升党建工作的覆盖面和影响力。数字技术的使用可以实现党建工作的精准化、个性化，更好地引导青年学生树立正确的世界观、人生观和价值观。如通过建立党建微信公众号，推送党的理论知识和时事政策，实现与学生的即时互动，可以提高学生对党建活动的参与度和满意度。其次，数字党建能够通过数据分析，为高校党建工作提供决策支持。通过分析学生参与活动的数据，发现党建工作中的薄弱环节，及时调整策略，优化工作方法。正如习近平总书记所强调的，"要善于运用互联网技术和信息化手段开展工作"，高校数字党建正是这一理念的具体实践，它不仅有助于加强和改进高校党建工作，而且对于培养担当民族复兴大任的时代新人也具有深远意义。

（二）数字党建对于提升高校党组织政治功能和组织功能的必要性

第一，数字党建有助于强化党的组织的政治引领力。数字党建通过构建智慧党建平台，实时传递党的创新理论和方针政策，为高校党组织和广大党员提供了坚实的政治导向。这一平台不仅确保了党组织和党员始终沿着正确的政治方向前行，还通过线上线下互动融合的方式，打破了传统党建工作中的时空限制，实现了党组织与党员之间的紧密联系和高效沟通。利用数字技术开展党员教育和组织生活，能够更便捷、高效地传达党的声音，从而增强党员的政治认同感和归属感，进一步强化党组织的凝聚力和向心力，推动高校党建工作有效开展。

第二，数字党建有助于提升高校党组织管理效能与精准度。数字技术以其"精准画像"和"再组织化"等功能特征，为高校党组织提供了对党员信息的精准管理和动态掌握的手段。通过构建党员动态数据画像库，党组织能够科学配置党建资源，优化组织架构，从而提高党建工作的针对性和实效性。数字党建还通过智能化、自动化的手段，实现对党建工作全流程的监控和管理，提高了工作效能。大数据技术可以挖掘和分析党建工作数据，及时发现和解决工作中存在的问题和风险；人工智能技术则能够更精准地满足党员的需求和期望，提高党建工作的满意度和认可度。

第三，数字党建推动高校党建工作创新与发展。数字党建作为新时代创新高校党建工作的重要途径，为党组织提供了探索新工作模式和方法的可能性。通过引入虚拟现实（VR）、增强现实（AR）等技术，党员教育活动可以变得更加生动、直观，提升学习效果。同时，利用社交媒体、移动应用等平台开展党建宣传和交流活动，能够拓宽党建工作的覆盖面和影响力，使更多党员和群众参与到党建工作中来。数字党建不仅促进了党建工作的创新，还为高校党组织的持续发展和进步提供了强大的动力。

二、高校数字党建的实践原则

数字党建的核心目标在于全方位提升党建工作的整体质量。在数字党建的推进过程中，对技术的运用不能仅停留在单纯的工具理性层面，而是要朝着更深层次的价值理性进行转变。与此同时，数字党建还积极追求技术融合范式与内在逻辑范式之间能够达成和谐统一的状态，并且对于数据的安全保障给予了高度的重视，将其视作数字党建工作得以顺利、稳健开展的重要基石。

（一）技术理性和价值理性的相称性

在高校数字党建的实践探索中，技术理性与价值理性的和谐共生已成为不可或缺的关键要素。技术理性，作为数字技术应用所遵循的内在逻辑，着重凸显了技术的实用性、效率性以及可操作性等特质。它明确要求我们在大力推进数字党建工作的进程中，要充分发挥现代信息技术所蕴含的优势，提高党建工作的自动化、智能化水准，精心优化工作流程，进而切实提升工作效率。然而，技术理性绝非衡量数字党建工作的唯一标尺。当我们在不懈追求技术所带来的高效能之时，更应着重关注技术运用是否紧密契合党的建设以及高校发展的根本目标，即价值理性。这便要求我们在运用数字技术开展党建工作之际，务必要始终坚定不移地坚持党的领导，确保技术运用不偏离党的宗旨和原则，始终服务于党的建设和高校发展的大局。同时，我们要深入挖掘数字技术的潜在价值，将其与党建工作的实际需求深度融合，以技术赋能提升党建工作，全方位提升党建工作的质量与效率。

（二）技术范式和融合范式的统一性

技术范式指的是技术本身的逻辑架构与运行规律，而融合范式则是指技术与其他领域或系统相互结合的具体方式以及演进过程。在高校数字党建中，实现技术范式和融合范式的有机统一，关键在于将数字技术与高校党建工作的实际需求进行紧密结合，进而塑造出具备高校特色的数字党建模式。首先，要深入透彻地了解党建工作的核心需求。高校党建工作本身具有极为鲜明的政治性、组织性以及教育性等显著特征，在推进数字党建工作的过程中，必须精准无误地把握党建工作的这些特性，以确保所应用的技术能够切实服务于党建工作的实际需求。其次，要审慎选择合适的技术手段。在对党建工作需求有了深入了解的坚实基础之上，要依据不同技术所具备的特点与优势，精心挑选那些能够最为出色地满足党建工作需求的技术手段加以应用，既要充分考量技术的先进性与实用性，又要着重关注技术与党建工作之间的契合度与适应性。最后，要持续不断地优化和调整技术运用方式。随着数字技术的日新月异发展以及高校党建工作的不断深入推进，必须时刻保持对新技术与新方法的敏锐感知与高度关注，积极主动地引进并应用各类新技术手段，同时注重对数字党建实践经验的细致总结与精准提炼，不断完善并优化数字党建的工作机制与流程，始终适应党建工作所呈现出的新需求与新变化。

（三）保障信息安全与维护意识形态安全的原则

在高校数字党建的实践中，保障信息安全与维护意识形态安全是至关重要的原则。随着信息技术的飞速发展，高校党建工作对数字平台的依赖程度日益加深，这不仅提高了工作效率，也不可避免地带来了诸多潜在的信息安全风险。高校数字党建平台往往会存储海量的敏感数据，其中涵盖了党员个人信息、党内讨论记录等重要内容，一旦这些数据发生泄露，将会对党组织的稳定性以及党员的隐私安全造成极为严重的威胁。高校必须采取严格的数据加密措施和访问控制策略，确保数据传输和存储的安全性，并定期进行安全审计，及时发现并修补安全漏洞。维护意识形态安全同样不容忽视。高校作为培养未来社会精英的摇篮，其意识形态的正确引导对于国家的长远发展具有举足轻重的意义。数字党建平台应积极构建正面的网络文化环境，通过发布权威的党建信息、开展形式多样的线上教育活动，引导师生树立正确的世界观、人生观和价值观。

（四）以人为本的原则

高校数字党建应始终坚持以人为本的原则，关注广大师生的需求和利益。在稳步推进数字党建工作的进程中，要充分考量师生的使用习惯以及实际体验，为其提供便捷、高效且极具个性化的优质服务。同时，要注重发挥师生的主观能动性和创造力，鼓励他们积极参与到数字党建中来，共同推动高校党建工作的开展。这意味着，要深入了解师生的信息获取方式、交流互动习惯以及服务需求特点，以此为基础设计契合师生使用习惯的数字党建平台与功能。通过提供便捷、高效、个性化的服务，可以有效降低师生的使用门槛，提升他们的参与意愿与满意度，从而推动数字党建的广泛应用与深入发展。同时，以人为本的原则还着重强调要充分发挥师生作为高校党建工作主体与参与者的重要作用，他们所展现出的积极性、主动性以及创造性对于推动数字党建工作的开展具有重要意义。要通过搭建开放、包容且极具互动性的数字党建平台，积极鼓励师生深度参与到数字党建的策划、设计与实施中来，共同探索具有高校特色的数字党建模式与路径。

（五）持续创新的原则

高校数字党建是一个不断探索和创新的过程。云计算、大数据、人工智能等前沿技术飞速发展，为数字党建提供了前所未有的机遇与挑战。随着数字技术的不断发展和高校党建工作的不断深化，高校不断创新数字党建的思路和方法，推动党建工作向更高水平发展。这要求高校要保持对新技术和新方法的敏锐度和关注度，积极引进和应用新技术手段，同时要注重对数字党建实践经验的细致总结与精准提炼，不断完善和优化数字党建的工作机制。高校应紧跟技术前沿，积极探索新技术在党建工作中的应用潜力，如利用大数据分析提升党员教育管理的精准性，运用人工智能技术优化组织生活安排与思想动态监测等。通过引进和应用新技术手段，高校数字党建不断提升其智能化、个性化与高效化水平，为师生提供更加优质、便捷的服务体验。

三、高校数字党建的未来展望与策略构建

随着信息技术的飞速发展，高校数字党建正迎来前所未有的发展机遇。展望未来，高校数字党建将更加注重数据驱动的决策过程，利用大数据分析技术来提升党建工作的精准性和效率。高校数字党建不仅需要技术的支撑，更需要创新的内容和形式，通过培育一批既精通党建业务又掌握先进技术的复合型人才队伍，为数字党建的持续发展筑牢根基。同时，高校数字党建的组织模式也应不断探索，推动党组织结构的数字化转型，构建线上线下相结合的党建活动模式，以适应新时代高校党建工作的需求。

（一）数据驱动决策与人才队伍建设

随着信息技术的迅猛发展，高校数字党建迎来了前所未有的发展机遇。未来，数字党建将更加注重数据驱动的决策过程，利用大数据分析技术提升党建工作的精准性和效率。这一转型不仅需要技术支撑，更需要创新的内容和形式。为此，高校应致力于培育一支既精通党建业务又掌握先进技术的复合型人才队伍，为数字党建的持续发展奠定坚实基础。一方面，加强内部培养，将数字化技能融入党务工作者教育培训体系，通过举办数字技术专题培训班、设立党建数字化科研项目、分享和推广党建数字化成功案例等方式，确保党务工作者能够熟练掌握并应用数字技术。另一方面，注重

外部引进，组织人事部门应积极为院系党组织搭建平台，吸引数字技术人才加入，并建立党务工作者与数字技术人员之间的指导互助机制和交流渠道，促进人才流动与技能共享，共同提升党建工作的数字化水平。全面提升高校师生的数字素养。针对部分教职工和学生在信息资源获取与处理能力上的不足，高校党组织需通过多样化手段，如宣传教育、案例分析、技术援助等，结合移动互联网、虚拟现实、增强现实、人机交互等前沿技术，开展数字化培训，增强其自主获取信息、筛选信息、辨别真伪的能力，有效抵御算法推荐的负面影响，避免信息闭塞。

（二）党组织结构的数字化转型与组织模式创新

高校党组织结构的数字化转型，关键在于构建一个高效、透明且互动性强的数字平台，以实现党组织活动的在线化和智能化。例如，通过引入大数据分析，高校可以对党员的参与度、活动反馈和思想动态进行实时监控和评估，优化党建工作的内容和形式；通过建立党员信息管理系统，实现党员信息的数字化管理，提高了党员管理的效率和准确性；利用云计算技术，可以实现党建资源的共享和远程教育，打破时间与空间的束缚，使党建工作更加灵活和便捷。数字化转型还要求高校党组织在组织模式上进行创新，通过建立虚拟党支部，将分散在不同校区、不同专业的党员纳入统一的管理和服务平台。这种模式不仅能够增强党员之间的交流和互动，还能通过在线讨论、网络投票等方式，提高党员参与决策的主动性和积极性。在分析模型方面，可以借鉴"互联网＋"的思维模式，将党建工作与互联网技术深度融合，通过构建"党建＋"的创新模式，推动党建工作与教学、科研、社会服务等高校核心职能的协同发展。在数字化转型的道路上，高校党组织还应注重信息安全和意识形态安全，确保党建工作的正确方向和健康发展。高校在推进数字化转型的同时，必须加强网络安全意识教育，建立健全网络安全管理制度，确保党建信息平台的安全稳定运行。同时，通过定期开展网络安全培训和意识形态教育，提高党员对网络安全和意识形态安全的认识，为高校数字党建的健康发展提供坚实保障。

（三）线上线下相结合的党建活动模式构建

在高校数字党建的实践中，构建线上线下相结合的党建活动模式是提升党建工作的有效途径。通过线上平台，如党建网站、移动应用程序和社交媒体，可以实现信息的快速传播和资源共享，同时便于党员随时随地参与学习和讨论。如通过建立党建微信公众号，推送党的最新政策、理论学习资料和活动通知，实现信息即时更新和广泛覆盖。依托现代信息技术，构建集信息发布、学习教育、组织生活管理等功能于一体的党建信息化平台，实现党建信息集成性、交互性和安全性，确保党员能够便捷地获取党的方针政策、理论学习资料及活动通知等信息。线下活动则侧重于面对面的交流和实践体验，如组织党员参观革命历史博物馆、开展志愿服务活动等，这些活动有助于增强党员的组织归属感和实践能力。结合线上线下活动，可以采用"线上学习＋线下讨论""线上投票＋线下决策"等模式，使党建工作更加生动、有效。在开展主题教育时，可以先通过线上平台发布学习材料和讨论话题，然后组织线下研讨会，让党员们深入交流学习心得，取得更好的教育效果。

（四）高校数字党建与智慧校园建设的深度融合

在探索高校数字党建与智慧校园建设的融合路径时，首先需要认识到数字技术在推动教育现代化中的关键作用。智慧校园的构建不仅是技术的堆砌，更是教育理念和管理方式的革新。通过大数据分析，对党员的学习行为、参与活动的频率和质量进行跟踪，从而为党员提供更加个性化的教育内容和活动安排。智慧校园的建设需要长远规划，而数字党建的融入正是这一长期战略中的关键一步。在智慧校园建设中，通过引入智能分析系统，对党员的在线学习行为进行分析，优化党建教育内容的推送机制，提高了党员的学习效率和参与度。此外，高校数字党建与智慧校园建设的融合还需要注重安全性和隐私保护。在收集和分析党员数据时，必须严格遵守相关法律法规，确保数据的安全性和党员隐私的保护，同时，智慧校园的建设应以服务师生为宗旨，通过数字党建平台，提供更加便捷的党务服务，如在线党费交纳、党员活动报名等，从而提升党员的满意度和归属感。智慧校园的建设，最终目的是更好地服务于教育事业和人才培养。

参考文献

［1］黄先开．数字技术在高校基层党建创新的应用分析［J］．人民论坛，2021（32）：82－84．

［2］米华全．数字技术赋能高校党建工作质量提升：价值功能和实践进路［J］．马克思主义理论学科研究，2022，8（04）：98－106．

［3］陶周颖．数字社会下新就业群体党建的形态变化、现实挑战及应对路径［J］．科学社会主义，2024（04）：114－121．

［4］武晶晶．数字技术赋能高校智慧党建工作体系建设［J］．中国高等教育，2023（12）：46－49．

［5］颜隆忠，李黄骏．数字党建：数字化时代党建工作新方式［J］．福建师范大学学报（哲学社会科学版），2023（06）：11－17．

［6］周建华．数字技术赋能高校党建工作质量提升的路径探析［J］．理论视野，2024（08）：72－77．

（作者单位：中南财经政法大学金融学院）

党团班一体化建设在"推优入党"工作中的实践研究[*]

王路芳　韦晨依

摘　要："推优入党"工作是党赋予共青团组织的一项光荣任务。40 余年来，"推优入党"工作实施越加制度化、规范化，但在提高推荐人选质量、提升团员教育培养实效方面还存在不足。本项目以中南财经政法大学哲学院 2021 级研究生为例，通过党团班一体化建设，让党支部主动融入"推优入党"工作，与班级团支部在政治引领、评价指标、协调机制等方面共谋工作落实，从而充分发挥党支部效能作用，实现研究生党员质量的内涵式提升。在实践中，总结出三点经验启示，即坚持党的领导，加强党团班联动；完善制度保障，健全体制机制；加强核心群体建设，提高履职能力。通过将党团班一体化建设走深走实，构建"大思政"育人格局，实现"推优入党"工作质量的充分提升。

关键词：党团班一体化建设　"推优入党"　实践

一、实践背景

2022 年是党的二十大召开之年，也是中国共产主义青年团成立 100 周年。在庆祝中国共产主义青年团成立 100 周年大会上，习近平总书记指出，各级党组织要高度重视培养和发展青年党员，特别是要注重从优秀共青团员中培养和发展党员，确保红色江山永不变色。这强调了"推优入党"工作的重要意义。

---

* 基金项目：中南财经政法大学中央高校基本科研业务费专项资金资助（项目编号：2722024DS018）；2023 年湖北省研究生思想政治教育规划课题培育项目（项目编号：2023PY006）；2022 年度省教育厅哲学社会科学研究项目（项目编号：22G027）。

"推优入党"即遴选优秀共青团员并推荐其成为党组织的发展对象，这无疑是党组织赋予团组织的一项光荣任务。截至目前，"推优入党"工作已开展40余年。1982年，"推优入党"作为基层团组织的工作任务被写入《团章》，这是共青团组织推进"推优入党"工作的探索时期。1986年，中共中央组织部批转共青团中央发布的"推优入党"工作文件，要求各级党组织加强对共青团组织在"推优入党"工作方面的指导。此时，虽然相关文件为"推优入党"工作提供了依据和参考，"推优入党"工作开始制度化、组织化实施，但是"推优入党"工作还没有得到一些高校的重视，因此开展范围不够普遍，推优渠道也不够畅通，仍需要加大政策支持力度。

1992年，中组部和团中央联合发布做好"推优入党"工作的意见，明确要求28周岁以下青年需经团组织推荐才能入党，并对推荐工作的具体步骤、团员培养教育等方面作出要求，标志着"推优入党"工作进入了深入发展阶段。党的十八大后提出的党员发展总要求，即"控制总量、优化结构、提高质量、发挥作用"，为"推优入党"工作提供了更明晰的工作导向。2014年，中共中央办公厅发布《中国共产党发展党员工作细则》，从政策角度进一步明确团组织在"推优入党"工作中发挥的作用。在这一阶段，虽然党和国家层面出台了很多支持"推优入党"工作的相关政策和制度，加强了高校对"推优入党"工作的重视程度，高校"推优入党"工作取得了深入进展，普遍建立了"推优入党"工作制度，但是也出现了推优标准不清晰、程序不够规范等问题，还需进一步加强和规范"推优入党"工作。

2019年，团中央发布"推优入党"工作实施办法，明确了推荐对象、推荐条件和民主评议的具体方式等要求，充分吸收了前期有益经验，对于解决团组织在前期"推优入党"工作中遇到的问题具有重要指导意义。2022年，团中央印发全面从严治团的政策文件，进一步规范推优入团工作。在此背景下，推优入团工作流程已较为成熟，但是仍存在相关问题，例如，如何提升团员教育培养实效、提高推荐人选质量，充分发挥共青团在学校思想政治教育工作中主力军作用，全面融入"三全育人"格局和大思政体系，仍需持续探索。

二、实践意义

（一）推进全面从严治党的战略举措

习近平总书记指出，团的所有工作归结到一点就是当好党的助手和后备军。"推优入党"工作便是共青团发挥党的助手和后备军作用的重要体现。高校大学生群体是国家重点人才培养对象，也是新发展党员的重要来源，严格实行"推优入党"工作，让高校中的党组织对团组织进行工作指导，团组织向党组织汇报工作，有利于促进基层党团组织建设标准化、规范化建设，不仅能保持和增强共青团的政治性、先进性、群众性，还能规范党员发展工作流程，不断为党组织输送政治思想、道德品行、发挥作用、执行纪律上先进的社会主义建设者和接班人，有效提升青年党员发展质量，加强党员队伍建设，为推进全面从严治党打下坚实基础。

（二）提升思想政治教育实效的重要途径

在中国共产党成立 100 周年之际，中共中央、国务院印发了《关于新时代加强和改进思想政治工作的意见》，强调思想政治工作是党的优良传统、鲜明特色和突出政治优势，是一切工作的生命线。通过实施"推优入党"，高校依托党校、团校加强对团员青年的教育培训工作，制度化、组织化开展政治理论学习，能够引导他们学习马克思主义基本原理和党的基本理论知识等，增强对党和国家的使命感和责任感，树立为共产主义事业奋斗终身的信念，进而培养德智体美劳全面发展的社会主义建设者和接班人。

（三）实现党团班一体化建设的重要载体

党团班一体化建设是以党建工作为引领，以团学工作为基础，以创新班级建设为落脚点，重点解决目前高校中普遍存在的党建、团建和班建分离现状，发挥党支部、团支部和班级协同合作、共同育人作用，从而实现全员、全过程、全方位育人的一种模式。"推优入党"工作是高校党建带团建、促班建的一个重要契合点，通过党团班一体化建设，结合学科专业特点，有针对性地开展系列理论学习和实践锻炼类党建活动，扩大党建活动影响面，发挥党员先锋模范带头作用，激发班级团员青年政治理论学习的热情，实现党支部和团支部、班级的有效互动，从而做好优秀团员的选拔和培养工作，真正做到"成熟一个，发展一个"，为党组织选拔输送政治过硬、能力过硬的优秀人才。

三、实践举措

如前文所述，"推优入党"工作实施近 40 年，随着政策支持力度持续加强，推优标准逐渐清晰，推优程序逐渐规范，但还存在团员推荐人选质量和教育培养实效有待提高的问题。基于此，本项目以中南财经政法大学哲学院 2021 级研究生为例，通过党团班一体化建设，让党支部主动融入"推优入党"工作，与班级团支部在政治引领、评价指标、协调机制等方面共谋工作落实，从而充分发挥党支部效能作用，实现研究生党员质量的内涵式提升。

哲学院 2021 级研究生班是以年级为单位建立的班级，共有 67 名成员。哲学院 2021 级研究生团支部是在班级基础上建立的团支部，团员人数占班级总人数的 100%。哲学院研究生第三党支部在 2021 年 9 月 5 日开学之际，共接收 2021 级研究生党员 19 名；入党积极分子 6 名。这 6 名入党积极分子分别于 2021 年 12 月 5 日和 2022 年 6 月 12 日加入党组织成为预备党员，并分别于 2022 年 12 月 5 日和 2023 年 6 月 12 日按期转为正式党员。2021 年 9 月 5 日，党支部收到团支部 32 名团员递交的入党申请 32 份。这 32 名团员在 2021 年 11 月 5 日，经支委会研究决定成为入党积极分子，其中 17 名在 2022 年 12 月 6 日发展成为预备党员，并于 2023 年 12 月 6 日按期转为正式党员；1 名在 2023 年 11 月 23 日发展成为预备党员。

三年来，在上级党组织和团组织的领导和关心下，哲学院研究生第三党支部坚持以习近平新时代中国特色社会主义思想为指导，紧扣迎接和学习宣传党的二十大主题主线，主动融入团支部建设，以"学""思""践""悟"四举措提升党支部、团支部和班级的政治功能组织力、"三全育人"协同力、作用发挥战斗力和全面进步保障力，以"四个提升"有效推进"推优入党"工作。

（一）勤于学，领会精神实质，提升政治功能组织力

哲学院研究生第三党支部重点关注培养教育过程，坚持以政治建设为统领，完善"思想引领、学习在先"机制，加强对团员的培养、教育，带领班级团员青年深入学习贯彻习近平新时代中国特色社会主义思想，提高班级团员青年的政治理论水平和素养。围绕一百余个专题，开展集体学习活动 36 次。其中，在庆祝中国共产主义青年团成立 100 周年之际，开展党团联学共建活动，深入学习习近平总书记考察中国人民大学及在庆祝中国共产主义青年团成立 100 周年大会上的重要讲话精神，并策划开展"建功新时代，青春向未来"党团知识竞赛，巩固学习成果。在党的二十大召开后，邀请学院党委书记讲授"坚定理想信念 踔厉奋发前行"主题党课，邀请博士生宣讲团成员作"习近平生态文明思想"主题宣讲，深入学习党的二十大精神。发挥哲学社会科学学科优势，引导支部成员讲述新时代党领导人民取得的伟大成就，打造"哲里研声"之"我看新时代"系列主题党课 11 期，积极促进党建科研双融合、双促进。开展"学习先进人物，感悟榜样力量"系列主题党课，邀请全国第十六届大学生年度人物苏正民同志，放弃保研、圆梦北大的退伍女兵龚颖同志，中国农业大学科技小院学生冯金璐同志、何苗同志讲党课，以朋辈先进事迹强化价值引领。组织支部成员前往湖北省博物馆参观学习，"沉浸式"开展主题教育，引导支部成员坚定文化自信，厚植爱国情怀。在党组织的带领下，团员青年们接受党的路线、方针、政策等党的基本知识教育，学习党史、新中国史、改革开放史和社会主义发展史，进而端正入党动机，树立为共产主义事业奋斗终身的理想信念。

（二）敏于思，创新思路举措，提升"三全育人"协同力

在"推优入党"工作中，由于工作机制不完善等原因，党支部往往难以全面了解推优对象的日常表现，无法保障"推优入党"工作的质量。针对该问题，哲学院2021级研究生加强党团班一体化建设，由党支部统筹，将党支部书记、团支部书记、班长和入党申请人纳入工作体系，明确责任分工，从而提升多主体协同育人水平，实现对推优对象的全面客观考察。

党支部在制定党员发展计划时，听取团支部意见，实现党员发展工作和"推优入党"工作的同步推进。在培养教育入党申请人和入党积极分子环节，虽然均以党员标准为导向，把党的思想政治教育融入培养与发展过程中，但是党支部和团支部的分工有所侧重。在培养教育入党申请人时，党支部指导团支部落实具体工作，侧重于了解其入党动机、对其进行入党启蒙和介绍党的基本知识，鼓励其积极向党组织靠拢。在培养教育入党积极分子时，由党支部牵头负责，团支部和班级辅助，侧重于加强党性教育，创新优化教育内容与形式，加深入党积极分子对党的认识，进一步端正其入党动机。2022年10月，为献礼党的二十大，党支部和团支部、班级联合拍摄《入党，遇见更好的自己》视频，较为完整地展示了支部培养教育入党积极分子的积极成效，视频获学校推荐参评第二十二届全省党员教育电视片观摩交流活动。总之，党支部要主动融入"推优入党"工作中，在担负好教育、管理、监督党员责任的同时，坚守开展大学生思想政治教育的主阵地，组织、宣传、凝聚和服务好班级团员青年。

（三）勇于践，推进深度融合，提升作用发挥战斗力

哲学院研究生第三党支部积极促进理论学习成果转化，创新培养教育形式，根据青年特点和成长规律，充分调动资源组织社会实践和志愿服务活动，巩固拓展党史学习教育成果，常态化、长效化推进"我为师生办实事"实践活动，带领团员青年在实践过程中看发展、悟使命、长才干、展担当。每季度末，党支部开展"我为支部建言献策"活动，听取支部成员和入党积极分子对支部活动开展的意见建议，在活动开展过程中已形成"支委负责牵头，党员参与筹备，入党积极分子共同参加"的工作模式。围绕校园疫情防控工作，创建"'疫'起成长"解忧树洞，主动倾听、缓解同学们因疫情期间封控管理而产生的焦虑情绪；联合发起抗"疫"手势舞接力活动，号召同学们养成良好卫生习惯，遵守校园防疫规定，活动吸引学校8个研究生党支部共计326名党员参与，视频阅读量累计6600余次；组织开展"微志愿"点单活动，党员、团员们充当起"快递员"，为受疫情影响被封控管理的宿舍楼栋学生送便利，累计收到66份"订单"；在实行常态化核酸检测后，组织开展核酸检测志愿服务活动十余次，协助开展信息录入、秩序维护等工作。积极响应湖北省委开展的"下基层察民情

解民忧暖民心"实践活动号召，2022年6月，了解到南湖社区部分居民家里有坏了的小电器却找不到地方维修后，党支部主动与关山街道南湖社区党支部取得联系，带领班级团员青年联合为社区居民举办了一场免费维修家电志愿服务活动，并获极目新闻报道。寒暑假期间，党员、团员积极主动参加"三下乡""返家乡"社会实践活动，深入地方党政机关、家乡企业、乡镇社区，以实习实训、劳动实践等方式参与基层治理、民情调查、社区服务、文化宣传，运用所学为家乡建设建言献策，服务地方经济社会发展，用实际行动助力实现中国式现代化。

（四）善于悟，持续改进提升，提升全面进步保障力

虽然团中央发布的"推优入党"工作实施办法中已明确规定推优条件，但落实到实际工作中仍存在偏差，主要表现在缺少客观量化的评判标准，而以主观投票决定和仅看参加活动和学生干部经历决定推优对象。推优标准是决定推优对象的重要依据，发挥着指挥棒的作用，对此，哲学院研究生第三党支部以《中国共产党普通高等学校基层组织工作条例》为指引，结合2014年修订的《中国共产党党员发展细则》，参考《中南财经政法大学共青团推优入党工作实施细则》，联合班级团支部制定了《哲学院研究生第三党支部党员发展遴选考察细则》，从政治理论学习、党性修养、学业表现、民主测评、学生工作五个方面对入党积极分子进行考察，其中政治理论学习包括党校学习、青年大学习主题团课两个方面，占比为25%；党性修养包括参与志愿服务活动和文体活动情况，占比为25%；学业表现包括学习成绩和科研实践成果情况，占比为20%；民主测评由党员根据入党积极分子汇报情况进行投票，一学期开展一次测评，占比为20%；学生工作包括在校、院学生组织任职情况，占比为10%。在制定推优标准时，该细则遵循三个原则：一是把政治标准放在首位，突出把好政治关；二是兼顾客观评价和主观评价，听取多方面考察情况；三是重点关注培养教育过程，而非总结性评价。在进行推优考察的过程中，党支部委员会与团支部委员会、班级委员会按照流程严格进行，对由推优大会产生党的发展对象推荐人选严审党员发展材料，严把党员发展质量关。

四、实践成效

（一）建构了推优标准的评价体系，规范了"推优入党"工作流程

哲学院2021级研究生党团班将"推优入党"标准精细化后，制定的党员发展遴选考察细则将培养教育指标清单化，通过多维度定性、定量评价班级团员青年的日常表现和作用发挥，把培养教育班级团员青年的任务贯穿在党员发展全过程，确保

"推优入党"工作不是阶段性而是长期性的，从而使推优结果更科学、全面。同时，将"推优入党"流程标准化，结合《中南财经政法大学共青团推优入党工作实施细则》，梳理出符合支部实际的推优工作流程图，对标党支部发展党员的标准和要求，明确团组织在党员发展工作中的作用发挥节点，使"推优入党"工作有章可循、有据可依。

（二）形成了党团班一体化建设工作合力，提升了多主体协同育人工作水平

在大思政背景下，哲学院2021级研究生党团班以党的建设整体布局为出发点，围绕立德树人根本任务，通过完善机制和平台建设，把党史、新中国史、改革开放史和社会主义发展史融入日常教育，使党员深入团员青年中开展思想引领工作，提高团员青年的理论素养和思想觉悟，同时党员也在此过程中接受团组织对个人的监督，自我完善，提升党性修养，充分发挥党员模范带头作用，从而实现党支部、团支部和班级的互融互通，在党建引领、团建落实和班级建设上取得新的突破，深化思想政治教育工作效果，落实全员、全过程、全方位育人，培养有理想、有责任、有担当的社会主义建设者和接班人。

（三）激发了支部战斗力、团支部创造力和班级凝聚力

"推优入党"工作的目标是为了向党组织推荐优秀青年，党团班一体化建设的实践机制让"推优入党"工作与青年人才培养有机融合，在班级团支部内部营造了"比学赶超"的争先氛围，发挥了"推优入党"量化评价的指挥棒作用。截至2022年12月，哲学院研究生第三党支部累计通过"推优入党"确定党员发展对象23名，发展数量和质量稳步提升。支部成员在德智体美劳各方面充分发挥模范带头作用，经研究生综合素质评价，荣获国家奖学金1人、发表学科顶刊4篇、累计荣获市级及以上荣誉7项、校级及以上荣誉60余项。通过发挥党团班一体化建设在"推优入党"工作中的作用，党组织必将更加充分发挥党员先锋模范带头作用，引领广大团员青年坚定理想信念，加入光荣的党组织。

五、经验启示

（一）坚持党的领导，加强党团班联动

坚持党的领导是共青团的立身之本，也是共青团区别于其他青年组织的根本特质和鲜明优势。共青团只有自觉坚持党的领导，在党的领导下开展"推优入党"工作，

才能团结带领青年前进，推动"推优入党"工作沿着正确政治方向前进。在具体实践过程中，坚持党的领导主要表现在根据党组织的年度党员发展计划制定团组织"推优入党"计划，依据党员的标准确定"推优入党"的条件，配合党组织做好入党申请人和入党积极分子的培养教育工作，并定期汇报工作情况，主动征求党的意见。同时，党组织要对团组织"推优入党"过程进行指导，积极提供帮助和支持，必要时可让团支书列席党委会、党支部大会，解决沟通不畅、衔接不足的问题。

（二）完善制度保障，健全体制机制

中组部和团中央相继印发多份工作意见，对"推优入党"工作的实施提供了重要指导意见，各高校按照文件精神和工作实际制定了制度，例如中南财经政法大学制定了《中南财经政法大学共青团推优入党工作实施细则》，规范了高校"推优入党"工作，充分体现了制度建设在"推优入党"工作中发挥的根本保障作用，同时高校"推优入党"工作的实践也为"推优入党"工作不断制度化、规范化提供了经验。当前的问题在于，团支部如何根据各高校团组织所制定的"推优入党"制度，结合自身实际情况，针对性地建立起遴选考察制度、培养教育制度和监督问责制度等相关配套制度，进而完善工作运行的体制机制，确保"推优入党"工作的公平、公正、公开，这是提升"推优入党"工作质量的关键。

（三）加强核心群体建设，提高履职能力

在党团班一体化建设中，核心群体是指党支部委员、团支部委员和班干部等"推优入党"工作的具体执行者，其履职能力是影响"推优入党"工作质量的重要因素。"推优入党"工作是一项政策性强的政治性工作，而高校党团班干部普遍由学生担任，具有较强的流动性，因此只有自觉主动提高其履职能力，才能高质量地完成"推优入党"工作。提高党团班干部的履职能力可以从以下几方面入手：一是提高政治站位，党团班干部应自觉加强理论学习，掌握工作规律，才能以强烈的责任感和荣誉感做好"推优入党"工作。二是增强业务能力，党团班干部要自觉武装党团知识，重点学习党员发展流程规范、"推优入党"工作细则等。三是加强作风建设，党团班干部要多为青年计，少为自己谋，不尚虚谈、多务实功，培养担当实干的工作作风。

随着经济发展水平的不断提高，我国的高等教育大众化程度仍将不断提高，高校日益成为对青年群体进行思想政治教育，引导大学生团员青年坚定共产主义远大理想的重要阵地。因此，高校要着力建强党团班一体化建设育人阵地，系统打造服务中心大局的工作链条，丰富优化青年成长发展的服务方法，以达到构建"大思政课"协同育人新格局，开创新时代教育工作新局面的成效。

参考文献

［1］陈思雨.高校"推优入党"现状、存在问题及路径探索——以成都某高校为例［J］.西部学刊，2022（23）：153–156.

［2］张会杰.高校共青团推优入党40年：历程、经验及未来取向［J］.青少年研究与实践，2022，37（04）：30–37.

［3］源头"选优" 过程"培优" 实践"育优" 全面提升推优入党工作质效［J］.中国共青团，2022（19）：42–43.

［4］杨建莺，艾尔夏提·吾买尔.做好推优入党工作 助力样板党支部建设［J］.中国共青团，2022（08）：65.

［5］何秋霞.大思政背景下高校"党—团—班"一体化建设研究［J］.现代交际，2021（13）：175–177.

［6］徐文海，关海，刘博.高校党组织在共青团推优入党工作中的效能发挥研究——以同济大学为例［J］.上海党史与党建，2021（03）：84–89.

［7］基于"图库表单"的团组织推优入党工作模式探索与实践［J］.中国共青团，2021（05）：50.

［8］韩秀凤."高""严""联"三字发力 展现"推优入党"的南湖样板［J］.中国共青团，2021（03）：72–74.

［9］杨剑."党团班一体化"建设的实效评价指标体系构建与应用［J］.黑龙江生态工程职业学院学报，2020，33（05）：105–108.

［10］杨剑.高职院校党团班一体化"三阶段"建设举措研究［J］.佳木斯职业学院学报，2020，36（08）：181–182.

［11］王雅楠.高校团员推优入党工作存在的问题及对策研究［J］.青年与社会，2020（20）：58–59.

［12］高静，王丽雅，索天艺.高校基层团组织推优入党工作的实践与思考——以北京大学为例［J］.北京教育（德育），2020（06）：18–21，96.

［13］牟琪琪.研究生党、团、班一体化建设探索——以中国石油大学（北京）地球科学学院研2016级优秀研究生集体为例［J］.教育信息化论坛，2019，3（05）：133，203.

［14］徐港，姜文博，杨昊.如何发挥研究生党支部在研究生学风建设中的作用［J］.西部素质教育，2018，4（13）：38，40.

［15］谢飞.基于构建高校共青团大学生分层分类思想引领工作体系视角下基层党团建设一体化模式研究［J］.现代经济信息，2018（10）：439.

（作者单位：中南财经政法大学哲学院 温州医科大学国际教育学院）

▶▶▶ 思政铸魂·协同育人

"三全育人"视角下研究生导师
与辅导员的协同育人策略

田 雨

摘 要：新时代研究生教育管理面临新压力和前所未有的转型挑战，提高研究生教育管理质量是高等教育有序发展的关键一环，也是教育资本投资与劳动力市场回报相匹配的重要保障。习近平总书记在全国高校思想政治工作会议上提出的"三全育人"理念为化解研究生教育管理难题提供了有益的理论指引。为此，本文从招生制度、培养管理、学位论文和就业现状四个方面分析研究生教育管理面临的问题，以"三全育人"理念为指引，以凝聚协同育人共识、搭建协同育人平台、完善协同育人沟通渠道、创新协同育人模式为抓手，为研究生教育管理持续向好发展建言献策。通过梳理研究生教育管理问题并提出有益对策，有助于为高校落实立德树人根本任务提供理论支持和实践指导，推动研究生教育管理创新。

关键词："三全育人" 协同育人 研究生教育

一、引言

随着我国研究生教育的快速发展与深化，研究生培养质量问题越发受到社会各界的广泛关注与高度重视。习近平总书记在全国高校思想政治工作会议上提出，要坚持把立德树人作为中心环节，把思想政治工作贯穿教育教学全过程，实现全程育人、全方位育人，努力开创我国高等教育事业发展新局面。在此背景下，"三全育人"理念应运而生，强调全员、全程、全方位育人，要求全体教职员工多岗位协同协作、互联互通，在学生成长成才过程中实现各个环节协同发力，形成人人、时时、处处的育人格局。

随着我国研究生教育领域的迅速拓展与深化，研究生培养质量的问题日益凸显。当前，研究生教育管理面临着新的挑战和压力，如何在提高研究生数量的同时保证培养质量，已成为亟待解决的问题。研究生导师和辅导员作为研究生培养过程中的关键人物，不仅对研究生的学习、科研和生活进行全面指导，还需致力于培养研究生的综合素质和创新能力。目前，多数高校已经意识到了协同育人的重要性，并在实践中进行了初步探索，但整体上协同育人机制尚未完善，存在若干问题如职责认识不全面、协同配合不主动、考核机制不完善等。

在"三全育人"理念指导下，研究生导师与辅导员如何形成有效的协同育人机制，提升研究生思想政治教育质量，是当前研究生教育改革的关键问题。具体问题包括：如何明确导师和辅导员在协同育人中的职责和角色？如何构建有效的沟通和协作平台？如何完善考核和激励机制以促进协同育人的实施？

本文旨在探索"三全育人"视角下研究生导师与辅导员的协同育人策略，通过分析当前研究生教育管理的现状、问题及其成因，提出优化的育人机制和实施方案。探索研究生导师和辅导员协同育人策略有助于促进研究生全面发展，提升研究生教育质量，为国家培养更多德才兼备的高层次人才。

二、"三全育人"理念的理论基础

（一）"三全育人"的内涵

2016 年 12 月，习近平总书记明确指出，高等教育要全面贯彻立德树人的根本任务，实现全程育人、全方位育人，以培养担当民族复兴大任的时代新人。自 2016 年全国高校思想政治工作会议提出"三全育人"理念以来，该理念已逐步确立为中国高等教育领域的重要指导原则。这一理念强调全员育人、全程育人、全方位育人，旨在通过整合教育资源、优化教育过程，实现对学生全面而深入的培养。在国家的政策推动下，教育部和相关部门出台了一系列政策文件，如《关于加强和改进新形势下高校思想政治工作的意见》《关于加强新时代高校思想政治教育工作的意见》《关于加强和改进新时代高校美育工作的意见》等，为"三全育人"理念的实施提供了政策支持和行动指南。上级文件一经发布，即在全国范围内的高校中引起积极响应。各高校纷纷依据文件精神，制定本校"三全育人"实施方案，并同步建立起相应的工作机制与保障措施。在实践中，高校不断探索全员参与、全过程覆盖、全方位育人的有效途径和方法，如构建跨学科的课程体系、加强师德师风建设、推动校企合作等。此外，教育理论界对"三全育人"理念进行了学术研究，探讨其理论内涵、实践路径和评价体系。同时，全国范围内开展试点工作，部分高校成为"三全育人"综合改革试点，通过树立典范发挥引领作用，推广成功经验与成熟做法，旨在为其他高校提供一套可借鉴的模式。通过定期的评估和检查，教育部门对"三全育人"工作的成效进行评价，及时发现问题，不断优化和完善育人机制。这一过程确保了"三全育人"理念的持续推进和深化。在国际教育交流中，"三全育人"理念作为中国高等教育的特色之一，通过国际交流合作，展示了中国教育的理念和实践。综上所述，"三全育人"理念的发展历程是一个由上至下、由点及面的过程，从国家政策的制定到地方和高校的具体实施，再到理论的深化和国际交流，这一理念不断得到丰富和完善，成为推动高等教育内涵式发展的重要力量。

（二）"三全育人"与研究生教育的关系

"三全育人"理念为研究生教育提供了全面的理论指导，而研究生教育的实践又为"三全育人"理念的深化和发展提供了丰富的经验和启示。二者相互促进，共同发展。

1. "三全育人"理念为研究生教育提供的理论依据。

（1）全员育人。研究生教育体系中强调导师是研究生培养的第一责任人，同时，辅导员在研究生思想政治教育中也扮演着重要角色。"三全育人"理念明确除了导师和辅导员外，其他教职工也应参与到研究生的教育过程中，在这种多元化的育人主体下，每个人根据自己的专长和岗位特点，共同承担起培养学生的责任。这要求高校构建协同育人的环境，鼓励不同背景和领域的教职工参与教育过程，形成育人的合力，共同营造有利于学生发展的校园文化和学术氛围。全员教职工需紧密合作，共同构建协同发力的育人体制，确保育人工作的全面性和有效性。

（2）全程育人。研究生教育是一个长期且持续的过程，从入学到毕业，研究生的教育不仅限于课堂和科研，还包括思想政治教育、心理健康教育、职业规划等。"三全育人"理念要求研究生教育覆盖研究生学习、生活的全过程。在研究生教育的起始阶段，入学教育着重于帮助新生适应新环境，明确学术道德和学术目标。随后，课程教学不仅传授专业知识，也融入思想政治教育，培养学生的批判性思维和创新精神。科研训练在研究生教育中占据核心地位，学生通过参与科研项目，培养自身科研兴趣与创新能力，并在过程中接受科研伦理潜移默化的熏陶。实习实践环节旨在使学生将所学理论知识应用于实际情境中，从而有效提升其解决实际问题的能力，并在此过程中增强学生的社会责任感。此外，通过参与各类学术活动，如会议与研讨会，学生的学术视野得以拓宽，学术交流与表达能力亦得到显著提升。职业规划教育作为研究生教育的重要组成部分，旨在帮助学生深入了解职业发展趋势，明确个人职业目标，进而提升其在就业市场中的竞争力。同时，心理健康教育贯穿研究生教育的全过程，能够帮助学生有效应对学业与生活中的压力，培养其良好的心理素质，以更好地适应未来的挑战。毕业教育包括毕业设计（论文）指导和就业指导，确保学生顺利毕业并平滑过渡到职场。同时，终身学习的理念被反复强调，鼓励研究生毕业后继续追求知识和技能的提升。

（3）全方位育人。研究生教育旨在培养全面发展的人才，不仅要求学术研究能力，也注重思想政治素质、创新能力、实践能力等综合素质的提升。"三全育人"理念强调研究生教育要涵盖研究生发展的各个领域，促进研究生的全面发展。"全方位育人"倡导多样性，意味着研究生教育应包含丰富的教育内容，如知识学习、科研实践、社会服务、文化体验等，以促进研究生在不同领域的均衡发展。它还鼓励通过多元化的育人途径，如课程教学、科研训练、实习实践、社团活动和国际交流，为研究生提供全面的成长机会。"全方位育人"还尊重学生个性差异，提倡育人方法的个性化，提供定制化的教育方案，满足不同学生的学习需求和职业发展目标。它紧跟时代发展，强调育人理念的时代性，将新时代的要求融入育人全过程。

2. 研究生教育为"三全育人"理念提供的新启发。

（1）个性化教育。研究生教育注重培养学生的独立思考和创新能力，这要求教育者根据每个学生的特点和需求，提供个性化的指导和支持。这种个性化教育的实践为"三全育人"理念提供了新的启示，即育人工作应更加注重个体差异，实现因材施教。

（2）科研与育人相结合。研究生教育中，科研活动是培养学生创新能力和实践能力的重要途径。将科研与育人深度融合，不仅提升了研究生的学术造诣，也促进了其综合素质的全面发展，为"三全育人"理念提供了富有成效的实践探索与路径。

（3）终身学习。研究生教育鼓励学生树立终身学习的理念，强调学习是一个持续的过程，并不局限于在校期间。终身学习理念与"三全育人"中的全程育人相契合，为"三全育人"理念提供了新的视角，即育人工作应贯穿学生的整个成长过程。

（4）社会责任感的培养。研究生教育通过社会实践、志愿服务等活动，培养学生的社会责任感和使命感。这种教育实践为"三全育人"理念提供了新的内涵，即育人工作应注重培养学生的社会责任感。

（5）国际化视野。研究生教育注重培养具有国际视野的人才，通过国际交流与合作，拓宽学生的全球视野。这种国际化教育实践为"三全育人"理念提供了新的维度，即育人工作应培养学生的全球竞争力。

三、研究生教育管理现状

根据"三全育人"理念，本文将从研究生招生制度、研究生培养管理、研究生学位论文、研究生就业现状四个方面分析当前研究生教育管理现状。

（一）研究生招生制度

通常情况下，研究生招生制度分为全国统一招生考试和推荐免试招生。其中，全国统一招生考试初试部分顺应我国应试考试传统，尽最大可能保证了公开、透明。但复试部分和推免招生流程存在部分问题。

1. 全国统一招生考试复试部分。

（1）复试区域存在不平衡。复试区域存在不平衡主要体现在不同地区、不同高校之间的复试标准和流程差异较大。由于各高校在复试材料审核、笔试和面试的具体操作上存在自主性，导致复试的规范性、科学性和公平性难以统一。这种不均衡现象不仅损害了考生在复试过程中的公平竞争权益，同时也削弱了复试结果的社会公信力。

（2）复试流程隐含不规范。复试流程的不规范主要体现在对复试材料的审核严谨性不足、复试过程缺乏严格的规范性操作，以及复试结果的处理存在随意性。高校在复试材料的审核上往往只是象征性地接收，并未认真核实其真实性，导致复试材料成为"走过场"。同时，复试过程中可能存在"人情"面试等不公平现象，影响复试结果的公正性。此外，复试结束后，大量复试材料的保管和处理也存在很大的随意性，缺乏统一的管理标准。

（3）复试导师权责不明晰。复试导师的权责不明晰是复试过程中一个突出的问题。一方面，导师对其在复试中要承担的权责认识不清晰，往往只关注自身享有的权利而忽视了需要承担的责任；另一方面，高校对参与复试的导师权责界定也仅停留在制定的相应复试制度文件中，对导师实际违规行为的界定和责任处理较为模糊。这种权责不明晰的情况容易导致复试过程中的不公平现象和导师招生权力的滥用，影响复试的规范性和公正性。

（4）复试方式缺乏灵活性。在特殊情况（如疫情期间）下，传统的线下复试方式受到严重挑战，暴露出复试方式缺乏灵活性的问题。虽然部分高校尝试采用线上复试的方式，但线上复试的规范性和公正性仍需进一步验证和完善。同时，线上复试也带来了新的挑战，如技术故障、网络延迟等问题可能影响复试的顺利进行。因此，高校需要探索更加灵活多样的复试方式，以适应不同情况下的招生需求。

（5）复试结果反馈机制不健全。复试结果反馈机制的不完善，主要体现在考生针对复试结果所提异议的处理环节。具体而言，当考生对复试结果产生怀疑并寻求解决时，常面临申诉途径缺失及处理程序不明确等问题，直接影响了反馈机制的健全性，导致部分考生对复试结果的公正性产生怀疑，甚至引发社会舆论的关注。因此，高校需要建立健全复试结果反馈机制，为考生提供有效的申诉渠道和明确的处理流程，确保复试结果的公正性和透明度。

2. 推免招生过程。

（1）公平问题。推免招生提前考核中存在显著的不公平问题，主要体现在院校身份偏见和"海投"现象。许多"双一流"高校在夏令营招生中，对申请者的本科院校背景有着严格的要求，如要求申请者来自"双一流"建设高校或学科评估 A – 及以上的高校。这种"一刀切"的选拔方式，导致了许多本科院校背景不够突出的优秀学生难以获得平等的机会，违背了教育公平的原则。"海投"现象加剧不公平问题，部分推免生出于对未来录取结果的不确定性，会同时申请多个夏令营、参加多个开放日，引发"海投"现象。这种行为不仅增加了招生单位的筛选难度，也使得有限的优质教育资源集中流向少数"学霸"群体，进一步加剧教育资源分配的不公平性。

（2）信任危机。推免招生提前考核中还存在显著的信任危机问题，主要体现在推免生与招生单位之间的相互信任方面。由于夏令营等提前考核活动缺乏统一规则的约束，且提前录取协议不具备正式的法律效力，推免生担心即使获得优秀营员资格也无法保证最终录取，导致他们不敢轻易放弃其他选择。招生单位则担心推免生会"脚踏多只船"，选择其他高校，导致自身优质生源流失。因此，部分招生单位会要求营员承诺在获得推免资格后必须报考本单位，但这种做法又进一步加剧了推免生的不信任感。

（3）程序正义问题。推免招生提前考核在程序正义方面也存在不足，主要体现在提前考核缺乏统一规则和考核结果透明度不足。教育部虽然对推免工作有相关规定，但具体到夏令营等提前考核活动，各招生单位往往自行制定规则，缺乏统一性和规范性。这导致了不同高校之间的考核标准和流程存在较大差异，难以保证考核的公正性和透明度。由于夏令营等提前考核并未纳入正式的推免招生系统，其考核过程和结果往往缺乏透明度。部分招生单位不公开推免录取指标和夏令营考核成绩与排名，使得外界难以监督，也加剧了推免生和招生单位之间的不信任。

（4）法律效力缺失。夏令营等提前考核中签订的提前录取协议并不具备正式的法律效力。无论哪一方违约，都不需要承担法律责任，这使得提前录取协议成为了一种"口头承诺"，难以保障双方的权益。这种情况不仅导致了推免生和招生单位之间的信任危机，也影响了推免招生制度的严肃性和权威性。

（二）研究生培养管理

培养管理在研究生教育过程中占据至关重要的地位，它是衔接招生与学位授予、毕业去向的中间环节，直接决定了研究生学术水平、科研能力与创新能力的培养质量。结合已有研究，仍存在"重数量、轻质量""管理职责模糊""学术创新培养能力不足""培养质量监控不佳"等方面问题。

1. 重数量、轻质量。在研究生培养过程中，部分高校过于追求招生规模，从而忽视了培养质量。这导致研究生教育资源被稀释，研究生培养质量难以保证，其能力提升和知识更新速度无法赶上社会发展能力，毕业后难以适应社会要求。

2. 管理内容粗略，管理职责不明确。研究生培养管理往往涉及多个部门和环节，但部分高校在管理过程中存在内容粗略、职责不明确的问题。这导致管理效率低下，管理效果不佳，难以有效保障研究生培养质量。例如，部分高校重视理论课程的开设，但对课程内容设计、教学方式、考核评价等方面的管理不够精细与深入；同时，对学术沙龙、学术会议等学术活动的组织和管理也缺乏明确且具体的规定和考核。这种管理内容的粗略性，难以保证研究生培养质量的全面提升。

3. 学术创新能力培养不足。研究生教育的重要目标是培养具有创新能力的高层次人才。然而，部分高校在研究生培养过程中过于注重知识的传授和技能的训练，而忽视了学术创新能力的培养。这导致研究生在科研工作中缺乏创新精神和创新能力，难以在学术领域取得突破。部分高校缺乏宽松、平等的学术氛围，对研究生的创新思维和批判性思维培养不足，学生缺乏参加学术会议的主动性和积极性。

4. 研究生培养质量监控机制不健全。研究生培养质量的监控往往将传统的学术成果和考试成绩作为主要评价指标，这种评价方式较为单一，难以全面反映研究生的综合素质和创新能力。传统的评价体系侧重于量化指标，如发表论文数量、考试成绩等，而忽视了研究生的科研能力、实践能力、团队协作能力、创新思维等综合素质的评估。同时，质量监控的预警机制也有待改进，预警系统开发程度不足，无法及时、准确地收集和分析研究生的学习状态和表现数据。其次，预警流程缺乏渐进性，往往是在学生出现严重问题时才进行干预，缺乏前期的预防和引导措施。

（三）研究生学位论文

1. 过程质量控制不严格。部分学校开题和预答辩环节的未通过比例非常低，这可能反映出过程质量控制的宽松，导致研究生可能在没有充分准备的情况下进入下一个研究阶段，最终带来盲审环节的麻烦，给学位点未来招生发展带来不便。

2. 论文质量问题点多且面广。已有研究通过对 150 份首次盲审未通过的研究生学位论文的分析，发现平均每篇论文有 4.57 个问题点，问题类型涉及 13 个方面，包括概念表述错误、规范性差、论文选题不当等，显示出研究生学位论文质量问题的多样性和普遍性。

（四）研究生就业现状

1. 就业结构不均衡。研究生就业倾向明显偏向于东部地区及大城市，企业是吸纳毕业生就业的最主要单位，其次是事业单位，最后是学术性单位。这反映出研究生的就业趋向于非学术性市场，这可能与研究生培养的学术目标有所偏差。毕业生就业选择的集中性可能导致某些地区或行业人才过剩，而其他地区或行业则面临人才短缺的问题。

2. 就业起薪与期望不符。当前研究生就业市场存在一个显著问题，即研究生的就业起薪往往不能满足他们的期望。根据《2019年中国大学生就业报告》的数据，研究生的平均起薪在6000~8000元，然而许多研究生，特别是热门专业的毕业生，期望薪资通常超过10000元。这种起薪与期望值之间存在的显著差距，引发了研究生群体对于其教育投资回报的普遍不满情绪。在生活成本高的城市如北京和上海，研究生面临着更大的经济压力。《中国统计年鉴》显示，这些城市的人均月度可支配收入与研究生的平均起薪相差无几，但高昂的房租和生活费用使得他们难以维持舒适的生活水平。职业发展方面，《中国研究生就业发展报告》指出，仅有大约50%的研究生对首份工作的薪资表示满意，而《我国研究生就业状况实证研究》的数据显示，研究生就业后三年内晋升的比例约为30%，远低于他们的期望，从而动摇了他们对职业前景的信心。

四、协同育人的路径选择

以"三全育人"为理论指引，从凝聚共识、搭建平台、完善沟通渠道和创新模式四个方面着手优化研究生教育，将"三全育人"的教育精神真正融入研究生教育管理的各项环节，助力新时代高等教育良性发展。

（一）凝聚协同育人共识

首先，加强导师和辅导员在招生过程中的沟通与合作，共同参与招生政策的制定和执行，确保招生过程的透明度和公正性。通过定期开展会议和培训，强化每个人的育人意识和责任感。其次，明确导师和辅导员在培养过程中的职责范围，研究生导师负责学科前沿引导与科研方法指导，是研究生培养的第一责任人。同时也要关注研究生的政治素质、思想品德、学习科研、心理健康和综合素质等方面的培养，辅导员要积极开展党团和班级建设，开展学生骨干的遴选、培养、激励工作，指导学生党支部和班团组织建设；激发学生学习与科研兴趣，引导学生养成良好的学习习惯，掌握正确的学习方法。再次，导师需严格把关学位论文的研究工作、写作发表、学术水平和学术规范性，确保论文达到学术规范和质量要求。辅导员在论文送审的各个环节与导师及时沟通，为学位论文顺利通过全过程保驾护航。最后，研究生导师和辅导员都要对学生的职业规划进行详细的指导，根据不同学生的特征和兴趣提供及时有效的就业信息。

（二）搭建协同育人平台

首先，建立统一的招生信息平台，研究生导师和辅导员共同协商流程标准并及时公开，让考生和家长能够实时了解招生进度和结果。其次，设立联合培养项目，让导师和辅导员共同参与学生的科研和实践活动，提高学生的实践能力和创新精神。再次，建立论文指导小组，由导师和辅导员共同参与，导师从学科专业性角度给予指导，辅导员可以结合学生工作经验从论文选题和实践结合的紧密性角度提出有益建议。最后，建立校企合作平台，增加研究生的实习和就业机会，促进产学研结合。研究生导师可以利用自己的行业资源和已毕业的优质毕业生资源，与企业建立合作关系，为学生提供实习和就业机会；也可以将企业的实际项目引入研究生的培养过程中，让学生参与到真实的项目中去，增加实践经验。实行"双导师"制度，校内导师负责学术指导，企业导师负责实践指导。辅导员积极寻找优质企业信息，组织职业规划讲座、行业分析会等活动，帮助研究生了解行业动态和就业趋势。负责管理和维护学校的就业信息平台，发布企业招聘信息，为研究生提供及时的就业信息。

（三）完善协同育人沟通渠道

首先，建立考生、家长、导师和辅导员之间的多向沟通机制，及时解决招生过程中的疑问。辅导员与导师组在招生规则方面达成共识后，积极向存在疑虑的考生及其家长反馈实际情况，确保信息的真实性和透明度。其次，定期组织导师与辅导员之间的交流会议，分享学生培养的经验与心得，并根据实际情况及时调整和优化培养策略，以确保学生能够得到更加全面和有效的指导。辅导员通过与学生日常沟通及时总结问题，与导师协同化解研究生面临的压力和困惑。再次，积极沟通校外资源，对学位论文进行线上和线下指导，帮助学生提升学位论文质量。最后，导师和辅导员需要积极与学生沟通就业意向，充分了解学生职业规划和实际想法，在此基础上针对性地向学生提供实习机会和就业信息，并保持持续畅通的沟通机制，直到学生顺利就业。

（四）创新协同育人模式

首先，探索多元化的招生方式，如综合评价、面试等，增加学生的展示机会，减少单一考试的依赖，注重对学生创新能力的综合考察，筛选具有创新、探索、质疑精神的研究生后备人才。其次，实施个性化培养计划，根据学生的兴趣和特长，提供定制化的指导和资源支持。培养方案既包含学科专业课也要留有一定的空间让研究生自行安排课程内容，鼓励跨学科学习和高校间学术交流。再次，建立多层论文评审环节，校内导师和校外专家积极合作，从各方面给予具体的论文指导建议。最后，尝试建立科技中介平台，促进科研成果的市场化和产业化。研究生导师可以利用这些平台将研究成果转化为实际应用，辅导员则可以利用这些平台为研究生提供更多与企业接触的机会。

参考文献

［1］武立强．"三全育人"视角下高校课程思政建设的问题与对策研究［J］．公关世界，2024（22）：109－111．

［2］张甜，白羽鹤．践行"三全育人"理念：高校学业辅导的新思路与实践探索［J］．高教学刊，2024，10（29）：172－175．

［3］陈慧．高校研究生思政教育工作中导师与辅导员协同育人机制探究［J］．大学，2024（21）：62－65．

［4］程光德，邓晓阳．研究生学位论文质量内部保障体系重建的一种新视角：研究生学位论文质量共同体——以 W 大学研究生学位论文质量内部保障实践为案例［J］．中国大学教学，2024（06）：75－82．

［5］常瑛，卜凡熙，王志华．"三全育人"视角下研究生导师与辅导员协同育人机制研究［J］．大学，2024（06）：15－18．

［6］梁伟，李永刚．硕士研究生推荐免试招生提前考核的流程剖析及问题反思［J］．中国考试，2023（09）：36－43．

［7］朱学红，谢日安，戴吾蛟．能力提升视角下研究生课程体系建构及路径优化——基于中南大学的实践经验［J］．现代大学教育，2023，39（01）：103－110．

［8］毛金德，蒋竺均，朱国利，等．从"问责"到"支持"：学位论文质量保障范式转换［J］．学位与研究生教育，2023（01）：47－55．

［9］郭琳．后疫情时代硕士研究生招生复试改革的思考［J］．中国考试，2022（03）：51－59．

［10］张佳，张强军．研究生导师与辅导员合力育人——价值意蕴、现实困境与路径选择［J］．研究生教育研究，2021（01）：22－28．

［11］欧阳光华，杜剑涛．研究生培养过程预警机制：内涵、意义、问题与对策［J］．高教探索，2020（10）：28－34．

［12］杨院，王荧婷．我国硕士研究生毕业去向及趋势研究——基于教育部直属高校2014—2018年数据的分析［J］．研究生教育研究，2020（05）：58－65，73．

［13］王辉，张淑林．导师权力、约束机制与学术治理体系——关于研究生招生复试若干问题的断想［J］．研究生教育研究，2020（05）：53－57．

［14］付正，武婧，袁张丹．研究生导师和辅导员合力育人存在的问题及其对策［J］．高教论坛，2020（09）：89－92．

［15］李祥，魏月寒，张晗．非全日制研究生社会认同度的理性审视与制度反思——基于一则非全研究生就业同权的舆情分析［J］．研究生教育研究，2020（04）：20－26．

［16］李阳，丛建伟．研究生辅导员与导师协同育人工作探析［J］．教育现代化，2019，6（53）：1－4．

［17］于菲，邱文琪，岳昌君．我国研究生就业状况实证研究［J］．学位与研究生教育，2019（06）：32－38．

［18］陈睿，白丽新，张立迁．硕士研究生招生考试自划线问题探析［J］．研究生教育研究，2018（01）：55 - 59.

［19］陈艳慧，李博，李勇，等．在研究生培养中实施精细化管理刍议［J］．学位与研究生教育，2016（05）：38 - 42.

［20］熊华军．研究生培养机制改革的指导理念与实践目标——基于内容分析［J］．学位与研究生教育，2012（03）：61 - 66.

［21］郭俊，曾伟．中国研究生管理研究现状与反思：2000～2010［J］．研究生教育研究，2011（04）：58 - 63.

［22］武剑．浅析研究生教育中的培养质量监控［J］．山西财经大学学报，2008（S1）：237.

（作者单位：中南财经政法大学公共管理学院）

高校辅导员队伍专业化、职业化质量提升与保障体系构建研究*

付慧娟

摘　要： 胸怀"国之大者"，服务"国之所需"，着力培养更多高层次拔尖创新人才是中国特色社会主义高校肩负的历史使命。本文从跨学科视角出发，试从队伍建设、管理体系、工作范式、评价标准及持续提升五个方面构建辅导员队伍专业化、职业化建设质量提升与保障体系，旨在为全方位提升高校辅导员职业能力与素养，促进辅导员职业化、专业化内涵式发展提供有益思路。

关键词： 高校辅导员　专业化　职业化　质量提升与保障体系

党的十八大以来，党中央高度重视教育工作，持续推进教育领域综合改革，全面加强各级各类学校思想政治教育，构建中国特色社会主义思想政治教育体系。党的二十大报告凸显"教育、科技、人才"作为有机整体，相互作用又相互促进的特质，突出了教育的基础性、战略性支撑地位，充分体现了以习近平同志为核心的党中央着眼于党和国家事业发展全局，对教育这一基础战略工作前所未有的重视和谋划。2024 年7 月 21 日，党的二十届三中全会审议通过《中共中央关于进一步全面深化改革、推进中国式现代化的决定》，明确教育、科技、人才是中国式现代化的基础性、战略性支撑，必须深入实施科教兴国战略、人才强国战略、创新驱动发展战略①。

扎实办好中国特色社会主义教育需要始终坚持鲜明的育人价值导向，高校开展好

＊ 基金项目：本文系 2024 年度湖北省教育科学规划课题《高校思想政治教育数字化研究》（项目编号：2024GB166）；2023 年度湖北省研究生思想政治教育规划重大课题《党的二十大精神引领下高校辅导员队伍建设的现实审视与路径优化》（项目编号：2023ZDA01）项目成果；中南财经政法大学 2024 年度党建理论研究项目（项目编号：DJYJ2024032）、中央高校基本科研业务费专项资金资助项目（项目编号：2722024DS025）阶段性成果。

① 人民网．第二十届三中全会，中共中央关于进一步全面深化改革、推进中国式现代化的决定［EB/OL］.（2024 – 07 – 21）［2024 – 09 – 19］．https：//www.dswxyjy.org.cn/n1/2024/0721/c423712 – 40282057.html.

思政教育工作是培育好时代新人的重要保障。作为开展高校思想政治教育工作的核心骨干力量，高校辅导员队伍是履行高校思想政治教育与管理工作职责的专业人员，是确保高校意识形态阵地旗帜鲜明、态度坚决、立场坚定的中坚力量，肩负着对青年学生进行思想理论教育和价值引领的重要工作职责，是高校重要的、不可或缺的育人主体。

一、新形势、新任务背景下提出的新挑战

当前和今后一个时期是以中国式现代化全面推进强国建设、民族复兴伟业的关键时期①。新形势、新任务对进一步推动具有中国特色、世界水平的教育强国建设提出新的挑战。胸怀"国之大者"，着眼"国之所需"，努力培养更多高层次拔尖创新人才是高校肩负的使命，这也对高校思想政治教育工作队伍（高校辅导员队伍）的知识更新速度和业务能力水平提出了更高要求。近年来，随着高校辅导员队伍建设与发展的逐步完善，辅导员队伍不断成熟，辅导员的工作也得到了社会的广泛认可。紧紧围绕"立德树人"这一初心使命，高校辅导员队伍正朝着专业化、职业化和科学化的一流方向发展。在数字化、信息化时代，高校辅导员如何将掌握知识的能力与融会贯通、实践运用的本领相结合，持续加强党的创新理论教育知识与业务工作的学习，持续提升职业素养，成为先进思想和优秀文化的生产者和传播者，是高校思政工作者面临的重要课题。因此，加强高校辅导员队伍建设质量提升及保障机制，加强这支队伍对自身职业认可和职业定位，推动形成多方协同育人机制，对加快形成高校思想政治工作体系新格局具有重要意义。对于高校辅导员职业化、专业化建设研究工作而言，其质量提升保障体系的构建既要遵循思想政治教育的规律，也要遵循高校思想政治教育质量生成的规律，并在二者的统一中实现对高校思想政治教育工作质量评价内容的系统把握②。

二、从跨学科视角看辅导员队伍专业化、职业化质量提升

2014 年出台的《高等学校辅导员职业能力标准（暂行）》明确了辅导员工作的九大范畴及其能力要求，对辅导员自身的职业化发展建设标准给出了规范性指导意见，

---

① 人民网．第二十届三中全会，中共中央关于进一步全面深化改革、推进中国式现代化的决定［EB/OL］．（2024－07－21）［2024－09－19］．https：//www.dswxyjy.org.cn/n1/2024/0721/c423712－40282057.html.

② 李树学，路成浩．完善新时代高校思想政治教育质量评价体系探究［J］．学校党建与思想教育，2022（11）：50－53.

明确提出初、中、高三个能力级别。从实际工作角度出发，高校辅导员专业化、职业化内涵可以概括为以下几个方面：（1）是否具备从事高校思想政治工作的专业知识与专业技能；（2）是否具备高尚职业道德与良好专业作风；（3）是否具备思想政治教育工作相关学科的宽口径知识储备；（4）是否掌握理论＋实践的学生工作方法；（5）是否具备较强的组织协调能力和语言文字表达功底、科研探索能力等。考察辅导员队伍专业化、职业化发展的多维指标既涵盖了马克思主义理论、哲学、政治学、教育学、社会学、心理学、管理学、伦理学、法学等多类学科的基础知识和持续学习要求，也考察了辅导员的掌握与应用能力，呈现出跨学科视角的特色。

随着经济社会的高速发展与不断进步，必然会衍生、触发不少新问题，要运用辩证的思维去看待解决。思想政治教育既是一门人文社会学科，也是一个兼具理论和创新的社会实践活动。从高校辅导员队伍专业化、职业化建设角度出发，创新地引入跨领域、跨学科成功理论方法是十分必要的。

思政教育领域的研究热点与新形势都与主旋律紧密结合，具有鲜明的时代特性。党的二十大报告强调，高质量发展是全面建设社会主义现代化国家的首要任务[①]。辅导员队伍的高质量发展是答好"强国建设、教育何为"这一命题的生动注脚。因此，面对辅导员队伍建设质量提升与保障这一命题，需要从多学科、多角度去研究，既要立足于经典马克思主义理论，又要跨学科融合性兼顾，从跨学科研究的视角出发，加强辅导员队伍对自身的职业认可与职业定位，进一步提升职业素养，构建一套全流程的成长发展体系，实现跨学科交流与借鉴，创新融合思想政治教育学科体系，不断提升思想政治教育工作育人水平。

三、辅导员队伍专业化、职业化建设与精益质量管理的具体结合运用

针对高校思想政治教育研究工作所展现出的演化趋势与热点呈现，结合学生管理工作经验，拟将管理学理论与推进高校辅导员队伍专业化、职业化建设研究相融合，旨在有效拓宽研究思路，为促进辅导员队伍建设提质增效提供全新的研究视角和途径。充分考量高校辅导员的工作特点以及辅导员业务培训、经验交流、考察学习、课题研究、考核评优等工作机制，本文尝试建立辅导员队伍专业化、职业化建设质量提升与保障体系，旨在全方位提升辅导员职业能力与素养，为促进辅导员职业化、专业化内涵式发展提供有益思路。

---

① 中共党员网. 中国共产党第二十次全国代表大会, 高举中国特色社会主义伟大旗帜　为全面建设社会主义现代化国家而团结奋斗——在中国共产党第二十次全国代表大会上的报告［EB/OL］.（2022－10－25）［2024－09－19］. https：//www. 12371.cn/2022/10/25/ARTI1666705047474465.shtml.

一是明晰队伍专业化、职业化这一首要标准。在高校辅导员队伍发展体系中，队伍职业化是关键要素。巩固和发展中国特色社会主义制度是我国高等教育的神圣使命与坚守底色，做好新时代高校思想政治教育、坚持正确政治方向和鲜明价值导向是核心任务，这也是辅导员队伍职业化的价值旨归。这支队伍职业化大体上可从育人主体与育人客体"两个方面"来解读，并及从环境载体要素和个人自身要素"两要素"来考量。首先，从育人主体方面来看，中共中央、国务院印发《关于加强和改进新形势下高校思想政治工作的意见》明确提出"要坚持全员全过程全方位育人，把思想价值引领贯穿教育教学全过程和各环节①"。作为学生成长成才的人生导师和健康生活的知心朋友，高校辅导员是奋斗在学生工作第一线的排头兵与联络员，其最特色鲜明的职业准则即是对青年学生开展思想政治理论教育，以培育学生积极健康、向上向善的价值观。辅导员队伍的职业化、专业化水平决定了其能否勇于承担学生"守护者"的身份，行使好校园意识形态安全的"管家"职能。其次，从育人客体方面来看，高校辅导员的工作开展成功与否，意味着能否有效开展对青年学生的思想引导和价值引领，能否有效搭建起学生与学校、家庭、社会之间沟通的桥梁，其作为密切联系学生、家庭、社会的纽带，是实现全员育人、全程育人、全方位育人的关键基础。因此为了使育人工作更好适应和满足青年学生的成长成才诉求与社会发展需求，切实使思政教育更有温度、思想引领更有力度，高校辅导员队伍的职业化、专业化水准至关重要。从"两要素"来看，环境载体要素（客观环境因素）即辅导员所在任职高校的办学水平与规模、校园文化、历史积淀（校史校情）、组织管理、激励机制、薪资奖励、考评机制、职称评定、发展晋升通道等。自身要素则包括辅导员个人的职业理想、职业追求、职业心态、职业道德、职业发展等。环境要素是促进辅导员职业化、专业化发展的外围条件；而自身要素则是促进辅导员队伍职业化的内在激励因素。

二是保证管理系统化、规范化这一制度标准。管理系统化与规范化是高校辅导员高效开展工作的核心环节。"系统""规范"的含义就是要从管理发展全局出发，寻求正向影响辅导员日常工作、工作效率、职业谋划以及未来职业化、专业化的全局性关键因素，采用系统化、规范化的方法寻求问题的根本解决，以达到加强组织与协作，从而提升工作效能。高校辅导员制度从建立到发展至今，其功能经历了从服务于政治的需求到服务于大学生全面成才发展需求的发展过程，充分体现了与时俱进、实事求是的科学性，与此同时，辅导员队伍建设也呈现出注重高质量发展与职业标准化同步并趋的建设特征。国家层面已出台了多项针对助力辅导员职业化、专业化职业发展的指导性意见文件。《普通高等学校辅导员队伍建设规定》中要求保证辅导员工作有条

---

① 中国政府网，中共中央　国务院. 关于加强和改进新形势下高校思想政治工作的意见［EB/OL］.（2017 - 02 - 27）［2024 - 08 - 08］. http：//www.gov.cn/xinwen/2017 - 02/27/content_5182502.htm.

件、干事有平台、待遇有保障、发展有空间①，进一步明确了高校专职辅导员教师身份。高等学校辅导员职业能力标准（暂行）对辅导员工作的初级、中级、高级三个阶段层级做依次递进要求。因此，强化政策导向、加强组织管理是实现辅导员成长发展之路的基础前提。各高校需在组织、制度、晋升等层面做好对辅导员队伍双重身份的管理，建立健全"过程＋结果"双重导向的高校辅导员职业化、专业化发展质量提升保障机制，确保协同育人工作形成合力。

三是完善工作标准化、个性化这一工作范式。高校辅导员开展学生工作有一定的基本规范，在此基础上要融入新发展理念，提高育人工作实效。要按照差异化培养标准开展青年学生思想政治教育管理工作：有的工作开展有明确的规定动作，同时也有部分工作需要充分考虑学生的个性化需求和特征。此外，规范岗位范畴、明晰工作边界是这支队伍开展工作的前提。高校辅导员专业化、职业化建设是围绕辅导员开展适应时代与社会需求的思想政治教育水平，以及个人职业规划与发展的职业化、专业化程度为主要对象开展的研究。工作标准化的前提即是要明晰辅导员的教师、干部双重身份，这既是职业定位，也是工作定位。因此，规范岗位范畴，需要明确高校辅导员工作是高等教育领域的一门专门职业与特定专业；而明晰工作边界则需要明确定义高校辅导员工作要求和职责划分，即厘清具体任务和"管辖"范围，确保本职工作保质保量地完成。高校辅导员身兼管理和教师的双重身份，常常兼顾四方，既面向学生群体，也面向行政管理岗位的同事。外部环境给予辅导员繁杂的事务性工作任务和职责增多，导致辅导员工作的界域不清，身兼重任却也什么都要顾及，分身乏术之下工作状态难以保证。因此要真正厘清辅导员的工作界域②，为辅导员的管理、服务职责减压，确立"辅导咨询本位③"，使他们能真正聚焦主责主业。

四是确保评价精细化、精准化这一结果导向。评价精细化、精准化是辅导员工作考核评价的标尺。评价的对象是高校辅导员的工作成效与具体成果；潜在考量则是辅导员个人的职业素养与职业追求；考察目标则是以岗位职责履行情况和工作实绩为重点，通过精细化、精准化、科学化的评价标准，进一步加以完善与改进。辅导员队伍评价体系不仅需着眼于促进管理范式的规范，而且着眼于促进评价方案的精细与精准程度：需着眼于辅导员不同个体、不同类别（例如，专家型辅导员与职业型辅导员、初级辅导员与中高级辅导员）、本科生辅导员与研究生辅导员、专职辅导员与兼职辅导员以及不同性质高校（"双一流"建设高校、高职院校、独立学院等）实际情况等差

① 中华人民共和国教育部. 普通高等学校辅导员队伍建设规定［EB/OL］.（2017－09－29）［2024－09－19］. http：//www. moe. gov. cn/srcsite/A02/s5911/moe_621/201709/t20170929_315781. html.

② 范毅夫，曲建武. 思想引领：辅导员的定位与角色研究［J］. 黑龙江高教研究，2016（10）：132－134.

③ 戴锐，肖楚杰. 职业社会学视角下高校辅导员的角色再定位研究［J］. 思想政治教育研究，2016，32（04）：105－112.

异化特征，构建相对应、相适配的辅导员工作评价标准与质量提升计划，从而精准反映出不同类别、不同层级辅导员独特的工作价值和成效，充分体现多元化和多样性。

五是明确提升持续化、科学化这一长远目标。"持续改进"是所有管理研究理论及模型所共同强调的理念。因此，"提升持续与科学化"在高校辅导员队伍发展体系中是体系构建的目标指向与意义所在。高校重视辅导员队伍建设，从顶层设计、思想政治、教育教学、校园文化、师资队伍等各个方面出台系列制度，健全高校辅导员队伍发展路径，是促进其职业化、专业化发展的必要外部激励措施；而激发高校辅导员队伍的内生动力，则是促进其职业化、专业化发展的内在（潜在）激励措施。首先，高校辅导员必须是承担青年学子思想政治教育的绝对主力。在日常工作中，辅导员主要有思想引领、党团建设、心理健康教育等多项工作任务。但谈及核心与关键，"思想政治教育"毋庸置疑是关键中的关键。因此，辅导员须将高校思想政治教育价值引导与加强高校思想政治教育工作理论探究、实践探索结合起来，这是出发点，亦是落脚点。在"种好田，守好渠"的同时，联系自身思想、学习和工作实际，加强理论武装、提升自身素养。其次，高校辅导员必须具备持续学习的能力。高校辅导员须持续加强党的创新理论教育相关知识与业务工作的学习。要立足现实，加强深刻反思与研判比较，坚持理论联系实际的作风，加强调查研究，用更优质、充实的学术研究发挥自身教育影响力，肩负起塑造青年学生世界观、人生观以及价值观的多重责任。最后，高校辅导员必须成为先进思想和优秀文化的生产者和传播者，承担好"指导性、专业化"的职业定位，培育、传播积极向上的校园文化，将先进思想和优秀文化以受学生喜爱的方式讲述出去，教育引导青年学生满怀对祖国和人民的赤子之心砥砺前行，争做有理想、敢担当、能吃苦、肯奋斗的新时代好青年，为培养德智体美劳全面发展的时代新人贡献更多力量。

参考文献

［1］人民网．第二十届三中全会，中共中央关于进一步全面深化改革、推进中国式现代化的决定［EB/OL］．（2024 - 07 - 21）［2024 - 09 - 19］．https：//www.dswxyjy.org.cn/n1/2024/0721/c423712 - 40282057.html.

［2］李树学，路成浩．完善新时代高校思想政治教育质量评价体系探究［J］．学校党建与思想教育，2022（11）：50 - 53.

［3］中共党员网．中国共产党第二十次全国代表大会，高举中国特色社会主义伟大旗帜　为全面建设社会主义现代化国家而团结奋斗——在中国共产党第二十次全国代表大会上的报告［EB/OL］．（2022 - 10 - 25）［2024 - 09 - 19］．https：//www.12371.cn/2022/10/25/ARTI1666705047474465.shtml.

［4］中国政府网，中共中央　国务院．关于加强和改进新形势下高校思想政治工作的意见［EB/OL］．（2017 - 02 - 27）［2024 - 08 - 08］．http：//www.gov.cn/xinwen/2017 - 02/27/content_

5182502. htm.

　　[5] 中华人民共和国教育部. 普通高等学校辅导员队伍建设规定 [EB/OL]. (2017 – 09 – 29) [2024 – 09 – 19]. http：//www. moe. gov. cn/srcsite/A02/s5911/moe_621/201709/t20170929_315781. html.

　　[6] 范毅夫, 曲建武. 思想引领：辅导员的定位与角色研究 [J]. 黑龙江高教研究, 2016 (10)：132 – 134.

　　[7] 戴锐, 肖楚杰. 职业社会学视角下高校辅导员的角色再定位研究 [J]. 思想政治教育研究, 2016, 32 (04)：105 – 112.

（作者单位：中南财经政法大学研究生院、党委研究生工作部）

高校研究生实践育人服务中国式现代化的三重逻辑*

何　强　侯典璞

摘　要： 实践育人是落实立德树人根本任务的关键环节，是培养社会主义建设者和接班人的有效途径。在推进中国式现代化进程中，创新高校研究生实践育人范式具有重要的价值效能。本文从增强具象认知、提升能力素质、坚定意志与行动自觉三个维度，分析高校研究生实践育人服务中国式现代化的价值逻辑，并指出当前高校研究生实践育人中存在着专业特色和针对性较弱、协同育人机制有待完善、平台与阵地建设不全面、实际效果有待提升等现实逻辑。基于此，从保障体系、协同体系、平台体系、效能体系等方面提出高校研究生实践育人服务中国式现代化的实践逻辑。

关键词： 实践育人　研究生教育　中国式现代化

实践教育在实现立德树人的根本任务中扮演着至关重要的角色，它是高等教育中思想政治教育体系不可或缺的一部分，也是培育担当民族复兴重任新时代青年的有效手段。2023 年 3 月，共青团中央、全国学联印发了《关于增强新时代大学生社会实践活动实效　深化共青团实践育人工作的意见》，指出发挥共青团实践育人在学校"大思政"工作体系和"三全育人"工作格局中的重要作用，推动社会实践活动内涵化、规范化、常态化、长效化发展，引领大学生立志做有理想、敢担当、能吃苦、肯奋斗

---

* 基金项目：本文系湖北省哲学社会科学研究项目专项任务（高校学生工作品牌）《财经青年社会实践如何服务中国式现代化？——基于"商科青年观察中国"实践行动的考察》（项目编号：23Z249）；湖北省共青团和青少年工作研究课题《荆楚财经青年实践育人共同体推进中国式现代化湖北实践的进路研究》（项目编号：2024TSWSKL060）；中央高校基本科研业务费项目（三全育人）《中国式现代化视角下"新商科实践育人共同体"范式研究——基于"商科青年观察中国"实践行动的考察》（项目编号：2722024DS004）；中南财经政法大学团委青年研究中心第九期课题《工匠精神在大学生思想政治教育中的价值传播与实践范式》（项目编号：TW202318）的阶段性研究成果之一。

的时代好青年。

党的二十大报告指出，从现在起，中国共产党的中心任务就是团结带领全国各族人民全面建成社会主义现代化强国、实现第二个百年奋斗目标，以中国式现代化全面推进中华民族伟大复兴①。研究生教育对于培育具有创新精神的人才、增强创新实力、促进经济与社会发展，以及推动国家治理体系和治理能力的现代化进程中扮演着关键角色。立足新时代、新征程，为中国式现代化培养政治合格、思想过硬的高层次创新拔尖人才的研究生教育，是建设教育强国的重要组成部分，是实现中国式现代化的人才支撑战略。因此，深入把握高校研究生实践育人发展价值意蕴、现实挑战与实践范式的三重逻辑，以实践育人为中国式现代化建设增力赋能，对于建设教育强国、推进中国式现代化意义重大、影响深远。

一、价值逻辑：高校研究生实践育人的内涵与目标

（一）高校研究生实践育人的价值内涵与目标定位

思想政治教育过程是一个多要素相互影响、相互作用、相互耦合的过程，方法、艺术、路径是其中不可或缺的重要因素，思想政治教育方法总是与思想政治教育活动联系在一起，离开了思想政治教育实践活动，思想政治教育方法就失去了存在的基础、价值和意义②。实践育人作为思想政治教育的一个重要方法，对研究生思想政治教育作用的发挥起到关键作用，影响人才培养的进程与效果。研究生实践育人是一个动态循环的过程，它包括实践、认知和再实践三个相互联系的阶段。在这个过程中，通过持续的探索和实践，我们能够识别当前知识体系和教育机制的缺陷，这有助于我们改进研究生教育结构，提高教育水平，并有效地增强研究生的综合素养和专业技能。关于高校研究生实践育人的价值内涵，具体是指在把握新时代高校研究生的群体特质、成长需要和成才要求的基础上，通过理论知识和实践活动的精准滴灌，进一步明确优化实践活动内容、开展方式和预期目标，并有计划、有目标、有组织地在研究生教育中实践，最终实现研究生综合素质的全面提升，发展成为国家高层次人才和新时代中国特色社会主义建设的中坚力量③。高校研究生实践育人实践具有以下目标定位：

第一，强化研究生思想政治教育。习近平总书记在党的二十大报告中对青年提出了"坚定不移听党话、跟党走，怀抱梦想又脚踏实地，敢想敢为又善作善成，立志做

---

① 张占斌，王海燕. 关于中国式现代化道路的答问 [M]. 北京：国家行政学院出版社，2022：35 – 68.
② 陈万柏，张耀灿. 思想政治教育学原理 [M]. 北京：高等教育出版社，2015.
③ 李春梅，王如意. 研究生实践育人平台建设的三重维度 [J]. 武汉理工大学学报（社会科学版），2021，34（05）：141 – 145.

有理想、敢担当、能吃苦、肯奋斗的新时代好青年"的成长目标。实践育人是思想政治教育的关键环节，是实现立德树人根本任务的重要手段，在贯彻习近平总书记关于青年工作的重要论述方面发挥着显著作用。通过参与多样化的社会实践，引领广大青年学生通过走进社会、躬身实践，不断夯实坚定理想信念的思想根基、激发勇担时代重任的历史主动、增强发扬斗争精神的内在自觉、厚植保持奋斗激情的力量源泉，提升思想政治教育育人成效。

第二，培养研究生实践创新能力。研究生实践教育着重于培育学生的创新意识和实际操作技能，使他们能够独立地思考问题、分析情况并找到解决方案。通过社会实践活动，学生能够将理论知识与实际操作相结合，逐步理解、体会和辨别是非，全面把握我国的基本国情，有助于学生认识能力和思想深度的升华。此外，实践育人还激励学生们从中国式现代化等时代的视角审视社会发展趋势和愿景，深刻理解目前自己所应背负的责任和历史使命，坚定地树立起国家主人翁的责任感和使命感，不断提升自己的综合素养，为成长为新时代的有志青年打下坚实的基础。

第三，加强研究生社会责任教育。道德教育是一项具体的实践活动，不应仅停留在理论层面。青年大学生通过参与服务人民的社会实践活动，不仅践行了社会主义核心价值观，而且深入了解了基层社区和农村的发展状况，传播了社会主义先进文化，积累了宝贵的社会经验，同时也是逐步提升自身道德认知和修养的过程。在大学生参与农村社会实践的过程中，他们可以全面而深入地了解、接受、继承、吸收和弘扬中国传统的优秀农业文明和农耕文化，从而增强对职业道德、家庭美德、个人品德和社会公德的理解[①]。

（二）高校研究生实践育人服务中国式现代化的内在机理

中国式现代化是具有中国特色的社会主义现代化，高校研究生实践育人聚焦培养"有理想、敢担当、能吃苦、肯奋斗"的新时代好青年，不断在改进中加强，在实践中创新。坚持以人的全面自由发展为价值取向，肩负起为中国式现代化铸魂育人的重要使命，能更好地服务于推进中国式现代化建设的战略目标。

首先，增强对中国式现代化的具象认知。2024年，习近平总书记为第六批全国干部学习培训教材作序时强调，道不可坐论，理不能空谈。在中国共产党的领导下，中国人民经过长期的奋斗和无数的挑战，付出了巨大的牺牲，终于取得了中国式现代化的重大成就。在新时代的新征途上，以中国式现代化全面推进强国建设、民族复兴伟业，是党和国家的中心任务。通过实践育人活动，引导高校研究生参与到乡村振兴、

---

① 刘衡升，肖驭元，肖亚楠. 新时代背景下提升高校共青团社会实践育人成效研究［J］. 中国地质教育，2024，33（01）：12－15.

生态文明建设、企业绿色转型发展等国家发展大局中来，在一次次观察中国、感悟社会的实践活动中切身领悟中国式现代化建设的中国特色、本质要求、战略安排等重大问题，深化学生对于中国式现代化的具象化认识，从而更好地肩负起新时代、新征程的责任与担当。

其次，提升实现中国式现代化的能力素质。在实践教育中致力于培育学生的实践能力，这包括学生在实践过程中所发展的独立分析、创新意识和团队合作等关键素质。通过参与实践活动，研究生得以自主深入思考和探究，进而培育出创新意识与实际操作技能。在团队协作的环境中，学生不仅增强了合作与沟通技巧，在磨炼个人意志和责任感的同时，塑造了正面的伦理观和价值取向。因此，高校研究生实践育人使学生在实践中学真知、悟真谛，加强磨炼、增长本领，进一步提升其服务于中国式现代化高层次拔尖人才的能力素质。

最后，坚定服务于中国式现代化的意志与行动自觉。在当前中国式现代化进程中，加强实践育人在坚定信念和价值导向中的核心作用，是确保中国式现代化的宏伟目标能够激发全社会成员的吸引力、凝聚力和团结力的基本途径，这对于将社会成员坚定不移的决心持续转化为推进中国式现代化的实际行动具有重要的现实价值。同时，实践育人通过指导人们在解决问题的过程中，加深对中国式现代化的理解并形成强烈的认同感，激励他们以积极的态度主动参与，不断增强为服务于中国式现代化而采取行动的自觉性。

二、现实逻辑：高校研究生实践育人的现状与挑战

（一）高校研究生实践育人成效

在新时代中国特色社会主义的大背景下，我国高等教育机构面临的培养德智体美劳全面发展的社会主义建设者和接班人的任务越发重大。为深入学习贯彻习近平总书记关于高校思想政治教育的重要讲话精神，高校在研究生思想政治教育领域持续推进方法创新，并在实践教育环节取得了显著成效。

研究生实践育人活动日益多元。习近平总书记在全国教育大会上强调，我们要培育具有德智体美劳全面发展的社会主义事业的建设者和接班人，办人民满意的教育。为响应这一号召，高校正通过多元化的实践教育活动，如国际交流、现场调研、社会服务和产学研合作等，提升研究生的实践能力和对于社会的适应性及综合素质，拓展其专业视野，增强社会责任感，实现了德智体美劳的全面培育，这种多元化的育人方式已成为研究生教育的新趋势。

研究生实践育人体系逐渐完善。确保研究生实践教学质量的一个关键因素是拥有

一个成熟的实践育人体系。面对实践教育中系统性和创新性不足的问题，中国高校通过不断探索，已经构建了一个相对完整的研究生实践育人体系。目前，高等教育机构已经普遍采纳了结合"实践课程与实践活动"的模式，并且有效地融入了新媒体技术，持续扩展和深化育人体系的内涵。

（二）高校研究生实践育人的现实困境

新时代研究生群体展现出了蓬勃的创新精神、独到的见解和敏捷的思维模式，拥有比前人更宽广的视野和更活跃的思想。尽管各高校近年来在研究生实践育人新路径的探索上已有所成就，但由于受到各种因素的限制，仍有诸多问题需要进一步深入研究和有效解决。

第一，研究生实践育人的学科特色未得到充分展现，且针对性不强。目前，高校在开展研究生实践教育时，主要依赖思想政治理论课教师的引导，而其他专业课教师的参与度不高，这影响了实践活动在专业深度上的拓展。且在众多实践项目的执行过程中，往往是思政教师扮演着核心角色，其他专业课教师则多处于辅助和配合的位置，这种情况可能会让研究生对于实践活动的专业性和与自身学科的关联度产生认识上的偏差[①]。由于研究生群体的世界观、人生观和价值观已经相对成熟和稳定，他们在选择和参与社会实践时展现出了明显的倾向性和个性化特征。而目前高校内许多研究生实践活动并未切实回应研究生的发展需求，缺乏活动的针对性。

第二，研究生实践育人的协同育人机制有待完善，各主体联动不畅。作为研究生教育的第一责任人，导师不仅要负责学生的科研工作指导，还需涵盖其思想政治教育的引导职责。实践育人是学生思想政治教育的关键组成部分，而在高校研究生实践育人工作中，导师缺位现象十分普遍，学术导师在研究生思想政治教育中的重要地位未被重视。且高校内外育人主体众多，关系模糊不清，协同责任划分不明确，统筹协调起来较为困难，学校、家庭、政府和社会之间也还没有形成联动机制[②]。

第三，研究生实践育人教育平台仍需优化，阵地建设不全面。研究生实践育人教育平台的构建和发展需要持续的优化和精细化管理。诸多制度化保障措施亟须完善与改进，这些措施包括搭建实践平台、界定各方责任与权益、监督关键实践环节、提供实践指导及后续服务等。同时，研究生实践育人的网络建设也相对落后，还没有充分利用新技术、新知识、新文化来丰富和强化研究生实践育人的平台和环境。

第四，研究生参与实践育人活动的实际效果有待提升，相关评价机制亟须完善。目前，高校实践育人改革还需要进一步地探索与创新，许多高校实践育人活动的规

---

① 谭静，何陈晨，王雨璇，等．研究生实践育人模式探讨［J］．学校党建与思想教育，2021（18）：76－78.
② 周洪宇，胡佳新．知识视域下的实践育人及其意义向度［J］．教育研究，2018，39（08）：19－27.

划运行、后期总结等方面存在欠缺，一些实践活动内容实质不足，使研究生在参与实践活动时，他们在项目中往往仅停留在表层了解，缺乏对项目本身和成果内在的深入挖掘和理解，在某种程度上影响人才培养质量，难以满足培养中国式现代化建设的坚定行动派、实干家的需求。同时，也应看到研究生实践教育评价体系中存在的不足。部分高校缺乏多样化的评价指标和客观的量化指标，这导致评价结果难以全面反映学生的真实能力和进步。评价结果反馈的滞后也让学生难以获得及时调整和改进的机会。

三、实践逻辑：高校研究生实践育人服务中国式现代化范式构建

（一）保障体系：做好实践育人顶层设计

实践育人的核心和最终目标是育人。习近平总书记强调指出"学校立身之本在于立德树人"，需要做到树人为核心，立德为根本①。首先，高校在规划实践育人工作时，应将其与贯彻党的教育方针、坚持社会主义办学方向紧密结合，从落实立德树人的根本任务出发，结合学校实际情况和育人目标做好顶层设计，始终保持实践育人的内涵不扭曲、航向不跑偏。其次，高校应致力于打造具有自身特色的实践育人项目，深入挖掘学校特色资源，将校训精神与理想信念教育相结合，构建一个多元化、内容丰富、创新性强的实践育人体系。鼓励研究生将所学知识应用于实践，探索真理、服务社会，并积极参与跨学科合作，打破学科壁垒，形成多学科协同发展的良性循环。最后，高校应根据当代研究生特点，以学生需求为导向，尊重学生的差异化和个性化，找准研究生的关注点、兴趣点和需求点，有针对性地开出学生喜闻乐见的实践活动"菜单"，供研究生结合自身实际和未来职业发展方向进行选择，实现学生主动学习、积极参与、自我规范和全面发展②。

（二）协同体系：实现实践育人多维协同联动

实践育人是一个系统工程。2014年，教育部首次提出"实践育人共同体建设计划"，旨在促进政府、学校、企业、社会等建立实践育人共同体。研究生实践育人工作也需要借助共同体的理念，结合研究生教育的特点构建一个"党委统筹、政府推动、社会参与、企业赋能、高校实施、学生成长"的实践育人共同体。研究生作为实践育人活动的参与者，其个性化、差异化和多元化的发展需求应得到充分尊重。实践育

① 张艳国，凌日飞．论新时代学校思想政治教育铸魂育人的理论意蕴与实践路径——学习习近平关于学校思想政治教育的重要论述［J］．社会主义研究，2019（04）：17－24．
② 丁雅诵．补齐实践育人的短板［N］．人民日报，2017－11－16（17）．

的关键在于实现教育效果，因此，高校应积极鼓励导师参与研究生的实践活动，通过深化和丰富教育活动内容，推进研究生思想政治教育向更加细致、体贴和个性化的方向发展。同时，高校需要在党委的统一指导下，打破校内不同部门之间的沟通障碍，整合各类资源，实现跨部门和跨学科的协同育人。这需要建立一个目标一致、资源共享、行动协调的合作关系，构建起一个实践育人的共同体。此外，高校还应广泛寻求与社会各方的合作，包括加强与学生家长的沟通，建立一个多维度、互动的协同实践育人新模式，打造一个涵盖"家庭—学校—导师—用人单位—社会"的全方位协同育人体系。通过这样的措施，可以确保研究生在实践育人活动中的主体地位，满足他们的个性化需求，同时促进他们在思想、知识和能力上的全面发展。

（三）平台体系：搭建实践育人优质示范平台

研究生实践育人平台的建设是提高教育质量的关键，需要将专业实践、社会参与、校企合作、学术竞赛等多个方面的资源和活动进行整合，构建涵盖思想政治教育、理论学习、社会实践、创新和创业等多个方面的综合性培养体系。在现有实践平台的基础上，高校应不断寻求新的资源，拓展与学科专业相匹配的社会资源，如社会组织、企业单位、红色文化资源等，建立校外实践基地和平台，为理想信念教育视域下的高校实践育人保驾护航[1]；高校应加强创新创业教育与实践育人平台的建设，重视研究生的就业和创业能力培养，通过多种措施提供具有专业特色的就业指导服务和创新创业教育；高校还需要紧跟时代发展的步伐，根据现实情况，充分利用信息技术，开拓实践育人的新平台和新载体，探索"互联网＋"实践育人模式，不断推进实践育人空间的创新和拓展[2]。

（四）效能体系：高校研究生实践育人服务中国式现代化

在新时代背景下，高校研究生的实践育人工作应紧密结合实现中华民族伟大复兴的中国梦与推进中国式现代化的战略目标。高校需深化实践活动的内涵，丰富其内容实质，引导研究生在参与实践活动时，始终铭记肩负着推动中国式现代化的时代责任，深入理解和体会实践成果，确保从实践中所学知识不仅停留在认知层面，而是能够内化于心、外化于行，切实提升实践育人成效，更好地服务于中国式现代化建设。高校还应建立一套实践育人科学评价体系，强化多维协同性和目标整体性，量化创新评价形式，科学合理设定考核评价指标，全面、客观地评价学生的实践育人效果，激发高校研究生实践育人服务中国式现代化效能。

---

[1] 董凌莉. 理想信念教育视域下应用型高校实践育人探究［J］. 学校党建与思想教育，2020（14）：68 - 70.
[2] 郭元祥，舒丹. 论综合实践活动的育人功能及其条件［J］. 教育发展研究，2019，38（10）：25 - 29.

参考文献

[1] 谭静，何陈晨，王雨璇，等．研究生实践育人模式探讨［J］．学校党建与思想教育，2021（18）：76－78.

[2] 殷昊翔．构建研究生实践育人体制机制探赜［J］．学校党建与思想教育，2021（16）：80－81.

[3] 肖建国，李永贤．研究生"三全"育人模式及其实践路径优化研究［J］．学位与研究生教育，2021（06）：42－47.

[4] 罗亮．改革开放以来高校实践育人的发展历程与基本经验探析［J］．思想理论教育，2019（05）：106－111.

[5] 程序．研究生科研能力培养激励机制刍议［J］．学校党建与思想教育，2018（10）：89－91.

[6] 应中正，刘梦然．研究生实践育人长效机制探索［J］．国家教育行政学院学报，2018（03）：63－68.

[7] 朱华．实践育人共同体的构建与实践探索［J］．学校党建与思想教育，2016（22）：72－74.

[8] 刘莉，秦玉婷．新形势下研究生思想政治教育实践育人路径探究［J］．思想政治教育研究，2016，32（01）：97－99.

[9] 宋珺．论实践育人理念在高等教育中的实施［J］．思想教育研究，2012（07）：84－87.

[10] 黄蓉生，孙楚杭．构建高校实践育人长效机制的思考［J］．中国高等教育，2012（Z1）：36－38.

[11] 张文显．弘扬实践育人理念　构建实践育人格局［J］．中国高等教育，2005（Z1）：7－9.

（作者单位：中南财经政法大学工商管理学院）

高校"三全育人"视角下的节约教育

刘 阳

摘 要：随着我国城市化加速和经济社会快速发展，资源浪费和环境污染问题日益严峻。在双碳"3060"目标背景下，高校作为公共机构和人才培养的重要基地，承担着推行节约教育、提高师生节约意识的社会责任。本文探讨了高校在"三全育人"理念下开展节约教育的重要性、现状分析及实施策略。通过这些策略的实施，可以推动高校节约教育的深入开展，为构建资源节约型和环境友好型社会贡献力量。

关键词：节约教育 高校 现状分析 实施策略

我国正处于城市化加速和经济社会快速发展的关键阶段，资源的巨大需求和环境的巨大压力使得资源浪费现象尤为突出。在当今这个全球资源日益紧张、环境污染不断加剧的时代，资源的节约与合理利用已经成为国际社会普遍关注的焦点。2020 年 9 月 22 日，习近平主席在第 75 届联合国大会上提出，二氧化碳排放力争于 2030 年前达到峰值，努力争取 2060 年前实现碳中和；同年 12 月 12 日，习近平主席在"2020 气候雄心峰会"上进一步强调中国在减排方面的具体目标，推动各方在气候行动方面的落实。随着双碳"3060"目标的提出，国家对节约资源、保护环境的要求越发严格。

高校作为公共机构，其体量往往相当于一座小型城镇，能耗十分庞大，又作为"象牙塔"与"社会"连接的桥梁，承载着多个方面育人的重要职责。2017 年 2 月，中共中央、国务院印发的《关于加强和改进新形势下高校思想政治工作的意见》明确提出，高校要坚持全员、全方位、全过程育人思想。高校作为社会文明进步和人才培养的重要基地，也要积极落实"三全育人"的重要思想，承担起推行节约教育、提高师生节约意识、践行绿色生活方式的社会责任。推动高校自身向绿色、低碳、可持续的方向发展，为实现碳达峰碳中和目标贡献力量。

一、高校节约教育的重要性

（一）节约教育是大学生全面发展的必然要求

针对大学生的教育，除了日常的科学文化，思想道德、心理健康教育之外，节能环保意识已经成为大学生应有的基本素质。教育部于 2022 年 10 月发布的《关于印发〈绿色低碳发展国民教育体系建设实施方案〉的通知》明确提出，到 2025 年，绿色低碳生活理念与绿色低碳发展规范在大中小学普及传播，绿色低碳理念进入大中小学教育体系。到 2030 年，实现学生绿色低碳生活方式及行为习惯的系统养成与发展，形成较为完善的多层次绿色低碳理念育人体系。将节约教育融入大学生素质教育，有助于培养学生的环保意识和实践能力，既是对学生全面发展的要求，也是对新时代大学生社会责任感的塑造，是培养新时代高素质人才的重要途径。

（二）节约教育是高校建设绿色低碳校园的必然要求

高校作为知识和文化的聚集地，其校园建设不仅关系到师生的学习和生活环境，更体现了高校的社会责任和教育理念。高校校园建设应注重节能、节水、节材等方面的措施，减少资源消耗和环境污染，推动高校向绿色、低碳、可持续的方向发展。节约教育的实施，可以促使高校师生更加关注校园资源的合理利用，推动高校在能源管理、水资源管理、废弃物处理等方面采取更加环保和节约的措施。通过师生的共同努力，高校可以建设成为一个绿色、低碳、可持续的校园环境，为师生提供更加健康、舒适的学习和生活空间。大学生作为即将踏入社会的新生力量，其低碳节约意识的培养有助于向全社会传播绿色生活的理念，有助于推动整个社会的绿色低碳发展。

（三）节约教育是实现"三全育人"目标的必然要求

"三全育人"理念强调高校应将立德树人作为根本任务，将育人工作贯穿学生的整个学习生涯，并渗透到教育教学的各个方面。节约教育作为思想道德教育的一部分，与"三全育人"理念高度契合。节约教育还可以与专业知识教育、社会实践教育相结合，形成多元化的育人体系，为学生的全面发展提供有力支持。这不仅有助于培养学生的综合素质，也有助于实现高校"三全育人"的目标。

二、高校节约教育的理论基础与实践经验

（一）"三全育人"理念解析

"三全育人"理念即全员育人、全程育人、全方位育人。其强调高校在育人过程中，要以各种手段和方式提升大学生的素养和思想境界，帮助学生提升道德、人格和思想意识，完成从学校向社会的过渡。第一，"全员育人"提出的问题是，谁负责培养大学生？对于高校而言，全员包括教职工、学校管理人员和学生自身，高校全体教职工要通过协调联动的机制，形成全员育人合力。第二，"全程育人"要求高校将思想政治教育贯彻学生的学习和生活全过程，整合各类资源，利用日常学习、假期实践、课堂学习、课外活动等诸多实践，形成教育资源的协调。第三，"全方位育人"要求高校对大学生进行全方位的思想政治和价值观教育，要形成思想政治教育的空间，利用各种环境资源，引导大学生从周边的信息中感知正确的价值观。

（二）节约教育实践现状

节约教育是指通过教育手段，培养学生的节约意识，提高他们的资源利用效率，从而推动社会可持续发展的教育活动。节约教育不仅关注学生的节约行为，更注重培养学生的节约意识和责任感。节约教育的核心在于培养学生的节约意识，帮助他们认识到资源的有限性和环境的脆弱性，从而在日常生活中自觉践行节约行为。通过节约教育，学生可以深刻认识到节约资源、保护环境的重要性，形成正确的资源观和环境观。

国内外在节约教育方面已经积累了一定的研究和实践经验。1970 年，为了增强公民对环境保护的认识，美国颁布了《环境教育法》，用法律的手段促进环境教育课程在各类教育中的发展。2003 年，联合国大会将 2005 ~ 2014 年定为"联合国可持续发展教育十年"（DESD）。为确保战略执行，联合国教科文组织先后推出了《全球可持续发展教育行动计划（2015 – 2019 年）》（GAP）和《2030 年可持续发展教育（2020 – 2030 年）》（ESD2030）两大战略。以上战略推动和引领了全球范围内可持续发展教育，为我国高校节约教育的实施提供了有益的借鉴和启示。

三、高校节约教育现状分析

（一）现有措施与成效

高校作为"小社会"，涵盖水、电、材的多方面资源能源使用途径，如食堂、宿

舍、教室、商圈等，由此也衍生了多类型的节约教育途径，如讲座、团委活动、社区活动以及多区域的节约标识等。覆盖面广、途径多样、影响深远，教育效果也较高校之外更好。

目前，许多高校已经采取了一系列措施来推动节约教育。例如，设置节约教育课程，将节约理念融入专业课程教学；开展节约实践活动，如节能减排竞赛、垃圾分类宣传等；营造节约校园文化，通过宣传栏、海报等方式传播节约知识。这些措施在一定程度上提高了学生的节约意识和资源利用效率，取得了一定的成效。通过节约教育课程的开设，学生可以系统地学习节约知识，了解资源的有限性和环境的脆弱性；通过节约实践活动的开展，学生可以在实践中深化对节约理念的认识，提高节约行为的实践能力；通过节约校园文化的营造，可以形成节约资源、保护环境的良好风尚，引导学生自觉践行节约行为。还可以融入大学生创新创业活动，为后续节约奠定基础。

（二）存在的问题与挑战

尽管高校在节约教育方面取得了一定的成效，但仍存在一些问题与挑战。首先，节能意识缺乏，以武汉市高校为例，现阶段教室、办公室等区域均不需要缴费，学生宿舍自来水使用不需要缴费，部分教学单位培训也采用通包水电费制度，导致师生节能意识欠缺。部分高校针对院系用能不仅没有收费，甚至连计量也未全面覆盖，定额管理更是无法开展，节能工作难以下手。制度的缺失导致节能意识的缺失，对学校资源使用不像对待"小家"一样关注，浪费能源的现象突出。如晚上自习室人员不集中，利用率低，空调开启时门窗大开。

其次，重视程度不足。部分高校对节约教育的认识不足，缺乏系统的规划和投入，导致节约教育难以深入开展。教育资源分配不均。部分高校在节约教育方面的投入有限，导致教育资源分配不均，难以满足学生的需求。此外，学生参与度不高也是制约节约教育效果的重要因素。部分学生对节约教育的认识不足，缺乏参与热情，导致节约教育难以深入实施。

（三）影响因素分析

影响高校节约教育效果的因素包括政策、文化、技术等多个方面。（1）政策方面，缺乏明确的节约教育政策支持和资金投入机制，导致高校在节约教育方面的投入不足。（2）文化方面，传统消费观念的影响和节约意识的缺乏，使得部分师生对节约教育的认识不足，缺乏参与热情。（3）技术方面，缺乏先进的节能技术和设备支持，使得高校在推动节约教育方面存在困难。

这些因素共同制约了高校节约教育的实施效果，需要采取有效措施加以解决。例如，加强政策引导和支持，制定明确的节约教育政策规划和资金投入机制；加强宣传教育和培训，提高师生的节约意识和参与度；加强技术研发和设备更新，为节约教育提供先进的技术和设备支持。

四、"三全育人"视角下节约教育的实施策略

（一）全员参与：构建多元主体协同的节约教育体系

领导层制定规划。领导层应发挥核心作用，制定明确的节约教育政策规划，为节约教育的实施提供指导和支持。通过制定政策、规划投入、明确目标等方式，推动全校师生共同参与节约教育。

教师融入教学。教师队伍应提升自身的节约意识，将节约教育融入专业课程教学。通过案例教学、实践指导等方式，培养学生的节约行为和责任感。同时，教师应以身作则，通过自身的示范作用引导学生形成节约习惯。

学生主动参与。学生群体应主动参与节约活动，形成节约风尚。通过志愿服务、社会实践等方式传播节约理念，影响和带动更多人加入节约行动。同时，学生应积极参与学校组织的节约教育活动，提高自己的节约意识和实践能力。

（二）全程覆盖：实现节约教育在学生学习生涯中的全程贯穿

入学教育阶段。在新生入学阶段，应设置节约教育专题，通过讲座、参观等方式让学生初步了解节约资源、保护环境的重要性。通过引入相关案例和数据，帮助学生形成对节约教育的初步认识。

日常教学阶段。在日常教学过程中，应结合专业特点开展节约实践活动。通过节能减排竞赛、垃圾分类宣传等活动，让学生在实践中深化对节约理念的认识。同时，教师应结合专业特点，将节约理念融入课程设计和教学方法中，提高教学效果。

毕业教育阶段。在毕业教育阶段，应强化学生的社会责任感，倡导绿色就业。通过引导学生将节约理念带入职业生涯，鼓励他们积极参与节能减排、资源循环利用等社会实践活动。同时，学校可以邀请企业和社会组织来校举办招聘会或讲座，为学生提供更多的绿色就业机会和实践平台。

（三）全方位渗透：利用多种渠道和形式实现节约教育的全面渗透

课堂教学。在课堂教学方面，应开发节约教育课程，将节约理念融入专业课程教学。通过增加课程内容、改进教学方法等方式，丰富教学内容，提高学生的学习兴趣和参与度。同时，教师应注重引导学生将所学知识应用到实际生活中去，提高他们的实践能力。

校园文化。在校园文化方面，应营造节约氛围。通过宣传栏、海报、校园广播等方式传播节约知识，举办相关主题活动如节能减排宣传周、绿色出行日等在网络平台方面应利用新媒体扩大节约教育的影响力，通过微信公众号、微博等渠道发布节约知识、分享节约经验，提高公众的节约意识。

五、面临的挑战与对策

高校节约教育在实施过程中面临着挑战。资金限制导致节约教育投入不足，难以开展大规模的实践活动，也无法全面配备先进的节能设备或水电表计等用能管理的基础设备。其次，观念转变难度导致部分师生对节约教育的认识不足，缺乏参与热情，需要通过宣传引导和教育培训等方式加以改变。此外，持续性问题也是制约节约教育效果的重要因素。由于缺乏长效机制和持续投入，节约教育难以持续发挥作用。

针对上述挑战，可以采取以下应对策略：一是建立长效机制，制定明确的节约教育政策规划和资金投入机制，确保节约教育的持续性和稳定性；二是加强宣传引导，通过校园广播、宣传栏、网络等渠道广泛宣传节约教育的重要性和必要性，提高师生的节约意识和参与度；三是引入市场机制，鼓励企业和社会组织参与节约教育项目，形成多元化的投入和运营模式，为节约教育提供资金和技术支持；四是加强国际合作与交流，借鉴国外先进的节约教育经验和做法，推动高校节约教育的国际化发展。

六、结论与展望

本文在"三全育人"视角下探讨了高校节约教育的实施策略。通过理论分析和实践调研，本文认为高校节约教育对于培养学生的节约意识、推动校园可持续发展和实现"三全育人"目标具有重要意义。同时，本文也指出了高校节约教育在实施过程中面临的问题和挑战，并提出了相应的应对策略。

展望未来，随着国家对节约资源、保护环境的重视程度不断提高，高校节约教育将迎来更加广阔的发展前景。一方面，高校应继续加强节约教育的理论研究和实践探索，不断完善节约教育体系和方法；另一方面，高校应加强与政府、企业和社会组织的合作与交流，形成多元化的育人合力，共同推动高校节约教育的深入发展。同时，高校还应注重培养学生的创新精神和实践能力，鼓励他们将节约理念带入职业生涯和社会实践，为构建资源节约型和环境友好型社会贡献力量。

参考文献

［1］蔡容容．高校节能低碳通识课程建设——以低碳社会与循环经济课程为例［J］．大学教育，2023（22）：10－13，21．

［2］徐乙鸿．勤俭节约精神融入大学生思想政治教育研究［D］．重庆：重庆理工大学，2024．

［3］辛高洁．"三全育人"视阈下大学生劳动素养培育路径研究［D］．太原：山西财经大学，2022．

［4］杨晓慧．高等教育"三全育人"：理论意蕴、现实难题与实践路径［J］．中国高等教育，2018（18）：4－8．

［5］李沐曦．新时代高校"三全育人"理论与实践研究［D］．长春：吉林大学，2023．

［6］包妍，陈泓驰，高宇，等．产教融合背景下的高校大学生节能教育方式探究［J］．大众用电，2024，39（07）：33－34．

［7］孟伋，邹太龙．走向高质量转型：联合国可持续发展教育战略变革研究——基于新旧战略《路线图》的文本比较［J］．江汉大学学报（社会科学版），2024，41（06）：100－110．

［8］梁伟，马俊，梅旭成．高校"三全育人"理念的内涵与实践［J］．学校党建与思想教育，2020（04）：36－38．

［9］金凯．三全育人背景下高校后勤服务育人路径研究［J］．湖北开放职业学院学报，2023，36（08）：45－46，49．

（作者单位：中南财经政法大学后勤保障部）

"1234"研究生心理育人模式探究*

黄丽琼

摘　要： 第二次全国教育大会的召开和《教育强国建设规划纲要（2024－2035年）》的印发，对研究生教育进行了更高位战略部署。心理健康是研究生成长成才的情绪基础和内在能量源，心理育人工作关乎研究生教育立德树人根本任务落实全局。相较于相对完善的本科生心理育人体系，研究生心理育人工作还存在组织依托缺失、专业支持缺位、朋辈互助缺乏、教育载体缺少等明显不足。高校可从创建1个学生组织、加强2支教师队伍培训、发挥3级学生朋辈互助力量、打造4类教育载体等方面入手，构建"1234"研究生心理育人模式，加强研究生心理健康支持，提升研究生心理健康水平。

关键词： 研究生　心理育人　模式探究

一、研究生心理育人工作的应然与实然

习近平总书记在党的二十大报告第九部分"增进民生福祉，提高人民生活品质"中指出，要"重视心理健康和精神卫生""推进健康中国建设"。2024年，习近平总书记在全国教育大会上强调，要紧紧围绕立德树人根本任务，朝着建成教育强国战略目标扎实迈进。中共中央　国务院印发《教育强国建设规划纲要（2024－2035年）》，提出要"普及心理健康教育"。2025年全国"两会"政府工作报告中提出，要"普及心理健康教育，关爱师生身心健康"。可见，促进学生身心健康、全面发展，是党中央关

---

　* 基金项目：本文为中南财经政法大学中央高校基本科研业务费专项资金资助（"1234"研究生心理育人工作模式创新实践，项目编号：2722024DS025）项目成果；2023年度湖北省研究生思想政治教育规划重大课题《党的二十大精神引领下高校辅导员队伍建设的现实审视与路径优化》（项目编号：2023ZDA01）项目成果。

心、人民群众关切、社会关注的重大课题。而早在2017年，"心理育人质量提升体系"就被教育部党组印发的《高校思想政治工作质量提升工程实施纲要》纳入"十大"育人体系。2023年，教育部等17部门印发《全面加强和改进新时代学生心理健康工作专项行动计划（2023—2025年）》，就促进学生思想道德素质、科学文化素质和身心健康素质协调发展，培养担当民族复兴大任的时代新人制定专门方案，从五育并举促进心理健康、加强心理健康教育、建强心理人才队伍、营造健康成长环境等方面构建全方位心理育人模式。

（一）研究生心理育人工作的战略部署

2020年，全国研究生教育会议召开，习近平总书记对研究生教育工作作出重要指示，研究生教育在培养创新人才、提高创新能力、服务经济社会发展、推进国家治理体系和治理能力现代化方面具有重要作用①。2020年9月，教育部、国家发展改革委、财政部联合发布的《关于加快新时代研究生教育改革发展的意见》强调，研究生教育肩负着高层次人才培养和创新创造的重要使命，是国家发展、社会进步的重要基石，是应对全球人才竞争的基础布局。研究生教育作为国民教育体系的最高层次，肩负着引领科技创新和社会进步的使命②。

研究生心理育人工作是研究生思想政治教育工作的重要组成部分③。2020年9月，《教育部关于加强博士生导师岗位管理的若干意见》将心理学知识纳入博士生导师岗位培训内容。同年10月，教育部印发的《研究生导师指导行为准则》将"构建和谐师生关系"列为八项准则之一，要求研究生导师落实立德树人根本任务，加强人文关怀，关注研究生学业、就业压力和心理健康，建立良好的师生互动机制。促进研究生心理健康教育是适应社会发展和时代进步的需要，也是研究生成长与发展的需要④。

（二）研究生心理育人工作的堪忧现状

虽然国家层面对心理育人工作进行了全方位体系构建，但在全球视野和我国语境下，研究生心理健康情况并不乐观。调查研究表明，全球研究生对其学业经历感到不满的占比达15%~25%；面临抑郁和焦虑的研究生占比分别达到41%和39%⑤。在国

① 习近平对研究生教育工作作出重要指示强调：适应党和国家事业发展需要　培养造就大批德才兼备的高层次人才［J］．中国研究生，2020（08）．
② 周媛，滕影．教育强国战略背景下研究生心理育人的意义、困境及对策［J］．高教学刊，2024，10（14）：5.
③ 姜捷．研究生面临压力现状、影响因素及缓解对策［J］．河南大学学报（社会科学版），2023，63（06）：117.
④ 孙然，常宁辉，王兆旭，赵振乾，杨皓程，宗蒙．基于个性化教育理念的高校研究生心理健康机制研究［J］．高教学刊，2023，9（18）：20.
⑤ 俞国良，王学振．我国研究生心理健康问题的基本状况与教育对策［J］．中国高教研究，2024（07）：80.

内，存在心理问题的研究生占比达 56.91%；认为科研学习和生活压力非常大的研究生占比达 71%①。在高校，研究生心理健康咨询量逐年攀升，占整体咨询量比重不断增大，直观反映出研究生心理健康问题正逐步凸显。由于处于从成年初期向成年中期的关键过渡阶段，因此研究生需要面对的应激源更多且更具风险性②。从内心感受来说，多数学生为成就学业，普遍选择延迟婚姻和生育，体验到的孤独感和停滞感明显。就外部环境而言，社会转型加速、教育改革加快，课业压力的高强度、毕业就业的高难度和家庭社会的高期待等因素叠加，进一步加剧了这一群体的心理压力③。根据教育部于 2023 年 7 月发布的《2022 年全国教育事业发展统计公报》，我国在读的硕士生和博士生总人数已达到 365.36 万人。在价值观念多元、人才竞争激烈、社会瞬息万变的时代背景下，在当前"内卷"文化日益严重的社会环境下，面对这一庞大基数群体和未来还将继续扩大的研究生招生规模，需要进一步审慎对待研究生心理育人工作。

二、研究生心理育人工作的缺位表现

相较于其他教育阶段，外界普遍认为研究生整体规模偏小、年龄偏大、知识阅历相对丰富，使研究生心理问题往往被忽视。然而，新时代背景下，除了少部分研究生拥有一定的社会阅历和人生经历外，研究生年龄普遍年轻化，加之研究生教育规模不断扩大，研究生心理健康问题逐步突出。研究生心理健康状况堪忧，不仅因为研究生所处的特殊阶段及其所具有的心理特点，更直接的原因是高校研究生心理育人工作还存在严重缺位。部分学者认为，相较于对本科生心理的关注，对研究生心理的关注滞后且不足，在观念、资源配置、工作要求等方面存在欠缺④。高校这种欠缺伴随着研究生心理健康状况的不断恶化更加凸显。

（一）组织依托缺失

组织能为个体的积极成长和发展提供支持，高校心理育人工作也须有组织依托才能落实到位。大多数高校的心理健康教育咨询中心设置在学生工作部之下，其主要工作服务对象为本科生。而研究生工作部门、研究生培养单位的研究生工作办公室因没有心理中心的带动和指导，缺乏开展心理健康与咨询工作的人力资源和专业基础，难

---

① 李焰，朱丽雅，王瑞. 育德与育心结合导向下高校心理健康教育的创新发展 [J]. 教育发展研究，2022，42（10）：10-16.
② 俞国良，王学振. 我国研究生心理健康问题的基本状况与教育对策 [J]. 中国高教研究，2024（07）：80.
③ 郑忠梅. 论立德树人之"人"：健康的学术人 [J]. 学位与研究生教育，2022（11）：65.
④ 雷音，潘治辉. 积极心理学视角下的研究生心理健康教育 [J]. 科教文汇，2025（01）：56.

以从心理健康方面服务研究生群体①。因此，研究生心理健康教育在组织依托方面是不完备的。高校和职能部门层面的组织功能缺失，使我们不得不将目光转移到学生组织身上。但在共青团中央直接联系、跟踪指导的120个心理健康社团中，专门面向研究生的心理健康社团仅有2个，其他绝大多数社团都是主要面向本专科生开展活动。可见，不论是教育主体层面，还是教育受众方面，研究生心理育人的组织依托都是缺失的。

（二）专业支持缺位

研究生心理健康的专业支持缺位，主要表现在研究生辅导员和研究生导师的心理育人意识和心理工作能力不足②。导师作为研究生培养的第一责任人，给予研究生情感关怀和心理支持是导师的工作职责。然而，相比于研究生的心理健康和情绪状态，导师更关注研究生的学术发展和科研成果。近年来，因不良导学关系③导致研究生发生极端事件的新闻屡上热搜，导学关系成为研究生人际冲突的主要方面④。研究生导师在心理育人工作中，存在心理育人制度阙如、心理育人意识缺失、心理育人资源缺位等实践困境⑤。研究生辅导员是开展思想政治教育的骨干力量，心理健康与咨询工作是其九大职责之一。然而，研究生身心更加成熟，研究生辅导员不再需要像本科阶段一样事事过问，使研究生辅导员往往容易错失发现和关注研究生心理健康问题的最佳时机，更多是在事后进行危机干预、陪伴安抚等。而高校辅导员的专业来源多样化和身份职责多重性，使其不一定具有开展心理育人工作的专业能力和时间精力，更多还需依赖专业咨询师⑥。

（三）朋辈互助缺乏

相较于本科生，研究生有年龄跨度大、生源多元化、专业多样化、生活阅历千差万别等特点，其基本组成单元更多为专业而非传统班级。研究生的学习生活更多以导师组为活动半径，很少参与班级、年级、学院等集体活动，交友范围、社交活动受到很大限制，集体归属感和团队凝聚力与本科阶段相比有一定差距。具体表现为，研究生阶段，同学们习惯于独来独往而非结伴同行。同时，研究生拥有了一定的年龄和社

①② 雷音，潘治辉．积极心理学视角下的研究生心理健康教育［J］．科教文汇，2025（01）：57.

③ 李启明，陈慧颖，陈华，周先礼．导学关系异化和研究生创新行为的关系：导师负面评价恐惧和研究生心理健康的中介及导师性别调节作用［J］．西南交通大学学报（社会科学版），2024（04）：69.

④ 向凌云，晋向黎，杨恒伏，游卉擎．强化心理健康教育的导师与研究生协同发展关系研究［J］．高教学刊，2024（33）：104.

⑤ 姚裕萍．研究生导师心理育人的价值意蕴、实践困境及提升对策［J］．研究生教育研究，2024（06）：60.

⑥ 胡正娟．高校研究生辅导员心理育人能力提升路径探析——以首都医科大学为例［J］．北京教育（德育），2024（10）：88.

会阅历，使其已经具备较高的自我意识水平、自我反省能力和心理防御机制，倾向于通过深度内省来分析和应对压力，而不是通过向外输出来表达自我、纾解问题，更容易包装隐藏自己而非袒露表达自己。如果压力未被有效解决，则会深陷自我批判和内部困扰中，形成隐蔽累积的严重心理问题。

（四）教育载体缺少

高校心理育人工作体系要构建起涵盖专业课程、五育并举活动、心理健康监测、心理预警干预等全方位的心理育人模式，但研究生心理育人工作在这一环节还较为薄弱。例如大学生心理文化活动节，从发起主体来看，多由心理健康教育咨询中心组织策划、学院学生工作办公室具体开展。面向对象主要为本科生。因研究生与本科生的群体特征存在较大差别，适合于本科生的心理健康活动不一定适用于研究生。从教育引导的特征来看，研究生心理育人侧重于事后消极防御和病态心理治疗[1]，只接受心理咨询，而忽视了事前引导预防，积极心理品质的培育还处于被动局面和狭隘层面[2]。研究生心理育人工作还存在载体缺少、形式较为单一、内涵不够丰富、体系不够健全等情况，尤其是在以德育心、以智慧心、以体强心、以美润心、以劳健心五育并举促进心理健康方面，缺乏系统化、针对性、趣味性和实用性的主题教育活动。

三、构建研究生心理育人工作模式

构建"1234"研究生心理育人工作模式，要聚焦影响研究生心理健康的核心要素、关键领域和重点环节，通过"社团组织—教师队伍—学生朋辈—心理活动"四位一体有机部署，来回应"组织依托—专业支持—朋辈互助—教育载体"等不足，将研究生心理健康全员主体、全方位资源要素、全过程系统治理有机调动起来，补短板、强弱项，以期实现组织建设有力、教师队伍专业、学生朋辈给力、教育载体丰富，全面系统加强和改进新时代研究生心理育人工作，提升研究生心理健康素养的目标。

（一）抓好1个学生社团，加强组织团队建设

基于研究生心理育人组织依托缺乏的现状，可从研究生主体入手，建设研究生心理健康社团，以实现研究生群体心理健康的自我管理、自我服务和自我教育。心理健康社团是由高校相关部门进行备案管理的正式社团，是青年学生自我教育、管理与服

---

① 雷音，潘治辉. 积极心理学视角下的研究生心理健康教育［J］. 科教文汇，2025（01）：57.
② 赵晓风. 促进研究生心理健康教育发展的积极心理学路径［J］. 西北高教评论，2022，9（01）：298.

务的重要阵地，是心理育人工作的重要组织依托，致力于开展具有心育科学性、思政引领性、活动趣味性的心理健康活动，守护大学生群体心理健康，是心理健康知识宣传普及、心理健康状况调查研究、心理健康活动组织开展的重要依托和有力抓手。高校通过组建、指导研究生心理健康社团开展校内心理健康活动，为社团及其成员提供资金支持以及专业培训、社会实践机会，塑造社团积极的人格特质。社团内部秉持人文关怀，加大对社团的良性引导，可以很好激励保护社团积极性、广泛凝聚发挥社团在心理育人方面的作用。

（二）开好 2 类教师培训，强化专业技能支持

研究生导师和研究生辅导员是开展研究生工作的主要力量，也是研究生日常接触最多的教师，这两类教师队伍掌握一定的心理健康工作技能，具备一定的心理工作能力和专业素养，进一步加强这两支教师队伍的技能培训，将切实促进他们提升组织策划心理育人主题班会、开展心理文化活动、识别和干预心理危机等方面的技能，更好适应并胜任工作岗位，不断提升支持和陪伴学生的心理育人能力[1]。

1. 加强研究生导师队伍心理育人技能培训。研究生导师作为研究生培养的第一责任人，要构建良好舒适的导学关系[2]，就必须加强心理学知识等工作技能培训。高校要重视导师思想政治教育、人文素养、心理疏导、沟通技能、指导能力等方面的培训，不断加强导师对研究生心理行为特点和心理问题的理解与认识，掌握心理问题识别和辅导干预的方法与策略，促进师生间和谐导学关系的构建，实现从"导学"向"导心"的转变，引导导师做研究生成长成才的指导者和引路人。

2. 加强研究生辅导员队伍心理育人技能培训。开展心理健康教育与咨询工作是辅导员的工作职责，辅导员要协助学校心理健康教育机构开展心理健康教育，对学生心理问题进行初步排查和疏导，组织开展心理健康知识普及宣传活动，培育学生理性平和、乐观向上的健康心态，努力成为学生成长成才的人生导师和健康生活的知心朋友。高校要将心理工作技能培训纳入研究生辅导员培训体系[3]，通过心理育人案例等方式，提高辅导员处理和解决研究生心理健康问题的实战能力，提升研究生辅导员的心理育人实务技能，增强心理健康工作的针对性和有效性，更好地担任起研究生健康成长的指导者和引路人角色[4]。

---

[1] 邓丽芳，陈露露，王姝怡. 研究生心理支持体系构建的国内外经验与中国路径 [J]. 中国高教研究，2024（06）：83.

[2] 姚裕萍. 研究生导师心理育人的价值意蕴、实践困境及提升对策 [J]. 研究生教育研究，2024（06）：65.

[3] 胡正娟. 高校研究生辅导员心理育人能力提升路径探析——以首都医科大学为例 [J]. 北京教育（德育），2024（10）：89.

[4] 张远航. 研究生辅导员的关键角色定位与价值 [J]. 中国研究生，2023（12）：19.

（三）建好 3 支学生队伍，发挥朋辈互助力量

朋辈互助力量是高校研究生心理育人工作中不可忽视的重要助力。高校可通过建好研究生心理健康社团成员、研究生心理联络员、研究生心理委员这三支学生队伍，构建"学校—院系—班级"三级心理沟通联络机制，充分发挥研究生在心理危机预警和朋辈互助方面的作用①，激发育人对象的内生动力，预防研究生心理危机事件的发生和发展。

1. 学校层面，加强研究生心理健康社团队伍建设。高校可在全校范围内遴选热衷于心理健康助己助人的研究生组建研究生心理健康社团，聘请心理健康教育专业的专任教师担任业务指导教师，帮助成员提升心理健康服务能力，规范召开新成员见面会、换届大会，加强社团组织队伍建设等，培养一批乐于学习宣传心理健康知识、善于组织开展心理健康活动的核心骨干，组织研究生心理健康社团成员开展研究生喜闻乐见的心理健康育人活动。

2. 院系层面，加强研究生心理联络员队伍建设。在班级设置心理委员的基础上，由每个研究生培养单位遴选推荐 1~2 名研究生心理联络员。一方面，协助研究生辅导员做好研究生培养单位整体的研究生心理育人工作，组织开展学院层面的心理健康教育活动。另一方面，学校吸纳心理联络员加入研究生心理健康社团，建立研究生心理联络员机制，负责做好心理健康相关的上传下达工作，成为学校联系学院、学院联系班级的桥梁纽带。

3. 班级层面，加强研究生心理委员队伍建设。心理委员既是高校心理健康工作队伍的有机组成部分，也是班级心理健康活动组织实施中的核心骨干力量。高校可在每个研究生班级至少设置 1 名研究生心理委员（或根据男/女性别分别设置男/女生心理委员），建立研究生心理委员选拔培训制度。为研究生心理委员开设专题选修课，将研究生心理委员纳入高校学生干部队伍统筹管理和评奖评优体系，让心理委员真正承担起心理学专业知识学习者、心理健康知识普及者、心理健康活动组织者、班级同学心理支持者的角色定位。

（四）做好 4 类学生活动，打造心理育人载体

为帮助研究生群体更好认识悦纳自己，培养积极心理品质，高校可围绕入学适应、情绪调适、恋爱心理、挫折应对等方面，从知识普及、走访调研、学生参与、精准帮扶等方面入手，构建研究生心理育人特色品牌活动，进一步丰富和创新心理育人载体。

---

① 邓丽芳，谷雨，许金文. 新时代研究生心理支持获取现状的大数据分析与启示［J］. 国家教育行政学院学报，2022（11）：84.

1. 知识普及类。在"5·25"全国大学生心理健康节等时间节点前后，邀请校内外心理健康教育专家学者，以专题报告会、团体辅导、心理沙龙等形式，就人际交往策略、研究生的心理特点与心理危机应对，面向研究生师生群体普及心理健康知识，广泛开展心理健康知识和预防心理问题科普，引导研究生掌握心理健康知识、提升心理健康素养，树立自助助人意识，增强自我心理调适能力，助力研究生树立正确的世界观、人生观和价值观，为人生规划和职业发展奠定良好的基础①。同时，依托官方新媒体平台②，打造小而精的心理育人栏目，建设兼具思想性、知识性、趣味性、服务性于一体的宣传阵地，做好新媒体环境下的研究生心理育人工作。

2. 走访调研类。为畅通信息渠道，倾听学生心声，近距离、全方位、多角度了解研究生思想动态特征，服务研究生心理健康成长需要，有针对性地做好教育引导和关爱帮扶工作，高校校院领导力量、管理力量、思政力量、服务力量要经常性深入研究生群体，下沉到一线。例如，在"一站式"学生社区打造朋辈交流中心，并面向学生经常性开展心理健康讲堂、播放心理科普电影等，就同学们集中反映的思想困惑和现实困难提出意见建议及解决办法。在开学、放假等关键时间节点，深入研究生课堂、宿舍、食堂等，针对研究生群体开展走访调研，重点了解研究生心理健康状况。

3. 学生参与类。心理健康活动与其他学术科研、文艺体育活动有很大不同，要长久持续地开展并发挥积极育人作用，必须真正依靠研究生的自觉主动欢迎和深度广泛参与，让研究生从这些心理健康活动中获益，激发教育对象的内在动力③。高校要以帮助研究生培养积极心理品质为目标，组织开展小众精致温馨、研究生喜闻乐见的心理健康系列活动，例如心理游园会、心理漫画海报创作、幸福打卡等，聚焦研究生关注的热门话题，引导同学们分享自己的个人经历、困惑与努力，加强研究生人际联结，帮助同学们发现和记录生活的美好，积攒生活中的小确幸和正能量，增强同学们发现幸福、感受幸福、传递幸福的能力，让研究生在群体中感受到尊重、支持与关爱，得以放松身心、调节情绪、缓解焦虑，实现心理自助互助。

4. 精准帮扶类。除开展积极引导以外，高校还要注重对心理健康重点关注群体进行精准摸排和心理帮扶，从心理层面和现实层面为研究生解决心理困惑和现实难题提供更多可能。从新生入校开始进行心理状况全方位测评，对重点关注研究生建立心理健康台账，在家校联动的基础上，对筛查出的中高风险研究生及时给予专业的支持与帮助，做好危机干预和跟踪回访工作。在奖助学金评定、学位论文送审和结果反馈、

---

① 刘瑞. 基于研究生群体特征的心理健康教育现状与对策探析 [J]. 职业教育，2024，23（20）：10.
② 胡楠. "新媒体"构建心理育人"新话语"[J]. 中国研究生，2023（12）：29.
③ 赵立莹，郭治聪. 从绩效管理到心灵治理：研究生教育质量保障的路径选择 [J]. 学位与研究生教育，2023（12）：56.

入党推优考察、毕业生毕业就业等重要阶段，针对研究生在学习生活中碰到的具体问题，联合学院、导师、辅导员等进行提前预警、风险研判，制定应急处突方案，做到早发现、早关注、早处置，有效预防和防止心理危机事件的发生①。

参考文献

［1］宁维卫，陈华，陈丽. 大学生发展与健康心理学［M］. 成都：西南交通大学出版社，2009：18.

［2］王晓刚，马喜亭. 高校心理健康教育发展研究［M］. 杭州：浙江工商大学出版社，2011：190－192.

［3］邓丽芳，虞洋洋，王姝怡，裴蓓. 研究生心理健康的环境生态：基于风险与保护因素的大数据研究［J］. 学位与研究生教育，2024（01）：47.

（作者单位：中南财经政法大学研究生院、党委研究生工作部）

---

① 邓丽芳，虞洋洋，王姝怡，裴蓓. 研究生心理健康的环境生态：基于风险与保护因素的大数据研究［J］. 学位与研究生教育，2024（01）：47.

新时代"大思政"格局下高校研究生劳动育人研究

——以中南财经政法大学后勤为例

董　盼　蒋圣芳　阙胜齐　陈　佳　徐警武

摘　要： 研究生教育管理中落实"三全育人"是实现立德树人目标的有效途径，在"三全育人"背景下，开展劳动育人有助于高校培养德、智、体、美、劳全面发展的研究生。本文介绍了中南财经政法大学后勤保障部开展研究生劳动育人的情况，阐述了"党建＋业务"协同育人工作成效，党建引领不断强化，第二课堂融会贯通，构建育人体系，搭建育人平台，塑造价值取向，加强宣传引导，深挖育人要素，注入育人动能。同时也指出当前研究生劳动育人存在全员育人认识不足、研究生党建与劳动教育融合不够、研究生专业锻炼与劳动教育结合不够和劳动教育考评机制尚未建立的问题，并在提高全员育人认识、加强研究生党建与劳动教育融合、融合研究生专业锻炼与劳动教育活动、健全完善劳动教育考评机制方面提出改进建议。

关键词： 研究生　高校后勤　"三全育人"　劳动育人

一、新时代"大思政"格局下高校研究生劳动育人工作的必要性

当前，高校研究生管理工作中管理者对学生的科研能力和专业知识的重视度普遍高于对学生思想认知引导、价值观塑造和综合素质培养。正如法国著名科学家巴斯德所说"科学无国界，科学家有祖国"，我国高校培养的是中国特色社会主义的建设者和接班人，其思想基础和价值追求十分重要。研究生成为对国家和社会发展有促进作用的人才的前提，必须拥有坚定的理想信念和正确的价值追求。培养研究生的社会

责任感、独立思考能力、分析问题并解决问题的能力、动手实践能力等，不仅在知识课堂，更在学校提供的劳动教育平台。在研究生教育管理中，充分发挥全员育人、全过程育人、全方位育人的"三全育人"管理理念，让研究生充分进行自我管理、自我教育和自我发展。

在"三全育人"背景下，开展劳动育人有助于高校培养德、智、体、美、劳全面发展的研究生。劳动教育对提高研究生的劳动素养，增强研究生的劳动能力，对促进研究生全方位发展起正向作用。作为一名新时代的研究生，不仅要具备扎实的专业知识和专业技能，还要具备良好的劳动品质，比如艰苦奋斗、甘于奉献、爱岗敬业、工匠精神等。研究生在实际劳动实践中，不断强化自身责任感、培养创新能力、培养团队精神，这对于研究生的培养都是大有益处的。总之，劳动教育是促使研究生把所学知识转换为实际技能的催化剂，是"三全育人"的重要抓手。

后勤是高校开展劳动育人工作的重要平台之一。饮食服务、公寓服务、校园绿化、运输服务等均是劳动密集型的服务，专业性和实践性都比较强。后勤部门具有开展劳动教育的先天性优势，是开展劳动教育的重要力量。研究生科研任务较重，且在"应试教育"导向之下，参与劳动教育的积极性往往不高，绝大部分研究生聚焦科研学习，很少参加劳动实践活动。因此，如何引导研究生积极参与劳动实践活动，创新劳动教育实践活动课程，将劳动教育与研究生人才培养紧密结合，引导研究生树立正确劳动价值观，是一个值得研究的重要课题。

二、中南财经政法大学后勤劳动育人探索

近几年，中南财经政法大学后勤保障部结合自身实际，充分挖掘劳动育人资源，推动党建工作与后勤服务相融合，把党的政治优势和组织优势转化为育人优势，同时深刻把握"三全育人"内涵，重服务更重育人，积极探索协同融合的育人工作机制，融合"环境育人""服务育人""劳动育人"，既重视劳动育人"硬件"建设，也重视文化"软件"建设，开展了一系列丰富的劳动教育活动，探索与实践情况如下：

（一）党建引领不断强化，育人合力有效凝聚

后勤党委始终坚持"三全育人"工作理念，以服务育人为引领，积极探索提升服务育人水平的实现路径，从劳动育人、环境育人、服务育人等方面促进"服""育"融通。后勤党委从一线员工身上挖掘典型事迹，讲好后勤故事，挖掘情感共鸣性选题。如挖掘宣传第五届"公道美品德行奖"获得者之一——后勤保障部宿管员聂儒海的事迹，他奋不顾身，挽救学生性命，躬耕六载守初心，扎根公寓彰本色，练就"火眼金

睛"识人本领，筑牢公寓安全，妥善处理各种突发状况，悉心帮助学生解决各种问题，在平凡岗位上奉献着不平凡的爱与责任。用有深度、有温度的后勤故事弘扬劳动精神，增强学生劳动意识，引导学生树立良好的劳动品质。在"中南大后勤"公众号上宣传后勤事迹：奋战暑日，只为旧貌焕新颜的后勤公寓人；冻雨天气下破冰铲雪的后勤绿化工……通过讲述一个个后勤劳动者的事迹，宣传爱岗敬业精神，引导研究生在劳动实践中树德强体。

（二）第二课堂融合贯通，育人形式不断创新

后勤党委大力推进第二课堂劳育实践。饮食党支部定期开展"食尚中南"学生座谈交流会，聘任学生担任食堂信息联络员，信息联络员们广泛收集汇总学生意见，传递学生声音，督促推动食堂服务迈上新台阶。此外，饮食党支部开设厨艺课堂，举办"名厨进校园"之我跟名厨学做菜活动，举办"中原杯""舌尖中南"校园美食节暨师生厨艺大赛，依托"大学生劳动实践工作坊"平台，以端午、中秋、冬至等中华传统节日为契机，开展美食文化体验活动，诸如端午节"包粽子""包青团"体验、中秋节月饼制作体验、冬至日"包饺子"体验等育人活动，让更多学生在走进食堂的同时，也有现场操作体验的机会。这些劳动实践活动深受师生欢迎，寓教于劳，育才于勤，研究生们在劳动中收获快乐、增长知识、锻炼技能、陶冶情操，努力成为德智体美劳全面发展的新时代研究生。

后勤党委举办"全球战塑、水电节约"主题喷绘设计大赛活动，将"全球战塑、水电节约"的理念融入校园生活，在宣扬节能理念的同时，让学生们在劳动中感受美、创造美、传递正能量。此外，举办"节水护水，你我同行"宣传语有奖征集活动，宣扬节能环保理念。生活服务中心党支部联合校团委举办"传承红色基因，弘扬革命精神——红色电影进校园"电影展映月活动，弘扬红色文化，加强研究生爱国主义教育，深植研究生爱国主义精神。

后勤党委将园林绿化工作打造成校园中为师生提供美学教育、行为教育、劳动教育的重要载体，近三年来先后组织开展校园"网红"月季观赏活动、"湖畔花境"拍照打卡活动，举办园林树木修剪课堂、花卉培育课堂、校园植物讲解、师生共挂树牌、"冬日守绿护绿行动"劳动教育主题实践活动、植树节义务植树活动，这些劳动教育实践活动的开展，让研究生们在劳动实践中感受劳动快乐，培养肯吃苦、能吃苦的精神，增强了爱绿护绿的行动力，生动诠释了学校劳动育人特色。

此外，后勤学生公寓党支部开展从"扫一屋"到"扫天下"劳动教育助力学生文明习惯养成党建主题实践活动，开展"把宿舍当成第二个家"收纳知识专题讲座。加强学生寝室阵地建设是高校思想政治提升工程和学生行为养成培养的重要举措，该活动通过"寝室"小课题，做了"思政大文章"。

（三）服务品质不断提高，育人格局充分完善

面对师生对美好校园生活的需求和期待，中南财经政法大学后勤保障部紧紧围绕学校的中心任务，通过党建业务相融相促，以建设一流后勤服务体系为重心，全力深化后勤改革，聚焦校内服务保障，建设美丽校园，围绕师生对后勤服务工作提出的新期待、新要求，主动适应环境之变、需求之变，积极谋划"解题"新思路，持续提升师生对后勤的满意度与获得感。近三年，相继改造望湖片区和临湖片区，望湖食堂、临湖食堂和三栋望湖公寓提档升级，对中区环境进行综合整治，相关区域景观改造面积达 28087.27 平方米。凝心聚力提升餐饮服务品质，以高规格、高标准圆满完成第十六届世界会计史学家大会环境保障、餐饮服务等工作。结合中南财经政法大学文化底蕴和人文精神，使学校两个校区成为绿树成荫、花开四季、风景优美、绿色安全的校园。在服务过程中，常态化开放后勤服务岗位，让学生真正参与到后勤服务劳动中，设立食堂信息联络员等勤工助学岗位，同时发放一定勤工酬金；设立光盘行动、食堂秩序维护等志愿岗，引导学生提升社会责任感。

三、存在的问题

通过开展一系列劳动育人实践活动，中南财经政法大学后勤保障部已取得一定成效，但是，在开展劳动育人实践过程中，仍有以下问题值得关注。

（一）后勤全员育人认识不足

部分后勤人员的认知仅停留在服务保障层面，缺乏参与教育工作的意识。部分后勤职工忙于具体事务，对立德树人方向的规划呈散乱状态。因此，后勤各科室、实体中心在立德树人、劳动育人工作方面的建设难以形成合力，实效难以发挥。另外，后勤人员文化水平不均，在立德树人和劳动教育方面的能力和素质参差不齐，缺乏系统的培训和专业的指导。

（二）研究生党建与劳动教育融合不够

研究生党建活动往往注重理论学习和思想引导，而缺乏与劳动教育的有机结合。另外，资源整合方面的不足也制约了"党建＋劳动"主题实践活动的成效。研究生专业多元化和人员分散等特点在一定程度上影响了研究生党支部的凝聚力，间接对"党建＋劳育"实践活动的落地产生了阻碍作用。

（三）研究生专业锻炼与劳动教育结合不够

当前开展的劳动教育实践活动仅停留在后勤服务相关层面的体力活动，与研究生本身所学专业关系并不紧密，活动形式比较单一，因此活动的吸引力一般。如能将研究生专业与劳动教育相结合，设立与专业相关的勤工助学岗，如设立兼职核算员、兼职宣传员等，将能吸引会计专业、新闻专业研究生等，这样专业上的实习锻炼更能吸引研究生参加，让他们在实践中体验劳动的价值和意义。

（四）劳动教育考评机制尚未建立

研究生劳动教育尚未建立完整的考评机制。学生参加劳动教育活动并未与第二课堂学分绑定，在参加劳动教育活动方面学校并未有强制硬性要求。研究生的主要精力都投入到科研学术工作中，对于参加劳动实践活动的积极性一般。综上所述，无法建立适合高等教育学段特点的劳动教育考评机制。

四、新时代"大思政"格局下高校研究生劳动育人的思考与建议

新时代"大思政"格局下，劳动教育已成为高校育人不可或缺的一部分。参与劳动实践让研究生将课堂学到的理论知识转化为实践能力，提升研究生职业素养，培养良好的劳动习惯和品质。应构建多样化的劳动课程体系，加强劳动教育师资队伍建设，充分挖掘劳动教育教学资源，创新劳动实践教育活动形式，构建劳动教育协同育人模式。

（一）提高对劳动育人重要性的认识

无论是在编职工还是劳务派遣员工，都应充分认识到后勤部门除了完成服务保障工作外，还肩负着育人的职能。高校后勤人员要在服务场景中充分展现后勤育人价值，形成"自己也是学校育人的一员"的认知，增强后勤员工育人方面的思想意识和行动自觉。同时，要加强员工的培训，提升后勤员工综合素养，潜移默化影响学生思想，从而实现育人效果。

（二）"党建＋劳育"融合，拓展劳动教育资源

联系研究生党支部开展劳育实践活动，是对研究生进行劳动教育的有力抓手。调动研究生党团组织及研究生会等学生组织开展创新特色劳动教育活动，后勤部门提供

校内劳动基地和平台支持，充分调动研究生自我管理、自我教育、自我发展的积极性，建立起服务管理与自我管理相结合的劳动育人新模式。在研一阶段，后勤部门可以联合部分学院研究生党支部学生走进食堂、学校苗圃基地等，深入体验后勤一线劳动场景，开展浸润式劳动教育；在研二、研三阶段，组织专业实训类的劳动教育活动。

（三）"专业 + 劳育"结合，创新劳动教育活动形式

在政策允许的范围内，后勤部门可提供研究生实习实训、创新创业的机会和平台，组织开展"专业技能提升"活动，提升学生解决实际问题的能力与劳动实践能力。同时，后勤部门还可结合研究生专业特色，联合合作的社会化企业，组织技能大赛、企业实践等，培养学生结合实际情况运用理论知识的能力和团队协作精神。

（四）明确评价标准，健全完善劳动教育考评机制

健全完善劳动教育考评机制，有助于激发学生主观能动性、积极性和创造性。针对不同劳动岗位、不同劳动内容可设置有差别的学分。不同类型的劳动教育实践应有不同的评价标准。比如生活技能类的劳动实践活动应重点考查学生对生活技能的掌握情况；体力劳动实践则重点考查学生的态度和任务完成度。此外，劳动教育评价可结合多种评价工具，如观察记录、动手操作表现、个人思想报告等，更加全面、客观地评价学生在劳动教育中的表现。同时，可通过信息化手段和平台处理劳动教育评价相关的数据和信息。

参考文献

[1] 高华，苗汝昌. 基于"三全育人"的研究生教育管理模式探讨［J］. 山东理工大学学报（社会科学版），2018（34）：4.

[2] 张琪琪."三全育人"视域下提升高校后勤服务育人功能的对策研究［D］. 汉中：陕西理工大学，2023.

[3] 吴撼，韩睿，李波，等."三全育人"背景下高校后勤劳动育人研究——以西安电子科技大学为例［J］. 中国多媒体与网络教学学报（上旬刊），2024（01）：96 - 99.

（作者单位：中南财经政法大学后勤保障部）

论高校"辅导员 + 研究生导师"协同育人机制实践路径

——以外国语学院"语思导学思政"研究生思想引领工程为例*

袁笑雨

摘　要： 研究生是高层次的教育群体，而当代研究生的思想动态已呈现出新的时代特点。导师和辅导员是研究生思想政治教育工作的主体，也是研究生思想政治教育工作中最重要的两支力量。本文旨在通过剖析现代研究生思想政治教育工作的现状和困境，深入探讨"辅导员 + 研究生导师"协同育人模式的内涵、特点，并通过理论分析、案例研究及策略建议，聚焦该协同育人机制建立的必要性、实施路径及其实践效果，总结经验教训，固化有效措施，提炼标准化成果，积极探索研究生导师和辅导员合力育人的协同机制。

关键词： 研究生教育　辅导员　导师　协同育人

一、引言

研究生教育是高等教育人才培养的最高层次，是中国特色社会主义建设高层次人才培养的重要来源，研究生思想政治教育是研究生教育的重要组成部分。与本科生、专科生相比，研究生群体具有知识水平高、年龄层次复杂、思想状况多元的特点，但

---

　*　基金项目：2022 年度湖北省教育厅哲学社会科学专项任务项目（高校学生工作品牌）"'语思导学思政'研究生思想引领工程——'辅导员 + 研究生导师'协同育人机制探索与实践"（项目编号：22Z216）。

研究生思想政治教育仍是大学生思想政治教育中相对薄弱的环节。2018 年 1 月，《教育部关于全面落实研究生导师立德树人职责的意见》指出，落实导师是研究生培养第一责任人的要求。这为构建"辅导员 + 研究生导师"协同育人机制提供了基本遵循。

当代研究生的思想动态已呈现出新的时代特点，新时期的研究生自我意识与个体化倾向明显，对传统的高校思想政治工作模式带来了较大的冲击与挑战。习近平总书记在全国研究生教育大会上强调，高校要主动适应党和国家事业发展需要，致力于培养大批德才兼备的高层次人才。

二、"辅导员 + 研究生导师"协同育人机制的理论基础与内涵界定

（一）理论基础

"辅导员 + 研究生导师"协同育人机制的理论基础主要源于教育学、心理学和管理学等多个学科领域。其中，教育学中的"全面发展理论"和"因材施教理论"为该机制提供了重要的理论指导。全面发展理论强调，教育应关注学生的全面发展，包括知识、能力、情感、态度和价值观等多个方面。因材施教理论则要求根据学生的个体差异，采取针对性的教育方法和手段，以实现最佳的教育效果。

在心理学领域，认知发展理论、社会学习理论和动机理论等也为该机制提供了理论支撑。认知发展理论认为，学生的认知能力随着年龄和经验的增长而不断发展，教育应适应这种发展，促进学生的认知成长。社会学习理论强调，学生通过观察和模仿他人的行为来学习，因此，导师和辅导员的榜样作用至关重要。动机理论则关注学生的学习动机和动力来源，认为教育应激发学生的学习动机，提高他们的学习积极性和主动性。

管理学中的团队协作理论、目标设定理论和激励理论等，也为该机制提供了有益的理论借鉴。团队协作理论强调团队成员之间的合作和协调，以实现共同的目标。目标设定理论要求明确、具体地设定目标，以激发团队成员的积极性和创造力。激励理论则关注如何激发团队成员的积极性和动力，提高团队的整体绩效。

（二）内涵界定

"辅导员 + 研究生导师"协同育人机制，是指辅导员和研究生导师在研究生思想政治教育工作中形成的协同合作、共同育人的机制。该机制旨在通过明确导师和辅导员的职责分工、依托科研团队实现全方位育人、开展丰富多彩的实践活动提升综合素质，以及建立有效的评估和反馈机制持续改进等措施，推动研究生思想政治教育工作

的深入开展。具体来说，该机制包括以下几个特点：

1. 互动性。协同育人机制强调导师和辅导员之间的有效互动，通过信息共享、资源整合等方式，形成工作合力。

2. 互补性。导师和辅导员在工作职责上存在互补性，导师侧重于科研指导和学术培养，辅导员侧重于日常管理和思想政治教育。二者协同合作，可以弥补彼此在工作中的不足。

3. 系统性。协同育人机制是一个系统工程，涉及研究生培养的各个环节和方面。需要构建完善的制度体系和工作流程，确保机制的有效运行。

三、新时期研究生思想政治教育工作的现状与困境

（一）研究生群体特征复杂化

随着高等教育的普及和研究生招生规模的扩大，研究生群体的构成日益复杂。他们来自不同的地域、家庭背景和专业领域，年龄跨度大，思想观念和价值取向多元化。这种复杂性给研究生思想政治教育带来了新的挑战。一方面，需要针对不同群体的特点和需求，制定个性化的教育方案；另一方面，要增强教育的包容性和灵活性，以适应不同学生的成长需求。

（二）导师与辅导员联系不够紧密

在高校的研究生教育管理体系中，导师与辅导员是学生成长道路上的两大重要引路人。导师主要负责学生的专业指导和学术研究，而辅导员则侧重于学生的思想政治教育、日常管理等。由于双方工作侧重点不同，在现实中往往缺乏有效的沟通机制和平台，导致信息无法及时共享。这种疏离不仅削弱了学生教育的连贯性和系统性，还可能使学生在面对困惑和挑战时感到孤立无援。因此，加强导师与辅导员之间的沟通与协作，构建更为紧密的联系机制，对于提升学生的培养质量、促进其全面发展具有重要意义。

（三）教育内容与方式单一

当前研究生思想政治教育的内容和方式相对单一，缺乏针对性和实效性。一方面，教育内容过于注重理论灌输和说教，忽视了研究生的实际需求和兴趣点；另一方面，教育方式过于传统和僵化，缺乏创新和灵活性。研究生作为具有较高思维能力和创新能力的群体，他们渴望接受新鲜、有趣且富有挑战性的教育内容。因此，创新研究生思想政治教育的内容和方式，是提高研究生学习兴趣和参与度的重要途径。

（四）研究生学业与就业压力增大

随着研究生招生规模的扩大和就业市场的竞争加剧，研究生面临着越来越大的学业和就业压力。他们需要在短时间内完成大量的学习任务和科研任务，同时还要面对就业市场的激烈竞争。这种压力不仅影响研究生的学习和生活，还可能对他们的思想政治素质产生负面影响，甚至凸显心理健康问题。因此，加强研究生思想政治教育，帮助他们树立正确的价值观和人生观，是缓解他们学业和就业压力、提高他们综合素质的重要途径。

四、实施"辅导员+研究生导师"协同育人机制的必要性

（一）适应研究生群体特征变化，培养德才兼备的高层次人才

随着研究生招生规模的持续扩大，研究生群体呈现出前所未有的多样性和复杂性。他们来自不同的地域、文化背景、家庭环境，拥有不同的学术兴趣、职业规划和个人追求。这种多样性要求教育者在培养过程中更加注重个性化、差异化。此外，在全球化、信息化的时代背景下，各种思潮交织碰撞，研究生的思想观念和价值取向容易受到外界影响，出现偏差。因此，加强研究生思想政治教育，引导他们树立正确的世界观、人生观、价值观，成为德才兼备、全面发展的高层次人才，是研究生教育的首要任务。辅导员和研究生导师作为研究生最直接的教育者和引导者，通过协同育人机制，可以共同承担起这一重任。

（二）促进导师和辅导员的专业成长，提升育人质量

协同育人机制不仅有利于研究生的成长，也为导师和辅导员的专业成长提供了广阔的空间。通过共同参与研究生的教育工作，导师和辅导员可以相互学习、相互借鉴，提升自己的教育能力和水平。这种跨领域的交流与合作，有助于打破学科壁垒，促进知识的融合与创新，为研究生教育注入新的活力。同时，协同育人机制还可以激发导师和辅导员的工作积极性和创造力，推动他们不断探索新的教育方法和手段，提升育人的质量和效果。

（二）优化高校育人环境，提升整体办学水平

实施"辅导员+研究生导师"协同育人机制，有助于优化高校的育人环境。通过明确导师和辅导员的工作职责、建立有效的沟通机制和考核机制等措施，推动他们更加积极地投入到研究生的教育工作中去。这种协同合作不仅有助于提升研究生的综合

素质和创新能力，还能够促进高校内部的资源整合和共享，提高教育资源的利用效率。同时，协同育人机制还可以促进高校与社会、企业的联系与合作，拓宽研究生的实践渠道和就业途径，提升高校的社会影响力和竞争力。

（四）构建新时代研究生教育生态，落实内涵式发展要求

实施"辅导员＋研究生导师"协同育人机制是构建新时代研究生教育生态体系的重要组成部分。这一机制不仅体现了以人为本的教育理念，也符合高等教育内涵式发展的要求。通过协同育人机制的建设和完善，可以推动研究生教育在人才培养、科学研究、社会服务等方面实现全面协调可持续发展。同时，这一机制还有助于提升我国高等教育的国际竞争力和影响力，为培养具有国际视野和创新能力的高层次人才提供有力支撑。

五、案例分析：外国语学院"语思导学思政"研究生思想引领工程实践

（一）案例背景

外国语学院响应国家关于加强和改进研究生思政工作的号召，自 2020 年初便按照"一二三四五"工作法，即坚持一个指导思想，建强两支育人队伍，实现三大育人目标，搭建四大育人平台，完成五大育人任务，开始开展"语思导学思政"研究生思想引领工程建设，打造"思政育人"大格局，积极探索研究生导师和辅导员合力育人的协同机制的构建。

（二）实施过程

1. 成立"语思导学思政工作室"。为了凝聚多主体协同育人合力，由学院分管研究生思政工作副书记牵头，统筹协调研究生导师组、研究生工作办公室、研究生党支部和研究生会等各方主体的思政任务，实现导师思政和研究生思政的有效融合与联动。6 个硕士研究生导师组是导学思政建设的主力军；3 名研究生辅导员发挥桥梁纽带和黏合剂作用；3 个研究生党支部和 1 个研究生会合力推动朋辈共进。

2. 开辟"语思导学思政育人平台"。学院经过一年多的筹备和建设，实体"语思导学思政育人空间"于 2022 年 4 月正式挂牌投入使用。育人空间位于学院学术研究中心二楼，是学院"一站式"学生社区的一部分，为学院领导、研究生导师、辅导员等多元育人力量进驻社区，践行一线规则，提供了重要的活动场所。育人空间由多媒体主活动室、党团活动室、师生交流研讨室、学业发展多功能室、职业生涯发展规划室、

全球视野提升工作室等六个"三全育人"功能用房组成。内部配有智慧互动桌椅、投影仪、咖啡机、党建、思政以及专业学术书籍,是导师、辅导员与研究生交流互动的重要场所,师生可以随时通过网络预约场地开展活动。

3. 建设"语思导学思政"四大子平台。为了让导师深度参与思想政治主题教育内容设计和现场活动,让导师、辅导员协同开展思想政治教育有载体、有平台,学院实行辅导员、研究生导师联动式组织活动,搭建"导学思政"大讲堂、下午茶、同向行、故事汇等四大平台。两年来,"导学思政"已形成常态化的活动体系,开展活动90余期,深受研究生好评。学院通过"导学思政"大讲堂、导学红色下午茶等活动,深层次挖掘思政教育在导学互动中的融合,引导研究生坚定理想信念、厚植家国情怀。在文化自信方面,开展"学术下午茶""书香下午茶"等活动,引导研究生既开阔国际视野,增强国际交流能力,又坚守国家立场,讲好中国故事,传播中国好声音,努力做到内外兼修。在科研学习方面,导师通过论文选题和写作、科研学术经历、学术沙龙等内容与研究生展开深入交流,促进学生养成良好的学术道德、精神品格以及精益求精的研究精神,传承学术思想、投身国家建设。在职业规划方面,导师、辅导员、研究生齐聚一堂,开展就业分享沙龙,了解行业脉搏,畅谈就业选择,展望未来规划。

(三)实践成效

1. 德才兼备的高层次人才培养凸显新成效。学院切实围绕学生、关照学生、服务学生,将思政工作与人才培养互融互促,依托"语思导学思政"思想引领工程,在对研究生进行思想教育和价值引领的同时,赋能研究生成长成才。近年来,学院研究生第一党支部获批校"样板党支部"立项,2020级党支部"听说读写译行,礼赞建党百年"项目在校样板党支部展评中荣获一等奖,5名研究生获得国家留学基金委公派留学资格,多名研究生参加校际国外交流项目,20余名研究生在韩素音国际翻译大赛、全国口译大赛等重要学科竞赛中斩获佳绩,百余名研究生参加国际篮联三人篮球赛外事翻译和外宾接待等语言志愿服务,1名研究生获得校设最高奖学金——文澜奖学金,1名党员获湖北省"百生讲坛"银牌主讲人以及学校党史宣讲"优秀主讲人"一等奖。多名研究生毕业生后去往新疆、宁夏等偏远地区。毕业生在政法、财经、新能源等国家重点行业、重点单位和基层就业的比例持续超过75%。

2. 研究生导学思政育人体系建设取得新进展。学院形成了辅导员与研究生导师协同育人的良好机制。以该案例为基础申报的《新时代研究生导学思政育人体系的探索与实践》课题,获得中央高校基本业务费"三全育人"专项资助;另一课题《"语思导学思政"研究生思想引领工程——"辅导员+研究生导师"协同育人机制探索与实践》,获批湖北省教育厅哲学社会科学研究专项任务项目(高校学生工作品牌);项目建设工作案例《贯彻"三全育人"教育理念,打造"思政育人"大格局——中南财经政法大学外国语学院"语思导学思政研究生思想引领工程"建设》，已获学校推荐参评湖北省文明校园青少年思想道德建设工作创新案例。

六、"辅导员＋研究生导师"协同育人机制的实践路径

（一）转变育人理念，构建协同育人的基础框架

在深化"辅导员＋研究生导师"协同育人机制的实践中，理念转变是构建协同育人基础框架的关键步骤。无论是辅导员还是研究生导师，都需要跳出传统角色定位的束缚，将协同育人作为双方工作的核心导向。导师们需意识到，其职责不仅限于学术指导与科研引领，更在于通过言传身教，培养学生的思想政治素质、道德品质和社会责任感。而辅导员则需加强自身的专业素养，提升学术理解力，以便更好地与导师沟通协作，共同为研究生的全面发展贡献力量。为实现这一理念转变，学校可采取多种措施，如组织定期的协同育人研讨会、工作坊，就研究生的学习、生活、心理等方面的问题进行及时沟通与讨论，共同制定解决方案；邀请校内外专家分享协同育人的成功案例与经验，促进双方理念上的深度融合。同时，可设立优秀导学团队，宣传导学实践，表彰在协同育人工作中表现突出的导师与辅导员，以此激励更多教育工作者投身于协同育人的实践中。

（二）实现资源共享，提升协同育人的效率质量

高校应充分利用现代信息技术，构建线上线下相结合的信息共享平台。线上可以包括研究生管理系统、导师与辅导员交流平台等，实现研究生基本信息、课程成绩、科研进展、心理状态等多维度信息的实时共享。线下可以搭建实体育人空间、导学研讨室等，为学术活动和思政教育的开展提供充分的软硬件支持。高校应整合校内外的优质教育资源，为研究生提供更多元化、更高质量的学习与实践机会。例如，可以与行业企业建立产学研合作基地，邀请企业专家担任研究生的实践导师，共同指导研究生的科研项目与实习实践；可以与国内外知名高校建立学术交流与合作机制，为研究生提供更多的国际交流与学习机会；可以设立研究生创新创业基金，鼓励研究生参与创新创业活动，提升其创新能力与创业能力。

（三）丰富活动方式，优化协同育人的实施策略

1. 打造全员育人环境。充分挖掘课程体系中德育元素，形成立体的育人格局。通过构建"辅导员—研究生导师"双向引领、双向发展的共建模式，发挥辅导员在思想引领、素质实践，以及导师在能力培养、科技创新等方面的作用。促进思政和科研业

务的深度融合及相互促进，激发内生动力。

2. 搭建全程育人链条。以服务学生成长为主线，坚持思想引领、作风引领、典型引领。通过实施"启航计划""领航计划""远航计划"等举措，让协同育人涵盖研究生入学、培养、毕业等各个阶段，帮助研究生夯实理论基础，提升科研水平，增强实践能力。同时挖掘榜样先锋，激发先进典型带动力。

3. 落实全方位育人理念。聚焦学科竞赛、社会服务、创新创业等方面，培养研究生的综合素质和创新能力。通过组织各类赛事和活动，提升研究生的科技创新能力、社会责任感和创新创业能力。同时，加强集体意识和拼搏精神的培养，引领学生德智体美劳全面发展。

七、结论

研究生思想政治教育工作是高校人才培养工作的重要组成部分，也是培养高素质人才的重要途径。在新时期背景下，"辅导员＋研究生导师"协同育人机制已成为高校研究生思想政治教育工作的新趋势。通过转变育人理念、实现资源共享、丰富活动方式等措施，可以有效地推动"辅导员＋研究生导师"协同育人机制的构建，加强研究生思想政治教育工作的深入开展。

未来，"辅导员＋研究生导师"协同育人机制应进一步深化和完善。一方面，要加强理论研究和实践探索，不断丰富和完善协同育人机制的内涵和形式。另一方面，要加强与企业的合作与交流，借助企业的资源和优势，共同推动研究生的创新创业和就业工作。同时，要加强国际交流与合作，借鉴国外先进的育人经验和做法，不断提升我国研究生教育的国际竞争力。

参考文献

[1] 习近平对研究生教育工作作出重要指示强调要适应党和国家事业发展需要，培养造就大批德才兼备的高层次人才 [N]. 人民日报，2020 - 07 - 30 (01).

[2] 常瑛，卜凡熙，王志华. "三全育人"视角下研究生导师与辅导员协同育人机制研究 [J]. 大学，2024 (06)：15 - 18.

[3] 韩丰琨，王莹. "双一流"建设视域下研究生教育管理队伍建设的问题与对策研究 [J]. 大学，2023 (S1)：50 - 52.

[4] 张青平，常腾. 场域理论视域下研究生导师与辅导员协同育人策略研究 [J]. 陕西教育（高教），2023 (09)：49 - 51.

[5] 陆居怡，杨璐柳婷. 主体间性视域下研究生辅导员与导师协同育人机制构建研究 [J]. 高校辅导员学刊，2023，15 (01)：41 - 45.

［6］操艮萍．联合培养研究生党建与就业工作联动机制探索［J］．教育教学论坛，2022（51）：17－20．

［7］张佳，张强军．研究生导师与辅导员合力育人——价值意蕴、现实困境与路径选择［J］．研究生教育研究，2021（01）：22－28．

［8］侯振中．高校思政教育协同育人机制的建构［J］．人民论坛，2020（33）：72－74．

［9］李家文，魏寅．我国硕士研究生思想政治教育方式的完善——基于对华中师范大学的调查［J］．社会主义研究，2016（03）：131－138．

［10］陈晓梅．角色期待与呼应：新情况下研究生导师的角色变化［J］．研究生教育研究，2016（01）：70－74．

［11］徐刚．综合改革背景下的研究生思想政治教育研究［D］．武汉：华中师范大学，2013．

［12］蔡茂，华李，尚蒲．研究生导师与辅导员合力育人机制的构建［J］．研究生教育研究，2012（02）：44－48．

［13］楚永全，周立志．试论研究生导师的德育职责及工作机制构建［J］．学校党建与思想教育，2011（32）：7－10．

［14］楚永全，周立志．研究生导师和辅导员合力育人机制的构建［J］．思想教育研究，2010（12）：98－99．

（作者单位：中南财政政法大学外国语学院）

"三全育人"视角下导师与辅导员协同育人机制探索与实践

——以"语思导学思政"研究生思想引领工程为例*

张　冉

● ● ●

摘　要： 2020 年，教育部会同国家发展改革委、财政部联合发布《关于加快新时代研究生教育改革发展的意见》，强调要发挥导师言传身教作用，做研究生成长成才的引路人，既做学业导师，又做人生导师；不断完善思想政治教育体系，健全"三全育人"机制，将思想政治教育评价结果作为"双一流"建设成效评价、学位授权点合格评估的重要内容。这为"导学思政"工作提供了基本遵循。中南财经政法大学外国语学院抓住研究生教育的主要矛盾，着眼研究生思想政治工作中的痛点与难点，着力解决导生当前沟通不足的问题从而和谐导生关系，积极探索"三全育人"视角下研究生导师和辅导员协同育人机制，扎实推进"语思导学思政——研究生思想引领工程"项目建设，着力打造"思政育人"大格局。

关键词： 研究生　思想政治教育　导师　辅导员　协同育人

一、背景概述

在全国高校思想政治工作会议上，习近平总书记强调，高校思想政治工作关系高校培养什么样的人，如何培养人以及为谁培养人这个根本问题。要坚持把立德树人作为中心环节，把思想政治工作贯穿教育教学全过程，实现全程育人，全方位育人，努力开创我国高等教育事业新局面。这为研究生"导学思政"（即研究生导师在指导学

---

* 基金项目：中南财经政法大学 2024 年基本科研项目"科研培育与全员育人专项"（项目编号：2722024DS024）。

生的过程中贯彻思想政治教育）工作提供了基本遵循。中南财经政法大学外国语学院牢固树立"三全育人"理念，以"导学思政"为切入点，积极探索研究生导师和辅导员合力育人的协同机制，扎实推进"语思导学思政研究生思想引领工程"项目建设，打造"思政育人"大格局。

本工程按照"一二三四五"工作法思路，通过建设导学思政"大讲堂""下午茶""同向行""故事汇"四大平台，挖掘研究生培养过程中各岗位、各环节、各场域的育人功能，塑造研究生思政工作"导学思政"好品牌，打造"人人育人、时时育人、处处育人"的"三全育人"好生态，释放"课程育人、科研育人、实践育人、文化育人、网络育人"的"大思政育人"好效应，形成"一个好阵地、一批好典型、一批好学生、一批好作品、一套好经验"等"五个一"相结合的"语思导学思政"建设成果。

二、主要做法

（一）工作理念与思路

外国语学院研究生思想政治教育工作以"语思导学思政"为抓手，坚持问题导向，结合专业实际，探索实践"语思导学思政"育人的"一二三四五"工作模式——（1）坚持一个指导思想：全面贯彻党的教育方针，落实立德树人根本任务，扎实推进研究生思想政治工作改革创新。（2）建强两支育人队伍：发挥研究生导师第一责任人作用和辅导员日常思想政治工作骨干作用，建强研究生导师和辅导员协同育人队伍，打造育人共同体。（3）实现三大育人目标：充分挖掘研究生培养过程中各岗位、各环节、各场域的育人功能，塑造"导学思政"好品牌，打造"三全育人"好生态，释放"大思政"育人好效应。（4）搭建四大育人平台：积极整合校内外育人资源，搭建"导学思政大讲堂""导学思政下午茶""导学思政同向行""导学思政故事汇"四位一体的导学思政育人平台。（5）完成五大育人任务：建设一个导学育人空间，发掘一批导师育人先进典型，培养一批新时代优秀外语人，形成一批导学思政育人作品，提炼一套协同育人工作经验。

（二）案例设计与实施

"语思导学思政"建设关键在于发挥导师在研究生培养中的思想政治教育作用，通过引领、督促、指导、支撑四位一体协同建设。在外国语学院党委的领导下，学院从队伍建设、场所保障、平台支持等方面全力支持"语思导学思政"工程的实施。

1. 成立"语思导学思政工作室"。为了凝聚多主体协同育人合力，学院成立"语思导学思政工作室"，工作室统筹协调研究生导师组、研究生工作办公室、研究生党支部和研究生会等各主体，实现课程思政和日常思政工作的有效融合与联动。6个硕士研究生导师组是"导学思政"建设的主力军；3名研究生辅导员发挥桥梁纽带作用；3个研究生党支部和1个研究生会合力推动朋辈共进。

2. 开辟"语思导学思政育人空间"。学院建设落成了一个"语思导学思政育人空间"，育人空间位于外国语学院学术研究中心二楼，是学院"一站式"学生社区的一部分。育人空间由多媒体主活动室、党团活动室、师生交流研讨室、学业发展多功能室、职业生涯发展规划室、全球视野提升工作室等六个"三全育人"功能用房组成。内部配有智慧互动桌椅、投影仪、咖啡机、党建、思政以及专业学术书籍，是导师、辅导员与研究生交流互动的重要场所，师生可以随时通过网络预约场地开展活动。

3. 建设"语思导学思政"四大子平台。近年来，学院"语思导学思政"大讲堂、下午茶、同向行、故事汇四大平台已形成常态化的活动体系，目前已开展近百期导生活动。

（1）在"导学思政大讲堂"中讲好大思政课。按照研究生导师、校外合作导师、研究生成长导师三种导师类型，学院分专场举办"导学思政大讲堂"，结合国家大势、社会现实、专业知识，为研究生讲授"大思政课"，筑牢青年学子成长成才思想根基。在导学思政大讲堂中，蔡圣勤教授从古尔纳获诺贝尔文学奖的成长经历谈起，讲授《当代研究生成才之路》，与研究生共论治学与成才之道，启示师生树立文化自信，认清融合、交叉、提质、创新等新文科建设的新要求。把安全归国机会让给同事、坚守孔院的谢群教授，用自身的所见所闻对比中西方新冠疫情席卷下的社会治理差异，为研究生讲授生动鲜活的"抗疫"大思政课。一场场的思政大课，增强了外语研究生学子讲好中国故事的信心和能力。

（2）在"导学思政下午茶"中碰撞思维火花。打破传统教室、会议室等严肃环境氛围，学院导师和研究生在语思导学育人空间，共品"思政下午茶"，交流思想，碰撞思维，升华境界。学院注重加强教师支部对研究生支部的指导和联系，组织教工党支部和研究生党支部定期开展"红色下午茶"支部联学活动；每月以沙龙和读书会的形式，分专业举办"学术下午茶""书香下午茶"活动，邀请导师与研究生开展沉浸式沟通交流，加强对研究生的学术价值引领，更好发挥导师对学生言传身教和思想引领的作用，促进教学相长共同进步，有力提升了研究生思想政治教育效果。

（3）在"导学思政同向行"中践行使命担当。学院组织师生支部结对共建，通过主题党日，同看红色电影，传承红色基因，坚定理想信念；进一步结合外语类专业与课程特点，导师们悉心指导研究生参加学术会议、学科竞赛、语言志愿服务等，实现导师和研究生双向的思想塑造、行为引导和价值引领的效果，发挥"大思政"课堂和课程思政的协同育人作用，共同践行"讲好中国故事，传播中国声音"的使命，成效显著。

（4）在"导学思政故事汇"中弘扬师德正能量。学院通过开展研究生导师访谈、"我和我的导师"主题征文，发掘导师的育人事迹、打动人心的日常点滴，突出导师在教书育人中的典范作用。活动开展以来，得到了校友和在校研究生的大力支持，纷纷来稿回忆和讲述自己与导师的故事，稿件在学院网站"导学思政"专版和学院公众号推出，反响热烈，一个又一个真挚淳朴的故事，既流淌出师恩之光，也弘扬了导学正能量。

三、案例特色

（一）构建"导师＋辅导员"协同育人机制

导师是研究生培养的第一责任人，辅导员队伍是日常思想政治教育的骨干力量。本案例紧扣立德树人根本任务，聚焦"导学思政"的重要育人主体，将导师与辅导员两支队伍融合成为一个共同体，成立"导学思政"工作室。在"导学思政"育人体系中，配优建强导学思政工作"主力军"，变"要我做"为"我想做"，充分发挥导师在研究生教育培养过程中的"灯塔"示范作用，形成导师和辅导员协同育人工作机制，有利于导师和辅导员成为研究生成长成才道路上的坚定护航者和最美引路人。

（二）打造"专业＋思政"多效联动平台

"导学思政"育人工作充分活化研究生思想政治工作场景载体，通过"专业＋思政"的形式，打造专业技能与思政教育联动的活动平台，寓思政教育于专业实践中，润物无声。学院通过"导学思政大讲堂""导学红色下午茶"等活动，深层次挖掘思政教育在导学互动中的融合，引导研究生坚定理想信念，厚植家国情怀。在文化自信方面，开展"导学学术下午茶""导学书香下午茶"等活动，引导研究生开阔国际视野，增强国际交流能力，坚守国家立场，讲好中国故事，传播中国声音，努力做到内外兼修。在科研学习方面，导师通过论文选题和写作、科研学术经历、学术沙龙等内容与研究生展开深入交流，促进研究生养成良好的学术道德、精神品格以及精益求精的研究精神，传承学术思想、投身国家建设。在职业规划方面，导师、辅导员、研究生齐聚一堂，开展就业经验分享沙龙，把握行业脉搏，畅谈就业选择，展望未来规划。

（三）培养"复合型研究生"创新教育理念

"导学思政"育人工作以"立德树人"为中心环节，以科研育人和实践育人为主场景，将人格养成、品格塑造和素养提升作为科研育人、实践育人的重要建设内涵，深入挖掘学术科研实践活动中丰富的育人元素，引导研究生敬科研、爱科研、用科研，让导师和研究生在服务国家和地区重大战略需求中凝聚爱党爱国的价值共识，通过科研经历的滋养、学术成果的激励、创新创业的实绩，激发研究生向上向善内生动力；搭建创新创业平台、实践育人平台，在学科竞赛、专业实践、社会服务中，让研究生把学术科研能力用以解决实际问题，增强研究生使命担当意识，小我融入大我。努力将本专业研究生培养成为有家国情怀、有全球视野、有专业本领的新时代复合型人才。

四、基本成效

（一）坚持立德树人，贯彻落实"三全育人"理念

学院立足研究生教育实际，紧紧围绕立德树人根本任务，利用导学互动这一研究生人才培养的关键渠道，以育人理念创新为引领，以育人模式创新为关键，以育人手段创新为支撑，以育人实践创新为突破，以育人质量提升为目标，打造出优质、一流的研究生思政育人平台，着力构建"大思政"背景下有专业特色的"三全育人"工作新格局。

（二）赋能学生成长，着力培养新时代外语人才

学院切实围绕学生、关爱学生、服务学生，将思政工作与人才培养互融互促，依托"语思导学思政"思想引领工程，在对研究生进行思想教育和价值引领的同时，赋能研究生成长成才。近三年，学院多个研究生党支部获得校研究生"样板党支部"称号，在校样板党支部展评中荣获一等奖，研究生党员获湖北团省委"百生讲坛"银牌主讲人以及学校党史宣讲"优秀主讲人"一等奖；多名研究生获国家留学基金委公派留学资格，参加校际国外交流项目，在韩素音国际翻译大赛、全国口译大赛等重要学科竞赛中斩获佳绩，参加世界湿地大会、上海合作组织民间友好论坛、广交会外事翻译和外宾接待等语言志愿服务。

（三）选树思政品牌，持续打造思政工作特色

为保障导师与研究生辅导员协同育人的持续性、系统性和长效性，学院以"品牌化"理念推动工作，通过打造一个品牌项目、原创一系列精品活动、推出一批先进典型、总结一套工作经验，持续塑造特色亮点，不断扩大"语思导学思政"覆盖影响。以该品牌为基础申报的《新时代研究生导学思政育人体系的探索与实践》《习近平文化思想指导下红色文化融入高校思政教育路径研究》项目，获得中央高校基本业务费"三全育人"科研资助。

五、经验总结

（一）抓队伍提升，谱好人人育人"协奏曲"，让育人队伍"强起来"

"导学思政"工程建设关键在于提高导师主动开展思想政治教育的积极性，以及导师与辅导员队伍之间的有效配合与协作。学院要凝聚多主体协同育人合力，激活每一位研究生导师落实立德树人职责的责任感和使命感，既做传授精湛专业知识的"经师"，又做思想塑造的"人师"，发挥辅导员在"三全育人"工作中组织者、协调者作用，形成导师和辅导员共同参与、同向同行的"育人共同体"，才能推进研究生教育由大转强，不断开创新时代研究生教育高质量发展新局面。

（二）抓过程管理，强化时时育人"磁力场"，让思政工作"活起来"

"导学思政"工程建设重点是聚焦研究生教育培养工作的全过程，将其全方位融入研究生思想政治教育体系。学院后续将继续调动全员力量，将思想政治工作贯穿于导师、辅导员与研究生互动的全过程，引导导师、辅导员对研究生的理想信念、学业生活、未来发展、人生规划等进行全方位的指导，切实将思想政治教育融于入学教育、课业学习、科研竞赛、实习实践、心理健康、职业规划的日常点滴，扫除育人薄弱环节和盲区。

（三）抓特色发展，营造处处育人"生态渠"，让育人效应"好起来"

"导学思政"工程建设的未来，是要持续充分挖掘研究生培养过程中各岗位、各环节、各场域的育人功能和导学活动内在的思想政治教育元素，深入推进立德树人走深走实，通过导师对研究生的知识传授，潜移默化实现价值塑造，最终达到能力培养的目的，把育人工作各项政策和举措落地落细，在多元导学互动平台、互动场景中，把思想政治工作真正做到学生心坎里，用心用情赋能青年研究生学子成长成才，助力新时代研究生教育实现高质量发展。

参考文献

[1] 习近平在全国高校思想政治工作会议上强调：把思想政治工作贯穿教育教学全过程开创我国高等教育事业发展新局面 [N]. 人民日报，2016－12－09（01）.

[2] 习近平对研究生教育工作作出重要指示强调要适应党和国家事业发展需要，培养造就大批德才兼备的高层次人才 [N]. 人民日报，2020－07－30（01）.

[3] 常瑛，卜凡熙，王志华. "三全育人"视角下研究生导师与辅导员协同育人机制研究 [J].

大学，2024（06）：15 – 18.

［4］陈慧．高校研究生思政教育工作中导师与辅导员协同育人机制探究［J］．大学，2024（21）：62 – 65.

［5］崔新江．研究生辅导员与导师协同育人路径研究［C］．中国创意设计年鉴·2020 – 2021 论文集．青岛理工大学管理工程学院，2022：4.

［6］方进．研究生"导学思政"育人模式探究——基于导学关系的案例分析［J］．科教导刊，2024（10）：87 – 89.

［7］刘志，张佳宁．研究生思想政治教育亟待建设"导学思政"体系［J］．思想理论教育，2022（02）：96 – 100.

［8］王佳寅．研究生导学思政"五为"育人体系建设探究［J］．四川省干部函授学院学报，2024（01）：97 – 101.

［9］王宁．研究生"导学思政"建设的价值意蕴与实践路向［J］．高校辅导员学刊，2022，14（05）：26 – 32.

［10］张佳，张强军．研究生导师与辅导员合力育人——价值意蕴、现实困境与路径选择［J］．研究生教育研究，2021（01）：22 – 28.

［11］张启钱，王爱伟．导学思政与研究生党支部建设的融合模式研究［J］．学位与研究生教育，2021（06）：37 – 42.

［12］周伟，刘佳，郑佩亚．新时代"导学思政"与"课程思政"协同育人的实践［J］．电脑与电信，2022（05）：16 – 18，24.

（作者单位：中南财经政法大学外国语学院）

高校研究生导师师德师风建设研究

——基于研究生网络举报导师的舆情事件分析*

邹贤帅

摘　要： 近年来，导学冲突、导学矛盾事件不时发生，导学关系异化已经越来越成为推进高等教育改革进程中需要关注的"痛点"。本文拟通过 3 起高校研究生举报导师舆情事件为例，剖析案例中导生间问题发生的前因、发展过程和后果影响，分析探讨新时代研究生导师队伍建设面临师德师风问题的现实困境与归因。同时，以案为鉴，探究研究生导师师德师风建设的方向路径。

关键词： 研究生导师　师德师风　网络举报　舆情事件

一、研究生导师师德师风建设的背景与意义

（一）国家对高等教育质量的高度重视

1. 人才培养需求。当今社会的快速发展对高层次人才的需求日益增加，研究生教育作为培养高端人才的重要途径，其质量直接关系国家的科技进步、经济发展和综合竞争力。导师是研究生培养的关键力量，其师德师风对研究生的成长和发展具有深远影响，因此加强导师师德师风建设是提高研究生教育质量、满足国家对高素质人才需求的必然要求。

2. 教育强国战略的推进。建设教育强国是中华民族伟大复兴的基础工程，高等教育在教育强国建设中占据重要地位。要实现高等教育的高质量发展，必须有一支师德

---

* 基金项目：2024 年教师党建和教师思政建设项目《高校研究生导师师德师风建设研究——基于高校研究生集体举报导师舆情事件的分析》（项目编号：2024SDZN009）。

高尚、业务精湛的教师队伍。研究生导师作为高等教育教师队伍中的重要组成部分，其师德师风建设是教育强国战略实施的重要保障。

（二）社会对教师道德期望的不断提升

1. 尊师重教的传统。在我国传统文化中，教师一直被视为道德楷模和行为典范，具有崇高的社会地位。人们对教师的道德品质和行为规范有着较高的期望，这种期望在现代社会依然存在并不断强化。研究生导师作为高等教育领域的精英群体，更应以身作则，践行高尚的师德师风，以满足社会对教师的道德期望。

2. 信息传播的快速发展。在信息时代，各种信息的传播速度极快，教师的言行更容易受到社会的关注和监督。一旦出现师德师风问题，会迅速引发社会的广泛关注和讨论，对教师队伍的整体形象和教育事业的发展产生负面影响。因此，加强研究生导师师德师风建设是适应社会信息传播特点、维护教师队伍良好形象的需要。

（三）研究生教育自身发展的内在要求

1. 研究生培养模式的转变。随着研究生教育的不断发展，研究生培养模式逐渐从单一的学术型培养向学术型与专业型相结合的培养模式转变。这种转变要求导师不仅要具备扎实的学术功底，还要有良好的职业道德和育人能力，能够根据研究生的不同特点和需求进行个性化的指导和培养。加强导师师德师风建设，有助于提高导师的育人能力，适应研究生培养模式的转变。

2. 师生关系的新变化。在研究生教育中，师生之间的关系更加密切，导师对研究生的影响更加深远。良好的师生关系是研究生健康成长和学术发展的重要保障，而导师的师德师风是建立良好师生关系的基础。当前，一些不良的师生关系事件时有发生，如导师对学生的过度压榨、学术不端等行为，严重影响了师生关系的和谐。加强导师师德师风建设，有利于规范导师的行为，建立平等、和谐、互信的师生关系。

（四）学术道德和科研诚信的迫切需要

1. 学术不端行为频发。近年来，学术不端行为在高校中屡见不鲜，包括抄袭、剽窃、篡改数据等。研究生导师作为学术研究的指导者和参与者，其自身的学术道德和科研诚信状况对研究生具有重要的示范作用。如果导师存在学术不端行为，不仅会影响自己的学术声誉，还会误导研究生，破坏学术生态。加强导师师德师风建设，有助于提高导师的学术道德和科研诚信意识，遏制学术不端行为的发生。

2. 科研创新的要求。科研创新是研究生教育的重要目标，也是国家科技创新的重要力量源泉。良好的师德师风能够激发研究生的创新思维和创新能力，培养研究生的科学精神和创新意识。只有导师具备高尚的师德师风，才能引导研究生树立正确的科研价值观，积极投身科研创新活动，为国家的科技进步做出贡献。

二、案例回顾

（一）北京邮电大学研究生联名举报导师郑某事件

2024年4月9日晚，北京邮电大学15名研究生联名举报导师郑某。举报称郑某情绪极其不稳定，常常破口大骂，差遣实验室同学做众多科研以外的事情，如长期代取大量快递，替其开车接送朋友、家人，去其家里打扫卫生，为其女儿做作业、接送上下学，在其女儿参加重要考试时代为作弊等。此外，还存在强迫学生加班、无视学生身心健康、对学生学业疏于指导，以及未按规定给学生发放助研津贴等问题。

（二）华中农业大学研究生联名举报导师黄某事件

2024年1月16日，华中农业大学动物营养系教授黄某课题组的11名硕士、博士研究生发布实名联合举报信。举报信罗列了黄某学术造假多个方面涉嫌学术不端的问题，还附上了一份125页图文并茂的举报材料，详细记录了黄某及其曾指导过的3名博士和13名硕士论文中存在的严重的实验数据篡改、图片造假、抄袭等问题，以及黄某对学生进行"人身攻击和辱骂"、贪污实验经费、让学生给自己干私活赚钱等不当行为。

（三）中国人民大学研究生举报导师王某某事件

2024年7月21日，一网友实名举报称在中国人民大学在读期间被博导王某某性骚扰。据举报人叙述，王某某于2022年5月21日对其性骚扰且强制猥亵，遭拒绝后在随后两年多对她进行打击报复，并威胁她不能毕业。

三、案例中反映出的研究生导师师德师风问题

（一）情绪管理与人格修养方面

1. 情绪不稳定，缺乏自控能力。在北京邮电大学的案例中，导师郑某情绪极其不稳定，常常破口大骂。这种情绪的不稳定不仅会给学生带来巨大的心理压力，还会影响学生的学习和研究状态。导师作为学生的榜样和引路人，应该具备良好的情绪管理能力，保持冷静和理智，以积极的态度面对学生和工作。

2. 缺乏尊重，人格修养有待提高。无论是郑某的破口大骂，还是华中农业大学黄某对学生的"人身攻击和辱骂"，都反映出这些导师缺乏对学生的尊重。尊重是教育

的基础，导师应该尊重学生的人格、尊严和权利，以平等、公正的态度对待每一位学生。这种不尊重学生的行为不仅会伤害学生的自尊心和自信心，还会破坏师生关系，影响教育教学效果。

（二）职业操守与责任担当方面

1. 差遣学生做科研以外的事情。北京邮电大学的郑某差遣实验室同学做众多科研以外的事情，如长期代取大量快递，替其开车接送朋友、家人，去其家里打扫卫生，为其女儿做作业、接送上下学，在其女儿参加重要考试时代为作弊等。这种行为严重违反了教师的职业操守，导师的职责是指导学生进行学术研究和专业学习，而不是将学生当成私人助手。这种行为不仅浪费了学生的时间和精力，还会影响学生的学业进展和未来发展。

2. 对学生学业疏于指导。在北京邮电大学和华中农业大学的案例中，都存在导师对学生学业疏于指导的问题。导师作为研究生培养的第一责任人，应该对学生的学业发展负责，为学生提供专业的指导和建议。然而，这些导师却没有履行好自己的职责，对学生的学业不管不顾，导致学生在学习和研究中遇到困难时无法得到及时的帮助和支持。

3. 未按规定发放助研津贴。北京邮电大学的郑某未按规定给学生发放助研津贴，这也是一种违反职业操守的行为。助研津贴是学生参与科研工作的一种回报，也是保障学生生活和学习的重要经济来源。导师应该按照规定及时足额地给学生发放助研津贴，不得克扣或拖欠。

（三）学术道德与诚信方面

1. 学术造假，缺乏诚信。华中农业大学的黄某被举报存在严重的学术造假问题，包括实验数据篡改、图片造假、抄袭等。学术造假是一种严重的学术不端行为，不仅违背了学术道德和诚信原则，还会破坏学术生态，影响科学研究的真实性和可靠性。导师作为学术领域的权威和代表，应该以身作则，遵守学术道德和诚信原则，为学生树立良好的榜样。

2. 对学术不端行为的纵容。在学术造假事件中，导师不仅自己存在学术不端行为，还可能对学生的学术不端行为采取纵容的态度。这种行为会助长学术不端的风气，影响整个学术团队的声誉和发展。导师应该对学生的学术行为进行严格的监督和管理，及时发现和纠正学术不端行为，维护学术的纯洁性和严肃性。

（四）廉洁自律与规范用权方面

1. 贪污实验经费。华中农业大学的黄某被举报贪污实验经费，这是一种严重的违纪违法行为。实验经费是用于科学研究的专项资金，导师应该严格按照规定使用和管理实验经费，不得挪用、贪污或浪费。这种行为不仅损害了国家和学校的利益，还会影响科学研究的进展和质量。

2. 以权谋私，让学生干私活赚钱。黄某让学生给自己干私活赚钱，这种行为也是以权谋私的表现。导师应该正确行使自己的权力，不得利用职务之便为自己谋取私利。这种行为不仅违反了职业道德和规范，还会破坏师生关系，影响教育教学效果。

（五）道德底线与法律意识方面

1. 违反道德底线，进行性骚扰。中国人民大学的王某某被举报对学生进行性骚扰且强制猥亵，这种行为严重违反了道德底线和法律规定。性骚扰是一种不道德、不合法的行为，会给受害者带来极大的身心伤害。导师作为教育工作者，应该遵守道德和法律规范，不得对学生进行任何形式的性骚扰或侵犯。

2. 打击报复，缺乏法律意识。王某某在遭到学生拒绝后，对学生进行打击报复，并威胁她不能毕业。这种行为不仅是不道德的，也是违法的。导师应该尊重学生的权利和选择，不得进行打击报复或威胁。这种行为不仅会影响学生的学业和未来发展，还会破坏教育公平和正义。

四、研究生导师师德师风建设的方向路径

（一）强化教育培训，提高导师思想认识

1. 定期开展师德师风专题培训。组织研究生导师参加定期的师德师风专题培训，邀请教育专家、优秀导师代表进行讲座和经验分享。培训内容可以包括教育法律法规、教师职业道德规范、教育心理学等方面的知识，帮助导师深刻认识到师德师风建设的重要性，增强其责任感和使命感。可以举办"如何做一名优秀的研究生导师"系列讲座，邀请在师德师风方面表现突出的导师分享自己的经验和感悟，例如，如何与学生建立良好的师生关系、如例，何在学术指导中注重培养学生的创新能力和道德品质等。

2. 案例分析与反思。利用案例分析的方式，对上述及其他典型的师德师风问题案例进行深入剖析，引导导师从中吸取教训，反思自己的行为。通过案例分析，导师可以更加直观地了解到师德师风问题的严重性和后果，从而提高自身的警惕性和责任感、自律意识。在培训中组织导师对北京邮电大学导师差遣学生做科研以外事情的案例进行讨论，分析这种行为的不当之处以及对学生和教育事业的危害。导师们可以结合自己的实际情况，反思自己在日常工作中是否存在类似的问题，并提出改进措施。

3. 加强思想政治教育。加强对研究生导师的思想政治教育，提高其政治觉悟和思想道德水平。引导导师树立正确的世界观、人生观、价值观，增强对中国特色社会主

义的道路自信、理论自信、制度自信、文化自信。可以通过组织导师参加政治学习、主题党日活动等方式，加强思想政治教育。引导导师牢记教育的初心和使命，为培养德智体美劳全面发展的社会主义建设者和接班人贡献自己的力量。

（二）建立健全评价机制，加强监督管理

1. 完善师德师风评价指标体系。制定科学合理的研究生导师师德师风评价指标体系，明确评价标准和方法。评价指标可以包括导师的思想政治素质、职业道德、学术道德、师生关系、教学水平、指导能力等方面。可以将"尊重学生、关爱学生、公平对待每一位学生"作为评价导师职业道德的重要指标之一；将"严谨治学、诚实守信、杜绝学术不端行为"作为评价导师学术道德的重要指标之一。通过明确具体的评价指标，使导师在工作中有明确的努力方向。

2. 多主体参与评价。建立多主体参与的评价机制，包括学生评价、同行评价、领导评价等。（1）学生是导师师德师风的直接感受者，他们的评价具有重要的参考价值。（2）同行评价可以从专业角度对导师的学术水平和指导能力进行评价。（3）领导评价则可以从整体工作表现方面对导师进行评价。可以通过问卷调查、座谈会等方式收集学生对导师的评价意见；组织同行专家对导师的学术成果和指导学生的情况进行评审；学校领导可以通过听课、走访等方式了解导师的教学和指导工作情况，并给予评价。

3. 强化评价结果的运用。将师德师风评价结果与导师的职称评定、岗位聘任、绩效考核、评优评先等挂钩，对师德师风表现优秀的导师给予表彰和奖励；对存在师德师风问题的导师进行严肃处理。在职称评定中，将师德师风评价结果作为重要的参考依据之一。对于师德师风表现优秀的导师，可以在职称评定中给予优先考虑；对于存在师德师风问题的导师，实行"一票否决"制，取消其职称评定资格。通过强化评价结果的运用，激励导师不断提高自身的师德师风水平。

（三）加强制度建设，规范导师行为

1. 制定导师行为规范。制定明确的研究生导师行为规范，对导师教学、指导、科研、社会服务等方面的行为进行规范。行为规范应包括导师的职责和义务、职业道德要求、学术道德规范、师生关系处理等方面的内容。可以明确规定导师不得差遣学生做科研以外的事情；不得对学生进行人身攻击和辱骂；不得贪污实验经费、让学生干私活赚钱等。通过制定行为规范，使导师在工作中有章可循，规范自己的行为。

2. 建立导师问责制度。建立健全导师问责制度，对存在师德师风问题的导师进行问责。问责制度应明确问责的主体、对象、程序和方式等。当学生举报导师存在师德师风问题时，学校应成立专门的调查组进行调查核实。如果举报属实，应根据问题的严重程度，对导师进行相应的问责，如警告、记过、降低岗位等级、撤销导师资格等。

通过建立问责制度，增强导师的责任感和自律意识。

3. 完善导师考核制度。完善研究生导师考核制度，将师德师风作为重要的考核内容之一。考核制度应明确考核的周期、方法和标准等。可以每年对导师进行一次考核，考核内容包括教学工作量、科研成果、指导学生情况、师德师风表现等方面。考核结果分为优秀、合格、不合格三个等级。对于考核优秀的导师给予表彰和奖励；对于考核不合格的导师，要求其限期整改，整改不合格的取消其导师资格。通过完善考核制度，促进导师不断提高自身的师德师风水平。

（四）营造良好氛围，促进师德师风建设

1. 加强校园文化建设。加强校园文化建设，营造积极向上、尊师重教的校园文化氛围。通过校园文化的熏陶，引导导师树立良好的师德师风。可以通过举办师德师风演讲比赛、征文比赛等活动，弘扬优秀导师的先进事迹和高尚品德；在校园内设置师德师风宣传栏，展示优秀导师的风采和事迹；开展"最美导师"评选活动，树立榜样，激励更多的导师向优秀导师学习。

2. 建立良好的师生关系。引导导师树立正确的师生观，建立良好的师生关系。导师应尊重学生的个性和兴趣，关心学生的成长和发展，与学生建立平等、民主、和谐的师生关系。可以通过开展师生座谈会、导师见面会等活动，促进师生之间的交流和沟通；鼓励导师参与学生的课外活动，增进师生之间的感情；建立导师与学生定期交流制度，及时了解学生的学习和生活情况，为学生提供必要的帮助和指导。

3. 加强学术道德建设。加强学术道德建设，营造诚实守信、严谨治学的学术氛围。导师应以身作则，遵守学术道德规范，引导学生树立正确的学术价值观。可以通过举办学术道德讲座、学术规范培训等活动，提高师生的学术道德意识；建立学术不端行为举报机制，对学术不端行为进行严肃查处；加强对学术成果的审核和评价，确保学术成果的真实性和可靠性。

参考文献

［1］中共中央办公厅，国务院办公厅. 加快推进教育现代化实施方案（2018 - 2022 年）［J］. 人民教育，2019（05）：11 - 13.

［2］中共中央　国务院关于全面深化新时代教师队伍建设改革的意见［J］. 人民教育，2018（Z1）：7 - 13.

［3］国务院关于印发国家教育事业发展"十三五"规划的通知［J］. 中华人民共和国国务院公报，2017（05）：43 - 74.

（作者单位：中南财经政法大学新闻与文化传播学院）

▶▶▶ **数智赋能·教育革新**

数字化赋能人文社科类高校研究生教育

李明龙

摘 要： 近年来，以互联网、大数据、人工智能等为代表的数字技术与研究生教育的深度融合日趋增强。在数字化快速发展的背景下，高校研究生教育面临着前所未有的挑战和机遇。人文社科类高校研究生教育尤其需要结合其学科特点，通过数字化手段提升教学效果与管理效率，以适应现代社会的复杂需求。本文旨在探讨如何通过数字化手段赋能人文社科类高校研究生教育，以适应数字时代对培养研究生人才的需求和要求。通过对现有教学模式的分析，本文提出了一系列数字化赋能策略。研究表明，数字化技术能显著提升教师的专业素质和教学手段，如通过在线平台可以实现持续学习和教学资源的及时更新。在管理层面，数字化工具如自动化办公系统和智能工作流系统提高了行政效率；而决策支持系统的引入则提升了决策的科学性。对学生而言，数字化不仅拓宽了学习资源和科研工具，还增强了就业竞争力，通过在线职业发展课程和虚拟实习平台等提升了就业准备。该研究对理解和指导高校如何利用数字化技术优化研究生教育具有重要价值，为研究生教育的数字化转型提供了实践案例与理论支持。

关键词： 数字化赋能 研究生教育 智慧教学 赋能策略

数字时代对高校研究生教育提出了新的要求，也为提升研究生教育质量和效果提供了新的发展机遇。党的二十大报告明确提出要推进教育数字化，这标志着教育数字化已成为国家的重点战略目标。在此背景下，研究生教育作为衡量国家高等教育水平的关键指标和高质量人才的主要来源，理应持续推进数字化建设。前人研究表明，在当前的数智时代背景下，新的职业、技能、学习需求不断出现，传统的教学与研究模式已经不能完全满足当前研究生教育的需求。因此，数字化的变革已成为促进研究生教育优质发展的重要推动力，利用数字技术促进研究生教育的高质量发展不仅是当前

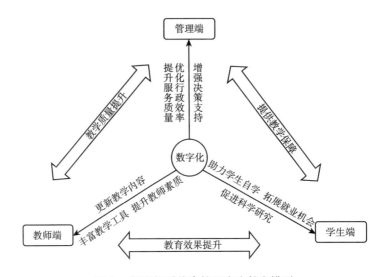

研究生教育改革与发展的焦点和挑战所在，也是未来变革的大势所趋。那么，高校如何将数字技术的潜能转化为研究生教育发展的动力和势能？这需要深入探究数字化赋能研究生教育的实现路径。为此，本文将从赋能管理端、教师端和学生端三个方面剖析数字化赋能高校研究生教育的具体路径（见图1），以期提升数字化教学质量和效率，为高校管理者、教师和政策制定者提供决策参考，促进人文社科研究生教育的创新发展。

图1　数字化赋能高校研究生教育模型

一、教师端赋能：教学质量提升

随着信息技术的迅猛发展，数字化已成为推动教育变革的重要力量，数字化如何赋能高校研究生教育是一个系统工程。教师作为知识传递和能力培养的主体，其素质的高低直接关系教学质量和学生学习效果。因此，通过数字化手段提升教师素质、丰富教学内容以及优化教学手段，成为提高教学质量的有效途径。

在数字化提升教师素质方面，数字化平台为教师提供了便捷的研修和学习渠道。在线培训平台为教师提供持续的专业发展机会，这些平台能够根据教师的需求和兴趣，提供个性化的学习资源和课程，帮助教师掌握最新的教育理念、教学方法和学科前沿知识。以"中国大学 MOOC"平台为例，它与多所大学合作，为教师提供了一系列的专业发展课程。例如，一位旅游管理教师可以通过该平台参加由中山大学提供的"旅游地理学"课程，学习最新的知识和理论。同时，利用在线数据库和学术期刊，教师可以将最新的研究成果快速融入教学中，增强课程的时效性和实用性。此外，数字化还可以帮助教师建立起跨学科的知识结构，通过在线研讨会、工作坊、订阅行业新闻等形式，鼓励教师之间的交流与合作，其不仅可以方便教师获取最新的教育理念和教学方法，还能与同行进行交流和学习，拓宽视野，提升教学水平。

在数字化时代背景下，教学内容与人才培养方案的更新成为教育创新的关键一环。考虑数字时代对研究生人才的需求和要求，数字化相关内容的增加成为必要趋势。在课程设计上，融入数字化课程不仅能够提高课程的实用性和前瞻性，还能激发学生的学习兴趣和创新能力。以旅游管理专业课程设置为例，随着旅游和酒店行业数字化转型，传统行业实操课程不再适应新趋势，理应增加大数据和智慧旅游相关内容，例如开设《新媒体与智慧旅游》课程。另外，其他课程也需要适应数字化趋势，增加相关数字化教学内容，更新教学大纲。在制定教学大纲时，应明确包含数字化培养目标，确保学生在完成课程后具备必要的数字化素养。例如，增加大数据分析相关案例，培养学生大数据分析能力，有必要教授学生使用大数据分析工具。此外，互联网和数字资源的广泛可用性使得教师能够轻松获取大量的教学素材和案例，教师能及时更新教学内容，引入最新的学术研究和案例分析，进而丰富教学内容。

在现代教育体系中，数字化工具的使用已成为提升教学效果的重要手段。数字化技术的应用推动了教学方法从传统的知识传授向研究探索型转变。一方面，教师可以利用线上平台开展在线课堂、远程会议、项目式学习、翻转课堂等教学模式，打破传统教室的空间限制，使得教师能够与学生进行实时互动，促进学生的主动学习和深度思考。另一方面，数字技术使得教师能够即时收集学生的学习反馈和数据，根据学生的学习情况调整教学方案，实现真正的因材施教。特别是，智慧教学系统等先进技术的引入，革新了传统的教学模式。智慧教学系统能够通过提供丰富的互动工具（如实时问答、讨论板、投票、开发基于游戏的学习方法等），增强师生之间以及学生之间的互动，激发学生的学习兴趣及深入思考。智慧教学系统还能够自动收集学生的学习数据，通过大数据分析识别学生的学习弱点，并根据学生的学习情况和反馈来动态调整教学策略。

二、管理端赋能：提供教学保障

在数字化浪潮的推动下，高校管理部门面临着前所未有的变革机遇。管理端的赋能是提升教育质量和效率的重要保障，这主要涉及高校行政效率、决策支持和服务质量的提升。通过引入先进的数字化工具和技术，高校不仅能够提高行政效率、增强决策支持，还能显著提升服务质量，实现教育资源的优化配置和高效利用。本文将从这三个方面展开，详细探讨如何通过数字化手段实现这些目标。

（一）提高行政管理效率是高校管理端赋能的首要目标

传统的行政管理工作往往依赖于人工操作，效率低下且易出错。然而，随着信息技术的发展，如自动化办公系统的引入，使得文件处理、资料归档等环节实现了自动化，极大地减少了手工操作的时间和误差。例如，使用电子文档管理系统可以实现文件的快速检索、存储和共享，避免了纸质文件的烦琐管理和空间占用。自动化办公软件如 OA 系统，能够自动处理报销、请假等常见行政事务，减轻行政人员的工作负担。智能工作流系统则能够根据预设的规则，自动将任务分配给相应的人员，确保工作的高效运转。此外，数字化还可以通过移动应用来提升行政效率。许多高校已经开发了校园管理 App，集成了通知发布、活动报名、场地预约等功能，方便师生随时随地处理相关事务，提高了行政管理的响应速度和便捷性。

（二）增强决策支持是数字化赋能管理端的重要价值之一

在传统管理模式下，决策往往依赖于经验判断，缺乏数据支撑，容易导致决策失误。数字化技术为高校管理提供了强大的数据支持，从而增强了决策的科学性和准确性。通过构建校情分析与决策支持系统，高校管理者可以实时获取学校的运行数据，包括学生信息、教学资源、科研项目、财务状态等，这些数据经过分析后可以为决策者提供有力支持。例如，通过学生信息管理系统，管理者可以了解学生的分布、成绩和表现，并利用大数据技术进行学生信息分析，有助于帮助制定更精准的教育和管理策略；教学资源管理系统可以帮助管理者掌握教室、实验室的使用情况，优化资源配置；科研项目管理系统则能够跟踪项目进度和资金使用，确保科研工作的顺利进行。

（三）数字化技术还能够提升高校的服务质量，包括学生服务、教师服务和校园生活服务等，促使研究生教育由"管理本位"转向"服务本位"

依托企业微信、小程序等平台，建设学校事务大厅等一体化服务平台，高校可以为师生提供更加便捷、高效的服务体验。对于学生服务，可以通过数字化平台提供课程选修、学籍管理、就业指导等服务。例如，通过教务管理系统，学生完成在线选课、查询成绩、课程安排和请假审批等；就业信息系统可以提供职业发展咨询、招聘信息和实习机会，帮助学生更好地规划未来。对于教师服务，可以通过教师发展中心等平台提供专业发展、学术交流和教学支持等服务。例如，通过在线培训系统，教师可以参加远程研讨会、工作坊和在线课程，提升自身的教学能力和研究水平。此外，在学校事务大厅开设在线咨询和投诉反馈渠道，有助于师生通过平台提出问题或建议，促进教学质量的优化和提升。

三、学生端赋能：教育效果提升

在信息技术迅猛发展的今天，数字化已经成为推动教育变革的重要力量。特别是在高校研究生教育中，数字化技术的运用不仅改变了传统的教学和研究模式，还为学生提供了前所未有的学术资源和就业支持。本文将从自学、科研和就业三个方面探讨如何通过数字化手段提升教育效果。

（一）数字化技术为研究生提供了丰富的自学资源和工具

首先，通过建设智能化学习系统，研究生可以根据个人的学习进度和兴趣制定学习计划。系统根据他们的学习行为和表现，利用数据分析和机器学习算法，提供适应性强的资源和建议，从而使得每个学生的学习效率和效果最大化。其次，数字技术增强了学生对学习资源的接入，使得教学资源可以远距离共享，不受地理位置的限制。例如，国家智慧教育公共服务平台集中了大量优质教学资源，包括 2.7 万门优质慕课。这种资源的共享和获取方式，打破了传统的时空限制，研究生可以随时随地访问这些资源，极大地丰富了学习内容和提升了学习便利性。最后，课程学习资料的数字化是提升学习效率和体验的有效途径。采用电子教材和在线数据库作为主要的学习资料，可以方便学生随时随地学习，并确保他们接触到的是最前沿的知识和信息。

（二）在科研方面，数字化同样发挥着关键作用

一方面，数字化技术使得海量的学术资料得以电子化、网络化，研究生可以随时随地通过互联网访问世界各地的图书馆资源和学术数据库，检索最新的学术论文和书籍，这极大地扩展了他们的阅读范围和研究视野。另一方面，研究生可以利用先进的科研工具和平台进行科学研究，如数据分析软件、在线实验平台、科研协作网络等。数据分析软件能够帮助学生处理和分析大量的数据，从而发现新的趋势和模式，促进了研究效率。在线实验平台则允许学生远程进行实验操作，扩展了实验的范围和深度。而科研协作网络则为学生提供了一个分享想法、交流反馈和合作研究的社区，使研究生有机会与国内外学者直接交流，拓宽了学术合作与学习的机会。

（三）数字化赋能还极大地拓展了研究生的就业机会

首先，数字化工具能够帮助学生制作专业的简历和求职材料，通过视频会议和在线面试技巧培训，为求职过程做好准备。其次，在线职业发展课程和虚拟实习平台使学生能够获得职场所需的技能训练，同时通过互联网接触到更多的职业机会。例如，

学生可以通过在线课程和认证项目学习新的技能和知识，以适应不断变化的职场需求。最后，数字化技术为研究生提供了丰富的资源和工具，帮助他们更好地规划职业生涯、寻找就业机会以及提升就业竞争力。例如，在线职业规划工具和虚拟职业辅导可以帮助学生了解自己的兴趣和能力，制定合适的职业发展路径；数字化就业平台和在线招聘会则提供了广泛的就业机会，使学生能够接触到更多潜在的雇主；社交媒体和专业网络平台如 LinkedIn，为研究生提供了展示自己学术成果和职业能力的舞台，使他们能够与潜在的雇主建立联系，增加就业机会。

综上所述，数字化技术在研究生教育中的赋能作用不可小觑。首先，数字化能够提升教师的专业素质，丰富教学内容，还能优化教学手段，从而整体提高教学质量。在这一过程中，教师需要不断学习和适应新的数字化工具和方法，以充分利用数字化带来的机遇，为学生提供更高质量的教育体验。其次，数字化在管理端的应用可以显著提升高校研究生教育的行政效率、决策支持和服务质量。随着数字化技术的不断发展和完善，相信未来高校管理将变得更加智能化、便捷化和人性化，为高校研究生教育提供更加坚实的后勤保障和管理支持。最后，数字化为学生的自主学习提供了强大的支持，拓宽了学习资源和途径，还为科研活动提供了高效的工具和平台，促进了科研成果的传播和交流。更重要的是，数字化技术为研究生的就业提供了丰富的资源和工具，帮助他们规划职业生涯、寻找就业机会，并提升他们的就业竞争力。随着技术的不断进步和应用的深入，数字化将继续发挥赋能作用，推动高等教育的高质量发展。

参考文献

［1］翟亚军，王战军．数智赋能我国研究生教育管理组织形态的变革与建构［J］．清华大学教育研究，2023，44（06）：63－73.

［2］于妍，蔺跟荣．数字技术赋能研究生教育高质量发展：何以可能与何以可为［J］．中国高教研究，2022（11）：53－60.

［3］姚睿，周勇．"数字经济"背景下计算机类研究生创新能力培养体系［J］．高等工程教育研究，2023（06）：184－189.

［4］怀丽，夏军，卢铮松．构建数字化教学平台　创新研究生教学模式［J］．学位与研究生教育，2012（05）：63－66.

［5］杨文，姚静．档案学科建设与人才培养的数字转型——基于图书情报与档案管理一级学科更名为信息资源管理的思考［J］．图书情报工作，2023，67（01）：99－107.

［6］马永红，于妍，张飞龙．动态静态双重视角下研究生教育高质量发展：内涵、取向、路径［J］．江苏高教，2023（10）：53－61.

［7］于妍．应然与实然：研究生教育数字治理的现实困境与路径重构［J］．学位与研究生教育，2023（06）：27－34.

［8］徐礼平．数字社会研究生导师立德树人的内涵拓展、实践困境与突破方略［J］．学位与研

究生教育，2023（10）：48 – 53.

［9］郑荣，高志豪，魏明珠，等. 数字中国背景下信息资源管理研究生教育：时代要务、逻辑转向与赋能场景［J］. 图书情报工作，2023，67（04）：3 – 10.

［10］赵立莹. 从 CGS《研究生教育 2030：展望未来行动指南》看我国的研究生教育改革路径［J］. 学位与研究生教育，2018（03）：66 – 71.

［11］HU Q. Preparing public managers for the digital era：incorporating information management，use，and technology into public affairs graduate curricula［J］. Public Management Review，2018，20（05）：766 – 787.

［12］Schrum K.，Bogdewiecz S. Cultivating research skills through scholarly digital storytelling［J］. Higher Education Research & Development，2022，41（07）：2382 – 2394.

［13］Turner J.，Hussain I. A. Guest editorial：Technology infused education，preparing graduates for a digital employment market［J］. Education + Training，2023，65（6/7）：793 – 794.

（作者单位：中南财经政法大学工商管理学院）

数字化赋能高校思想政治教育者的
角色转变与能力提升[*]

张申鹏

摘　要： 数字化浪潮的持续推进为高校思想政治教育带来了新机遇和挑战。一方面，数字化技术丰富了教学形式和内容，增强了课堂的互动性和个性化，促进了新型师生关系的构建。另一方面，信息技术的发展改变了传统的教育模式，使思想政治教育者的角色从单一的知识传递者转变为思想引导者、心理陪伴者和价值观塑造者。为更好应对数字化转型，思想政治教育者亟须快速适应角色的转变，提升相应能力。具体来讲，教育者需提升数字素养，利用数字工具有效开展教育，储备跨学科知识并培养自身创新思维。在新技术支持下，思想政治教育将通过个性化发展和虚拟现实应用焕发新的生机，为培养全面发展的新时代青年提质增效。

关键词： 数字化　思想政治教育　个性化教育

引言：时代的呼唤——数字化潮流下的思想政治教育

在 21 世纪的数字化浪潮中，信息技术的迅猛发展正以前所未有的速度和深度改变着我们的生活、工作和学习方式。高校思想政治教育作为培养社会主义合格建设者和可靠接班人的重要阵地，也必然要顺应数字化时代的发展，以开放的姿态迎接机遇和挑战。数字化不仅是一种技术的进步，更是一种思维模式的重塑和生活方式的变革，它促使我们重新审视传统教育方式和教育内容的不足之处，推动思想政治教育在新时

---

　*　基金项目：本文系中央高校基本科研业务费项目（"三全育人"项目、思政课程与课程思政项目）"大学生思想政治教育的数字化范式建构"阶段性成果；本文系 2022 年度湖北省教育厅哲学社会科学研究项目"三全育人理论在高校思政实践的转化研究"阶段性成果。

代背景下实现创新和突破。

当今的大学生是伴随互联网技术发展而成长起来的一代，他们的信息获取途径更加便捷和多样，思想观念也更加开放和多元。面对信息社会的纷繁复杂和瞬息万变，思想政治教育者必须跟上数字化发展的步伐，以更加灵活和多元的方式开展教育工作，才能更好地引导学生树立正确的世界观、人生观和价值观。在此背景下，如何通过数字化手段提升高校思想政治教育的精准性和实效性，如何在数字化环境中实现教育者角色的转变和能力的提升，成为亟待解决的重大课题。

本文以"数字化赋能高校思想政治教育者的角色转变与能力提升"为主题，旨在探讨数字化背景下思想政治教育者的角色重塑路径和能力提升策略。本文将从数字化技术对思想政治教育体系的变革、思想政治教育者角色的多维度转变、教育者能力提升的路径与策略，以及典型案例分析与经验分享等方面展开详细论述，在理论探究与实务分析相结合的基础上，为高校思想政治教育的改革和创新发展提供有益的启示和参考。

通过本文研究，我们希望能够为高校思想政治教育工作者提供新的视角和方法，帮助他们在数字化时代中更好地履行教育职责，为学生的成长成才提供更强有力的思想引导和教育支持。芳林新叶催陈叶，流水前波让后波，时代在变，教育也在变，唯有顺应潮流、勇于创新，才能在这场变革中不断前行，实现高校思想政治教育的持续高质量发展。

一、数字化背景下高校思想政治教育创新的境遇分析

（一）信息洪流中的灯塔：数字技术对思想政治教育的变革

随着互联网、人工智能、大数据、虚拟现实等技术的迅猛发展，教育的形态正经历着深刻的变革。数字化技术为教育体系提供了丰富的资源和工具，传统的课堂教学模式被在线教育、慕课（MOOC）、翻转课堂等新型教育模式所补充甚至替代，教学形式和内容更加多样化、个性化、互动化。在此背景下，高校的思想政治教育也正在积极探索数字化转型的路径。

第一，数字化技术为思想政治教育形式带来的变革具有显著性。首先，教学方式多样化，传统课堂的时间和空间限制被打破，思想政治教育可以通过多种形式进行。例如，在线课程、虚拟课堂、数字化教学平台等让学生可以随时随地获取知识；通过视频、音频、动画等多媒体手段，教学内容更加生动直观，提高了学生的学习热情和参与度。其次，互动方式创新性，通过数字化平台，教师和学生可以进行实时互动，讨论和分享更加便捷。例如，通过在线讨论区、实时问答、社交媒体等方式，师生之

间的交流更加频繁和深入，增强了教育的互动性和针对性。最后，教学资源丰富性，得益于数字化技术的支撑，教师可以利用互联网获取海量的教学资料，包括文献、案例、视频等。同时，数字化技术还支持个性化学习，根据学生的兴趣和需求，提供定制化的学习内容和路径。

第二，数字化技术也让思想政治教育内容发生了显著的变化。首先，及时更新教育方案，数字化技术使得教学内容可以紧跟时代的发展和变化。例如，热点新闻、时事政治等内容可以迅速融入教学中，使教育内容更加贴近现实、贴近生活。其次，加大案例教学的可行性，通过多媒体和虚拟现实等手段的应用，案例教学变得更加生动直观。例如，通过虚拟现实技术，学生可以"身临其境"地体验历史事件、社会现象等，加深对思想政治教育内容的理解和认同。最后，多元融合教学内容，开放性和全球化的互联网，使思想政治教育能够更加便捷地融入多元文化元素，拓宽学生的视野和思维。例如，通过网络课程、国际交流等方式，学生可以接触到不同国家和地区的思想文化，增强文化自信和包容性。

第三，数字化技术对思想政治教育效果的深远影响也不可忽视。首先，个性化、互动化的教学方式大大提升了学生的学习效果。例如，通过大数据分析，教师可以实时监控学生的学习进度和效果，及时调整教学策略，提供个性化辅导和支持。其次，数字化技术鼓励学生主动探索和思考，培养其创新思维和批判性思维。例如，通过在线讨论、项目式学习等方式，学生可以在自主学习中培养独立思考和解决问题的能力。最后，数字化技术打破了地域和资源的限制，为更多学生提供了平等的教育机会。例如，通过在线教育平台，边远地区的学生也可以享受到优质的思想政治教育资源，缩小了教育资源分配的不均衡。

（二）虚拟与现实的交织：数字化时代学生思想动态的变化

数字化时代的到来，极大地改变了学生的思想状态和思维方式，这些状态和方式呈现出前所未有的多样性和复杂性。随着互联网和移动通信技术的普及，学生获取信息的途径更加多样化，他们不再局限于传统的书本和课堂，而是通过社交媒体、在线论坛、视频平台等多种渠道接触和吸收大量的信息。这种信息获取的多元化，使得学生的思想观念也变得更加开放和多样，既有传统价值观的坚守，也有新思想、新观念的不断涌现。

在这种背景下，学生的思想表现出明显的多样性。一方面，不同的学生因个人背景、家庭环境、社会经历等因素的不同，对同一问题可能有着截然不同的看法。另一方面，全球化进程的加快使得学生更加关注国际事务，他们的思想中融合了多种文化元素，表现出更加包容和开放的态度。另外，学生的个性化趋势也越发明显，他们更加强调自身的独立性和自主性，重视自我表达和个性展示。

然而，数字时代下学生思想的多元化和表达渠道的多样性也在一定程度上带来弊端。其一，信息的大量涌现和快速传播使得学生在面对海量信息时容易产生困惑和迷茫，如何辨别各类信息的真伪和价值成为一大挑战。其二，网络空间的虚拟性和匿名性技术功能为一些极端思想和不良信息提供了"保护伞"，这些信息容易对青少年的价值观、思想观念、学习生活产生负面影响。此外，互联网的大数据算法推荐机制、碎片化信息推送现状，使得学生接收的信息往往具有同质化和片面化倾向，可能导致信息茧房效应，使得他们的视野受限，思想偏狭。

面对此种多样而复杂的教育背景，思想政治教育者必须与时俱进，理解数字技术带来的时代转型，把握学生的思想脉搏。首先，教育者需要具备高度的敏感性和洞察力，能够及时了解学生的思想动态，捕捉他们关于热点问题的兴趣点和普遍看法。通过深入了解学生的思想状况，教育者可以有针对性地设计教育内容和活动，有的放矢，增强教育的实效性和针对性。其次，教育者应不断提升自身的数字素养，熟练掌握各种数字化工具和平台，利用新媒体开展思想政治教育。例如，通过微信、微博、抖音等平台，发布思想政治教育内容，与学生进行互动交流，增强教育的吸引力和感染力。最重要的是，思想政治教育者应注重培养学生的批判性思维和信息素养，帮助他们树立正确的价值观和判断力。在信息多元化的时代，教育者应引导学生学会独立思考和理性分析，能够批判性地看待各种信息，不盲从、不偏听偏信。例如，通过案例分析、辩论赛等方式，培养学生的思辨能力和表达能力，使他们能够在信息的洪流中保持清醒和理性。简言之，数字时代学生思想的多样性和复杂性对思想政治教育者提出了新的挑战和要求。教育者应紧跟时代的发展，理解和把握学生的思想脉搏，通过创新教育方式和内容，提升教育效果，培养具有全面素质和健全人格的新时代大学生。

二、推进思想政治教育者角色重塑的实施方法

（一）从传道者到引路人：角色的多维度转变

数字化背景下，思想政治教育者的角色发生了深刻的转变，已不再是单纯的知识传递者，而是逐渐成为学生思想的引路人、心理的陪伴者和价值观的塑造者。这种转变不仅是对教育者自身素质的要求，更是对思想政治教育方式的革新，旨在更好地适应新时代学生的需求，提升教育的实效性和影响力。

第一，思想政治教育者是学生思想的引路人。在传统的教育模式中，教育者主要承担着知识传授的任务，注重的是理论知识的讲解和单方向输出。然而，在数字化时代，知识的获取变得更加便捷和多样化，学生可以通过互联网迅速获取大量的信息和知识。在这种情况下，教育者的角色逐渐转向思想的引导和启迪。教育者需要引导学

生在海量的信息中进行甄别和筛选，帮助他们形成正确的认知框架和思维方式，以辨别真伪和价值。例如，通过对热点事件的分析和讨论，引导学生从多角度、多层次去理解和思考，培养他们的批判性思维和独立判断能力。

第二，思想政治教育者是学生心理的陪伴者。数字化时代的快速发展和社会日新月异的变迁，使得学生面临的心理压力和困扰也越来越多。信息的泛滥、社交媒体的虚拟交往以及竞争的加剧，容易导致学生产生孤独感、焦虑感和压力感。在这种背景下，思想政治教育者不仅要关注学生的思想动态，还要关注他们的心理健康。教育者应通过与学生建立信任基础和畅通沟通渠道，与学生不断深入地进行交流和互动，及时了解他们的心理状况和需求，提供情感支持和心理疏导。例如，通过心理辅导、谈心谈话、团体活动等方式，帮助学生缓解心理压力，增强心理韧性，促进他们的身心健康发展。

第三，思想政治教育者是学生价值观的塑造者。在多元文化和价值观并存的数字化时代，学生的价值观面临着各种冲击和挑战。教育者应积极引导学生树立正确的价值观，帮助他们在纷繁复杂的信息环境中保持清醒和坚定。通过价值观教育，引导学生树立正确的世界观、人生观和价值观，培养他们的社会责任感和使命感。例如，通过开展主题教育活动、社会实践、志愿服务等，让学生在实践中体验和感悟，内化社会主义核心价值观，形成正确的价值导向。

（二）跨界融合的践行者：多领域知识的融会贯通

在数字化时代，思想政治教育者面临着新的挑战和机遇，这要求他们不仅要具备扎实的专业知识，还需要拥有跨学科的知识背景，能够灵活运用数字技术，整合多种教育资源，以实现更加高效和多样化的教育目标。

第一，思想政治教育者需要搭建跨学科的知识体系，丰富知识储备，这是应对复杂问题和培养全面素质学生的必然要求。现代社会的问题往往是多维度、多层次的，仅靠单一学科的视角难以全面理解和解决。例如，思想政治教育涉及政治学、社会学、心理学、教育学等多个领域的知识。教育者需要了解社会学的基本原理，才能更好地分析和理解社会现象及其对学生思想的影响；需要掌握心理学的知识，才能有效地进行心理疏导和教育；需要具备教育学的理论和方法，才能设计出科学有效的教育方案。因此，跨学科的知识背景能够帮助思想政治教育者以更广阔的视角和更综合的方法来开展教育工作，提高教育的科学性和实效性。

第二，灵活运用数字技术是思想政治教育者必须具备的能力之一。数字技术的发展为教育提供了丰富的工具和平台，教育者应当充分利用这些技术手段，创新教育方式，提高教育效果。例如，通过大数据分析技术，教育者可以全面了解学生的思想动态和学习情况，有针对性地进行教育干预；通过虚拟现实技术，教育者可以为学生提供沉浸式的学习体验,使思想政治教育更加生动直观;通过社交媒体和在线教育平台,教育者可以与学生进行实时互动和交流,增强教育的互动性和参与感。此外,教育者还应熟悉各种数字化教学工具,如电子白板、在线课程平台、多媒体课件制作软件等,提升课堂教学的质量和效果。

第三,整合多种教育资源是提升思想政治教育水平的有效途径。在数字化时代,教育资源的形式和内容变得更加丰富和多样,教育者应当学会整合和利用这些资源,以最大化地发挥其教育效能。例如,可以将传统的书籍、文献与网络资源相结合,通过多媒体手段呈现给学生,增强教育的吸引力和感染力;可以利用在线教育平台,开展跨校、跨地域的协作教学,实现资源共享和优势互补;可以邀请专家学者通过视频会议、在线讲座等方式进行专题讲解,扩大学生的知识视野和思维深度。此外,教育者还应善于利用社会资源,如企业、社区、公益组织等,开展丰富多彩的实践活动,使思想政治教育与社会实践紧密结合,增强教育的现实性和针对性。

三、加快思想政治教育者能力提升的路径

(一)数字化素养的提升:新时代教育者的必修课

在数字化背景下,教育模式的转型对思想政治教育者提出了提升信息技术应用能力、数据分析能力和数字化工具使用能力的迫切期许。这不仅是顺应时代发展的必然要求,也是提升教育质量和效果的重要途径。

首先,思想政治教育者需要不断提升信息技术应用能力。为此,系统培训与学习是基础,通过参加各类信息技术培训班和工作坊,教育者可以系统地学习如何使用计算机基础知识、网络技术以及各类教育软件。这样的专业培训不仅能帮助教育者掌握最新的信息技术,还能提升他们在教学中的技术应用能力。同时,自主学习与参与社会实践也是必不可少的。教育者应主动利用互联网资源,通过在线课程、网络教程和自学书籍等途径,了解和掌握信息技术的新发展和新应用。在实际教学中,教育者可以不断尝试和应用新技术,通过实践积累经验,提高技能。此外,同行交流与分享也是提升信息技术应用能力的重要方式。通过参加教育技术研讨会、教师交流会等活动,教育者可以分享和讨论信息技术在思想政治教育中的应用案例和效果,从中学习和借鉴他人的经验,进一步提升自身能力。

其次,数据分析能力的提升对于思想政治教育者来说也是至关重要的。教育者应熟悉并掌握常用的数据分析工具,如 Excel、SPSS、R 语言和 Python 等,通过学习这些工具,可以进行数据的整理、分析和可视化,提升数据分析能力。与此同时,进一步培养数据思维,教育者需要具备数据思维,能够在分析和整理数据的过程中发现问题、

分析问题和解决问题。例如，通过分析学生的学习数据、行为数据和反馈数据，教育者可以了解学生的思想动态和学习效果，及时调整教育策略。案例研究与实战演练是提升数据分析实际操作能力的有效途径，通过具体的案例研究和实战演练，教育者可以更加直观地理解和掌握数据分析的技巧和方法。例如，开展学生思想状况调查，通过数据分析了解学生的思想倾向和需求，有针对性地设计教育内容和活动。

再次，数字化工具使用能力也是思想政治教育者必须具备的能力之一。通过参加专项培训，学习如何使用电子白板、多媒体课件制作软件和在线教育平台等工具，教育者可以掌握工具的基本操作和功能应用，从而提高教学效率。在教学实践中，教育者应主动尝试和使用各种数字化工具，例如，在课堂教学中使用电子白板和多媒体课件，丰富教学内容和形式；在课外活动中利用在线教育平台，开展线上讨论和交流，增强师生互动。在教学中不断创新应用数字化工具，并进行反思和总结，通过录制和回看教学视频，分析和改进教学方法；收集学生的意见，通过学生反馈，了解工具的使用效果和技术缺陷，并持续改进和提升。

最后，不可或缺的是，教育者需树立终身学习的理念，满足综合素养的提升需要，保持对信息技术和数字化工具的学习热情，不断更新知识和技能，以适应教育发展的新需求。通过积极学习，可以拓宽知识面，学习教育学、心理学、社会学等相关学科的知识，提高综合素养。跨学科的知识积累有助于更好地理解和应用信息技术和数据分析。另外，教育者应加强团队协作，与其他教师共同探讨和研究信息技术在教育中的应用，分享资源和经验，实现资源共享和优势互补。通过这些路径和策略，思想政治教育者可以有效提升自身的信息技术应用能力、数据分析能力和数字化工具使用能力，为思想政治教育注入新的活力和动力，提升教育质量和效果，培养具有全面素质的新时代大学生。这不仅是教育者自身专业素养的提升，更是顺应了教育理念和教育方式的深刻变革。

（二）创新思维的培养：突破传统的教育范式

首先，培养思想政治教育者的创新思维，需要营造创新的环境和氛围。高校应鼓励教师勇于打破传统，探索新的教育方法和模式。例如，可以通过设立创新项目、组织创新大赛和开展教育科研等活动，激发教育者的创新热情和潜力。高校应提供必要的资源和支持，如技术设备、资金投入和专业培训，帮助教育者将创新思维转化为实际行动。同时，为了提升思想政治教育者在数字化背景下的教育能力，还需要注重团队合作和资源整合。高校提供平台，教育者可以与技术专家、教育研究者和其他学科的教师合作，共同探讨和解决教育中的实际问题。例如，通过与技术专家的合作，开发和应用适合思想政治教育的数字化工具和平台；通过与教育研究者的合作，开展教育效果的评估和改进；通过与其他学科教师的合作，开展跨学科的教学实践和研究。

此外，教育者应善于利用高校提供的教育资源，如在线课程、教育视频、教育软件等，不断丰富和完善自己的教学内容和方法，整合资源，不断创新培养模式。

其次，培养创新思维还需要推动教育者自身进行主动学习和持续思考。思想政治教育者应积极关注教育领域的最新动态和前沿研究，通过阅读专业书籍、参加学术会议、加入教育者社区等方式，不断更新自己的知识体系和思维模式。此外，教育者应善于从日常教学中发现问题和不足，不断反思、敢于质疑和改进现有的教育方法，探索更加高效和适应学生需求的教育路径。第一，强化实践创新培养模式。在教学实践中，教育者可以通过多种方式进行创新尝试。例如，利用信息技术和数字化工具，开发线上线下相结合的混合式教学模式，通过虚拟现实技术进行沉浸式教学体验，或者通过数据分析技术进行个性化教育指导。这些创新实践不仅能够提升教学效果，还能为学生提供更加丰富和多样的学习体验。此外，教育者还可以通过跨学科的教学实践，将思想政治教育与其他学科有机融合，拓宽学生的知识面和思维深度。例如，将思想政治教育与文学、历史、社会学等学科相结合，通过多维度的分析和讨论，帮助学生更好地理解和内化思想政治教育的内容。第二，案例分析同样是提升思想政治教育者创新能力的重要手段。通过对成功案例的深入研究和分析，教育者可以借鉴和学习他人的经验和方法，进一步提升自己的创新能力。例如，可以选择一些在思想政治教育中应用数字技术取得显著成效的案例，分析其具体的实施过程、技术手段和教育效果，从中总结出可行的创新策略和方法。此外，教育者还可以通过案例分析，发现和规避潜在的问题和风险，提高创新实践的成功率。

（三）互动与共鸣：构建数字化背景下的新型师生关系

在教育领域的广泛应用中，数字化技术为师生间的互动提供了前所未有的便利和可能性，从而构建起更加平等、开放和互动的新型师生关系。通过在线教育平台、社交媒体和即时通信工具，师生可以随时随地进行沟通和交流。教师可以发布教学资料、布置作业并进行在线答疑，学生则可以随时提问和讨论，不再受制于固定的课堂时间和授课场所。这种全天候的互动方式不仅提高了教学效率，还增强了师生之间的联系和交流。

首先，教育者应充分利用数字化技术带来的丰富和多样化的教学资源，能够促进师生之间的互动与合作。网络课程、虚拟课堂和多媒体资源为教师提供了丰富的教学内容，学生可以根据自己的兴趣和需求进行选择和学习。慕课（MOOC）平台让学生参与全球顶尖学府的在线课程，与来自世界各地的学生一起学习和交流，不仅拓宽了学生的视野，也为师生之间的互动提供了更多的机会和平台。互动式的教学工具，如电子白板、互动答题系统和虚拟实验室，大大提高了教育的互动性和参与度。教师可以设计丰富多样的教学活动，激发学生的学习兴趣和积极性。通过互动答题系统，教师可以在课堂上实时提问，学生可以通过手机或电脑即时作答，系统会即时反馈答题结果。这种实时互动不仅提高了课堂的活跃度，还能帮助教师及时了解学生的掌握情况，进行针对性的指导和调整。

其次，教育者应摆脱传统观念，以平等的姿态传道授业解惑。数字化技术助力构建了平等的师生关系。传统课堂中，教师往往处于知识的权威地位；学生则处于被动接受的地位。如今，数字化技术使得知识的获取更加便捷，学生可以通过互联网自主学习和探索，从而在一定程度上打破了这种权威关系。通过在线讨论区和社交媒体，学生可以与教师进行平等的交流和讨论，表达自己的观点和看法，甚至可以通过网络平台直接与学术界的专家和学者进行对话和交流。教育者应转变观念，充分适应新型师生关系，更好地传道授业解惑。

最后，教育者应当利用数字化手段的精准应用来促进个性化教育的实现。通过大数据和人工智能技术，教师可以根据每个学生的学习情况和兴趣爱好，提供个性化的教学内容和指导。学习管理系统帮助教师分析学生的学习数据，了解他们的学习进度和难点，进而制定个性化的教学方案，提供有针对性的辅导和支持。学生在学习过程中遇到问题时，可以通过在线平台随时向教师求助，教师可以及时给予反馈和帮助。这种个性化的教育方式，不仅提高了教学效果，还增强了师生之间的互动和合作。

四、未来已来：数字化时代思想政治教育的前景与展望

在数字化时代，思想政治教育的前景和展望不仅体现在教育技术的创新上，还涉及教育理念和模式的深刻变革。随着在线学习平台和社交媒体的广泛应用，教育资源的获取变得更加便捷和多样化。学生可以通过各种数字化渠道获得丰富的学习材料和互动机会，从而增强自主学习能力和批判性思维能力。此外，虚拟现实和增强现实技术的应用，将为思想政治教育带来全新的体验模式。通过沉浸式的虚拟场景，学生可以更直观地感受历史事件和社会现象，增强对教育内容的理解和认同。这种生动的教学方式不仅丰富了教育手段，还提升了教育的感染力和影响力。

未来，思想政治教育应当更加注重学生的个性化发展，借助大数据分析技术，精准了解学生的思想动态和需求，从而提供更加定制化的教育服务。这种个性化教育不仅能够有效提高教育的针对性和实效性，还能激发学生的学习兴趣和内在动力。教育者在数字化时代也需要不断提升自己的数字素养和技术能力，以适应快速变化的教育环境。他们不仅要掌握先进的教学工具，还需具备数据分析和信息管理能力，才能更好地引导和帮助学生。

总而言之，数字化时代为思想政治教育的蓬勃发展带来了广阔的前景和无限的可

能。通过不断探索和创新，思想政治教育将在新技术的支持下，焕发出新的生机与活力，为培养德智体美劳全面发展的新时代青年贡献力量。

参考文献

［1］潘晓阳．高校思想政治教育者时代形象塑造研究［D］．武汉：武汉大学，2018．

［2］刘玉茹．中职公共课新形态数字化教材的应用与探究［C］//2023教育理论与管理第三届"创新教育与精准管理高峰论坛"论文集（专题1），2023：1－5．

［3］曾泽霞．多元信息技术如何融入高职旅游教学［J］．服务外包，2023，17（06）：45－50．

［4］李学鹏，范金波，励建荣，等．地方高校食品专业"五位一体"新工科卓越人才培养体系的构建与实践［J］．中国食品学报，2021，21（11）：75－82．

［5］蔡瑶．人工智能对高等教育影响的收获与启示［J］．山西青年，2024，25（04）：30－35．

［6］赖亦斐，严兰兰．互联网时代大学生传统文化教育模式创新研究［J］．时代报告（奔流），2024，34（01）：12－18．

［7］陈双，周权，冯松，佘慧娟．人工智能时代大学生思想政治教育创新路径研究［J］．社会科学前沿，2023（07）：6．

［8］康娜．新媒体背景下高校思政教育创新路径探索［J］．大众文摘，2023（40）：3．

［9］史永霞，朱叶童．大数据时代文学硕士思政教育路径探索［J］．教育观察，2022（25）：83－85．

［10］于浩，刘照阳，杨灵婷．人工智能对教育的影响及未来教师的素养［J］．继续教育研究，2023（10）：54－60．

（作者单位：中南财经政法大学法学院）

数字化赋能统计人才高质量培养

杜中敏　时明瑞

摘　要： 在推进中国式现代化的伟大进程中，经济的动态监测、民生的持续改善和社会的不断进步对统计人才的培养提出了新要求。同时，随着数字中国建设的持续深入，数字化时代加速到来，为统计学科的发展和统计人才的培养带来了全新的挑战，更提供了巨大的机遇。面对传统的统计人才培养模式已无法满足数字化时代发展需求之困境，本文试图探索一条数字化赋能统计人才培养的新路径。首先，本文分析了数字人才的需求现状和国家对人才培养的指示精神；其次，指出了数字化背景下加强统计人才的培养对社会治理、产业结构和教育改革的现实意义；最后，从培养单位的视角全方位、多维度阐述了如何从"发现—吸纳—培育—成就"四个方面打造数字化时代下统计人才培养的全链条。

关键词： 数字化转型　统计人才培养　复合型人才

目前，大数据、人工智能等数字技术方兴未艾，数字化时代下的技术创新对人才培养提出了新的要求，同时，数字经济的高速发展为统计学在大数据和人工智能等数字技术上的应用提供了广阔舞台。华为公司最新发布的《中国ICT①人才生态白皮书》提到，预计到2025年，我国的ICT人才缺口将超过2000万人。而2020年我国ICT人才缺口约为1119万人，与2020年相比，2025年的人才缺口将扩大近1倍，由此可见加快数字化人才培养的紧迫性。数字化人才供需的不匹配已成为各行各业在推进数字化转型过程中的"绊脚石"。破除数字人才供需不均藩篱，助力具有数字化思维的统计人才培养提速增效，是顺利打通数字化改革"堵点"的关键一招。

"十四五"规划中提出，要深化人才发展体制机制改革，全方位培养、引进、用

---

① ICT是Information and Communication Technologies的缩写，即信息与通信技术。

好人才，充分发挥人才第一资源的作用，加快数字化发展，打造数字经济新优势，建设数字中国。党的二十大报告指出，要加快发展数字经济，促进数字经济和实体经济深度融合，深入实施人才强国战略，着力造就拔尖创新人才。党的二十届三中全会强调，要加快构建促进数字经济发展体制机制，加快建设国家高水平人才高地和吸引集聚人才平台，统筹推进教育科技人才体制机制一体化改革。随着数字经济和高质量人才培养的关注度不断提高，为数字化时代下人才培养的新方式、新路径贡献统计力量迫在眉睫。数字化社会建设的持续推进为统计学科的发展铺就"快车道"，为统计人才队伍的持续壮大打造"强引擎"，而高校作为人才培养的主阵地，如何借助数字化持续推进的春风打造"发现—吸纳—培育—成就"的统计人才培养全链条是值得我们思考的问题。

一、深化数字化思维统计人才培养的现实意义

早在 20 世纪 40 年代中期，为了适应当时原子能事业的发展，用于生成随机数的蒙特卡罗方法（又称随机抽样或统计试验方法）应运而生，但是，由于技术限制，当时用该方法模拟生成随机数是一项耗时费力的工作。而后，随着计算机技术的不断更新迭代，尤其是近 10 年来计算机技术的高速发展，使用蒙特卡罗模拟法短时间内生成大批量随机数成为可能，也由此使之在金融学、经济学、生物学、物理学等学科中得到广泛应用，极大促进了学科的发展和社会的进步。

2021 年 2 月，国家统计局正式投入建设统计云工程，经过近三年的建设，统计云工程取得全面突破。统计云工程是应用云计算、人工智能等数字化技术对统计数据进行收集、分析和处理以提升国家治理水平、重塑国际竞争新优势的数字化统计平台。在第五次经济普查中，首次采用统计云处理数据，不仅降低了成本，还提高了数据的安全性和可靠性，为国民经济平稳运行夯实了基础。

由此可见，培养具有数字化思维的统计人才能够带动学科、经济、社会等的全方位提升，从而为国家以及人类社会的整体进步注入新动能。处于新时代，抓住数字化转型的关键期加强统计人才培养至关重要，其现实意义主要体现在以下三个方面：

（一）赋能社会治理提质增效

《国务院关于加强数字政府建设的指导意见》提出，到 2035 年，与国家治理体系和治理能力现代化相适应的数字政府体系框架更加成熟完备，数字政府基本建成。在数字政府建设的征途中，数字化思维统计人才的培养提供了必要的支持。一方面，相较于传统的统计分析方法，数字技术的植入极大提高了大批量、高维度数据的处理效

率，为政府机构通过数据洞察经济走势提供了可靠依据，从而提高了政府机构决策的科学性和施策的精准性。另一方面，借助数字技术收集民众在公共卫生、社会保障等领域的急难愁盼问题，并利用数字平台进行分类汇总和可视化展示，切实了解民众心声，解决民众问题，搭建政群"连心桥"。注重具有数字化思维统计人才的培养有助于加快数字政府建设，进一步提升国家治理体系和治理能力现代化。

（二）助力产业结构提档升级

近年来，随着我国信息技术的快速发展，数字经济成为带动全国经济增长的重要引擎。推动数字经济的纵深发展，就是要在数字产业化和产业数字化两个方面持续用力。习近平总书记强调，要加快推动数字产业化和产业数字化，不断催生新产业新业态新模式，用新动能推动新发展。目前，一众互联网企业以及传统制造业在招聘时设有数据分析岗，目的就是选聘具有数字化思维的统计人才以分析产品销售波动、发现市场潜在机会、评估投资风险大小，进而为企业的精准营销和创新发展提供指导。由此可见，无论是数字企业的产业化发展还是传统企业的数字化升级，都对数字化思维统计人才培养提出了新要求。从整个社会发展的角度来说，将数字技术转化为可产业化的产品以及将传统产业进行数字化转型是优化产业结构、促进经济转型升级的"良方"，更是完整、准确、全面贯彻新发展理念，推动高质量发展不断取得新成效，加快实现中国式现代化的"催化剂"。而在产业结构优化升级的过程中，培养对数据敏感、对软件精通、对业务熟练的数字化思维统计人才越发重要。

（三）推动教育改革提标扩面

习近平总书记指出，要把教育摆在更加重要的位置，全面提高教育质量。深化数字化思维统计人才的培养，在推动教育改革中的作用集中体现在提标和扩面两个层面。（1）提标即提高教育改革之标准。具体而言，相较于传统教学过程中仅在理论层面关注成熟的统计知识，数字化时代则要求学生熟练掌握现代统计技术和数据分析软件，通过系统教学和应用实践使学生具备强大的数据处理和分析能力，从而更好地服务于企业和科研，促进企业创收和科研创新，推动科技进步和社会进步。（2）扩面即拓展教育改革之广度。在全球化背景下，国际竞争日趋激烈，以往仅关注国内发展动态的培养思路似乎在提升我国全球竞争力的作用中显得"力不从心"，数字化时代应拓展学生国际视野，加强国际交流合作，引导学生用全球化思维来解决中国发展过程中所面临的问题，为我国在国际舞台上发挥更大的作用贡献青年力量。人才培养模式的升级对我国教育改革提出了新要求，而高校作为教育改革的先行者，理应以时代要求和人才需求为导向，与时俱进更新教育理念和教学方法，不断推动高质量教育体系建设。

二、数字化转型中统计人才培养的路径探索

人才是当今社会促进经济发展、推动科技进步的"发动机",人才的培养是人类社会发展必不可少的一环。处在呼唤人才也创造人才、渴望人才又成就人才的数字化时代,探索形成顺应时代发展的统计人才培养体系至关重要。具体而言,就是将数字化思维融入到"发现—吸纳—培育—成就"的统计人才培养全链条。

(一)下好发现数字化统计人才的"先手棋",拓展源头"储备链"

作为数字化统计人才培养全链条的起点,做好"发现"工作是后续工作顺利进行的基础。数字化时代下对统计人才的需求正向"统计 + 数字技术"转向,具体而言,社会不仅需要具有扎实统计知识功底,还需要具备大数据分析、数据挖掘、机器学习等关键技能的复合型统计人才。而且,社会的数字化程度随着数字技术的不断发展而逐渐加深,对于数字化统计人才的需要也会随之变化,这就需要培养单位始终保持人才需求的敏感性,基于现阶段社会发展需要什么样的人才,从而明确培养目标和培养模式,形成"发现"的标准,确保培养的人才能够满足社会发展需求和时代发展需要。

对于培养单位来说,强化招生宣传、丰富招生渠道是发现数字化统计人才最直接的方式。一方面,通过线上和线下招生宣讲会加强招生宣传,让考生充分了解数字化统计人才培养的课程设置和师资力量,激发学生报考意愿,吸引更多学生报考,打造数字化统计人才储备库。另一方面,充分利用夏令营、"校园开放日"和研究生招生复试等契机,在考查基本统计知识的同时加入对数字化思维和数字技术关键技能的考查,从而发展能够跨领域思考并解决问题的学生,为数字化统计人才的培养夯实基础。

(二)搭好吸纳数字化统计人才的"大舞台",构筑人才"成长链"

吸纳人才在培养链中起着承上启下的作用,将发现的具有发展潜力的学生吸引进来,并进一步将其培育为具有数字化思维的统计人才。做好学生吸纳工作,就是要从增强学科实力和优化课程体系两个方面为切入点。

高水平的学科实力是吸引学生报考的"硬核"。"打铁还需自身硬",因此,培养单位要重视统计学科的发展,以优秀导师团队建设赋能学科实力的整体提升。一方面,通过开展老教师对新教师的"传帮带"活动来加强青年教师团队建设,并引导青年教师利用数字技术思考解决统计问题,以此来强化导师团队建设。另一方面,以举办学术会议为契机促进学术成果的产出,提升学科的建设水平,以参加学术会议为渠道增

加导师团队的对外交流合作，不断接触科研最前沿，助力导师团队高水平建设，进而赋能学科实力的提升。

合理的课程体系配置能够增加学生的报考兴趣，而且，学生对课程感兴趣就会增加其在课程学习上的精力投入，从而有利于数字化统计人才的培养。从培养单位的角度讲，合理的课程体系配置应体现以下三点：其一，要增设相关数字技术课程，在开设统计学相关课程的同时增加数据挖掘、机器学习等前沿课程，并将大数据技术融入到统计学课程的教学当中，构建完整的数字化统计知识体系；其二，要注重实践教学，授课教师通过案例分析、项目驱动等方式锻炼学生的软件操作能力，让学生在解决实际问题的过程中掌握数字化统计技能；其三，要加强学科融合，将统计学理论应用至经济学、计算机科学等学科，培养学生跨学科思考能力，塑造复合型统计人才。

（三）建好培育数字化统计人才的"训练营"，强化能力"进步链"

培育人才是整个人才培养链的核心，事关数字化统计人才的培养质量。在研究生培养阶段，导师是学生成长成才的第一责任人，导师在培养过程中加强对学生的数字化引导是做好培育工作的直接保障。其次，在产教融合的背景下，深化校企合作，在企业实践中进一步提升学生软件的操作能力以及运用统计思维解决企业实际问题的能力亦是不可或缺的工作抓手。

导师对学生的精准培养是培育数字化统计人才的关键。目前，校内导师多为科研型导师，更适合培养学术型人才，导师通过定期开展组会了解学生的科研进度，帮助学生解决科研过程中遇到的难题，助力学生的科研水平不断突破新高度。而对于专业型人才，教育部要求实行"校内＋校外"双导师共同指导的制度方式，校内导师负责学生在学术、就业等全方位的指导；校外专家主要指导学生的实践环节。"校内＋校外"双导师制是培养学生数字化思维的重要举措，是专业型统计人才培养的成功探索。充分发挥导师在研究生培养过程中的重要作用，助力数字化统计人才培养不断迈向新台阶。

对于就业导向的研究生，培养单位通过加强校企合作和产学研结合来为学生提供更多的机会去实践锻炼。具体而言，一要探索建立实训基地，培养单位充分利用"访企拓岗"等契机，深入企业，了解企业，探索与企业合作共建实训基地的路径，为学生提供数据分析项目和实习机会，让学生在实践中加强数字化统计技术的锻炼和提高。二要推动科研成果转化，培养单位与企业加强科研合作，为学生提供实践平台，在锻炼学生科研能力的同时推动着数字化统计领域的技术创新和成果转化。

（四）打好成就数字化统计人才的"持久战"，激发培养"动力链"

成就人才是整个人才培养链的落脚点，并与发现、吸纳和培育环节相辅相成。对于培养单位讲，建立多元化的评价体系有助于学生的全面发展，数字化时代对学生智育培养提出了新要求，不再单纯以考试成绩论英雄，而将学科竞赛、学术报告、科研实践项目等统一纳入智育评价体系，力争实现学生理论知识学习和科研实践成果的双促进。此外，鼓励学生在成长成才的道路上不断地停下来"回头"看看，可以发现问题、解决问题、总结经验，重整行装再出发。因此，完善过程评价体系能够推动学生不断取得新突破。培养单位在成就人才的道路上应绵绵用力、久久为功，帮助学生走好成才道路上的"最后一公里"。

三、结语

综上所述，数字化时代下的统计人才培养在社会、经济和教育等方面均具有重要意义。培养单位应认识到人才培养是一项"慢熬粥"工程，需要耐心、细致和持续地努力。在培养过程中以导师为核心，通过引导学生打牢统计基础知识、加强数字技术实践的方式培养出一批具有扎实理论基础、丰富实践经验、良好创新思维和跨领域能力的高质量数字化统计人才，为企业数字化转型提供有力的人才支撑，为经济高质量发展和中国式现代化的实现贡献统计力量。

参考文献

［1］陈钰芬．深化科教产教融合 强化数据素养——数字化时代统计人才培养模式的探索与思考［J］．统计科学与实践，2022（10）：55－58．

［2］蔡婉华．高校培养高质量统计人才的实现路径［J］．海峡科学，2024（01）：183－186．

［3］黄莹莹．数字化赋能研究生思政课的内涵、机理和实践路径［J］．研究生教育研究，2024（02）：68－72．

［4］张敏，姜强，赵蔚．数字化转型赋能高等教育高质量发展——基于 TOE 框架的组态路径分析［J］．电化教育研究，2024，45（03）：54－61．

［5］尹建鑫，王晓军．统计与数据科学知识图谱构建与创新人才培养［J］．中国人民大学教育学刊，2023（02）：69－79．

［6］傅德印．新时代统计学专业人才培养创新及路径［J］．统计学报，2023，4（01）：17－22．

（作者单位：中南财经政法大学统计与数学学院）

数字化赋能研究生产教融合专业学位能力培养

——以农村发展专业为例*

史战文　焦裕樊

摘　要： 数字化浪潮深刻影响着各个领域发展，也深度渗透至研究生教育各个层面，在以农村发展专业为典型的专业学位培养中，数字化正重塑教与学的生态，通过多维度赋能产教融合，驱动农村发展专业研究生能力培养模式革新与实践路径重构，成为提升其专业素养与实践能力的关键变量并拓展全新发展空间。本文聚焦农村发展专业，旨在探讨数字化赋能下研究生产教融合及专业学位能力的培养。首先剖析数字化赋能农业生产、农村电商等方面面临的现状与挑战，比如技术应用、人才培养和政策实施。进一步地，以中国人民大学为典型案例，阐述其在农村发展硕士培养中教学资源数字化整合、实践教学基地升级、产学研协同创新等举措及成效。在此基础上，深入探索数字化与研究生产教融合的结合，包括人才培养模式创新、课程体系改革等多方面路径。同时，从数字化教学资源开发应用、在线实践教学平台构建、数字化评价体系建立等方面设计培养路径。研究表明，尽管当前数字化赋能农村发展专业研究生培育已取得阶段性成果，但仍需强化政策支持协同、优化教学资源等方式，以此为农村发展专业人才培育注入持久动力，助力乡村振兴。

关键词： 数字化　产教融合　专业学位能力　农村发展专业　乡村振兴

一、引言

研究生教育承载着培养高层次创新型人才的重要使命。习近平总书记指出，研究

---

* 基金项目：中南财经政法大学研究生教学教改项目专项资金资助（项目编号：YRTD202416）。

生教育在培养创新人才、增强创新能力、服务经济社会发展以及推进国家治理体系和治理能力现代化方面扮演着至关重要的角色。产教融合模式，作为一种将学术研究与产业实践相结合的新型人才培养机制，打破了传统课堂教育的局限，实现了教学、生产与科研的深度结合。这种模式充分利用了高校、企业和科研机构的教育资源与环境，旨在培养具有高素质和创新能力的专业人才。产教融合的深入实施，不仅加强了教育与产业发展的联系，也成为我国高等教育改革与发展的关键。在此模式下，研究生教育的创新性和研究生的创新能力均得到了显著提升，进一步促进了经济社会发展和国家治理体系的现代化进程。

在全球化与信息化交织的时代背景下，农村发展问题始终是我国政策制定者和学术界关注的焦点。近年来，我国政府颁布了一系列具有前瞻性的政策，如《中共中央国务院关于实施乡村振兴战略的意见》和《乡村振兴战略规划（2018-2022年）》，旨在推动农业现代化、促进农村产业融合发展，以及实现农民增收和乡村全面振兴。尽管农村发展取得了显著成就，但面临转型升级的挑战依然严峻。在数字经济时代背景下，信息技术的迅猛发展为农村带来了新的发展机遇，数字化赋能已成为推动新时代农村工作的核心，它不仅能够提高农业生产的效率与质量，还能促进农村经济的多元化发展，提升农民生活水平，是实现乡村振兴战略的关键所在。在此背景下，教育数字化成为了开辟教育高质量发展新赛道的重要突破口，数字化作为当代极具影响力的变革力量，正深度驱动教育领域的变革与创新进程，催生出以数字化技术为核心支撑的新型教育业态。作为培养高层次应用型人才的重要途径，如何在数字化浪潮中推进农村发展专业学位研究生教育产教融合，是当前高校必须研究和探索的问题。

当前，我国农村发展专业培养模式虽有成效，但存在不足与局限。例如，在农林高等院校中，农村发展专业的硕士教育仍以理论教学为主，有的院校甚至将其朝着学术型硕士的方向培养，理论与实践结合不紧密。此外，还存在专业及课程内容滞后、人才培养缺乏针对性、协同育人机制不完善以及社会认可度有待提高等多方面问题，这种培养模式亟需变革。本文结合中国人民大学农村发展硕士专业的培养模式，旨在探讨如何利用数字化手段推动农村发展专业研究生产教融合，培养符合农业强国需求的专业人才，并分析在此过程中可能遭遇的挑战，提出相应的对策建议，以期为农村发展专业的发展以及乡村振兴战略的推进提供理论支持和实践指导。

二、数字化赋能农村发展的现状与挑战

（一）数字化发展的现状

1. 农业生产数字化。农业的数字化转型最初起源于20世纪80年代，当时提出了

精确农业的理念，该理念建立在地理信息系统等"3S"技术基础之上，形成了一种新型的农业生产模式。20世纪末，互联网技术的快速进步使得数字技术在增强土地产出效率、劳动生产力和资源使用效率方面的功效越发显著，引起了学界的浓厚兴趣。数字技术与农业的深度结合正在重塑农业产业的价值链，催生了涵盖生产运营全流程的数字化精准农业模式。在知识经济时代，农业的发展越来越受技术应用的影响。信息与通信技术正成为推动农业市场生产力的关键动力。农业生产过程中信息技术的运用与组织绩效提升之间呈现出正向联系，信息通信技术带来了更高的生产效率和客户满意度，从而为农业创造更大的价值。

2. 农村电子商务。在电子商务持续进化与革新的大环境下，农村电子商务也广泛地被采纳和应用。自2014年国家正式推出"电子商务进农村综合示范"工程，以及2015年首次提出扶持农业相关的电子商务平台建设以来，农村电商的发展日益受到中央及地方政府的关注。乡村振兴的相关政策也明确提出要深化农村电商的发展，全面推动相关基础设施建设，加速农业和农村的现代化进程。农村电商的壮大促进了农村地区基础设施的持续改善、人才培养体系的逐步强化以及资源的有效整合。农村电商已发展为推动农业供给侧结构性改革、农村创新发展以及增加农民收入和就业的关键动力，对脱贫攻坚做出了显著贡献，并为全球减贫事业贡献了中国经验。

3. 农村信息服务。伴随网络基础设施的逐步完备，截至2021年，全国数字乡村的发展水平已达39.1%，农村信息化市场的规模呈持续扩张态势，农产品电商网络零售额亦不断上涨。商务大数据监测结果表明，2021年全国农产品网络零售额高达4221亿元。截至2022年上半年，农村互联网的普及率攀升至58.8%，全国农村网络零售额达9759.3亿元。农业现代化与工业化、信息化之间的协调发展至关重要，信息化与农业现代化相融合、信息技术与农业生产生活相融合成为中国农业未来发展的必然方向和必由之路。近年来，我国农村地区基础设施建设不断完善，也为数字乡村的深入发展奠定了坚实基础。

4. 农村社会治理。农村社会治理数字化的基础是电子政务与基层治理数字化。根据中国信息通信研究院发布的《数字乡村发展实践白皮书（2024年）》，自2018年首次提出实施数字乡村战略以来，数字乡村建设开始全面提速。数字技术与农业农村现代化各领域融合的广度和深度不断拓展，但整体上，数字乡村发展仍处于初期水平，重点集中在产业和治理领域。随着数字化赋能农村社会治理体系的不断完善，治理体系将更加网络化，各级政府、社会组织、企业和村民之间将形成更加紧密的协同关系，实现信息共享和资源互补。

5. 农村旅游数字化。数字科技推动乡村旅游向创新驱动转型，注重文化资源整合与利用，丰富文旅消费体验，并在提升服务、文化体验和产业管理方面发挥关键作用，助力乡村振兴。这涉及深入挖掘和融合乡村的特色文化，如民俗文化、戏曲文化等，利用数字技术展示和保留乡村的文化遗产，从而提升游客的体验感。随着大数据、云计算、物联网、人工智能等技术在旅游产业的应用，数字化已成为推动旅游业高质量发展的关键。例如，通过提高 AR、VR、MR 等技术的投入，可以更清晰地展示乡村旅游景点的风貌和历史文化，增强游客的旅游意愿。

（二）面临的挑战

1. 技术层面。农村地区网络基础设施薄弱，网络覆盖率远不及城市，偏远地区网络信号缺失现象频发，这严重制约了数字化技术在农村的普及与应用进程。与此同时，农民群体对新兴信息技术的接纳和运用能力相对薄弱，导致农村信息技术应用水平整体处于较低层级，数字化技术在农业生产经营活动中的渗透深度极为有限。再者，部分数字化技术产品在开发设计阶段未能充分考量农村实际需求，致使产品缺乏契合农村场景的针对性与实用性，难以在农村地区达成有效推广与广泛应用，从而阻碍了农村数字化转型的深入推进。

2. 人才层面。在农村地区，因经济发展水平相对较低，优秀人才流失现象颇为严重，青年人才多倾向于向城市转移。并且，农村地区人才结构存在不合理之处，既懂农业又懂信息技术的复合型人才匮乏，在一定程度上对数字化技术在农业领域的应用产生了限制。此外，农村地区针对数字化技术的培训体系亦不够完善，致使农民的技能提升与人才培养难以获得切实有效的保障。这一系列人才相关问题均对农村数字化发展进程产生了显著阻碍，亟待深入研究与妥善解决。

3. 政策层面。当前农村数字化发展面临着政策方面的诸多困境。第一，政策支持力度不足，即使国家已颁布一系列助力农村数字化发展的政策，但是在地方落实环节，其支持强度与连贯性仍有很大的提升空间，难以充分满足农村数字化推进的需求。第二，政策协同效应不明显，由于相关政策分散于多个部门，各部门之间缺乏有效的协同合作机制，无法有效地整合资源与力量，难以汇聚成强劲的政策推动合力。第三，政策实施效果评估体系缺失，农村数字化发展政策缺少科学合理且行之有效的实施效果评估手段与体系，这直接导致政策无法依据实际情况及时地进行调整与优化，进而影响了政策在农村数字化进程中的有效性与适应性，制约了农村数字化发展的整体效率与质量提升。

三、数字化赋能研究生产教融合专业学位能力培养案例分析

（一）中国人民大学农村发展硕士专业介绍

中国人民大学农村发展硕士专业在国内农林经济管理教育领域占据着举足轻重的地位。该专业所在的农业与农村发展学院历史悠久，是我国农业经济学科高等教育的

重要摇篮之一，承载着深厚的学术底蕴与严谨的治学传统。

（二）创新举措与成效

1. 教学资源数字化整合。中国人民大学农村发展专业充分发挥自身强大的科研和教学资源优势，充分整合农业与农村发展学院与信息学院的科研和教学资源优势，精心搭建了农业农村大数据教学项目。在课堂教学进程中，授课教师生动地向学生展示了如何运用大数据工具分析现代农林经济管理相关的理论与实践问题，来深入研究农村发展中的资源配置问题。比如，在农村产业规划的相关课程里，授课教师引领学生利用平台数据，细致分析不同地区的农业产业优势，通过对气候和土壤数据的深度挖掘，精准预测适合种植的农作物品种，进而为农村产业布局提供科学、可靠的依据。

2. 实践教学基地数字化升级。学校与多家农业科技企业携手合作，建立了智慧农业实践基地。在这些基地中，农村发展专业研究生能够接触到最为先进的农业物联网设备。例如，在蔬菜种植基地，学生可以通过传感器网络实时监测蔬菜生长环境中的温度、湿度、光照等数据，并能够通过手机应用或电脑软件远程控制灌溉、通风等设备。学生在参与基地的数字化生产管理过程中，深入了解了数字化技术在农业生产中的实际应用情况，并且能够运用所学知识对生产流程进行优化改进。在实践项目结束后，学生还能将自己的实践成果反馈给企业，为企业的数字化升级提供富有价值的建议。

3. 产学研数字化协同创新。中国人民大学与中国乡村发展协会共建的中国乡村振兴研究院，是打造农业农村发展理论创新基地的切实实践与合力服务，并全面推进乡村振兴战略的创新作为。自成立起，该研究院充分发挥数字化协同的优势，通过大数据技术成功发起"中国乡村振兴典型观测百县联盟"，进而提出科学合理且基于数字化分析的乡村振兴评估指标体系。利用数字化远程教学与线上线下混合培训模式，成功举办 130 多个县的党政领导参加的乡村振兴专题研修班，有效提升基层领导干部在数字化乡村治理与发展方面的能力素养；并且，基于数字化信息采集与分析系统向国家有关部门报送系列具有针对性和前瞻性的内参成果，已然成为中国乡村振兴领域的关键研究力量。2023 年 5 月，中国乡村振兴研究院入选中国人民大学首批创新高地，这无疑是学校对其过往工作成效的认可，也彰显学校对研究院优先、优势且优质发展的深切期许，为产学研数字化协同创新于乡村振兴领域的推进树立典范并提供有益借鉴。

四、数字化赋能农村发展专业产教融合培养模式的路径探索

（一）数字化技术与产教融合的结合点分析

1. 人才培养模式创新。在数字化浪潮的强力冲击下，农村发展专业的人才培养模

式迎来了深刻变革。传统的单一理论传授与有限实践操作模式已难以满足现代农业与农村数字化转型的迫切需求。借助数字化技术，构建以学生为中心的个性化培养方案成为关键之举。例如，通过教育大数据平台对学生的学习数据进行深入挖掘与分析，精准洞察学生的学习风格、知识掌握程度以及兴趣偏好。基于此，可以为学生量身定制包含数字化农业技术应用、农村数字化管理策略制定等多元化课程模块的学习方式。同时，利用虚拟现实（VR）和增强现实（AR）技术创设沉浸式学习环境，使学生在虚拟场景中进行实践操作与决策演练，从而有效提升其实践能力与创新思维。

2. 课程体系改革。课程体系作为人才培养的核心架构，优化课程设置已迫在眉睫。除了常规的大数据分析、物联网应用、智能农业等数字化技术课程的引入，更应注重课程之间的有机融合与进阶课程设置。以农村发展战略规划课程为例，可要求学生运用大数据分析技术对海量的农村经济、社会、环境数据进行收集与预处理，挖掘出影响农村发展的关键因素，并运用地理信息系统（GIS）技术对农村资源分布与发展态势进行可视化呈现。在此基础上，引导学生运用智能农业技术与物联网技术设计农村产业升级与创新发展的可行性方案。此外，还可开设数字化技术伦理与法规课程，使学生在掌握数字化技术应用的同时，明晰其背后的伦理规范与法律约束，确保技术应用的合法性与可持续性。

3. 实践教学基地建设。实践教学基地是学生将理论知识转化为实践技能的重要场所。在与企业合作共建数字化实践教学基地时，应充分发挥双方的优势资源。企业提供先进的数字化农业设备、农村电商运营平台以及丰富的实际项目案例；学校则负责提供理论指导、科研支持与人才储备。例如，在智慧农业实践基地中，企业将其自主研发的农业传感器网络、无人机植保系统等设备投入基地使用，学生在基地中不仅能够学习这些设备的操作与维护，还能参与到基于这些设备所采集数据的分析与应用项目中。同时，基地应建立完善的实践教学评价体系，从实践操作技能、问题解决能力、团队协作精神以及数字化技术应用创新等多个维度对学生的实践表现进行全面评估，为学生的实践学习提供及时反馈与改进方向。

4. 教师队伍建设。教师作为知识传播与学生成长的引路人，其自身的数字化素养与技术能力直接影响产教融合的质量与深度。引进具有数字化技术背景的教师固然重要，但更应注重对现有教师队伍的数字化转型培训与提升。一方面，组织教师参加数字化技术专题培训，如大数据分析高级研修班、人工智能在农业领域应用研讨会等，使其系统掌握数字化技术的基本原理与应用方法。另一方面，鼓励教师深入企业挂职锻炼，参与企业数字化项目的研发与实践，积累实际项目经验。例如，选派教师到知名农业科技企业参与智慧农业平台的开发与优化项目，使其在实践中了解行业最新动态与技术需求，进而将这些实践经验融入教学过程中。此外，建立教师数字化教学创新激励机制，对在课程设计、教学方法创新以及学生数字化能力培养方面表现突出的教师给予表彰与奖励，激发教师提升自身数字化教学能力的积极性与主动性。

5. 科研项目合作。科研项目合作是产教融合的重要纽带，能够实现高校科研资源与企业实践需求的有效对接。在与企业共同开展数字化技术科研项目时，应聚焦农村发展的关键领域与痛点问题。例如，针对农村农产品供应链数字化转型中的信息不对称、物流效率低下等问题，高校与企业联合组建科研团队，高校发挥其在农业经济理论、数据分析算法等方面的科研优势，企业则提供供应链管理实践经验与市场数据资源。通过共同研发农产品供应链数字化管理平台，运用区块链技术实现农产品信息的全程追溯与共享，利用智能物流算法优化物流配送路径与仓储布局，提高农产品供应链的透明度、效率与稳定性。同时，注重科研项目成果的转化与推广，将科研成果及时应用到企业生产实践中，并通过企业的市场渠道进行大规模推广，实现科研成果的社会价值与经济价值最大化，有力推动地方经济发展。

6. 社会服务能力提升。农村发展专业应充分发挥其在数字化技术与农村发展领域的专业优势，积极提升社会服务能力。利用数字化技术为地方政府、企业提供全方位、多层次的咨询服务。例如，为地方政府构建农村数字化治理决策支持系统，通过整合农村人口、土地、产业等多源数据，运用数据分析模型与可视化技术，为政府制定农村发展规划、土地利用政策、产业扶持政策等提供科学依据与数据支撑。为涉农企业提供数字化营销策划服务，利用大数据分析消费者需求与市场趋势，运用社交媒体营销、直播带货等数字化营销手段，帮助企业拓展农产品销售渠道，提升品牌知名度与市场竞争力。此外，积极参与农村数字化人才培训工作，为农村基层干部、农业从业者开设数字化技术应用培训课程，如农村电商运营实战培训、农业数字化生产技术培训等，提升农村整体数字化素养与人才储备，为乡村振兴战略的深入实施提供坚实的人才保障与智力支持。

（二）数字化赋能产教融合培养模式的路径设计

数字化赋能产教融合培养模式的路径设计涵盖数字化教学资源的开发与应用、在线实践教学平台的构建以及数字化评价体系的建立三个主要方面，如图1所示。

1. 数字化教学资源的开发与应用。

（1）数字化教学资源的开发。

一是需求分析。综合运用问卷调查、深度访谈及焦点小组讨论等调研手段，深度挖掘教师教学痛点与学生学习难点，同时借助大数据技术剖析现有教学资源使用数据，精确定位其在知识传递、互动性及适应性等维度的不足，为数字化教学资源开发指明方向。

二是内容规划。依据农村发展专业学科特性与人才培养目标，构建包含农业农村多领域知识的内容框架，明确各知识点教学目标。针对不同内容特性，设计高清视频讲解、3D动画演示、虚拟仿真实验、富媒体电子教材等多元资源形式，确保教学内容

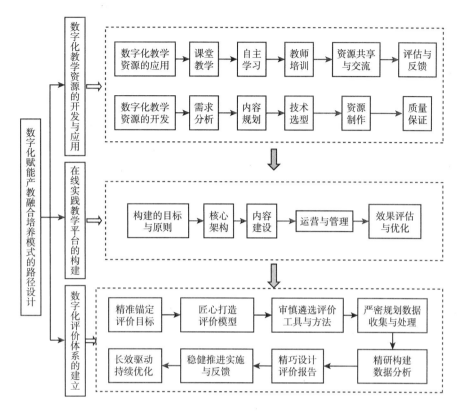

图 1 数字化赋能产教融合培养模式的路径设计

兼具系统性、逻辑性与趣味性，彰显现代教育创新理念。

三是技术选型。综合权衡功能需求、开发成本、维护难度与用户体验等要素，选定适宜技术平台与工具。如选用功能完备且易用的学习管理系统（如 Moodle、Canvas）整合课程与用户管理等核心功能；借助在线协作工具（如腾讯文档、Slack）促进互动协同；运用专业多媒体编辑软件（如 Adobe Premiere Pro、After Effects）打造优质视频动画资源；遵循 WCAG 准则确保资源无障碍访问，兼顾不同设备兼容性，并建立资源备份与版本管理机制保障可维护性与更新能力。

四是资源制作。打造多媒体教材，将抽象概念用视频动画呈现，帮助学生直观理解；开发互动课件，嵌入问答、讨论区与投票等功能提升学生参与度；创设逼真在线模拟实验环境，如数字化农业种植与农村电商运营模拟，积累学生实践经验；利用 VR 技术构建沉浸式教学场景，如乡村旅游规划与社区建设布局，拓宽学生思维视野；设计智能自适应习题测试，依答题情况提供即时反馈与辅导，弥补学生知识漏洞。

五是质量保证。组建教育技术专家、学科权威学者与一线优秀教师的评审团队，全面评估教学资源的教学设计、内容准确性与技术稳定性；组织教师试用并收集反馈；广泛听取学生意见，基于评估结果针对性优化完善资源，并建立定期更新机制，及时跟进农业农村领域政策法规、技术创新与行业发展动态，确保资源时效性、准确性与前沿性。

（2）数字化教学资源的应用。

一是课堂教学。授课教师灵活运用数字化资源丰富教学手段，如借视频案例引入主题激发兴趣，以动画演示辅助讲解强化理解，用互动课件开展小组竞赛等活动提升课堂活跃度与参与度。结合翻转课堂与混合式学习模式，前置部分教学内容，优化教学流程，提升教学效率与质量。

二是自主学习。学生依托数字化教学资源平台、自身学习进度与需求自主选择学习内容与时间，培养信息处理与自我管理学习能力。平台根据学生学习数据智能推荐个性化学习路径，满足不同学生差异化学习需求，促进学生自主学习与个性化发展。

三是教师培训。构建系统教师培训课程体系，涵盖信息技术基础与技能、教学方法创新及学科专业知识更新等内容。通过在线课程、虚拟工作坊与网络研讨会等多元形式，为教师提供便捷高效培训途径，促进教师专业素养提升、教学理念更新与教学创新活力激发。

四是资源共享与交流。搭建数字化教学资源库平台，实现跨校际、区域乃至全国资源共享交流。平台应支持资源分类检索、预览与下载，方便师生获取所需资源。鼓励教师上传优质资源并参与共建评价，通过同行与学生评价促进资源质量提升，形成资源共建共享协同发展良好生态。

五是评估与反馈。运用学习分析系统与数据挖掘算法等工具，全面收集分析学生数字化学习行为与效果数据，如学习时长、路径、答题准确率、考试成绩等。依据分析结果精准调整教学策略，优化教学内容与呈现方式、调整教学进度；针对性改进资源内容，补充知识点、更新案例数据与完善互动功能，实现教学过程持续优化与质量稳步提升。

2. 在线实践教学平台的构建。

（1）在线实践教学平台构建的目标与原则。构建目标旨在实现理论教学与实践应用的无缝衔接，致力于提供丰富多样的实践教学资源，以促进师生之间的互动交流与资源共享。同时，旨在显著提升学生的自主学习能力及实践操作技能。构建原则应坚持以学生为本，充分满足个性化学习需求，紧密跟踪产业发展趋势，确保教学内容的前瞻性和实用性。

（2）在线实践教学平台的核心架构。技术架构应依托于先进的技术支撑体系，其中包括云计算、大数据和人工智能等技术的深度应用，以构建稳定高效的网络架构和数据存储处理能力，并精心设计用户管理、资源管理、课程管理、互动交流、实践教学和评价反馈六大模块。用户管理模块确保师生身份认证和权限管理的安全性；资源管理模块便捷地实现教学资源的上传、分类、检索与更新；课程管理模块使得在线课程的创建、编辑、发布和评价流程更加流畅；互动交流模块通过论坛、问答、实时聊天等功能促进了师生互动；实践教学模块利用虚拟实验室、模拟实训和项目实战等手段，提供丰富的实践学习机会；评价反馈模块则对学生实践成果进行科学评价与持续跟踪，以不断提升教学质量。

（3）在线实践教学平台的内容建设。内容建设致力于打造一个内容丰富、形式多样的教学资源库，其中涵盖了课件、视频、案例解析及试题等多种教学素材。为了深化产教融合，在实践教学中应特别引入企业的真实项目案例，使学生能够在学习过程中接触到实际工作中的挑战与解决方案。与此同时，课程体系建设则专注于打造与产业需求紧密相连的在线实践课程体系，强调跨学科、跨领域的课程设计，以培养具有多元知识和技能的综合型人才。

（4）在线实践教学平台的运营与管理。运营策略的核心在于精心规划平台的长期发展蓝图，涵盖推广、日常维护到系统更新的每一个环节，致力于构建与企业的战略合作机制，通过资源共享实现互利共赢，为平台的持续成长注入活力。同时，应重视管理机制的重要性，制定一套严谨的平台管理制度，确保运营的安全性和高效性。此外，还应建立师生反馈机制，以便及时调整和优化平台功能，不断提升师生体验。

（5）在线实践教学平台的效果评估与优化。评估体系的构建旨在全面涵盖学生学习成效、教师教学效果以及平台运行效率等多个维度，形成一套综合性的评价标准。体系采用定量与定性相结合的评估方法，以确保评价结果的科学性和准确性。根据评估反馈，应不断对平台的功能和内容进行精细调整，同时紧跟产业发展的步伐，及时更新实践教学资源，以保持平台的活力和时代感。

3. 数字化评价体系的建立。

（1）精准锚定评价目标。数字化浪潮下，农村发展专业产教融合评价目标聚焦教学与实践多维度提升。涵盖教学质量提升、学生能力培养、产学研合作优化及服务农村战略对接等。评价范围贯穿教学全流程，包括课程设计、教学实施、实践环节及学生毕业后农村职业表现等。确定关键指标（KPIs），如教学质量方面的数字化资源利用率、学生满意度、成果转化率；学生能力培养的数字化项目实践成果、科研创新贡献；产学研合作的数字化科研成果市场效益、企业认可度等，为评价体系提供导向与量化依据。

（2）匠心打造评价模型。依据评价目标，平衡计分卡模型从财务、客户、内部流程、学习与成长维度考量产教融合。财务维度关注数字化项目投入产出等；客户维度重视农村组织与企业满意度；内部流程着眼教学实践流程与合作协同效率；学习与成长评估师生数字化素养提升成效。KPI树模型细化顶层目标为各级指标，呈现关联与权重。层次分析法构建判断矩阵确定指标权重，结合多源数据保证科学性与客观性。

（3）审慎遴选评价工具与方法。数字化工具与方法选择上，在线问卷调查平台收集利益相关者主观评价；数据分析软件（如SPSS、Python库）挖掘结构化数据；学习管理系统记录学生学习行为数据。评价方法采用定量与定性结合，定量通过统计分析评估可量化指标；定性借助专家评审等判断难以量化因素，构建全面评价视角。

（4）严密规划数据收集与处理。数据收集计划需明确来源（教学平台、企业项目记录等）、频率（实时与定期结合）与方法（系统记录、表单填写等）。重视数据质量与完整性，建立审核机制处理缺失与异常值，运用清洗技术保障数据准确可靠，为数据分析奠定基础。

（5）精研构建数据分析系统。借大数据与机器学习技术构建智能化系统，运用数据挖掘算法（聚类、分类、关联规则等）识别潜在模式。如聚类分析学生特征以制定策略，关联规则挖掘教学资源与成绩关联。机器学习算法预测学生学业与职业发展，为教学决策提供前瞻性支持。

（6）精巧设计评价报告系统。自动化评价报告生成系统以可视化形式呈现结果。依照用户角色定制报告模板，涵盖核心数据、趋势分析、预警及决策建议。通过多种可视化图表展示数据，助力决策者洞察产教融合优劣，促进评价结果转化应用。

（7）稳健推进实施与反馈。实施数字化评价体系需健全机制与监控流程，明确环节与责任人，保障公正透明。实时监控数据处理过程，及时解决问题。收集多源反馈意见，依此优化评价体系指标、权重、工具方法等，贴合实际需求与动态变化。

（8）长效驱动持续优化。数字化评价体系应动态发展，定期审查结合行业趋势、政策、技术创新与需求变化更新完善。引入新兴技术（人工智能、区块链等）提升效率与准确性，优化运行与管理流程，加强数据治理与隐私保护，为农村发展专业产教融合长期发展提供支撑与依据，助力人才培养与创新。

五、结论与建议

数字化浪潮正以前所未有的速度席卷全球，为农村发展带来了新的机遇与挑战。在这一背景下，我国积极推动农村数字化转型，在农业生产数字化、农村电子商务、农村信息服务、农村社会治理及农村旅游数字化等方面取得了显著成就。然而，农村数字化发展仍面临着网络基础设施薄弱、技术应用水平不高、人才流失严重、政策支持力度不足等诸多挑战。

中国人民大学等高校在农村发展专业硕士培养中积极探索数字化赋能产教融合的模式，通过教学资源数字化整合、实践教学基地数字化升级、产学研数字化协同创新等举措，取得了一定成效。但整体而言，农村发展专业产教融合在数字化进程中仍处于探索阶段，亟需构建更为系统、高效的培养模式。

为了更好地实现数字化赋能农村发展专业产教融合，培养适应新时代需求的高层次应用型人才，现提出以下建议：

（一）强化政策支持与协同

政府应加大对农村数字化发展及产教融合的政策支持力度，确保政策在地方的有效落实。加强各部门间的协同合作，形成政策合力，共同推动农村数字化建设与人才培养。建立健全农村数字化发展政策的效果评估体系，根据评估结果及时调整和优化政策，提高政策的科学性和有效性。

（二）优化数字化教学资源

持续投入资源开发高质量的数字化教学资源，注重资源的系统性、针对性和趣味性。加强对教师的数字化教学培训，提高教师运用数字化资源的能力，鼓励教师创新教学方法，充分发挥数字化教学资源在课堂教学和学生自主学习中的作用。建立数字化教学资源共享平台，促进校际、区域间的资源交流与共享，推动优质教育资源均衡发展。

（三）完善实践教学体系

进一步加强数字化实践教学基地建设，丰富实践教学内容与形式，提升学生的实践操作技能和创新能力。建立健全实践教学评价体系，全面、客观地评价学生的实践表现，为学生提供及时、有效的反馈。加强学校与企业的深度合作，让企业更多地参与到人才培养过程中，共同制定实践教学方案，确保实践教学与产业需求紧密对接。

（四）加强教师队伍建设

重视教师数字化素养的提升，通过培训、进修、企业挂职等多种方式，帮助教师掌握数字化技术及其在农村发展领域的应用。引进具有数字化背景和实践经验的专业人才充实教师队伍，优化师资结构。建立激励机制，鼓励教师开展数字化教学改革与科研创新，提高教师参与产教融合的积极性和主动性。

（五）推动科研创新与转化

鼓励高校与企业联合开展数字化技术在农村发展领域的科研项目，聚焦农村发展中的关键问题和现实需求，提高科研成果的实用性和转化率。加强科研项目管理，确保项目的顺利实施和高质量完成。建立科研成果转化平台，促进科研成果与农村产业发展的深度融合，为农村发展提供科技支撑。

参考文献

［1］顾永东，刘兆星，陆颖. 产业学院模式下工程专业学位研究生培养产教融合创新实践［J］. 高校教育管理，2022，16（04）：105－113.

［2］习近平对研究生教育工作作出重要指示强调 适应党和国家事业发展需要培养造就大批德才兼备的高层次人才 李克强作出批示［EB/OL］.（2020 - 07 - 29）［2022 - 05 - 14］. http：// www. moe. gov. cn/jyb_xwfb/s6052/moe_838/202305/t20230529_1061907. html.

［3］张丽辉，张波. 产教融合模式下硕士研究生创新能力培养探析［J］. 农业技术与装备，2020（07）：130 - 132.

［4］黄亚宇. 新时代产教融合模式下受教育权的多维关系审视［J］. 湖南社会科学，2019（06）：141 - 146.

［5］张敏，姜强，赵蔚. 数字化转型赋能高等教育高质量发展——基于 TOE 框架的组态路径分析［J］. 电化教育研究，2024，45（03）：54 - 61.

［6］杨伟平，杨玉辉，段婷婷，等. 高校教育数字化治理发展与模式构建［J］. 中国电化教育，2024（10）：76 - 83.

［7］周曼，曾智勇. 新文科产教融合人才培养模式［J］. 山西财经大学学报，2024，46（S2）：224 - 226.

［8］杨军. 乡村振兴背景下农业硕士产教融合培养模式的创新［J］. 现代农村科技，2024（10）：136 - 138.

［9］郑凡，丁坤明，李欠男，等. 中国数字农业研究进展［J］. 中南农业科技，2024，45（06）：237 - 242.

［10］张硕，乔晗，张迎晨，等. 农村电商助力扶贫与乡村振兴的研究现状及展望［J］. 管理学报，2022，19（04）：624 - 632.

［11］中央网信办信息化发展局，农业农村部市场与信息化司指导；农业农村部信息中心牵头编制. 中国数字乡村发展报告（2022 年）［R］. 2023.

［12］中国国际电子商务中心. 中国农村电子商务发展报告（2021 - 2022）［R］. 2022.

［13］王新利，肖艳雪. 农业现代化、城镇化、工业化、信息化协调发展评价研究——以黑龙江农垦为例［J］. 农业技术经济，2015（06）：91 - 98.

［14］许世卫. 中国现代农业基准数据工程的战略思考［J］. 中国科技论坛，2015（04）：130 - 134.

［15］汪凡，汪明峰，张英浩，等. 农村发展的数字转向研究综述［J］. 人文地理，2024，39（05）：13 - 19，43.

［16］中国信息通信研究院. 数字乡村发展实践白皮书（2024 年）［R］. 2024.

［17］王金伟，李洪鑫，彭晖. 乡村振兴视域下数字科技赋能文旅融合的逻辑与路径［J］. 旅游学刊，2024，39（11）：11 - 13.

［18］Brisco B. , Brown R. J. , Hirose T. , et al. Precision agriculture and the role of remote sensing: A review［J］. Canadian Journal of Remote Sensing, 1998, 24（03）：315 - 327.

（作者单位：中南财经政法大学工商管理学院）

▶▶▶ 分类发展·质量提升

数智引领与智链融通：人文社科类
高校研究生分类发展创新路径研究 *

胡　盈

摘　要： 在数字中国建设与教育强国战略协同推进的背景下，传统人文社科类研究生培养模式面临数字化转型的迫切需求。经济的动态监测、社会治理精细化及产业结构升级亟须兼具数据科学素养与跨领域应用能力的复合型人才。面对传统人文社科类研究生培养模式无法满足数智时代发展需求的困境，本文聚焦数字化赋能路径，系统探讨人才培养模式革新。本文基于数字技术发展趋势与政策导向，剖析当前人文社科类研究生在课程体系、产教协同机制等方面的现实瓶颈，并通过"数智引领＋智链融通"双轮驱动的具体路径，强化实践教学与行业场景的深度耦合。本文为人文社科类高校提供了从"工具应用"向"系统变革"跃迁的实践框架，对破解传统培养模式桎梏、响应数字时代高层次人才需求具有战略意义，为教育强国建设贡献了理论创新与路径参考。

关键词： 数智引领　智链融通　人文社科类高校　研究生分类发展

研究生教育是培养高端创新人才的重要途径，在数字经济和智能化快速发展的今天，数字智能对教育，尤其是研究生教育的影响日益深远。研究生教育作为国家高层次创新人才培养的核心载体，面临数字化转型的历史性机遇与系统性挑战。教育部于2023年12月发布《教育部关于深入推进学术学位与专业学位研究生教育分类发展的意见》，强调学术学位与专业学位研究生教育要分类规划，形成高质量的人才培养体系。这一政策导向与联合国教科文组织于2024年发布的《教育数字化转型的六大支柱》提出的系统化转型框架形成战略呼应。我国研究生教育正在迈入分类发展、精准

---

* 基金项目：2021年湖北省教育厅哲学社会科学研究项目"双一流"背景下的湖北省高校博士后培养及优化路径研究（项目编号：21G022）。

育人的新阶段。

人文社科类研究生教育在这股浪潮中，既需突破传统培养模式的桎梏，更亟待把握数智技术赋能的战略窗口。当前，人文社科类研究生教育仍普遍存在学术型与专业型人才培养同质化、实践创新能力薄弱、跨学科资源整合不足等突出问题。传统的人文社科类研究生培养模式往往集中于学术研究、理论学习和人文社会科学领域的深度探讨，但随着数字智能和智链技术的发展，跨学科合作、信息化教学手段和数字化资源整合正逐步成为创新的关键环节。

在国家重视科技与教育深度融合的背景下，教育部等部门多次提出要加强高等教育的数字化转型，尤其是在人文社科领域，如何利用数智技术提升研究生培养质量，并为社会输出高质量人才，成为关键问题。欧美发达国家很早已经将数字智能技术广泛应用于教育体系中，如 MOOC、AI 导师系统、个性化学习系统等。这些实践表明，数智技术不仅能提升教学效率，更能重构人才培养的知识生产与传播范式。

我国人文社科类高校虽已启动数字化转型探索，但在分类发展体系的构建中仍面临三重矛盾：其一，学术型研究生科研创新能力培养与数字资源供给碎片化之间的矛盾，表现为前沿理论数据库分散、智能科研辅助工具应用不足；其二，专业型研究生实践能力培育与产教协同机制薄弱之间的矛盾，突出反映在校企数据共享壁垒、虚拟仿真平台建设滞后；其三，跨学科知识整合需求与学科壁垒固化之间的矛盾，亟待通过智链技术实现教育链、产业链与创新链的深度融合。

在此背景下，本文以"数智引领"与"智链融通"为双核驱动，聚焦学术学位和专业学位研究生的分类发展任务，通过数智引领和智链融通，针对两类研究生的不同培养目标和需求，优化培养方案、课程设置、教学方法，以及产学研结合模式。我国人文社科类高校的数字化转型应着力构建"数智引领 + 智链融通"的双轮驱动机制：前者通过智能教学环境建设推动培养模式创新，后者借助区块链、大数据技术打通跨系统资源壁垒，最终形成学术型人才"理论创新—科研赋能"与专业型人才"实践导向 - 产业对接"的分类培养体系。本文旨在为人文社科类高校提供可操作的分类发展方案，推动研究生教育从"规模扩张"向"质量跃升"转型，为教育强国建设注入新动能。正如《意见》所强调，唯有深化数智技术与教育本质规律的融合，方能培养出兼具学术深度、实践锐度与创新高度的新时代高层次人才。

一、数智赋能人文社科类高校研究生分类发展的现存问题

在数字经济与智能技术深度融合的背景下，人文社科类高校研究生教育正加速推进数智化转型，但在技术应用、培养模式和体系构建层面仍面临系统性挑战。如何突

破现有瓶颈，实现数智技术与人文社科教育的深度耦合，成为推动研究生分类发展的关键命题。

（一）技术应用层面的实践瓶颈

当前，数字资源整合的碎片化问题显著制约着研究生的学术创新能力。尽管各高校已初步构建数字化资源体系，但跨学科数据库的分散分布与智能科研工具的适配性不足，导致学术资源呈现"孤岛效应"。例如，前沿理论数据往往分散于不同学科平台，缺乏统一的知识图谱关联，使得研究生难以快速获取系统化的研究素材。与此同时，数智技术的高投入特性加剧了教育资源分配的不均衡。硬件设备采购、算法模型开发及系统运维等成本压力，使得部分人文社科类高校被迫延缓技术部署进程，形成"技术洼地"。

高校中既懂教育又懂技术的复合型人才十分短缺。教师对数字智能技术的掌握和应用能力有限，无法充分发挥数智技术在教学和科研中的作用。同时，专业技术支持人员的缺乏也影响了数智技术的正常运行和维护，导致数智技术在研究生教育中的应用效果大打折扣。

（二）培养模式层面的结构性矛盾

跨学科知识整合机制的缺失，成为制约学术型研究生创新能力的关键因素。人文社科领域的研究需要跨学科的知识和方法，但学科壁垒固化的问题较为严重，跨学科知识整合的需求难以得到满足。学术型研究生在传统培养模式下，往往局限于本学科的研究，缺乏与其他学科的交流与合作，导致研究视野狭窄，创新思维受到限制。这种单一学科的研究模式无法适应人文社科领域日益复杂的研究需求，不利于培养具有综合素养和创新能力的研究生。

对于专业型研究生而言，产教协同机制的薄弱严重削弱实践培养效能。校企数据共享存在壁垒，虚拟仿真平台建设滞后，企业与高校之间缺乏有效的沟通与合作。这使得研究生难以接触真实的行业案例和项目，实践能力的培养受到限制。专业型研究生毕业后需要迅速适应职场环境，但由于在学校缺乏足够的实践锻炼，在就业市场上的竞争力相对较弱。

此外，专业型研究生毕业后主要面向企业和社会就业，但高校的教学内容更新相对滞后，与行业实际需求存在差距。课程设置和教学方法无法及时反映行业的最新动态和发展趋势，导致研究生所学知识与实际工作需求不匹配，就业竞争力不足。这不仅影响了研究生的个人发展，也使得高校培养的人才无法满足社会经济发展的需求。

（三）体系构建层面的制度性障碍

教学管理决策的科学化水平亟待提升。虽然高校运用了大数据分析技术，但在教学管理和决策过程中，尚未充分发挥其作用。缺乏对不同类型研究生学习行为和反馈信息的深入挖掘和分析，难以制定科学合理的教学策略。教学管理和决策更多地依赖经验和主观判断，缺乏数据支持和科学依据，导致教学质量和效率难以得到有效提升。例如，专业型研究生的实践能力评估维度单一，导致培养方案调整缺乏数据支撑。

同时，数智赋能需要整合高校、科研机构、企业和社会等多方面的资源，但各主体之间存在信息壁垒和利益冲突，资源整合与共享困难。高校的科研资源与企业的实践资源无法有效对接，科研成果难以转化为实际应用。造成了资源的浪费，也阻碍了研究生在实践中学习和成长的机会，不利于培养具有实践能力和创新精神的高素质人才。此外，在数字化时代，研究生需要具备较高的数字素养，但目前高校课程体系中数字素养教育相对薄弱。缺乏针对学术型和专业型研究生不同需求的分类化课程和实践项目，影响了研究生创新能力和职业发展。数字素养是研究生在未来学术研究和职业发展中必备的能力之一，但由于教育的缺失，他们在面对数字化环境时可能会感到力不从心。

综上所述，数智赋能人文社科类高校研究生分类发展面临着技术应用、培养模式和体系构建等多方面的挑战。要实现研究生教育的高质量发展，需要高校、企业和社会各方共同努力，人文社科类研究生教育需构建"技术—模式—制度"三位一体的改革框架。通过搭建跨学科数字资源平台、创新产教融合载体、完善数字治理体系等举措，推动分类培养范式从工具性应用向系统性变革跃迁。为人文社科类高校研究生分类发展创造良好的条件，培养出更多适应数字化时代需求的高素质人才。

二、数智赋能人文社科类高校研究生分类发展的创新路径

（一）数智引领：以数字智能驱动分类化教育创新

数智引领的核心在于运用数字化和智能化技术，针对学术学位和专业学位研究生的不同特点和需求，分别引领教育模式的创新与变革，打造智慧化、个性化的教学与学习环境。通过大数据、人工智能、云计算等先进技术，全面提升研究生教育的质量和效率，满足分类化、精准化的培养需求。通过数字技术与智能手段的深度融合，推动分类化教育模式的创新，满足学术型和专业型研究生多样化的发展需求，为培养高水平的创新型和应用型人才提供强有力的支持。主要措施包括：

1. 构建数字化资源体系，精准培育学术科研能力。针对学术型研究生的数字化教

学资源建设，构建涵盖前沿理论、最新研究成果和高水平学术资源的数字化教学资源库，包括在线学术讲座、电子期刊、学术数据库和虚拟研究平台等。利用数字化手段，将国际最新的学术研究迅速融入教学内容，确保课程的前沿性和学术深度，培养学生的理论素养和科研能力。

2. 打造智能实践平台，精确提升实践创新能力。针对专业型研究生的智能化实践教学平台应用，引入基于人工智能和虚拟现实技术的实践教学平台，提供真实的行业案例、项目模拟和技能训练模块。平台可根据学生的职业兴趣和技能水平，智能推荐实践项目和学习路径，帮助学生快速提升实践能力和职业素养。

3. 运用大数据驱动决策，科学优化分类教学策略。利用大数据分析技术，深入挖掘不同类型研究生的学习行为和反馈信息，为教学管理和课程优化提供科学依据。对学术型研究生，关注其科研能力的发展和学术成果的产出；对专业型研究生，重点监测其实践技能的提升和就业能力的增强。通过实时监测和分析，动态调整教学策略，提升教学效果。

4. 优化研究生教育教学环境，有效提高学术科研效率。针对研究生教育特定需求，应用物联网和智能设备来优化教育设施和科研环境。为学术型研究生提供先进的科研设施和数据资源；为专业型研究生提供模拟实践环境和创业孵化空间，提升研究生的学习体验和科研效率。

5. 强化数字素养教育，深入培养创新能力。在课程体系中，针对学术型研究生，强化数字化科研方法和学术创新能力的培养；针对专业型研究生，注重数字技术在行业应用中的技能培训。通过开设分类化的相关课程和实践项目，提升学生在大数据分析、人工智能应用等方面的能力，培养其数字化思维和创新意识。

（二）智链融通：构建智慧互联的分类化教育生态系统

智链融通旨在通过智能技术和平台，实现教育链、人才链、创新链和产业链的深度融合，针对学术学位和专业学位研究生的不同培养需求，构建分类化的智慧互联教育生态系统。通过将高校、科研机构、企业和社会资源紧密连接，形成互联互通的"智链"，促进资源共享、信息交流和协同创新，提升研究生教育的质量和社会适应性（见图1）。具体措施包括：

1. 理论与实践融通，强化科研与实践能力。通过智能化平台和大数据分析，实现高校教育与前沿科研需求的精准匹配。为学术型研究生提供参与重大科研项目和国际学术合作的机会，培养其科研创新能力和国际视野。建立智能化的科研合作网络，促进学术交流与合作，使理论知识与实际科研项目紧密结合，增强研究生的综合科研能力。同时，专业型研究生通过智能实践平台参与真实的行业案例和项目模拟，将理论应用于实践，提升职业应用能力和职业素养，实现理论与实践的有机融合。

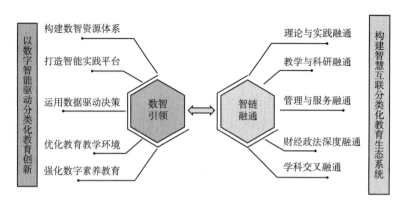

图1　数智引领与智链融通：人文社科类高校研究生教育分类发展培养模式

2. 教学与科研融通，推动教学与科研的协同发展。通过构建智能化的科研合作网络，促进教学内容与科研前沿的同步更新，推动教学与科研的深度融合。学术型研究生在参与科研项目的同时，能够将最新的科研成果直接融入课堂教学，提升教学质量和科研水平。专业型研究生在企业项目中进行应用性研究，促进教学内容与行业发展的同步，增强教学的实用性和科研的应用价值，实现教学与科研的协同发展。

3. 管理与服务融通，提升管理效率与服务质量。构建由高校、科研机构、企业、政府和社会组织共同参与的智慧教育系统。利用智能化工具，实现各主体之间的信息共享和协同合作，在人才培养、科研攻关和成果转化等方面形成合力。通过一体化的智能化管理平台，实时监控和分析研究生的学习和科研进展，提供个性化的服务和支持，优化资源配置，提升管理效率和服务质量。建立统一的管理机制，确保协同育人的顺利实施，形成在人才培养、科研攻关和成果转化方面的合力，提升整体教育管理和服务水平。

4. 财经政法深度融通，促进跨学科知识整合。在数字化体系中，推动财经、政治和法律等学科与其他学科的深度融合。通过跨学科的课程设置和科研项目，培养具备多学科知识和综合分析能力的高层次人才。利用智能推荐系统和知识图谱，帮助研究生获取多领域的知识资源，提升其综合分析和应用能力。通过跨领域的实习与项目，增强研究生在财经、政治和法律等领域的应用能力和职业素养，满足社会对复合型专业人才的需求。

5. 学科交叉融通，实现多学科协同创新。推动学科群之间的深度融通，促进不同学科背景的研究生之间的交流与合作。通过跨学科的科研项目和联合培养计划，打破学科壁垒，提升研究生的综合素质和创新能力。依托智能技术，探索基于在线协作平台和虚拟科研环境的跨学科教学模式，支持学科交叉的研究项目和课程设计。对学术型研究生，推进线上线下融合的混合式教学、虚拟科研协作和基于人工智能的科研辅助；对专业型研究生，推广虚拟现实辅助教学、在线实训和自适应学习等模式，提升教学的灵活性和有效性。通过跨学科的教学项目和联合培养计划，促进学科之间的协同创新，构建高水平的学术研究和人才培养体系，提升研究生的综合能力和创新潜力。

三、结语

综上所述，在数字化与智能化蓬勃发展的时代，数智赋能人文社科类高校研究生分类发展在提升人才培养质量、适应社会需求等方面意义重大。高校、企业和社会各方应认识到这是一项需要多方协同、长期推进的系统工程，需以高度的责任感和使命感持续投入精力。

在推进过程中，应以"数智引领"与"智链融通"为核心驱动力，高校要积极搭建跨学科数字资源平台、创新产教融合载体、完善数字治理体系；企业要加强与高校的合作，为研究生提供实践机会和真实案例；社会各界要营造良好的数字化教育氛围。通过这些努力，构建"技术－模式－制度"三位一体的改革框架，培养出兼具学术深度、实践锐度与创新高度的新时代高层次人文社科类研究生。这些人才将为社会发展注入新的活力，为教育强国建设和社会经济的高质量发展贡献重要力量。

参考文献

[1] 高丹，何琳. 数智赋能视域下的数字人文研究：数据、技术与应用 [J]. 图书馆论坛，2023，43（09）：107－119.

[2] 黄铭，韩志强. 教育数字化赋能新文科建设创新发展 [J]. 中国高等教育，2023（06）：46－49.

[3] 李倩茹. 数智赋能新文科建设的系统思维与路径 [J]. 北京教育（高教），2024（04）：66－69.

[4] 蒲清. 面向数智未来的大学教育：变革、挑战与创新路径 [J]. 北京教育（高教），2024（09）：48－51.

[5] 唐衍军，蒋翠珍. 跨界融合：新时代新文科人才培养的新进路 [J]. 当代教育科学，2020（02）：71－74.

[6] 王兴宇. 数字化转型与高等教育高质量发展：耦合逻辑与实现路径 [J]. 社会科学战线，2023（01）：236－244.

[7] 王一然，宋晓静，张丽华. 我国专业学位研究生教育协同育人培养的现状与对策 [J]. 教育理论与实践，2024，44（03）：9－14.

[8] 王战军，李旖旎. 研究生教育分类发展的关键问题与推进策略 [J]. 中国高等教育，2024（05）：30－34.

[9] 夏立新，杨宗凯，黄荣怀，等. 教育数字化与新时代教育变革（笔谈）[J]. 华中师范大

学学报（人文社会科学版），2023，62（05）：1-22.

　　[10] 张小花，马焕灵. 研究生教育分类发展：何为、为何与可为 [J]. 研究生教育研究，2024（04）：19-25，105.

　　[11] 祝智庭，戴岭，赵晓伟，等. 新质人才培养：数智时代教育的新使命 [J]. 电化教育研究，2024，45（01）：52-60.

（作者单位：中南财经政法大学研究生院、党委研究生工作部）

分类发展视域下研究生培养模式创新研究

——基于两类学位比较的差异化机制构建

刘　洁

摘　要： 2023 年 11 月，《教育部关于深入推进学术学位与专业学位研究生教育分类发展的意见》首次将"分类发展"作为整个文件的主题和中心，提出五个方面的政策举措，要求系统推进学术学位与专业学位分类发展、融通创新，着力提升拔尖创新人才自主培养质量，建设高质量研究生培养体系。面对研究生教育的新形势、新任务和新要求，本文基于两类学位比较的差异化机制构建，研究分类发展视域下研究生培养模式的创新，发现在实施优化分类培养体系过程中存在的一些困难和挑战，并做出培养模式优化的改革探索，进而推进学术学位与专业学位研究生教育分类发展，形成高质量研究生教育格局，为培养更多具有创新能力、专业素养和社会责任感的高层次人才做出贡献。

关键词： 分类发展　研究生教育　学术学位　专业学位

一、分类发展视域下研究生教育国内外研究现状

现代研究生教育自德国起步，在西方国家扩散多年后不断发展完善。德国、英国、美国、法国、日本等发达国家均在研究生培养的过程中储备了大量经验，对于研究生教育的研究也多立足于这些国家开展。美国学者伯顿·克拉克的《研究生教育的科学研究基础》和《探究的场所——现代大学的科研和研究生教育》，围绕研究生培养中科学研究与教学和学习的结合，对德国、英国、法国、美国、日本五国研究生教育制度进行了比较研究，并提出了"五种类型"大学的构想。上述著作在对不同国家进行比较研究时，对分类发展的培养模式进行了介绍，但并未对于不同培养模式下人才培

养的效果进行直接的比较。克利夫顿·康拉德等所著的《美国如何培养硕士研究生》，基于美国 11 个学科的实证调查对美国的硕士生教育进行了整体探讨，将美国硕士教育划分为四种理想类型，总结了高质量硕士点的特征，对我国高校研究生教育培养模式的改革探索提供了可借鉴的经验。

目前我国针对研究生教育研究的专著多为立足于研究生教育整体框架的宏观研究，如王战军等所著《中国研究生教育 70 年》，全面反映了 2019 年我国成立 70 周年研究生教育发展的历程；薛天祥的《研究生教育管理学》对研究生教育的管理问题进行了系统性的阐述。

对于分类发展视域下研究生教育的研究多集中于期刊与学位论文，基于学术型与专业型硕士的区分，在不同专业下对研究生教育培养模式进行分析与探索。对于学术型研究生与专业型研究生，不仅要关注外部分类，实现分类培养，还要关注内部分类，对不同类别的研究生需要根据自身发展情况选择合适的人才培养路径。基于学术型和专业型经管研究生的调研，提出要依据"需求导向"分类确定培养目标、建立不同的导师制度与人才培养机制；优化教育学硕士研究生培养模式需要明晰培养目标，基于不同的培养对象与目标落实培养特色，达到提高培养质量的目的。

二、当前研究生教育分类发展培养模式存在的问题

（一）培养目标与社会需求脱节

社会需求也是推动研究生教育分类发展的重要因素。随着经济社会的快速发展，各行各业对人才的需求呈现出多样化的趋势。既需要具有深厚学术造诣和创新能力的学术型人才，也需要能够将理论知识应用于实践、解决实际问题的应用型人才。传统的单一培养模式已难以满足社会对不同类型人才的需求。

当前，研究生教育分类发展已取得了一定的进展。在招生规模方面，专业学位研究生的招生人数逐年增加。2022 年，我国总计招收研究生 124.25 万人，其中专业学位硕士研究生招收人数近 70 万人，占硕士研究生招收人数的 63%；专业学位博士生招收 2.5 万人，占博士研究生招收人数的 18%，招生人数和占比均创历史新高。在学位授权点方面，也在不断优化调整，以适应分类发展的需求，为不同类型研究生的培养提供了更广阔的空间。

但是我国研究生培养长期定位于教学与科研型人才，遵循最初培养研究生的目标。在研究生招生初期，高校教师和科研人员匮乏，培养目标设定为"从事高深的科学理论研究"，模式和标准单一。然而，随着经济发展、大学生就业压力增大以及社会对多样化人才需求的增长，更多人选择读研。但培养机构未能及时根据社会需求调整培养

目标,未对研究生进行分类与分层培养。尽管部分机构改变了招生模式、缩短了培养年限,但总体仍沿袭传统培养要求,未真正实现分层分类培养,也未明确划分不同类型研究生的培养目标。无论是学术型还是应用型研究生,均采用传统学术型培养模式,导致培养目标与社会需求脱节,无法满足社会对多样化人才的需求。

(二) 两类学位课程差异化不明显

学术学位与专业学位研究生课程差异化不明显的表现,主要体现在课程结构、教学内容、教学方法以及师资配置等多个层面。(1)在课程结构方面,学术学位与专业学位的课程模块设计缺乏显著区分。例如,二者均以公共课、专业基础课、专业课和选修课为主体框架,但专业学位本应更强调实践性、应用性课程的比例。现实中,许多高校的专业学位课程仅是在学术学位课程基础上"删减理论内容"或"增设少量案例课",未形成独立的应用型课程体系。(2)在教学内容方面,两类学位的核心课程内容交叉重叠现象普遍。学术学位强调学科理论的系统性和创新性;而专业学位应聚焦行业实践中的技术应用和问题解决能力培养。然而,许多高校在专业学位课程中仍沿用学术学位的教材和案例,甚至同一教师同时讲授两类学位的课程,导致教学内容重复。(3)在教学方法方面,学术学位以培养科研能力为核心,多采用课堂讲授、文献研读和实验室研究等传统模式;而专业学位需通过案例教学、项目实践、校企联合培养等方式提升学生的实践能力。然而,许多高校未针对专业学位设计特色教学方法,仍以理论讲授为主。例如,法律硕士(专业学位)的教学中,模拟法庭、法律援助等实践环节占比不足,仍以法律条文讲解和学术论文写作为主,削弱了专业学位的职业导向性。(4)在师资配置方面,学术学位与专业学位的师资队伍未能有效区分。学术学位导师以科研能力见长;而专业学位需引入具有行业经验的"双师型"教师或企业导师。但现实中,专业学位的导师大多由学术学位导师兼任,且企业导师的参与度较低。例如,工程类专业学位虽名义上实行"双导师制",但企业导师多流于形式,实际指导仍由校内学术导师主导,导致学生难以获得真实的行业经验。

上述趋同化现象导致两类学位培养的定位模糊。(1)学术学位竞争力弱化,学术型研究生因缺乏系统的科研训练深度,难以满足高校和科研机构的高层次人才需求;(2)专业学位社会认可度低,企业认为专业学位研究生的实践能力不足,将其与学术学位等同看待,降低了专业学位的职业竞争力;(3)教育资源浪费,重复的课程和师资投入未能精准匹配社会对两类人才的需求,加剧了结构性就业矛盾。学术学位与专业学位课程差异化不足的根源,在于高校对两类学位的功能定位认知偏差,以及制度设计和资源配置的滞后。只有通过重构课程体系、引入行业资源、改革评价标准,才能真正实现分类培养的目标,满足社会对高层次学术人才和应用型专业人才的双重需求。

（三）案例教学在专业学位教育中所占比例和质量仍有进一步提升空间

案例教学在课程教学中所占比重、案例库建设、案例教学校内条件、案例教学校外实习机会、案例教学质量仍然存在不足。人文社科类高校产教融合存在发展瓶颈。作为人文社科类高校，与企业相关产业部门的联系相对较少，仅依靠校内学习、校外实习实践的浅度合作并不能达到培养应用型人才的多方受益的长期目标。部分教师将学校教学科研活动和行业产业实践活动看作相互割裂的两个领域，致使知识发展局限在科学研究、学术创新中；人才培养局限在教材、课堂教学中；实践能力培养局限在产业合作、案例分析中。教学学术性、科研育人性、产业活动实践性之间的高度融合还缺乏更加有效的思维和手段。

（四）专业学位培养实习、实践基地建设覆盖不足

《教育部关于深入推进学术学位与专业学位研究生教育分类发展的意见》指出，应注重培养学生的创新能力和实践能力，加强实际操作和实践环节，提高研究生的实践经验和技能水平。通过问卷调查显示，仍有许多学院或专业并未开展研究生实践基地建设工作，受访学生也表示参与实践的最主要方式是自己联系实习实践，而参与学院安排的实践基地实践仅占50%左右。超过六成的受访学生并未在研究生阶段参与过实践活动，参与过导师项目合作实践与实验室实践的比例最低。受访学生中的学术型与专业型占比约为2.3∶1，部分学术型学生表示，其导师更想让他们多花时间专注科研，一定程度上对外出实习实践持反对态度；部分专业型学生也表示，学院对实习实践相关的指导较少，校外行业导师指导缺位。

（五）专业学位论文评价标准改革存在阻碍

专业硕士学位论文评审缺乏行业标准，不够多元，缺乏客观性，过于注重量化指标，同领域专家学者对论文评审的参与度不高，评价指标与学术型研究生相差无几，容易倒逼专业硕士培养与学术硕士同质化。《教育部关于深入推进学术学位与专业学位研究生教育分类发展的意见》指出，应当鼓励对专业学位实行多元化学位论文或实践成果考核方式，包括研究报告、规划设计、技术方案、产品开发等。有90%左右的专业学位研究生表示愿意采用多元化形式作为学位论文；然而仅有47%的专任教师选择认同多元化学位论文，这些导师认为，多元评价的三大难处在于：自己需要花费额外时间和精力熟悉不同类型论文的要求、学生对某些类型论文形式缺乏了解和掌握，以及难以统一指导各种类型的学位论文。这在一定程度上说明，学位论文的分类评价仍需要进一步落细落实，从而使得研究生和导师形成共识。

三、学术学位与专业学位研究生差异化培养机制构建路径

推进研究生教育高质量发展的关键在于对标高标准培养体系，系统梳理现存问题，构建分类培养长效机制。通过问卷调查、实地调研与专家访谈相结合的研究方法，本文发现当前研究生分类培养体系存在目标定位趋同、资源配置失衡、评价机制单一等突出问题。基于教育生态学理论视角，建议从以下维度推进改革：

（一）科教融汇育人机制创新：强化学术学位原始创新能力

科教融汇作为重塑创新人才培养体系的战略支点，承载着将科研势能转化为育人动能的重要使命。高校亟需构建贯通式"三位一体"科研育人生态，依托战略科学家领衔的重大科研平台、多学科交叉的创新团队及国家重点研发计划等纵向课题资源，熔铸矩阵式学科交叉培养体系。通过实施国际组织后备人才孵化专项，推动导师深度参与全球科技治理规则建构，系统培育兼具学术原创力与国际话语权的战略型创新人才，此举既是构筑国家创新发展战略优势的核心引擎，更是高等教育机构践行科技自立自强使命的必然选择。

（二）构筑产教融合育人新生态：多维赋能实践型人才培养

高校应强化顶层设计与政策牵引，系统构建校企协同育人新范式。通过打造产业定制实验室、推行双导师协同指导等多元协作模式，将行业前沿动态深度植入课程体系与实践环节，构建"教学—实训—研发"一体化的实景育人平台。同步实施教学资源动态更新机制，形成需求驱动的"课程活页"体系，重点培育具备产业思维与工程素养的"双师型"教学团队，配套构建校企双向考核评价系统，实现教育供给链与产业需求链的精准耦合，全面激活学生的技术迁移能力与创新性解决方案构建能力。

深化专业学位研究生培养模式改革，构筑产教融合创新平台矩阵。实施"一院一基地"专项建设工程，深化与行业龙头企业产学合作，构建"项目共研—人才共育—成果共享"的可持续发展机制，形成教育端与产业端资源双向流动、能力协同进化的产教融合新范式，持续释放校企协同育人的乘数效应。

（三）夯实教学资源基础：分类打造研究生精品教材与案例体系

深耕教学特点整合学术资源，精准推进研究生教材分类建设工作。学术学位教材聚焦学科前沿领域，系统集成国际学术动态与科研成果，专项实施校级研究生精品教材支持计划，培育学术创新能力。重点资助学科骨干编写彰显专业优势的前沿教材，

持续加大高质量课程资源与精品教材建设的资金保障力度。专业学位教材紧扣产教融合需求，深度融合行业前沿成果与创新实践，重点打造系列示范性专业学位研究生教材，创新性植入真实项目案例、典型任务模块及行业解决方案。推动校企联合开发核心课程教材体系。构建多层次案例教学体系，全景式融入职业认证标准、岗位能力要求及职业道德规范，培育具有行业引领性的研究生专业学位案例库。

参考文献

［1］包水梅，王琦，丁洁．研究生教育分类发展政策：价值旨归、风险防控、实践路径［J］．国家教育行政学院学报，2025（02）：28-37.

［2］廖湘阳，赵莹莹，王潇，等．研究生分类培养链条构建及其融通创新的逻辑与策略［J］．学位与研究生教育，2025（02）：1-9.

［3］夏凡，周继良，朱景坤．我国研究生教育分类发展的政策检视与路径突破——基于高等教育强国建设的视角［J］．教育发展研究，2025，45（01）：19-30.

［4］陈洪捷，魏丽娜，陈涛，等．研究生分类培养改革（笔谈）［J］．重庆高教研究，2025，13（02）：7-17.

［5］李锋亮，杨懿行．探索研究生教育系统性改革推动研究生教育高质量发展［J］．学位与研究生教育，2024（12）：78-84.

［6］吴开俊，朱星谕，黄炳超．以需求为导向的专业学位研究生协同培养机制优化研究——基于教育、科技、人才一体化的视角［J］．华东师范大学学报（教育科学版），2024，42（10）：83-97.

［7］戴一飞，邢博特，师格．研究生教育分类发展视域下专业学位硕士研究生招生考试评价指标体系构建初探［J］．中国考试，2024（08）：22-31.

［8］张小花，马焕灵．研究生教育分类发展：何为、为何与可为［J］．研究生教育研究，2024（04）：19-25，105.

［9］美伯顿·克拉克．研究生教育的科学研究基础［M］．杭州：浙江教育出版社，2001.

［10］伯顿·克拉克，王承绪．探究的场所：现代大学的科研和研究生教育［M］．杭州：浙江教育出版社，2001.

［11］克利夫顿·康拉德．美国如何培养硕士研究生［M］．北京：北京大学出版社，2016.

［12］王战军、周文辉、李明磊、陈雁．中国研究生教育70年［M］．北京：中国科学技术出版社，2019.

［13］薛天祥．研究生教育管理学［M］．南宁：广西师范大学出版社，2004.

（作者单位：中南财经政法大学研究生院、党委研究生工作部）

研究生教育分类发展的现状及其对策研究

宋昀宜

摘　要：《关于深入推进学术学位与专业学位研究生教育分类发展的意见》阐明了新时代背景下，研究生教育分类发展的总体思路、根本准则、长远目标及实施策略。作为推动学术型与专业型研究生教育分类深化发展的核心文件，其对于建立健全具有鲜明中国特色的高层次人才培养体系，加速教育强国建设步伐，具有不可估量的支撑作用。目前，教育领域仍然存在偏重学术学位而相对忽略专业学位的观念，这两类学位在教育实践中显现出的同质化发展趋势亟待解决。因此，必须深化研究生教育的分类培养模式，破解两类学位同质化发展难题，全面形成两类学位研究生教育各具特色、齐头并进的格局。

关键词：研究生教育　分类发展　学术学位　专业学位

一、研究生教育分类发展的进程

自 1978 年起，中国重新开展了研究生招生工作，标志着高层次人才培养的新篇章。随后，在 1980 年，全国人大常委会正式颁布了《中华人民共和国学位条例》，代表着中国学位制度正式被确立。进入 20 世纪 90 年代，中国教育界又迈出了重要一步，即引入并实施了专业学位教育制度。历经 30 余载的稳健发展，专业学位的涵盖领域显著拓展，其培养规模也呈现稳步上升趋势。时至今日，中国已构建起学术学位与专业学位并行不悖、共同发展的研究生教育体系新格局，成功实现了两者在教育资源配置与重视程度上的"均衡共进"。

2022 年颁布的《研究生教育学科专业目录》进行了重大革新，不再沿用以往将专业学位类别作为学科目录附表的展示模式，而是将具有相似核心知识框架的一级学科与专业学位类别统合至各自的学科大类之下，此举鲜明彰显了学术型与专业型人才培养在战略层面上的并重性。此外，新版《目录》在内容上实现了显著扩充，特别是专业学位类别的数量，从原先的 47 种提升至 67 种，这一调整不仅加深了与专业领域需求的契合度，还以更为精确和全面的方式对接经济社会发展实际，为促进行业产业的高质量发展培养专业人才。

人才培养结构实现了历史性的优化调整。学术型博士学位授权点的数量相较于十年前呈现了倍增，显著增强了在科技尖端与核心领域中的学科支撑效能。同时，专业学位授权点的总量占比从十年前的 37.6% 稳步增长到 44.2%，尤为瞩目的是，博士层次的专业学位授权点数量激增，达到了原先的三倍之多，这一变化极大地提升了教育体系对各行各业高层次、专门化人才需求的快速响应与有效供给能力。在人才培养规模层面，专业学位的授予人数占比实现了显著增长，从 2012 年的 32.29% 大幅跃升至 2022 年的 56.4%，标志着中国高等教育体系在人才培养结构上的深刻转型与均衡发展。

二、研究生教育分类发展的现状及问题

当前，中国虽已跻身研究生教育大国之列，但相较于建设研究生教育强国的宏伟目标，在深化学术学位与专业学位双轨并行的分类教育体系构建中，仍面临着多重挑战，研究生教育分类发展还存在一些亟待解决的问题。

（一）分类完善人才选拔机制还需深入探索

学术学位与专业学位研究生存在同质化现象，考核内容和评价标准区分度不大。然而，值得注意的是，部分专业学位的考核体系在内容设计上，与当前产业结构的优化、新旧增长动力转化的趋势、高新技术水平的加速推进以及关键核心技术的突破需求，乃至社会公共服务领域对人才多元化、创新性的迫切要求之间，存在显著的脱节现象，无法实现创新型应用型人才的针对性和科学性选拔。

（二）学术学位与专业学位培养模式同质化现象明显

目前，学术学位与专业学位在课程体系架构、导师配置结构以及成果评价标准等关键维度上，展现出的差异性并不显著。具体而言，首先，在课程设计层面，一些高校对于两类学位的课程体系设计呈现趋同性，专业学位课程未能充分彰显其实践导向特色，基础理论与行业实践课程的融合度不足，尤其在实务操作、案例教学等实践环节的构建上存在短板。其次，在导师配置层面，专业学位研究生的指导力量，其主要

构成部分往往是由原本致力于学术研究的导师群体担当，这一现象导致在指导专业学位学生时，容易沿袭学术型培养模式，而在实践指导与应用能力培养上略显不足。最后，在成果评估层面，专业学位与学术学位研究生的论文选题界限模糊，对于专业学位研究生在专业领域实际问题解决能力上的独立贡献度强调不足，未能充分体现出专业学位的实践应用导向。

（三）分类推进学位论文评价改革还需深入

部分培养单位缺乏专业学位论文评价标准，专业学位论文应用性、多样化特点还需进一步突出，行业产业专家对论文评审和抽检的参与度不高。

（四）导师队伍管理保障体系不够完善

部分培养单位缺乏导师分类评聘与考核制度、校内导师和校外导师联合指导的"双导师制"等制度，对专业硕士研究生导师遴选条件中行业经历的考量和界定缺少统一的标准，校院两级导师培训体系机制还不够健全。

三、研究生教育分类发展的实践探究

2023 年 12 月，教育部发布的《关于深入推进学术学位与专业学位研究生教育分类发展的意见》明晰了研究生教育分类发展的总体蓝图，旨在到 2027 年，全面构建并优化高校内部促进两类研究生教育特色鲜明、协同创新的长期有效制度体系，确保学术型与专业型研究生教育并行不悖、相得益彰的发展格局全面稳固。接着，2024 年 7 月 18 日，党的二十届三中全会进一步审议通过了《中共中央关于进一步全面深化改革、推进中国式现代化的决定》，该《决定》着重强调深化教育领域综合革新，加速构建高质量教育体系，特别是要分类施策于高等教育革新，建立健全分类管理体系与评价体系，旨在引导各类高校根据自身特色与优势，在多元领域与赛道中精准定位，勇创一流，彰显独特办学风貌。

为达成上述战略愿景，必须精准把脉两类学位研究生教育分类发展中的核心议题，制定出一系列既具针对性又成体系、便于实施的政策措施，从而汇聚智慧与力量，共同推动高质量研究生教育体系的构建，显著提高中国人才自主培养的质量与水平。

（一）分类完善两类学位发展，把好顶层设计关

培养单位要完善学术学位授权点和专业学位授权点的设置布局，主动优化学科专业结构。在学术学位发展上，主动顺应国家重大战略、关键领域和社会重大需求，深

度融入国家与所在高校省份新发展格局，着力在优势领域和特色方向上增强竞争力和贡献度，打造更加多元化的特色学科群。重点布局具有支撑国家原始创新能力的基础学科专业，试点建设基础学科高层次人才培养中心。聚焦学科内涵特色，依托条件基础好、积极性高的学院（中心、研究院）设立一批交叉学位授权点建设试点单位，在平台搭建、招生计划、师资配备、培养管理等方面给予支持，建立学校交叉学科学位授权点发展第一方针。在专业学位发展上，积极争取研究生招生计划增量，进一步提升专业学位研究生比例。以确保质量为基础，加快培育博士专业学位新类别，将产教融合和行业协同作为博士专业学位授权点增设的优先条件，推进博士专业学位点建设取得实质性突破。

（二）优化招生选拔方式，把好选拔录取入口关

根据学术学位和专业学位的不同培养目标，采用分类考试、综合评价、多元录取的方式，不断提高研究生生源质量。一是在初试阶段，专业学位研究生考试科目要更加突出行业热点、产业需求等因素，注重考查考生对社会现实问题的认知和理解能力，增强考生问题意识，引导考生运用所学知识解决实际问题。真正提高初试选拔人才的有效性、促进人才培养的适切性。二是在复试阶段，进一步加强专业学位研究生招生考试的实践性考核和过程性考核，考查考生将专业理论知识与实际操作相结合的能力，对标学生的就业竞争力和未来职业发展力。如招生单位可以在复试中设置模拟实践性项目，组织虚拟环境中的实习实训等，重点考查考生动手操作和在仿真工作环境中解决实际问题的能力。三是进一步优化招生类型结构，稳步扩大专业学位研究生招生规模占比，选拔侧重点逐步向"进一步区分学术型研究生和专业型研究生"的方向改革。

（三）完善育人体系，把好教育培养过程关

一是在课程设置上，培养单位要注重实践性和应用性，有针对性地开设理论—实践—创新多元化课程，重点突出教育教学的实践性，加大基础课程和行业实践课程的有机结合。二是在教学方法上，进一步革新教学方法，倡导将案例教学法融入课堂教学，强化模拟实训与企业实习环节，有效融合基础课程与行业实践训练，确保教学与实践的深度融合，以此为核心，着重激发研究生的创新思维与创新潜能。三是在培养方案上，分类建立适应高端学术人才和应用人才的差异化培养方案。对于学术学位研究生，应聚焦于研究与创新能力的双重培育，充分利用科研平台的优势，激励通过跨学科融合、深度学术交流及承担科研任务等方式，拓宽学术边界，激发创新思维。注重加强学术学位各阶段课程体系的纵向衔接和课程内容的横向配合，加强教育教学质量评价。专业学位研究生着重培养实践能力和职业能力，根据全国专业学位教育指导

委员会提出的培养要求，结合学校学科优势与特色，积极与行业、产业部门合作，共同设计富有专业针对性的培养方案。在此过程中，诚邀国内外拥有丰富实战经验的行业精英担任导师或参与教学活动，确保教学内容紧贴行业前沿，有效提升学生的实践能力与市场竞争力。四是在教材建设上，分类加强教材建设，学术学位教材立足研究生教育前沿，体现最新知识和科研进展。实施校级研究生精品教材支持计划，启发学术创新思维。资助任课教师编写出版体现本学科优势和特色的研究生教材，加大高质量课程供给和研究生精品教材建设资金支持，引导学生开展自主性学习和探索性学习。专业学位教材立足行业实践需求，体现最新发展趋势和创新成果。出版一批专业学位研究生优秀教材，将真实项目、典型工作任务、优秀案例等纳入教材内容。支持与行业产业部门共同编写核心教材。加强专业学位研究生案例库建设，建设一批优质研究生专业学位案例，融入职业标准、执业资格、职业伦理等内容，提高专业学位研究生案例库质量。

（四）改革学位评定，把好学位评价导向关

培养单位要建立相对独立的专业学位论文评价标准，制定各自的《研究生学位论文写作规范》。在专业学位研究生的毕业成果展示中，应聚焦于展现其独立应对专业领域实际挑战的能力，选题须根植于应用性研究项目或现实社会问题，确保具备鲜明的职业导向与行业实用价值。此外，倡导将多元化的成果形式纳入考量范畴，包括但不限于研究报告、项目规划与设计、产品创新开发、深度案例分析、管理优化方案、技术发明专利以及文学艺术创作等，作为专业学位论文的核心组成部分，以此为核心，着重评估其解决实际问题的能力。这一转变旨在引导专业学位论文的评价体系由传统的"理论倾向"向"实践创新"导向转型，促进学术学位与专业学位论文评价的差异化与科学性。为确保评价体系的公正性与实用性，应严格实施行业专家参与的论文评审制度，要求在专业学位论文答辩委员会构成中，至少包含一名来自相关行业校外实践领域，并具备高级专业技术资格的专家，以确保评审过程紧密贴合行业实际需求，进一步提升专业学位教育的实践导向性与社会认可度。

（五）完善管理体系，把好导师育人关

强化导师分类管理，完善导师分类评聘与考核制度，深入推进导师评聘制度改革，分类制定学术学位导师和专业学位导师的遴选条件。培养单位要进一步优化导师队伍结构，以深化导师管理机制体制改革为抓手，加速健全并细化导师的分类评价体系与激励方案，突出教书育人导向，激励并促使全体研究生导师深入践行教育家精神。坚持将政治素质和师德师风作为导师遴选的首要条件，学术学位导师遴选侧重科研创新质量要求；专业学位导师遴选重点考察职业能力和实践经验。专业学位应健全校外合作导师选聘制度，将政治素质、社会影响力、实践经验、技术专长等方面综合纳入聘任条件，规范校外合作导师聘任流程，明确校外导师权责边界，探索校外合作导师考核评价机制。落实专业学位研究生"双导师制"，加强校外合作导师与研究生的日常指导联系，推进行业导师、产业导师等各类实践实训专家深度参与专业学位研究生培养的各个环节，充分发挥校外合作导师对研究生实践创新能力培养的积极作用。

参考文献

［1］中共中央关于进一步全面深化改革　推进中国式现代化的决定（2024 年 7 月 18 日中国共产党第二十届中央委员会第三次全体会议通过）http：//www. gov. cn.

［2］教育部关于深入推进学术学位与专业学位研究生教育分类发展的意见［Z］.（教研〔2023〕2 号），http：//www. gov. cn.

［3］怀进鹏. 加快建设中国特色、世界一流的大学和优势学科［N］. 学习时报，2024 – 07 – 19.

［4］教育部关于全面落实研究生导师立德树人职责的意见［Z］. http：//www. moe. gov. cn，2018 – 02 – 09.

［5］教育部学位管理与研究生教育司：深入推进分类发展，构建高质量研究生教育体系，http：//www. moe. gov. cn.

［6］王战军. 研究生教育分类发展的关键问题与推进策略［J］. 中国高等教育，2024（05）：31 – 34.

［7］梁传杰. 研究生教育学科专业目录调整：理论逻辑、历史逻辑与实践逻辑［J］. 学位与研究生教育，2023（02）：1 – 9

［8］隋译萱，刘栋，王冠. "双一流"建设背景下高校加强研究生导师队伍建设的思考［J］. 科教导刊，2023（30）：95 – 97.

［9］夏文香，李金成，武桂芝. "双一流"视域下地方高校专业学位研究生导师团队的构建及协同育人实践［J］. 高教学刊，2022，8（26）：5 – 8.

［10］冯建涛. 推动学术学位与专业学位研究生教育分类发展的三个关键［J］. 陕西教育（高教），2024（03）：1.

（作者单位：中南财经政法大学研究生院、党委研究生工作部）

分类发展视域下人文社科类研究生课程考核体系的重塑与优化

张景瑜

摘　要： 在研究生教育分类发展的大背景下，人文社科类研究生课程考核体系对人才培养意义重大。然而，当前该体系存在诸多问题，制约着研究生培养质量。本文基于针对性、多元化、过程性原则，提出优化策略，包括针对学术学位和专业学位研究生的考核体系优化，以及制度保障、师资建设和资源支持等方面的措施，并对未来研究方向进行展望，旨在提升人文社科类研究生教育质量，培养适应社会需求的高素质人才。

关键词： 人文社科类研究生　课程考核体系　分类发展　优化策略

一、引言

（一）研究生教育分类发展的内涵与现状

在高等教育蓬勃发展的当下，研究生教育作为培养高层次人才的关键阶段，其重要性越发突出。2023 年我国在学研究生达 388.29 万人，较往年呈增长态势，但规模扩张的同时，质量提升成为核心任务。研究生教育分类发展是依据社会对不同类型人才的需求，以及学术学位与专业学位研究生的不同培养目标，实施分类培养和管理。学术学位研究生教育旨在培养学术研究型人才，他们需具备扎实理论基础和较强科研能力，能为学科发展和科研创新提供支持，毕业后多从事高校教学、科研机构研究等工作。专业学位研究生教育主要面向特定职业领域，培养具有较强实践能力和专业技能的应用型人才，如工商管理硕士（MBA），通过案例分析、企业实习等方式，让学生将理论知识应用于实践，毕业后能迅速适应企业管理工作。

近年来，我国研究生教育分类发展成效显著。在学科专业设置上，2022 年发布的《研究生教育学科专业目录》优化了专业学位类别目录的呈现方式，丰富了专业学位类别，使人才培养与经济社会需求对接更精准。在人才培养结构方面，实现了历史性调整，学术学位博士授权点数量大幅增加，专业学位授权点总数占比显著提升，专业学位授予人数占比从 2012 年的 32.29% 上升到 2022 年的 56.4%，在硕士研究生阶段，专业学位研究生已成为培养主体。在分类培养模式上，开展了多种积极探索，如建设各类人才培养中心、深化医教协同等，有力保障了产教融合、协同育人。2023 年《教育部关于深入推进学术学位与专业学位研究生教育分类发展的意见》出台，明确两类研究生教育同等重要，都应注重培养研究生坚实的理论基础、系统知识、创新精神与能力。

（二）人文社科类研究生课程考核体系的构成与作用

人文社科类研究生课程考核体系由考核方式、考核内容、考核标准和考核时间等要素构成。考核方式多样，包括考试、论文、课程作业、课堂表现、小组项目、实践考核等。考试分为闭卷和开卷，闭卷侧重基础知识记忆理解，开卷注重知识运用分析；论文是考核的重要方式，能考查学生科研和学术素养。考核内容涵盖专业知识、研究能力、实践能力、创新能力和综合素质。专业知识是基础；研究能力考查学生科研方法的掌握和运用；实践能力对专业学位研究生至关重要；创新能力是综合素质的重要体现；综合素质包括团队协作、沟通等多种能力。考核标准明确了学生在各考核要素上应达到的水平，如论文考核从选题意义、文献综述等多方面进行评价，考试考核体现在对知识点掌握程度和答题质量的要求上。考核时间包括平时、期中、期末考核，平时考核可及时了解学生学习情况；期中考核进行阶段性检验；期末考核全面考查学生对课程知识的掌握和运用能力。

人文社科类研究生教育在传承和创新人文社科知识、培养高层次人才方面不可或缺。课程考核体系作为研究生教育质量保障的关键环节，直接关系到培养目标的实现。人文社科类研究生课程考核体系在研究生培养中具有多方面重要作用。从教学角度看，能检验教学效果，帮助教师发现教学问题，调整教学策略，改进教学方法，提高教学质量。对学生而言，明确的考核目标和标准能激发学习动力，促使学生积极学习、参与实践，考核过程也是自我检验和提升的过程。在人才培养方面，有助于实现不同类型研究生的培养目标，选拔和培养符合学术研究或职业需求的人才。此外，还能为社会输送合格人才，促进学科发展和创新。

（三）分类发展对人文社科类研究生课程考核体系的新要求

深入研究分类发展背景下人文社科类研究生课程考核体系的优化策略，对提升教育质量、培养高素质人才、推动人文社科领域发展具有重要的现实意义。分类发展背景下，人文社科类学术学位与专业学位研究生的培养目标和人才需求差异显著，对课程考核体系提出了不同要求。学术学位人文社科类研究生培养目标是具有深厚学术素养、创新能力和科研潜力的学术研究型人才。这要求考核体系在考核标准上，更加注重学术理论水平考查，增加学科前沿知识和经典理论深度理解的考核比重。在考核方式上，强化科研能力考核，通过学术论文、研究报告等形式，全面展示学生科研能力和学术水平。专业学位人文社科类研究生培养目标是面向特定职业领域的应用型人才。其考核体系的考核标准应紧密围绕职业需求和实践能力，在考核内容上突出实际问题解决能力考查，增加实践案例分析和实际项目操作等内容。在考核方式上，除传统方式外，增加实习表现评价、模拟法庭等实践考核环节，全面评估学生实践能力和职业素养。

从人才需求角度，社会对学术学位研究生的需求集中在学术研究领域，要求他们具备扎实理论基础、严谨科研态度和创新学术思维。因此，课程考核体系应注重学术研究和创新能力培养，明确创新成果要求，引入学术答辩、学术交流等考核方式，提升学生学术水平。社会对专业学位研究生的需求主要来自实际工作领域，要求他们具备良好沟通、团队协作和实际问题解决能力。课程考核体系应加强综合素质和实践能力考核，增加相关评价指标，采用多元化评价方式，全面评价学生能力。

二、人文社科类研究生课程考核体系现状分析

（一）学术学位研究生课程考核体系现状

1. 考核方式与内容。目前，人文社科类学术学位研究生课程考核方式呈现多样化，考试和论文是主要方式。考试形式包括闭卷和开卷，闭卷考试用于考查基础知识，如中国古代文学课程中的诗词默写、文学常识填空；开卷考试注重知识运用，如西方哲学课程中对哲学原著段落的分析解读。论文考核要求学生围绕学术问题深入研究，社会学专业学生常关注社会热点问题进行论文写作，锻炼多种科研和学术能力。部分课程还采用课程作业、课堂表现、小组项目等考核方式。课程作业形式多样，如读书报告培养学生阅读和批判性思维能力，案例分析考查知识应用能力。课堂表现考核关注学生课堂参与度、发言质量等，小组项目考核学生团队协作和项目管理能力。

在考核内容方面，重点考查专业知识和研究能力。专业知识涵盖学科基础和前沿知识，经济学专业课程考核既涉及基本理论，也关注经济热点问题的最新研究成果。研究能力考查包括文献检索与综述、问题提出与分析、研究方法选择与运用等方面。

2. 存在问题与挑战。

（1）考核方式多样，但在实际操作中，存在考核方式单一的问题。部分教师过度

依赖考试和论文，忽视课程作业、课堂表现等考核方式，抑制了学生学习积极性和主动性，限制了创新与实践能力培养。学生为应对考试和论文，可能死记硬背、机械写作，忽视知识的深入理解和应用。

（2）考核内容存在重理论、轻实践的倾向，多数课程侧重理论知识考核，实践能力考查不足。法学专业课程考核中，对法律实务操作能力考查较少，学生理论知识与实践脱节，影响就业竞争力和学术研究人才培养质量。

（3）考核过程缺乏动态监控和及时反馈。教师多关注最终成绩，对学生学习过程关注不够，学生无法及时了解学习情况，教师也难以及时调整教学。论文写作过程中，教师缺乏全程指导，学生问题得不到及时解决，影响论文质量和教学效果。

（4）考核标准不够明确和细化，教师评价主观性强。课堂表现考核中，缺乏明确评价指标，学生对学习目标和要求不清晰，容易导致考核结果不公平，影响学生学习积极性。

（二）专业学位研究生课程考核体系现状

1. 考核方式与内容。人文社科类专业学位研究生课程考核方式同样多样化，包括考试、课程论文、实践考核、课堂表现、小组项目等。考试形式与学术学位类似，闭卷考查基础知识；开卷考查知识运用能力。课程论文要求学生结合实际问题进行分析研究，如工商管理专业学生撰写企业战略管理等方面的论文。

实践考核是专业学位研究生课程考核的特色，形式有实习报告、案例分析、模拟项目、实地调研等。法律硕士通过实习报告记录工作情况；案例分析考查法律思维和实践能力；模拟法庭锻炼庭审技巧；实地调研培养实践能力和社会责任感。课堂表现和小组项目考核与学术学位类似，注重考查学生的沟通、协作等能力。

考核内容注重考查实践能力、专业技能和综合素质。实践能力考查学生在实际工作中的问题解决和操作能力；专业技能涵盖各专业领域所需技能；综合素质考查团队协作、创新等能力。人力资源管理专业课程考核通过多种方式考查学生专业技能和综合素质。

2. 存在问题与挑战。

（1）在考核方式上，部分课程仍过度依赖传统考试和论文，实践考核实施力度不足。一些教师认为实践考核组织和评价难度大，导致实践考核流于形式，无法达到预期效果，学生实践能力难以得到充分锻炼，与应用型人才培养目标不符。

（2）考核内容与职业需求对接不紧密，存在理论与实践脱节现象。部分课程考核仍侧重理论知识，对实际工作所需专业技能和综合素质考查不足。公共管理专业课程考核中，对政策分析、项目管理等能力考查较少，学生毕业后难以适应职业岗位要求，影响就业竞争力。

（3）考核标准不够科学明确，主观性强。实践考核和综合素质考核缺乏明确标准和量化指标，教师评价易受主观因素影响，导致考核结果公正性和可靠性受到质疑，学生努力得不到公正评价，影响学习积极性。

（4）考核过程缺乏有效监控和反馈机制。教师多关注最终成绩，对学生学习过程关注不够，实践考核中缺乏全程跟踪指导，学生问题得不到及时解决，影响实践效果和教学质量。

三、分类发展背景下人文社科类研究生课程考核体系优化策略的构建与探讨

（一）基于分类发展的研究生课程考核体系优化原则

1. 针对性原则是优化研究生课程考核体系的基础。学术型研究生考核应侧重学术理论深度掌握、研究能力提升和创新思维培养，考核内容可涵盖经典文献研读、学术前沿探讨等。要求学生提交高质量学术论文，分析理论发展脉络和个人见解，检验学术研究深度和创新能力。专业型研究生考核应围绕专业实践能力、职业素养和实际问题解决能力展开，如新闻与传播专业硕士课程考核设置模拟新闻报道等实践任务，考核专业技能和职业素养。

2. 多元化原则为考核体系注入活力。考核方式应丰富多样，除传统方式外，引入课堂表现考核，关注学生课堂讨论中的参与度、观点创新性和团队协作能力；实践操作考核对专业型研究生至关重要，通过实际项目操作、实习报告等检验理论应用能力；小组项目考核培养学生团队合作和沟通协调能力，学生在小组项目中的分工协作、成果展示等都可纳入考核范围。

3. 过程性原则注重学生学习全过程。改变重结果、轻过程的考核模式，将考核贯穿于课程学习始终。课程开始时制定学习计划并纳入考核，督促学生合理安排学习进度。学习过程中的阶段性作业、中期汇报等作为过程性考核重要组成部分，教师根据作业完成情况及时反馈指导，帮助学生发现问题，激励学生持续学习，培养良好学习习惯和自主学习能力。

（二）人文社科类学术学位研究生课程考核体系优化策略

1. 优化考核方式。

（1）增加学术研讨作为考核方式，能激发学生学术思维碰撞，培养批判性思维和团队协作能力。教师根据课程内容和学术热点确定研讨主题，如哲学课程中的"人工

智能时代的伦理困境",学生围绕主题收集资料、分析讨论。教师从参与度、观点创新性、论证逻辑性和团队协作等方面考核,参与度通过发言次数和质量衡量,观点创新性依据独特见解判断,论证逻辑性看推理过程,团队协作观察小组讨论中的沟通协调。通过学术研讨,学生能深入理解课程知识,提升学术能力。

(2)引入学术报告作为考核方式,有助于锻炼学生学术表达和知识整合能力。学校和学院定期组织学术报告活动,要求学术学位研究生完成并展示学术报告,内容可以是研究领域综述或阶段性研究成果。准备过程中,学生查阅文献、梳理脉络、提炼信息,加深对专业知识的理解掌握。考核时,从报告内容深度广度、研究方法合理性、逻辑性、条理性和口头表达能力等方面综合评价,促进学生提升学术水平。

2. 完善考核内容。

增加前沿知识考核内容是培养学术创新型人才的关键。人文社科领域知识更新快,课程考核应融入前沿知识,引导学生关注学科动态。教师在考核中设置相关题目,如社会学课程引入"数字社会学",让学生探讨数字技术对社会结构等方面的影响,促使学生追踪前沿,拓宽视野,激发创新思维。同时,教师推荐学术文献、组织前沿讲座,为学生获取前沿知识提供渠道。

强化创新能力考核是学术学位研究生培养的核心目标之一。考核内容应注重学生创新思维、方法和成果的考查。设置开放性题目,鼓励学生提出独特见解和解决方案,如文学研究课程让学生从新视角解读经典作品或提出新研究问题并设计方案。评价时重点关注思维创新性、方法独特性和论证充分性,对学生在科研项目、学术论文中的创新成果给予考核加分,激励学生创新,为学术研究奠定基础。

(三)人文社科类专业学位研究生课程考核体系优化策略

1. 强化实践考核。

(1)建立科学合理的实践考核标准是提升专业学位研究生实践能力的关键。实践考核标准应明确、具体、可操作,涵盖实践过程各个方面。新闻与传播专业学位研究生实践考核可制定详细指标,如新闻采访策划、技巧、稿件撰写质量和传播效果评估等。考核实践过程时,注重学生参与度、态度和团队协作能力,采用实践报告、现场操作演示、实践成果展示等多元化考核方式,全面评估实践能力。

(2)加强实践基地考核是确保实践教学质量的重要保障。学校与实践基地紧密合作,共同制定考核方案,从实践教学安排、指导教师指导情况、学生实践表现等方面评估。实践教学安排要合理,与专业课程紧密结合,满足学生实践能力培养需求。指导教师应具备丰富实践经验和专业知识,学校定期培训考核,提高指导水平。同时,加强对学生实践表现的跟踪考核,及时发现解决问题,优化实践教学环境,提升教学质量,为学生职业发展奠定基础。

2. 加强与行业对接。

（1）邀请行业专家参与考核是加强专业学位研究生与行业对接的重要举措。行业专家具有丰富实践经验和敏锐行业洞察力，参与考核能使考核更贴近行业实际需求。在工商管理专业学位研究生课程考核中，邀请企业高管参与案例分析考核，他们依据实际工作经验点评学生解决方案，提出改进建议，分享行业动态和案例，拓宽学生视野，帮助学生了解行业需求，为职业发展做准备。

（2）以行业项目为考核内容能有效提升专业学位研究生解决实际问题的能力。学校与企业合作，引入真实行业项目，如艺术设计专业学位研究生以企业实际设计项目为考核内容，学生在完成项目过程中，综合考虑企业需求、文化、市场等因素，运用专业知识和技能，提高实践和创新能力。学校还可组织学生参加行业竞赛和项目实践活动，让学生在更广阔平台展示能力，积累经验，加强与行业联系。

四、推动人文社科类研究生课程考核体系优化的保障措施与实施建议

（一）制度保障

1. 建立健全考核制度是优化考核体系的基础。学校要制定全面科学的考核制度，明确考核各环节要求。规定考试、论文等多种考核方式的适用范围、实施流程和评价标准，比如对学术型研究生学术研讨考核的各项细节做出规范。依据不同学科专业特点，确定考核内容范围与重点，并建立更新机制，以跟上学科发展。

2. 规范考核流程对确保考核公平、公正、公开十分关键。考核前，教师应依教学大纲和考核制度制定详细计划并提前公布，让学生做好准备。考核中，严格按制度和计划执行，考试要严抓考场纪律，论文考核要建立严谨评审流程。考核结束后，及时公布结果并提供申诉渠道，认真处理学生异议。

（二）师资建设

1. 加强师资培训能提升教师考核能力。学校应定期组织培训，邀请专家传授先进考核理念与方法，内容包括多元化考核方式的运用以及对不同类型研究生培养目标的理解。例如，让教师明确学术型研究生考核侧重学术研究能力培养，学习引导学生学术思考和评价论文质量的方法，帮助教师更新观念、掌握科学考核方法。

2. 建立教师考核能力评价机制可激励教师提升能力。从考核方案设计、过程实施到结果评价等方面全面评估教师。对设计合理方案、公正执行考核且能深入分析结果并给予学生有效反馈的教师，给予表彰奖励；对能力不足的教师，提供针对性培训指

导，激发教师提升考核能力的积极性。

（三）资源支持

1. 丰富教学资源是优化考核体系的物质基础。学校要加大对图书馆投入，增加人文社科类图书、期刊和电子资源，订阅权威学术数据库，加强信息化建设，提高资源检索效率。同时，建设在线课程平台，邀请专家录制课程，拓宽学生学习渠道。

2. 实践资源对专业学位研究生培养至关重要。学校应与多方合作建立实践基地，共同制定教学计划。企业为学生提供项目和场景，安排专业人士指导。学校加强对实践基地的管理评估，定期考核教学条件、教师指导水平和学生实践效果。此外，组织学生参加各类社会实践活动，提升学生综合素质。

五、结论与展望

（一）总结

本文剖析了人文社科类研究生课程考核体系的现状、问题与优化策略，具有理论和实践意义。理论上丰富了教育考核理论，实践中为高校等改进考核体系提供指导，助力培养高素质人才。

当前考核体系存在诸多问题，如方式单一、内容重理论轻实践创新、过程缺乏监控反馈、标准不明确等，制约了研究生培养质量。基于分类发展理念，优化考核体系需遵循针对性、多元化和过程性原则。针对学术型和专业型研究生不同培养目标制定差异方案，采用多种考核方式，注重考核全过程。对学术型研究生优化考核方式、完善考核内容；对专业型研究生强化实践考核、加强与行业对接。同时，通过制度保障、师资建设和资源支持确保优化策略实施。

（二）展望

1. 分类发展背景下，研究生课程考核体系优化未来的研究重点之一是完善考核指标。随着社会和学科发展，需优化考核指标体系。考核学术型研究生时，综合考量学术成果质量、创新性和影响力，引入量化指标并结合专家定性评价。考核专业型研究生时，细化实践能力和职业素养指标。

2. 信息化建设在考核体系中意义重大。借助现代技术构建智能化考核管理平台，利用大数据分析学生学习情况，为教学和学生发展提供支持，开发智能考核工具，提高考核效率和准确性。

3. 跨学科考核研究也很关键。鉴于学科交叉融合趋势，要探索跨学科考核方式和内容，设置综合性题目，促进学生整合多学科知识，加强教师合作，保障考核科学性。

4. 此外，要关注考核体系对研究生心理健康和学习动力的影响。合理设置考核难度、强度，建立有效反馈机制，帮助学生树立正确态度，激发学习动力和创新精神，通过实证研究为优化考核体系提供科学依据。

参考文献

［1］教育部．2023 年全国教育事业发展统计公报［EB/OL］．（2024 – 10 – 24）［2025 – 02 – 05］．http://www. moe. gov. cn/jyb_sjzl/sjzl_fztjgb/202410/t20241024_1159002. html.

［2］国务院学位委员会，教育部．研究生教育学科专业目录（2022 年）［Z］．学位〔2022〕15 号，2022.

［3］教育部．教育部关于深入推进学术学位与专业学位研究生教育分类发展的意见［Z］．教研〔2023〕2 号，2023.

［4］胡陆英．人文社科硕士生课程考核效果实证研究［D］．长沙：湖南大学，2014.

（作者单位：中南财经政法大学研究生院、党委研究生工作部）

研究生如何做好三件事

——有效阅读文献、撰写高质量论文与能力提升*

李小克　徐　晓

摘　要： 研究生学术能力需要综合性培养，文献阅读及论文写作要经过系统的训练。本文首先从研究生阅读文献的注意事项展开叙述，论述了文献阅读的期刊、文献笔记及交流文献等内容，系统梳理了如何开展文献阅读。其次，本文就论文写作的问题进行了论述，认为选题是开展论文的重中之重，选题应从文献阅读、师门交流、政策文件等着手，把握研究热点和研究趋势，找到正确的研究方向。本文梳理了文献综述的写作方法，认为文献综述要同时注重"综"和"述"，要有逻辑地整理和评论文献，找到当前研究内容的不足之处，并分析亟待拓展的方向，为本文边际贡献提供支撑。作为研究生，要兼顾自己的学术和生活，不能埋头苦干，要联系理论和实际，从实践中得出真知。同时，要认识论文的写作是不断修改的过程，要在反思中不断完善自己的论文。

关键词： 文献阅读　文献综述　论文写作

研究生的任务如其名称"研究学术"，但是如何研究好学术却是难题。并不是每个人一开始对于学术都能够得心应手，做好学术并做出研究成果需要时间的积累。许多研究生可能是第一次真正地正式接触到学术工作，还处于学习和摸索阶段。作为研究生，在这个阶段的重点是文献阅读以及论文的写作，这与本科时期只用做好课程作业和考试大有不同。但是，虽然要做好学术，我们绝不能在没有任何准备的情况下就直接动手开始写论文，这大概率上会偏离正确的方向，那么我们应该如何阅读文献及准备论文写作呢？同时该如何平衡好学术与生活呢？

＊　基金项目：本文系中南财经政法大学教学改革研究项目《商务定量分析方法》课程多元化协同共驱的教学方法探索与实践（项目编号：YB202305）的阶段性成果。

一、如何阅读文献

初次进行写作的前提是前期阅读了大量的文献，阅读文献是重中之重，是写好论文的第一步。通过阅读文献我们可以了解到当前研究热点以及有价值的问题，为自己的论文选题提供正确的方向，其次在阅读文献的过程中我们可以清楚地了解到好的论文的要点以及结构安排，厘清自己的论文写作思路，我们还可以模仿优秀文献的叙述句式和逻辑关系，在巨人的肩膀上成就自己的论文。看看学术大牛是怎么一步一步讲好故事的，学习如何讲好一个故事，就是如何提出一个好问题，如何去解决这个问题，是一个完整的思考过程。

阅读文献有几点需要注意，首先，并不是所有的文献都要阅读，要尽量读顶刊的文献，顶级期刊发表主要是指在《经济研究》《管理世界》和外文五大刊（American Economic Review，Journal of Political Economy，Review of Economic Studies，Econometrica，Quarterly Journal of Economics）发表的论文，其他中文代表性期刊，如《中国工业经济》《世界经济》《经济学（季刊）》《统计研究》《财贸经济》，英文 A + 类、A 类、A − 类期刊，也是我们重点选择论文的期刊。始终要牢记一点：值得阅读的论文一般应在顶刊或者代表性期刊上发表，但顶刊和代表性期刊上的论文并非都是值得模仿的。对于有追求、有理想的人来说，非顶刊、非代表性期刊上的论文通常是不需要看的，也不应该重点看，三五分钟浏览下即可，不敢、不能、不应该作为重点学习和借鉴的对象。

其次，文献的分类和记录是阅读文献的重要流程，方便后续写论文过程中迅速查找和模仿。在文献的分类上，可以根据主题、研究方法或者新颖的计量方法对文献进行分类：通过将文献按照研究主题进行分类，我们可以迅速定位到与自己研究内容相关的文献，了解该主题的研究现状、主要观点和研究趋势；根据不同研究方法的文献进行分类，我们可以了解到不同研究方法的适用范围、优缺点和具体操作步骤；新颖的计量方法可以拓展研究的深度和广度，充实论文内容。除此之外，在阅读文献的过程中要学会记录，记录不仅是知识积累的重要手段，更是形成个人研究思路和构建研究框架的基石，能为后续的研究和写作提供有力的支持。阅读文献时可以先浏览文献的摘要部分，了解文献的主要内容和研究目的，正式阅读时可以记录文献的研究背景、边际贡献、所使用的理论、数据分析方法以及研究结论等，同时可以将自己研究方向可能运用到的理论公式在 Word 上进行记录和推导，帮助我们更好地理解。在阅读文献的过程中，我们可能会产生一些个人感悟和想法，无论是对研究方向、研究方法等有想法，还是自己的延伸思考都可以记录下来，这将有助于我们在后续的研究中深入挖掘和拓展，还可以发现自己的研究兴趣和优势领域，为未来的研究提供方向。

最后，在阅读文献的过程中不能闭门造车，遇到不懂的问题时，要与老师或者同学进行交流，看看他们是如何思考这个问题的。在讨论的过程中会碰撞出新的火花，会有新的灵感和思路，对文献的理解也会更加深刻。然后，可以多听听名家讲座，学校会不定期邀请各个领域的专家为我们进行热点分析或者论文的讲解，这是很好地与专家进行交流的机会，要积极参加。在听讲座的过程中，关注学术前沿，当前研究热点是什么，看看专家的研究内容和研究方法有没有可以学习借鉴的地方。每个会议结束时都会有提问环节，这时可以将你在听专家讲解过程中的想法和疑问，或者在阅读其他文献时相关的困惑与专家进行探讨，有时一句话就能豁然开朗，厘清思路，对经济现象融入自己的见解。此外，也是最重要的一点，多联系自己的导师，尤其是各个关键的时间节点。学术任务常常被划分为阶段性任务，有时在完成上一个任务后会感觉到空虚和迷茫，这时就可以向导师汇报一下前段时间自己的学习进程，看看导师有什么建议和意见，以防方向错误，白费工夫。

二、如何写好一篇学术论文

（一）确定好的选题

好的选题意味着论文成功了一半，一篇论文的诞生多数时间是花费在论文选题的寻找上，前期工作做好，正式写作时进度就会很快。选题要满足选题新颖，论文主题新鲜，现有研究很少，但现有研究遗留了许多待解的问题，具有潜在的理论意义，并且具备重大意义，即待解问题与当前国家最新重大战略需求结合非常明显，要具有重要的实践意义；能够解决现实生活中的实际问题，推动社会的进步和发展，提高人们的生活质量和福祉水平。那么该如何选题呢？

首先，需要阅读大量文献，选择合适的文献进行研究，寻找当前仍然值得研究的方向。通过深入分析文献，梳理当前研究领域的主要研究内容、方法、成果和存在的问题，了解研究领域的整体情况和发展趋势，挖掘当前研究领域的研究热点和趋势，关注存在的问题和不足。在了解研究现状和存在问题的基础上，结合自己的研究兴趣和专业背景，思考可能的创新点和研究方向。

其次，看看自己师门的研究方向，在师门研究方向内找到自己感兴趣并且能写的点。将个人兴趣点与师门研究方向进行对比分析，找出其中的共性和差异，通过对比分析发现哪些领域或问题是自己感兴趣且师门也在关注的，找到研究的切入点。跟随师门研究脚步是为了方便后期的探讨和交流，导师同门对师门研究方向的热点问题、研究手段以及数据处理会更加熟悉，遇到不懂的问题和不能解决的难题可以及时请教。

再次，阅读政策文件是确保选题具有现实意义的关键步骤。政策文件作为政府决策和行动的直接体现，蕴含丰富的信息和深刻的含义，找到与自己研究方向相关的政策，思考哪些方法有助于促进政策的实施和运行。深入阅读和理解政策文件，准确把握政策导向，这样可以确保选题紧扣时代脉搏，具有鲜明的时代特色，有现实意义。

最后，将自己的想法与导师进行沟通交流，向导师请教当前的研究热点。在做完这些后，要积极寻找文献，看看现阶段的研究成熟度是多少，自己备选选题做的人多不多，有没有创新性，根据研究文献再细化自己的研究内容。选题不一定一开始就完全定下来，大方向定下来，后期再进行更细致的调整。在定好选题后，要着手学习相关领域最新的研究方法，以研究方法为手段调整论文写作思路。

（二）做好文献综述

文献综述是整篇论文的基石，它体现了作者对研究方向的熟悉程度、写作功底以及理解能力。通过文献综述，作者能够系统地梳理和归纳已有研究，了解研究领域的现状、发展趋势以及存在的问题，从而为自己的研究提供有力的支撑和参考。

在收集和筛选文献后，我们需要对所选文献进行分类整理。我们可以根据文献的研究内容、方法、结论等方面进行分类，或者根据研究主题的概念内涵、测算方法、影响因素等分类，将属于同一类的放在一起进行叙述，这样可以帮助我们更全面地了解研究领域的发展历程和现状，同时也能够发现不同时间段文献的研究内容和方法的差异与变化。在分类整理文献后，我们需要对所选文献进行深入的分析和综合，仔细阅读每篇文献的全文，了解其研究方法、数据来源、实验结果和结论等方面的内容，分析不同文献之间的关联性和差异性。文献综述需要对已有研究进行全面的梳理和分类，确保不遗漏任何重要的研究成果，并找出它们之间的内在联系和逻辑关系，用逻辑性语言将各个文献串联起来，形成自己的研究观点和思路。其次，在文献评述中，需要对文献的不足之处进行分析和探讨，指出其可能存在的缺陷和局限性，这可以增加文献综述的深度和广度，还可以为我们的研究提供新的思路和方法。同时，我们还需要注意在文献综述中引用具有影响力的经典文献，尤其是该研究领域开创性的作品，探究这些文献运用的方法和研究思路，寻找自己的写作框架。还要注意不能只引用时间久远的文献，也要多引用近五年的中英文文献，最新文献代表了研究趋势和研究热点，能为本文的研究意义提供支撑。

在撰写文献综述时，我们需要注重"综"和"述"两个部分，"综"即综合进行分析与整理，对不同文献的研究内容、方法、结果和结论进行深入的分析和综合，找出它们之间的共同点和不同点，从而为自己的研究提供新的思路和方向；"述"即通过阅读文献，对文献中作者的不同观点进行相应的叙述和评论。在撰写文献综述时，不能陷入一个误区，即只注重"述"而忽视"综"，或者只注重"综"而忽视"述"。不能简单地堆砌各个文献的研究内容和研究结果，而没有进行深入的分析和综合。这样的文献综述不仅无法体现出作者的研究深度和广度，也无法为自己的创新点和边际贡献提供有力的支撑。文献综述中要点明已有研究的不足之处和潜在的研究方向，提出自己的见解和观点，以及自己论文内容弥补了研究领域的哪些不足，能为该领域带来哪些边际贡献和理论意义。

三、如何兼顾学术与生活

初稿的完成并不意味着论文的撰写工作就此结束。相反，这只是一个开始，写好一篇论文需要对初稿进行反复的修改和完善。一篇论文的完成需要几个月甚至几年的时间，要不断地修改再修改，写论文的实质是"改论文"，修改论文的过程实际上是一个不断发现问题、解决问题的过程。在这个过程中，需要仔细审查论文的每一个部分，包括引言、文献综述、研究方法、研究结果和结论等，找出其中的不足之处，并进行相应的修改和完善。在不断的修改中完善论文的不足之处，理顺叙述逻辑，找到论文的漏洞，最终形成一篇高质量论文。

有些同学可能会说，只要把毕业论文写出来就好，又不读博，不需要学术成果。但是，读研究生绝不能仅仅将眼光放在提升学历上，毕竟你需要花费人生中两三年的时间在学校，人生又有几个两三年呢？如果仅仅只是提升学历这一个目标，这两三年可能就是白白度过。在研究生阶段，你要培养发现问题、提出问题、解决问题的能力，这是在日后走向社会必备的能力。我们在生活、文献阅读以及论文写作的过程中均可能面临问题，从这些方面出发去锻炼自己的能力是最好的方式。同时，文科专业的工作离不开写作，走上工作岗位后，时常需要写各种报告和撰写文件内容，这是对我们写作能力的考察。在研究生阶段，我们可以尝试去写一篇好的论文，从选题构思到论文整体的完成，能够提升我们自己许多看不见的技能，比如如何运用理论去解决实际问题，如何举一反三，如何将零碎的语句构建成富有逻辑的语段。与本科阶段相比，研究生阶段的学习方式更灵活，对学习成果的检验也更具有综合性，研究生课程的安排并不紧密，主要是强调自主学习，大家可以灵活安排自己的时间和任务，与其天天在宿舍睡觉，不如起身钻研一篇文章，也不负这两三年的时光。

当然，研究生要兼顾好学术研究和生活，不能埋头读死书，要抬头看看世界。有些同学可能想在短时间内就完成手头的论文，夜以继日，失去了对生活的热情。不用焦虑，论文的完成是需要时间的雕琢，只有不断地思考、不断地更改才能成就一篇不错的文章。写作的灵感并不是一直都有，慢慢来，只要方向对了，总是能走到终点。

累的时候就放下手头的工作，做自己想做的事情，进行充分的休息，恢复精力的时候再重新出发。研究生同学可以积极参加研究生会组织的各种活动，这是结识新朋友的机会，锻炼自己的人际交往能力。还要做到劳逸结合，每天晚上可以留些时间去锻炼，拥有好的身体是做好一切的前提。在工作日及时完成阶段性任务，周末的时候约着朋友出去走走，爬爬山、拍拍照、寻找美食，都是不错的放松方式，最重要的是要调整好自己的状态，迎接新的一天。研一的同学要及时找准自己未来的方向，做好规划，并朝着自己的目标奋进，绝不能浑浑噩噩度日，等到研究生阶段快结束的时候才开始着急。尽快完成自己的毕业论文，研究生最后一年通常要忙着找工作或者准备考公事宜，并没有足够多的时间来准备自己的毕业论文，许多同学的论文都是拼拼凑凑，但是这样的结果并不理想。

如何写好论文是需要不断学习的过程，我们需要阅读大量的优秀论文，了解不同学科领域的论文写作规范和风格，从模仿中进步，找到自己的写作思路和方法，不断完善自我。同时，参加学术讲座、研讨会等活动，把握研究热点，寻找新的研究思路和方向，与同行交流经验，不断提升自己的论文写作能力。写好论文是一个不断学习和反思的过程，我们需要不断地学习新的知识和技能，以提升自己的研究水平和论文写作能力，不断对自己的研究进行深入的反思和总结，找出其中的不足之处并进行改进，最终完成属于自己的论文，为研究生阶段画上完美的句号。

参考文献

［1］常思亮，欧阳攀园．专业硕士"差评"学位论文典型特征——基于 H 省 1486 份专家盲审评阅书的分析［J］．大学教育科学，2021（06）：41－50.

［2］陈立宏，李旭，吴永康，等．关于研究生文献综述撰写的几点建议［J］．教育教学论坛，2022（31）：149－152.

［3］戴云，曹如军．目标、理念、路径：新时代高校教育硕士培养方略［J］．黑龙江高教研究，2019（09）：28－31.

［4］傅友，白仲奎，刘勇，等．怎样写文献综述［J］．农业图书情报学刊，2007（05）：145－149.

［5］路阳．社会科学研究中的文献综述：原则、结构和问题［J］．社会科学管理与评论，2011（02）：69－75，112.

［6］李敏，陈洪捷．不合格学术型硕士研究生学位论文的典型特征——基于论文抽检专家评阅意见的分析［J］．学位与研究生教育，2017（06）：50－55.

［7］廖福崇．研究生新生如何撰写文献综述［J］．中国研究生，2020（08）：48－50.

［8］马来平．人文社科研究生学位论文的选题与创新——以科技哲学专业为例［J］．学位与研究生教育，2014（02）：12－17.

［9］王瑞朋，钟秉林．教育学博士生学术社会化的内容维度与影响因素［J］．重庆高教研究，2023，11（06）：43－52.

［10］阳妙艳，郭少榕．研究生教育中文献综述的撰写与学术素质培养［J］．民族高等教育研究，2017，5（06）：12－16，97．

［11］朱源．论文写作规范与研究生学术研究能力［J］．外语与外语教学，2003（07）：25－27．

［12］张斌贤，李曙光．文献综述与教育学博士学位论文撰写［J］．学位与研究生教育，2015（01）：59－63．

（作者单位：中南财经政法大学经济学院）

研究生自办学术刊物的定位
与研究生培养机制的创新[*]

秦小建

摘　要： 研究生自办学术刊物的定位，是检视研究生自办学术刊物当下发展难题的基本问题。通过分析目前两种主流定位的优劣得失，可以发现，研究生自办学术刊物的定位与研究生培养的大环境息息相关。研究生自办学术刊物，不应仅是展示研究生学术成果的平台，更应被视为一个可以承载起培养研究生重任的机制。在此定位基础上，通过一系列内部制度创新，并与外在激励形成内外合力，共同实现研究生培养重任。

关键词： 研究生自办学术刊物　研究生培养　刊物定位

创新型学术人才的培养是研究生教育的主要目标。承载研究生学术理想、彰显研究生学术自主性的研究生自办学术刊物，因契合了这一目标而成为研究生学术的重要载体。在当前研究生培养机制转型的时代背景下，研究生自办学术刊物面临着前所未有的发展契机，但也伴随着诸多问题。其中，刊物定位不明是最为核心的问题，它直接关涉研究生自办学术刊物的办刊思路、现实运作与发展方向。当前，研究生自办学术刊物的定位呈现出多元化的趋势，这一趋势虽可保障研究生自办学术刊物的个性化发展，但一定程度上却凸显了其身份定位的迷茫。可以认为，研究生自办学术刊物目前所陷入的困境，也正是因为没有寻找到合适的定位，自然无法探索到一条行之有效的道路。从深层次讲，这一尴尬局面的出现，折射出研究生教育中创新型学术人才培养的目标理想与当下研究生培养质量下降的现实相脱节的困境。就此而言，研究生自办学术刊物的定位，是检视研究生自办学术刊物当下发展难题的基本问题。本文由此展开，以期抛砖引玉。

---

* 基金项目：中南财经政法大学中央高校基本科研业务费专项资金资助（项目编号：2722024AL004）。

一、研究生自办学术刊物的定位之争

在由《中国研究生》杂志主办、南开大学承办的首届"研究生自办学术刊物研讨会"上，与会刊物曾就研究生自办学术刊物的目标定位展开热烈的讨论，并形成两种截然不同的观点。虽然目前仍有部分刊物至今未能确定其合适定位，但这两种观点可以代表当下研究生自办学术刊物的主流定位。

第一种观点认为，研究生自办学术刊物应以学术质量为首要追求，在此基础上坚持有特色的发展。这一定位以《清华法律评论》《南开法律评论》为主要代表。值得说明的是，《北大法律评论》是率先践行此定位的先行者，目前已被"CSSCI 来源辑刊"收录，并获得业内的高度评价，遂成为此类定位的研究生自办学术刊物的标杆。这一定位与传统学术刊物并无不同，彰显了研究生编辑群体澎湃的学术理想主义与饱满的学术热情，也创造了"学生编辑教授文章"的新模式。作为研究生自办的学术刊物，它对于刊物编辑团队的学术训练与培养，以及对于研究生学术的引导，意义十分重大。

但是，在这一定位之下，此类刊物遭遇诸多发展瓶颈：一是未能进入目前高校学术评价体系，从而无法吸引优质稿源，而作为主要稿源之一的研究生群体的论文，却因质量而无法满足刊物的用稿要求而不被刊发，久而久之，不可避免地陷入了稿源的"真空"地带；二是与传统学术期刊相比，此类刊物的"研究生自办"特色无法支撑其学术优势，无论是在文章的质量还是作者的级别上，均无法凸显其优势；三是因受刊物发行范围限制，其受众群体主要是研究生，"研究生自办"或许能够激发他们的阅读热情，但从内容上看，"研究生自办"却与研究生读者无关，易言之，此类刊物的"研究生自办"仅是"编者自办"，而非"研究生作者的自办"，研究生作者群体无法有效参与进来。这种种状况若延续下去，必将逐渐失去研究生读者的支持，势必沦为刊物编辑部的"孤芳自赏"，从而无法发挥其在研究生培养中的恰当作用。

尽管在美国部分优秀刊物由学生自办，但中美两国学术环境的不同意味着不可简单地复制美国的经验。国内个别刊物的成功，也是源于该刊物编辑团队背后强大学术力量的持久支持，应该说是一种特殊经验，如果不考虑实际而简单地予以借鉴，其发展道路也必然会十分坎坷。在其实践发展中，我们也观察到，此类刊物常因组稿困难而不得不延长办刊周期，无奈之下往往通过登录博客挖掘稿源、通过个人关系联系作者等非常规手段来组稿，虽能解一时之急，却非长久之计。

第二种观点认为，研究生自办学术刊物应以为研究生提供学术展示平台为首要追求，在此基础上追求学术质量的提升。这类定位以《中南财经政法大学研究生学报》

《山东大学研究生学报》《对外经贸大学研究生论坛》为主要代表。此类刊物刊发的大多是研究生的学术论文，它为研究生学术观点的表达提供了一个相对简单的平台，从而可有效激发研究生群体的学术热情，鼓励他们积极地参与到研究生学术中来。

但是，以此为定位的刊物同样面临着诸多发展难题。稿件质量普遍不高是主要问题。究其原因，乃是在研究生扩招的大背景下，研究生培养质量下降，尤其在竞争越发激烈的就业环境下，研究生普遍倾向于增加就业筹码和职业能力训练，学术热情不高，自然无法产生高质量的学术论文；加之研究生导师责任制未能完全有效落实，即使对此有兴趣的研究生也可能因缺乏必要的学术训练而显得心有余力，不断降低学术自信。此外，部分刊物也面临着稿源不足的问题，一方面是由于研究生学术热情不足；另一方面是缺乏必要的学术激励机制。实践中，以此为定位的刊物充斥着低水平的"重复学术"，这也成为制约此类刊物深化发展的主要障碍。

二、以研究生培养为目标的研究生自办学术刊物定位

通过分析上述两种定位的优劣得失，可以发现，研究生自办学术刊物的定位与研究生培养的大环境息息相关。无论何种定位，以及在此定位下的刊物发展，都无法绕开研究生培养的基本语境。我们可以看到，前类刊物虽由研究生举办，却因与研究生读者群体割裂而陷入"上不达学术、下不着研究生"的尴尬境地；后类刊物稿件质量不高的直接原因即是研究生培养的不得力。因此，明确研究生自办学术刊物的正确定位，必须首先厘清研究生自办学术刊物与研究生培养的关系。

研究生自办学术刊物的最大特色在于"研究生自办"，"学术刊物"作为载体引导"研究生自办"迈向学术之路，这就决定了此类刊物的独特发展路径：它必须与研究生培养密切结合起来，形成二者的互动，以研究生培养作为研究生自办学术刊物的目标，以研究生自办学术刊物来促进研究生的培养。从形式上讲，它是研究生自己举办的学术刊物，由研究生全程参与刊物审稿、编排、校对流程；从实质上讲，它以研究生群体为主要受众，旨在展示研究生学术成果、提升研究生学术水平。形式与实质的融合，集中体现为编者、作者与读者的三维互动。首先，对于研究生自办学术刊物的编辑而言，获取高质量的稿件并非其唯一目标，他应该担负起从研究生中挖掘甚至培育优秀稿件的重任。担此重任，一方面要求研究生编辑具有较高的学术水平；另一方面可促成编辑与研究生的学术沟通，共同进步。其次，当下学术刊物存在着"僧多粥少"的情形，研究生由于人数众多，加上学术仍处于起步阶段，因此在传统学术刊物上发表文章十分困难。研究生自办学术刊物拓展了研究生发表文章的途径，如果由于文章质量原因而不对研究生开放，势必会进一步冷却研究生本就不高的学术热情，进

而使得研究生自办学术刊物本身也逐渐失去研究生群体的信任和支持。相反，通过在研究生自办学术刊物上发表文章，研究生一方面获得了表达学术观点的机会；另一方面实现了对研究生自办学术刊物的有效参与，赋予了"研究生自办"的真实内涵。概言之，首次投稿质量不高不能成为拒绝研究生稿件的原因，如果能够通过刊物编审过程来提高投稿质量，则难能可贵。最后，刊物质量虽可有诸多量化评价标准，但归根结底，一本刊物的好坏，最终取决于读者的评价。读者的评价虽因各自知识结构层次不同而认识各异，但由于研究生自办学术刊物发行范围有限，读者群集中于研究生，因此，对于研究生自办学术刊物的评价标准可归结为是否符合研究生学术的特点，是否能给研究生学术进步带来动力。

综上所述，笔者认为，研究生自办学术刊物，不应仅是展示研究生学术成果的平台，更应被视为一个可以承载起培养研究生重任的机制。这一定位实现了研究生自办学术刊物从"投稿—用稿"的传统单向维度，向研究生自办学术刊物与研究生培养双向维度的转变，弥补了研究生培养传统机制运转不灵所带来的缺憾，回应了新形势下研究生培养的新课题，构成研究生培养机制改革的未来发展方向之一。

三、研究生自办学术刊物的制度创新

需要交代的是，作为研究生培养的重要机制，研究生自办学术刊物必须要被纳入现行研究生奖励机制，否则无法保证研究生对刊物的可持续参与。脱离研究生培养单位的支持来谈自办刊物的发展，只是一直"纸上谈兵"。来自培养单位的激励机制不仅与研究生主动学术不构成任何冲突，而且在当前研究生学术动力普遍不足的前提下，外在激励机制更可促进研究生投入到学术中来，可被理解为对研究生学术先进的"奖励"。这是实现研究生自办学术刊物与研究生培养机制联合的外部制度前提，若无此，研究生自办学术刊物的任何试图促进研究生培养的制度创新，都只会沦为空想。只有在这一机制之下，研究生自办学术刊物的内部制度创新，才能与外在激励形成内外合力，共同实现研究生培养重任。

就研究生自办学术刊物的内部制度创新而言，与传统学术刊物的编审制度不同，以研究生编者、读者与作者的三维互动为脉络的研究生自办学术刊物的制度设计，其目标在于以研究生自办学术刊物为平台，提升研究生学术能力，激发研究生学术热情，活跃研究生学术氛围，推动研究生学术进步，从而提高研究生培养质量。具体而言，研究生自办学术刊物可以设计以下制度，力争达成上述目标。

第一，编辑培养制度。研究生自办学术刊物编辑的身份首先是研究生，通过刊物举办锻炼编辑能力，其本身即是研究生培养的重要内容。同时，在上述定位下，作为办刊的核心环节，研究生编辑承担着发现优秀稿件、对投稿论文提出高水平的修改意见的职责，因此，对于其学术能力有着非常高的要求。达到这一要求，需要有以下三个具体制度来支撑：一是具有高度竞争性的编辑选拔程序，大体可通过"简历筛选—面试评分—学术编辑能力测试"来实现；二是编辑培训会，可定期约请专业学术期刊编辑与研究生编辑座谈；三是工作总结会，在每一期出刊后，编辑部组织编辑逐个查找、分析刊物中的各种错误和疑问，实行自我批评与批评，追求精益求精。上述三项制度确保了编辑学术能力的可塑性，也为其创造了进一步提高的可能性。但是归根结底，编辑的培养主要是通过日常学报的审、编、校工作来实现的，这些工作全面提高了编辑的业务水平、写作能力和学术规范性，更锻炼了他们求真务实的品质，这对于他们未来学习生活的影响是巨大的。从以往经验来看，研究生自办学术刊物编辑团队是研究生队伍中的精英团队，研究生自办学术刊物编辑的培养，无疑可以成为研究生培养中的一朵奇葩。

第二，编辑与作者互动交流机制。作为研究生培养机制的重要组成部分，研究生自办学术刊物主要面向研究生，因此应通过审稿制度的革新，挖掘研究生中的潜在学术力量，引导研究生学术进步。其中最为关键的革新是，抛弃以往那种单向度的编辑决定程序。无论稿件是否采用，都会及时给投稿作者发送审稿意见书。对于那些不采用的文章，编辑会给出详细的不采用意见，客观地指出文章问题所在。这样，不至于冷冰冰地拒绝稿件而伤及作者的自信心，也可以帮助他们认识到自己论文写作的问题所在，从而可以有针对性地加以改进。同时，明确告知作者欢迎他在修改后继续投稿，并承诺在同等条件下将优先刊发经过修改后达到刊发水准的论文。对于那些拟采用的文章，编辑也会给出审稿意见，说服作者锦上添花，将文章最大限度改好。另外，有条件的刊物可以实行定期定点交流制，由刊物编辑轮值，也可约请本校学术能力较强的博士生或老师，面对面与投稿作者交流文章得失、写作心得，甚至交锋观点。总之，通过作者的交流沟通，一方面可以使刊物在研究生中树立良好的口碑；另一方面也可以此为契机，引导研究生向扎实读书、严谨学问的方向迈进。

第三，采取多元化措施活跃研究生学术氛围。研究生自办学术刊物不能关起门来"自说自话"，一方面要融入到学校的学术氛围之中；另一方面更有责任主动活跃研究生的学术氛围。具体来讲，可以从以下三个方面开展工作：一是结合各校专业综合的优势，由编辑部出面组织举办学术沙龙活动，联系社会热点问题从多个学科角度讨论，形成一组有水准、有层次、有力度的学术论文，扩散学术影响力；二是定期邀请知名学者、组织优秀博士生开展讲座，向广大研究生传授学术方法和技巧，搭建学术前辈、学术榜样与研究生学术后进的交流桥梁；三是支持各学科点的研究生学术活动，明确表明优先刊发各学科点研究生学术活动的优秀论文，并定期抽出版面刊发院校级学术论文竞赛获奖作品。

四、结语

作为研究生培养重要机制之一的研究生自办学术刊物，在创造研究生学术氛围、激发研究生学术热情、引导研究生学术规范、提升研究生学术实力等方面，发挥着不可替代的作用。但是，我们也应清醒地认识到，由于研究生编辑本身原因及各种外在因素的制约，这种作用并没有得到完全展现，未来仍有许多可为之处，需要在实践中一步步探索前进。只要明确了自身的正确定位，就等于在茫茫前途中找到一盏指明灯。研究生自办学术刊物是一项事业，这项事业需要我们共同呵护，精心谋划，期待各位同仁更深入的探讨和交流。

（作者单位：中南财经政法大学法学院）

"科研育人"视域下研究生科研诚信
管理建设思考
——以中南财经政法大学为例

王淑珺

摘　要：研究生教育是培养社会主义高层次人才工作的重要组成部分，是落实"立德树人"根本任务、提高研究生培养质量的关键。"科研育人"是高校思政教育的重要抓手，近年来各高校重点关注激发研究生科研热情、培养科研人才。与之相对，研究生群体中科研失信情况不断出现，如何规范研究生科研管理、加强科研诚信建设是不容忽视的问题。本文旨在梳理研究生常见科研失信案例，探究"科研育人"视域下研究生科研诚信管理模式，以期对中南财经政法大学现有管理措施提出一定的优化建议，助益于学校培养品德高尚、务实笃行的高素质创新人才，不断提高研究生科研实力。

关键词：科研育人　科研诚信　思政教育

一、绪论

党的二十大报告指出，必须坚持科技是第一生产力、人才是第一资源、创新是第一动力，深入实施科教兴国战略、人才强国战略、创新驱动发展战略，开辟发展新领域新赛道，不断塑造发展新动能新优势。[1]

高校作为基础研究主力军、核心技术突破策源地和人才培养主阵地，为我国科技

---

[1] 《高举中国特色社会主义伟大旗帜 为全面建设社会主义现代化国家而团结奋斗——在中国共产党第二十次全国代表大会上的报告》。

进步和社会发展做出了重要贡献。因此，在实现中华民族伟大复兴的道路上，高校科研发展肩负起了极大的时代使命。高等教育的重要使命是培养拔尖创新人才，而科研为创新提供了广袤的土壤，"科研育人"是高校践行这一重要使命的强有力抓手。2017 年 2 月，中共中央、国务院印发的《关于加强和改进新形势下高校思想政治工作的意见》强调"七育人"。2017 年，教育部发布的《高校思想政治工作质量提升工程实施纲要》指出"十育人"。"科研育人"始终是其中的重要组成部分。

因此，以"科研育人"为抓手，构建优化高校科研育人机制，持续引领学生的学术品格与价值取向，对于高校践行"为党育人、为国育才"使命具有重要意义。2018 ~ 2021 年，自然科学基金委收到相关科研不端举报案件达 2007 件，处理责任人达 400 余人次。举报案件数量由 2018 年的 370 件增至 2021 年的 622 件，增幅达 68.1%，查处负责对象数由 2018 年的 90 名增至 2021 年的 194 名。近几年来，学术不端案件的受理数与查处对象数均有大幅度的增长，这与国家"严把科研诚信关"的政策导向相适应。

研究生作为科研人员的后备力量，科研诚信教育越来越受到国家层面的重视。然而，不容忽视的是，一部分研究生对于科研失信行为认知不足、缺乏判断，从而导致近年来研究生科研失信行为屡见不鲜。因此，在现如今的政策要求和时代背景下，如何规范研究生科研诚信管理具有一定的研究价值。

二、"科研诚信"相关国内外研究现状

（一）国外研究现状

19 世纪 80 年代，《背叛真理的人们：科学殿堂的弄虚作假》首次实现对科研失信案例的汇编，该书首次提出了"科研诚信"的概念，并以此展开研究。1989 年出版的《怎样当一名科学家——科学研究中的负责行为》则观点鲜明地指出，科研行为应以科研规范为准绳，所有的科研行为都要以诚信为基础。威尔士与迪尔卡夫（Welsh & Dierkhoff）发文指出，对于高校师生已发生的科研失信问题进行严格的科研监管和奖惩机制，能有效避免科研失范行为的发生。山崎茂也持有相同观点，他认为"科研不端行为的发生是科学体制的内在原因造成的"。1980 年，美国首次建立科研不端行为监管机制，并成立科研诚信的审查部门，专门从事对科研不端事件的查处。此后 40 余年，全球范围内科研诚信制度建设及监管手段不断趋于成熟，科研诚信档案建设工作也广泛地被各国高校重视和接纳。

（二）国内研究现状

杨革、李晓辉等研究指出，对于高校而言，建立一套事前教育预防为主、事后惩

处为辅、全流程监督检测的科研诚信制度体系是非常有必要的，这能对科研工作者的科研行为进行有效约束和规范，避免科研失信行为的发生。王建富持有相似的观点，他认为高校科研诚信制度建设能有效规避高校师生科研失信行为的发生。杜焱等学者认为，高校应坚持依法依规治理科研失信行为，出台科研失信行为查处办法，并做好相关台账记录。因此，制度建设是防范科研失信行为的根本，完善科研诚信管理能有效地预防科研失信行为的发生。

三、高校"科研育人"的意义

为落实高校"立德树人"这一根本任务，把握新时代"科研育人"的深刻内涵，高校"科研育人"工作寓德育于"研"，借助科研活动开展、科研制度建设、科研诚信管理等环节方式，在提升研究生科研素养的同时，通过示范引领效应，传达"为党育人、为国育才"的育人精神，以期铸就学生的家国情怀、报国之志，引领学生树立正确的世界观、人生观和价值观，从而实现"科研育人"的根本使命。

（一）"科研育人"是开展责任与使命教育的有效途径

习近平总书记提出，科学研究要面向世界科技前沿、面向经济主战场、面向国家重大需求、面向人民生命健康。科研活动应服务国家战略需要，高校一方面可以结合时政引导学生进行相关方向的科研活动；另一方面学校也可以邀请校内"大先生"和校外行业翘楚为研究生开展科研诚信系列专题讲座，进而引导学生树立坚定的理想信念。

校内外联合发力、学界楷模发挥示范引领作用，能有效帮助学生树立理想信念，实现价值引领，从而落实"科研育人"与学生思想政治教育的双向联动，促使学生在科研活动中认识新时代的伟大建设使命，自觉将个人理想追求与国家事业相融合。

（二）"科研育人"是落实"三全育人"要求的具体举措

"科研育人"是"三全育人"的有效途径和载体。科研内容、科研过程、科研环境、科研队伍等蕴含着丰富的育人资源和元素。在研究生思想政治教育开展的过程中，充分利用科研平台的托举作用和学界"大先生"的引领效应，让研究生充分共情、崇尚科学，通过榜样的力量达到育人的实效，切实做到全员、全程、全方位育人。

（三）研究生群体科研失信行为频发

近年来，随着社会各界对科研工作的持续关注，研究生毕业要求的不断提升，学生们面临着更多挑战和压力。学校不仅对研究生科研产出的质量有要求，数量上的要求也不断加码，因此有一部分研究生因不了解政策和投机心理，进而发生科研失信的行为。

最为常见的是对论文引用不规范，其次则是购买第三方机构的代投服务，甚至有一小部分案例的学生选择购买实验数据，乃至买卖论文。因此，加强科研诚信管理迫在眉睫，没有科研诚信作为地基，科研成果的高楼将无处搭建。

（四）规范管理有助于健全研究生科研道路

"一失足成千古恨"，当今社会对科研失信保有零容忍的态势，往往一次的科研失信，带来的是整个科研道路的断送。研究生群体因其年轻、思想不成熟，往往容易被外界影响。诚信管理的缺失，容易导致研究生群体认识不足。在以往的案件中，不少研究生对自己的行为并没有清楚的认知，在他们看来，代投、代处理数据等是"同学们都在使用的、很平常的事情"，然而在文件规定中，这是非常典型的科研失信行为。

因此，对于高校而言，应尽快加大政策宣讲力度，规范科研诚信管理，营造风清气正的学风，帮助研究生走上正确的人生道路。

四、"科研育人"助推科研诚信管理的可行性

（一）"科研育人"的实现路径

1. 发挥模范的力量。"立德树人"是高等教育的根本任务。为着力推进"十大育人"体系建设，学校需广泛动员、多渠道、多层次联动，集聚各方力量和资源共同发力。在日常学生工作的开展过程中，辅导员和学生工作者作为一线工作人员，可以充分联动校内力量，形成合力，多元化地开展思政教育工作。在学生科研引领方面，引入大师、专家、科研秘书和相关科研部门一线工作人员，将其作为"全员育人"不可或缺的力量，充分激发各方工作优势，形成育人合力。

一是对校内名师大家进行深度报道，目前中南财经政法大学科学研究部推出了"名家风采"系列访谈，旨在宣传一批"学高为师、行为世范"的"大先生"，同时各学院也邀请"大家"担任班主任、学业导师等，拓宽交流渠道，将大师与学生的交流从课堂上拓宽到生活中、细微处，从而实现用榜样的力量鼓舞人；二是挖掘校外校友资源，在产教融合背景下，学校各院系与校外科研院所、生产单位、校友代表等进行密切的科研合作，邀请一批德才兼备的校外导师，为"科研育人"提供了助益，各学院的"名家论坛"、研究生院主导的"文澜论坛"等学术活动，已连续数年发挥"科研育人"实效。

2. 共同搭建育人平台。科研管理部门和学生管理部门可结合工作实绩，共同搭建育人平台，促进学生成长成才。一是搭建基于学科专业特色的平台，例如经法管的充分融通，目前学校法与经济学院的成功建立就是法学与经济学深度融通的有效尝试；二是推进科教融合，实现共同育人；三是构建协同培养育人团队，从而全方位地引领学生、培养学生。

3. "导师育人"制度将思想政治教育融入学生科研之路。培养一名科研能力扎实、品行优良的研究生，导师发挥着至关重要的作用，导师是实施和实现"立德树人"根本任务的最重要主体。导师从研究生入校开始陪伴了其整个学习科研生活，"言传大于身教"，"导师育人"制度的落地是贯彻高校育人使命、强化学生思想政治教育的有力依托形式。

在传统导学关系中，导师是研究生联系最紧密的老师，同时也是学生科研道路的领路人。研究生在校期间，导师最直接地参与研究生的三观塑造和认知建设。这也是"严师出高徒"的直接体现。

研究生就读期间，导学关系对学生存在"全方位影响"。正是这种影响，能有效勉励导师努力实现教书与育人职责有机统一、实现专业引领和人生引领有机统一。导师示范作用对研究生的教育具有直观属性，能深层次地为研究生成长提供正向影响。因此，全方位动员学校导师参与到"科研育人"全流程中，能有效将"科研育人"目标落到实处。

(二) 科研诚信管理的有效措施

1. 进一步健全科研评价制度。根据 2022 年教育部及科技部等 22 部门的最新文件指示，各高校须进一步完善科研诚信与作风学风建设的监督检查机制，着力打造风清气正的学术环境。2024 年，教育部发文重申科研诚信建设的重要性，并提出指导性意见。制度是管理之基，高校在学习领会上级部门文件的同时，应尽快完成学校层面的文件修订，在日常管理中做到有章可依。

中南财经政法大学于 2022 年 7 月设立科研诚信办公室，专岗专人负责统筹科研诚信管理建设工作，专注以优化学术环境为目标，以推进科研诚信建设制度化为重点，以健全完善科研诚信工作机制为保障，坚持无禁区、全覆盖、零容忍；2023 年发布校级层面《科研失信行为查出细则》，为案件侦办和宣讲教育提供了制度依据。

2. 将科研诚信工作纳入日常管理。目前学校对青年学生等对象开展了形式多样、内容丰富的科研诚信教育，坚持在入学入校、参与科技计划项目等重要节点实行科研失信"一票否决制"。对研究生而言，申报研究生创新项目和奖项、项目管理、验收评估、发表论文、报销经费等环节，学校都进行了一定程度科研诚信审核，这也为规范学生科研行为提供了切实的支持。

3. 加大宣传树立正面典型。"文澜大讲堂"是学校影响深远的高层次、开放式、多维度的精品学术活动品牌。每年11月的科学道德和学风建设宣讲月期间，各学院在"文澜大讲堂"系列讲座中导入学风建设和诚信教育，受邀的专家学者在做主题知识分享的同时，向研究生强调，"要端正治学态度，坚决摒弃与抵制学术不端行为，让科学精神与科学家的风骨在同学们身上得到传承"。良好的科学道德和学术风气是科研成果扎根生长的重要土壤，学校将深刻把握新时代、新征程科学工作者的使命与担当，服务工作大局，持之以恒加强科学道德和学风建设，着力打造互学互鉴、积极向上的学术生态。

五、结论与建议

新时代呼唤更多勇于创新、敢于创新的有为青年，作为基础研究主力军、新文科建设主战场、人才培养主阵地，中南财经政法大学肩负重要历史使命。近年来，研究生招生人数不断增加，毕业出口又有一定的缩紧，如何平衡研究生科研产出和科研诚信要求，是亟须重视的问题。

研究生管理部门和科研管理部门应加大科研诚信政策宣讲力度，通过行之有效的管理和防范，使青年学生对科学道德与学术规范的认知度不断提高，从思想上明确学术科研活动中的是非对错，从内心深处提高遵守学术科研道德规范的自觉性和坚定性。

诚信是科学精神的必然要求。广大研究生应时刻牢记诚信要求，坚守学术道德和科研伦理，践行学术规范，严谨求实、崇尚科学，让学术道德和科学精神内化于心、外化于行，积极参与到学校学风建设工作中来。"风清则气正，气正则学进"，良好的科研诚信管理有利于进一步引导广大研究生群体开拓思路，知行合一，在实践中践行优良学风，恪守学术道德，以实现"明德正己，养学术品格；守心励志，弘中南校风"。

参考文献

［1］习近平. 高举中国特色社会主义伟大旗帜 为全面建设社会主义现代化国家而团结奋斗——在中国共产党第二十次全国代表大会上的报告［M］. 北京：人民出版社，2022.

［2］侯振中. 新时代研究生思想政治工作合力育人策略研究［D］. 长春：东北师范大学，2022.

［3］李沐曦. 新时代高校"三全育人"理论与实践研究［D］. 长春：吉林大学，2022.

［4］王昕宇，魏娜，王岚. 科研育人视域下医学生科研诚信指标评价体系的构建［J］. 中国医学教育技术，2022，36（05）：617－623.

［5］李艳霞，雷宇. 科研育人视域下大学生诚信品质养成教育提升研究［J］. 甘肃教育研究，2021（01）：110－112.

［6］张亚光，曾丹旦．"三全育人"视域下高校科研育人探究［J］．学校党建与思想教育，2021（01）：91－93．

［7］张杰，毛文娟．充分发挥高校科研育人功能促进思想政治工作上水平［J］．中国轻工教育，2019（06）：46－49，58．

［8］潘广炜，赵亚楠．关于"科研育人"对提升研究生思想政治教育质量的思考［J］．学校党建与思想教育，2019（01）：69－71．

［9］王心如，张超．高校科研育人的现实意义与路径探索［J］．创新创业理论研究与实践，2021，4（14）：73－75．

（作者单位：中南财经政法大学科学研究部、期刊管理中心）

研究生产教融合专业学位能力培养

——以应用统计专业学位研究生为例

吴志伟　阴兴邦

摘　要： 产教融合模式在提升专业学位研究生能力方面，扮演着至关重要的角色。在当前产教融合的宏观背景下，应用统计专业学位研究生的能力培养面临着一系列挑战，包括机会主义合作困境、理论教学与实际操作的脱节，以及融合深度与广度不足等问题。为应对这些挑战，本文提出了一种创新的产教融合协同培养体系及信息共享机制。该体系旨在通过深化校企合作，实现教育链、人才链与产业链、创新链的有效衔接。以 Q 大学为例，通过实施一系列创新举措，如构建校企合作平台、优化课程体系、强化实践教学等，有效提升了应用统计专业学位研究生的综合能力。这一成功案例不仅为其他高校提供了有益的借鉴，也为推动产教融合向纵深发展提供了新的思路。

关键词： 产教融合　应用统计　专业学位研究生

一、研究背景

近年来，随着 2017 年 12 月《国务院办公厅关于深化产教融合的若干意见》的出台，产教融合已成为我国教育改革的重要方向，该政策强调了校企合作在人才培养中的核心地位。在此基础上，2020 年 7 月，习近平总书记与时任国务院总理李克强分别强调了研究生教育在创新人才培养与能力提升上的关键作用，并提出了深化研究生培养模式改革、促进科教融合与产教融合的迫切需求。随着大数据、人工智能等新兴技术的蓬勃发展，产教融合模式在培养应用型、复合型人才方面的有效性日益凸显，特别是在应用统计专业领域，其重要性尤为突出。

面对统计行业对高素质、实战型人才的迫切需求，应用统计专业学位研究生的能力培养成为教育领域关注的焦点。产教融合改革对于应用统计专业研究生而言，具有深远的战略意义。一方面，通过与企业深度合作，研究生能够直接参与实际数据分析项目，获得宝贵的实践经验，加深对统计理论和方法的理解与应用；另一方面，产教融合促进了理论与实践的深度融合，有助于提升学生的综合素养与创新能力，为行业输送既懂理论又擅实践的复合型人才。此外，产教融合还拓宽了研究生的就业视野，通过企业实习与导师指导的双重路径，研究生能更快适应职场环境，成为满足社会需求的高素质统计人才。

因此，在新兴产业快速发展与行业需求不断变化的背景下，如何构建专业学位研究生产教融合的协同培养体系，特别是在应用统计专业领域，不仅关乎研究生个人能力的提升，更是推动统计行业创新与发展、服务国家经济社会发展大局的关键所在。这一议题的探讨与实践，对于提升我国应用统计专业研究生的教育质量与国际竞争力，具有十分重要的现实意义与战略价值。

二、研究生产教融合专业学位能力培养的问题分析

（一）机会主义合作困境

在产教融合合作过程中，各参与方通常从各自利益出发，寻求最大化的收益。在高校或学院与企业签订合作协议时，双方无法完全掌握对方的真实意图，从而导致校企间所签订的合作协议常常属于不完全契约。例如，高校无法明确企业的主要目标是借助合作获得广告效应、获取技术，还是切实参与人才培养等；同样，企业也难以判断高校能否解决其技术问题或满足其人才需求。这种信息不对称不仅增加了合作的不确定性，也为机会主义行为提供了土壤。

在专业学位研究生产教融合的协同培养过程中，机会主义行为所引发的困境直接影响了研究生的能力培养和实际效果。专业学位研究生在产教融合模式下，往往需要参与企业的实际生产和项目。然而，由于企业对核心技术的保护和成本控制，学生可能无法真正接触到关键的实践环节，从而影响其在实践中的成长与锻炼。同时，高校在无法完全掌握企业真实投入的情况下，也可能难以针对性地调整课程内容，导致培养计划与实际需求脱节。

（二）理论教学与实践脱节

在专业学位研究生产教融合协同培养的过程中，理论教学与实践脱节问题一直是阻碍学生能力发展的关键因素之一。专业学位研究生的培养目标在于让学生掌握扎实理论知识的同时，具备解决实际问题的能力。然而，当前的培养模式中，理论

教学与实践应用之间存在明显的脱节现象，制约了学生的综合素质与职业胜任力的提升。

首先，理论课程设置与行业需求的匹配度不足。许多院校在课程设计中偏重于理论知识的传授，而忽视了当前行业发展的实际需求。这种不对称性导致学生在实践中无法灵活运用所学的知识，从而难以快速适应行业岗位需求，体现出明显的"理论脱离实际"现象。

其次，实践环节的参与度不够深入，缺乏高质量的实训平台。尽管许多院校已经意识到理论与实践结合的重要性，尝试通过产教融合改革来加强学生的实践能力，但实际操作中，很多学生的实践机会和平台较为有限。合作企业往往提供的实习项目相对简单，缺乏挑战性，学生的实训任务与其在校所学理论知识之间存在脱节，无法深刻体会理论知识在复杂实际问题中的应用。此外，部分企业更多关注短期效益，将学生视为廉价劳动力，导致学生在实践过程中获得的实战经验有限，影响了学生对行业的深入理解与能力提升。

最后，理论与实践的评价体系存在不平衡。当前的评估方式大多仍以理论考试为主，学生的实践能力、创新能力和实际问题解决能力难以得到有效评估与反馈。这样的评价体系使得学生在学习过程中更加注重理论知识的积累，而忽视实践能力的培养。

（三）融合广度与深度不足

在当前的产教融合过程中，广度和深度不足成为制约专业学位研究生培养质量的重要问题，具体表现为高校与企业的合作未能覆盖研究生培养的全过程，且行业主体的价值未能得到充分发挥。

一方面，广度不足使得合作难以全面覆盖研究生培养全过程。在招生环节，尽管国家已推行分类招生政策，但专业学位研究生招生仍以高校主导，企业缺乏实质性参与，无法从行业发展的角度对学生的培养潜力进行综合评估。此外，培养方案的设计主要由高校完成，尽管考虑到了理论和实践的结合，但企业需求的参与有限，导致培养目标与行业发展不完全契合。

另一方面，深度不足导致的行业主体价值未能得到充分体现。尽管实行"双导师制"，但校内外导师之间的沟通与合作较少，校外导师往往无法深入参与培养全过程，导致研究生在实践和理论学习之间衔接不畅。尤其是校外行业导师未能发挥其在实际应用与行业需求上的指导作用，影响了研究生对行业技术动态和需求的掌握。此外，研究生自身对参与企业实践的积极性也不足，更多倾向于停留在理论学习和实验操作层面，导致实践能力的提升受到限制。

三、研究生产教融合专业学位能力培养的实现路径

（一）研究生产教融合专业学位能力培养体系的构建

在构建专业学位研究生产教融合协同培养体系的过程中，教师"走出去"、专家"请进来"、学生"动起来"这三方面是关键的实施途径。它们不仅推动了高校与行业、地方的紧密合作，还通过多元化的协同教育模式促进了专业学位研究生的实践能力提升，确保学生在学术与产业需求之间实现较好的衔接。

1. 教师"走出去"：专业教育与行业发展的深度对接。教师的实践经验和行业前沿动态直接关系到人才培养的质量。对于应用统计专业学位的研究生来说，统计理论虽然重要，但将这些理论与行业实际相结合更为关键。教师通过参与地方项目或与企业合作，能够在实践中不断更新自己的知识体系，了解行业发展趋势和用人需求，并根据行业需求设计更贴合实际的教学方案。

2. 专家"请进来"：校、地、企资源的融合共享。在产教融合的过程中，行业专家的参与是将理论与实践有效对接的关键。通过"请进来"的方式，高校邀请行业内的专家为学生讲授专业实操课程，弥补学校教师在行业经验上的不足。对于应用统计专业的研究生来说，数据处理、统计模型构建等内容虽在课堂上已经有所学习，但行业中的实际需求和应用场景往往比理论教学更复杂。行业专家能够结合实际工作中的数据需求，分享他们在数据分析、模型验证等方面的经验，让学生更深入理解行业中的实际问题，并提前适应未来的工作要求。

3. 学生"动起来"：实践中的学以致用。产教融合的核心在于通过实际项目的参与，让学生能够学以致用，最终服务于地方和行业需求。学生不仅是知识的接受者，更应该是实践的参与者。在应用统计专业学位研究生的培养过程中，学生应积极参与各类统计实践活动和企业实习，通过真实数据的处理和分析项目等实践项目来提升自己的实际操作能力。项目式教学、企业合作和实习等手段能够为学生提供一个多元化的实践平台，使其在毕业前就具备处理行业实际问题的能力。

（二）研究生产教融合专业学位能力培养信息共享机制的构建

在构建产教融合的过程中，信息共享机制是提升合作效率、降低信息不对称所引发的交易成本的重要保障，故建立完善的产教融合信息共享机制，能够进一步推动高校与行业、企业之间的紧密合作，形成稳定的产学研协同发展格局。

1. 全社会范围的产教融合合作信息提供与分享机制。在整个社会层面，建立一个系统化的产教融合信息共享平台，有助于高校与企业快速找到合适的合作伙伴，减少

信息不对称导致的合作障碍。这种机制的构建不仅能够促进高校与企业之间的资源对接，还能通过多部门协作，提高产教融合的整体效率和效果。

首先，建立产教融合国家部际间的协同机制。例如，成立由发展改革委、工业和信息化部、科技部、教育部和财政部等组成的国家层面的产教融合委员会。该机构能够在国家层面上推动各部门间的信息交流与协作，制定统一的制度框架和政策导向，从顶层设计上推动产教融合的发展。其次，建立和完善国家级产教融合信息平台。该平台不仅为高校和企业提供供需匹配的信息，还可以通过数据共享、行业分析等功能，帮助高校及时了解行业的最新需求和趋势，进一步优化应用统计专业学位的课程内容和人才培养目标。最后，发挥行业协会的桥梁作用。行业协会作为政府、高校和企业之间的沟通桥梁，可以通过组织会议、项目合作等方式，促进产教融合的信息交流。

2. 产教融合合作成员内部的信息共享机制。在产教融合的具体实施过程中，参与方之间的多层次信息共享与沟通机制，能够有效减少机会主义行为，增进各方的合作信任，降低交易成本。

首先，建立高校与企业之间的多层次沟通交流机制。在应用统计专业学位研究生的培养过程中，高校和企业可以通过设立合作部门，及时共享项目的进展信息，分析当前的合作状况，解决项目推进中的问题。其次，构建合作进程的反馈机制。各方参与的合作项目需要通过定期的反馈机制，及时了解当前的进展，并对项目的下一步工作进行规划。最后，动态修订合作机制，确保长期稳定合作。随着合作的深入，高校和企业需要不断根据外部环境的变化，修订和完善合作机制，确保合作的长期稳定性。这一机制不仅有助于高校根据企业的需求进行课程改革，也有利于企业通过高校培养出符合自身需求的应用型人才。

四、研究生产教融合专业学位能力培养的实践

以下将以位于中部的某教育部直属高校——Q大学为例，通过分析其统计专业学位研究生的培养流程，深入探索该校在构建产教融合协同培养体系方面的实践路径。

（一）基本概况

Q大学的应用统计专业学位硕士点，专注于经济学与统计学领域及行业的招生，致力于培养基础扎实、实践操作能力强、具备创新思维的高素质、高水平应用型人才。近年来，该专业所在的统计与数学学院与国家机关、企事业单位、金融机构等多个实际部门建立了广泛的实习基地，成功构建了专业学位研究生的产教融合协同培养体系。该体系不仅为企业和地方持续输送了大量高层次人才，还积极吸纳当地行业精英担任

校外导师，通过有组织、可持续、潜力巨大的校企合作与交流，不断深化产教融合。其协同培养模式如图1所示，充分体现了学校与行业、理论与实践的紧密结合，为应用统计专业学位研究生的全面成长提供了有力保障。

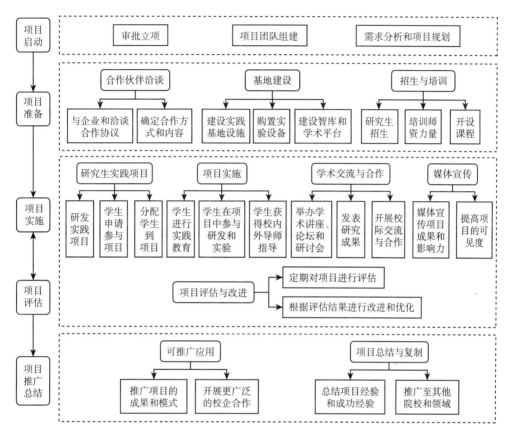

图1　Q大学某学院产教融合协同培养模式

（二）创新举措与成效

此培养体系专注于克服应用统计专业学位研究生教育中理论教学与实际操作相分离的挑战，借助产教融合协同的力量，在体系结构、规章制度、实践平台及培养方式上开展创新实践，旨在达成培育具有强大综合实力的高层次应用型人才的目标。其创新措施及其取得的成效主要体现在以下几个关键点：

一是提升高校研究生人才培养质量。随着社会需求形式和内容的不断变化，培养应用型和实践型人才的呼声越来越高。建设产教融合实践基地，可以促进理论与实际的有机结合，帮助学生更好掌握专业知识应用能力，提升人才培养质量。

二是促进科技成果转化和产学研合作。实践基地可以作为科研成果转化和产学研深度合作的载体平台。有利于高校科研力量和企业技术需求形成互补，促进科技成果深入企业应用，提高技术应用水平和产值。

三是促进区域经济社会发展。通过基地建设，高校可以将更多理论知识和技术成果送入区域经济体系，帮助培养应用型人才，解决企业技术问题，促进地方产业升级。

四是满足国家"双创"战略需求。我国提出"双创"作为未来发展战略，构建产教融合基地将有力支持这一战略规划，成为促进创新创业的重要载体。

五、结语

在产教融合的大背景下，应用统计专业人才培养需紧密围绕国家宏观战略、地方经济发展需求及行业发展前沿，从以下三个方面加强创新：首先，优化课程设置，确保理论与实践相结合；其次，强化实践应用，提升解决实际问题的能力；最后，坚持结果导向，确保人才培养质量。为此，应形成高校、政府、行业三方协同机制，汇聚专家、教师、学生的共同力量，注重顶层规划并凸显地方特色。通过深化校企合作，有效整合优势资源，推动应用统计专业人才培养迈向高质量发展，为国家培养具备坚实思想素质、卓越业务能力以及强烈社会责任感的新型应用型人才。

参考文献

[1] 国务院办公厅关于深化产教融合的若干意见 [J]. 中国对外经济贸易文告，2018（08）：6-12.

[2] 习近平对研究生教育工作作出重要指示强调适应党和国家事业发展需要培养造就大批德才兼备的高层次人才 [J]. 中国研究生，2020（08）：1-2.

[3] 吴姗姗. 产教融合背景下高校思政教育体系构建思考 [J]. 农业经济问题，2024（03）：146.

[4] 霍丽娟. 基于知识生产新模式的产教融合创新生态系统构建研究 [J]. 国家教育行政学院学报，2019（10）：38-44.

[5] 李洁. 专业学位研究生产教融合协同培养体系研究——以材料与化工专业为例 [J]. 学位与研究生教育，2022（12）：6-12.

[6] 刘玉婷. 以产促教：网络与新媒体专业人才培养策略 [J]. 传媒，2024（14）：21-23.

[7] 耿乐乐，张萌. 新制度经济学视角下的"双一流"建设高校产教融合：困境与突破路径 [J]. 重庆高教研究，2024（09）：1-15.

[8] 耿乐乐，田培瑶. 产教融合培养卓越工程人才的"学习工厂"形成机理与运行机制 [J]. 教育学术月刊，2024（07）：26-34.

（作者单位：中南财经政法大学统计与数学学院）

"双一流"建设下金融硕士专业学位论文质量管理与提升策略探析

——以中南财经政法大学金融学院为例*

杨雅婷

摘　要："双一流"建设需要打造一流的研究生教育。近年来，我国金融硕士专业学位迅速发展，为我国金融发展培养了大量高素质应用型人才。高校为研究生授予学位，是对研究生个人素质的肯定，也是对用人单位的保障。学位论文是检验研究生培养质量的关键指标，因此对专业硕士学位论文质量进行研究，具有重要的理论和实践意义。本文在"双一流"建设背景下，基于金融硕士专业学位的专业特色和发展现状，针对现存的金融硕士专业学位论文与学术学位论文同质性高、选题与行业产业需要脱节、导师队伍建设不完善等问题，以中南财经政法大学金融硕士专业为例，从完善规章制度、优化课程设计、优化师资队伍、全过程管理等方面，提出提升学位论文质量的建议，促进金融硕士专业学位管理工作的规范化，培养高素质的金融创新人才。

关键词：金融硕士　专业学位论文　质量管理

"双一流"建设是我国高等教育的重大战略部署，其根本在于培养拔尖创新人才。研究生教育是高等教育人才培养的最高层次，其教育质量直接影响国家的人才质量，是构建高质量人才培养体系的重要一环。随着我国专业硕士教育的发展，到"十四五"时期末，专业硕士招生将达到研究生招生总规模的2/3，学位论文是研究生人才培养的重要组成部分，也是检验培养质量的关键指标，专业硕士学位论文质量也备受关注。《学位法》的出台，对学位论文提出了更严格的要求。

---

　　* 基金项目：本文系2024年中南财经政法大学本科教学改革研究项目：新时代教育教学中的"五育融合"机制及其应用研究部分研究成果。

一、金融硕士专业学位现状及专业学位论文存在问题

（一）金融硕士专业学位现状

金融是现代经济的核心，随着社会经济的快速发展，对金融人才的规模、专业能力和综合素质提出了更新的要求，研究生教育结构随之发生转变。各高校根据自身的学科优势招收金融硕士专业学位研究生，培养具备扎实金融知识和卓越实践能力的专业人才。我国的金融硕士专业学位教育发展迅速，社会认可度高，招生规模和培养单位数量逐年增加。相比学位型研究生对专业理论基础的要求，更注重对金融硕士专业学位研究生实践能力和创新精神的培养，以及对服务社会发展和经济建设的能力培养。作为高端金融人才的重要后备力量，金融硕士的培养是否能紧跟金融行业的发展，将直接影响人才培养的质量和与就业岗位的适应性。硕士学位论文是研究生在整个学习阶段的研究成果，体现学生的学习能力和专业水平，同时在写作过程中学生会不断加深对研究领域的理解。因此，金融硕士专业学位论文应更加强调与实践结合的紧密度和创新性，应更具有应用价值和可行性，能够解决现实的金融问题。

（二）金融硕士专业学位论文存在的问题

1. 专业学位论文与学术学位论文同质性高。根据硕士研究生培养要求的不同，分为学术学位和专业学位。相比传统的学术学位，专业学位更注重学生的实践能力，培养适应经济发展和社会需要的应用型人才。因此，在专业学位论文的要求上更加注重与实践相结合，解决金融领域的实际问题。根据金融教指委的要求，专业学位论文可以是专题研究、调研报告、案例分析等，体现学生运用金融及相关理论知识解决实际问题的能力。但在目前的论文写作中，专业学位论文更多地沿袭了学术学位论文的范式和内容，更加注重理论的前沿和创新，而忽视了对实际问题的发现、分析和解决。案例论文的撰写不仅需要对专业和政策有深刻的理解，还需要有一定的实践经验和行业经验，对研究生的综合素质提出了较高的要求。同时，研究生论文盲审的要求日渐提高，传统的学术型论文更能体现工作量和贡献度，更容易通过评审，不少同学担心案例论文写作成果难以达到预期，因此对撰写案例论文望而却步。

2. 论文选题与行业产业需求脱节。根据金融教指委的要求，金融硕士专业学位论文的选题要体现行业的最新研究成果和领域实际，论文选题应来源于应用课题或实践，紧密结合金融行业前沿，具有明确的现实意义和应用价值，对解决现实的金融问题要有指导价值。但在专业学位论文的选题环节，部分研究生存在行业实践经历不足的问题，他们捕捉行业热点的意识不足，对重大事件缺乏敏感度，导致选题总体上滞后于

行业产业的发展趋势，因此难以及时为金融实践领域提供有针对性的建议。前沿的论文选题在资料收集、理论方法和分析框架等方面对研究生提出了更高的要求，部分专业硕士研究生的写作能力较弱并且对论文写作的要求较低，更倾向于选择有成熟体系的传统研究题目，以便找到更多的文献参考和成形的论文框架，降低写作难度。同时新兴选题存在的争议较大，部分研究生担心论文研究方向在开题及评审过程中被专家老师们质疑，为降低风险，选择传统保守的论文题目，但也限制了论文研究的创新性，不能与行业的前沿需要相匹配。

3. 研究生导师队伍建设不完善。导师是研究生培养的第一责任人，导师的指导能力和水平直接影响研究生的教育水平，因此导师队伍的建设是决定研究生学位论文质量的重要因素。长期以来，高校把培养学术型人才作为主要目标，教学方案、课程设计及论文写作指导均以培养学术型人才为主。在专业硕士研究生的培养上，高校往往沿用传统的教育模式，这种模式往往与金融实践联系不够紧密，缺少产教融合的协同性。高校更多地注重学生对理论知识的学习，忽视了专业硕士在行业前沿探索、解决实际问题等方面的能力培养，这与专业硕士的培养目标相背离。随着专业硕士研究生招生人数的不断增加，导师队伍并没有得到对应的完善。现阶段，专业硕士导师队伍多为科研指导老师，而具备丰富的行业经历、项目研发经验的实务指导老师数量较少，无法满足专业硕士研究生的指导需要。部分高校的"双导师"制度落实不到位，大部分金融硕士研究生并没有得到校外导师的指导，无法将理论知识和具体问题相结合，对金融实践的了解过于浅薄，无法写出高质量的专业学位论文。

二、中南财经政法大学金融硕士专业学位论文质量管理措施

自 2010 年教育部设立金融硕士专业学位起，全国已有 200 余所高校获批金融硕士学位点。金融硕士专业学位的培养单位数量逐步增多，招生规模也在逐年增加，如何保障金融硕士专业学位的授予质量成为重要的课题。中南财经政法大学金融硕士专业学位旨在培养适应社会需求，具备过硬政治素质，熟悉国际规则，立足中国国情，具备扎实金融理论功底，掌握先进信息技术的"应用型、创新性、数字化、国际化"高级金融人才。截至 2024 年底，累计授予学位超千人，具有丰富的金融硕士专业学位培养经验。

（一）完善规章制度，提升管理规范性

设立符合学校要求和专业特色的规章制度，对研究生培养有着至关重要的作用。学校学院坚持完善规章制度，为研究生培养提供明确的指导方向和学位授予要求，保

障学位论文的严肃性和公平性，提高导师论文指导的针对性，提升学生论文撰写的质量和效率。为确保金融硕士专业学位论文的质量，金融学院认真学习并领会金融教指委和学校的政策要求，结合学院优势和专业特色，逐步完善制度规定。在导师指导方面，学院制定了《金融学院专业学位硕士研究生双导师指导制度实施办法》，规定导师的聘任管理和职责义务，规范导师的论文指导范围，保障导师指导的有效性。在论文写作方面，根据学校的《中南财经政法大学研究生论文撰写规范》，制定了《学位论文形式要件核查清单》，从文体规范、文章结构和内容要求等方面对学位论文写作进行了规范，对金融硕士专业学位研究生的论文写作给予指导和约束。在学位申请流程方面，根据学校的《博士硕士学位论文评审管理办法》，制定了《金融学院博士硕士学位论文评审管理办法补充说明》《金融学院优秀博士硕士论文评选实施细则》等制度，学院要求全部的专业学位论文都要进行匿名评审。并对评审结论进行详细规定，以健全的制度指引学生写作方向，明确目标，确保金融硕士专业学位论文的高质量。

（二）优化课程教学，提升学生写作能力

1. 优化培养方案，将课程学习与专业学位论文写作相结合。学院根据金融硕士的培养要求，将培养目标贯穿培养方向制定、课程设置、毕业条件审查等各个培养环节。在培养方向上，紧跟学科发展前沿和社会需要，优化"专业学位类别＋X方向"的专业硕士人才培养体系，创新性地在金融硕士专业开设金融科技方向、财富管理方向、碳交易与碳金融方向等。在课程设置上，学院深化课程思政，在课程方案中增设金融科技、机器学习、区块链、量化投资和金融计量等课程，以加强学生对新兴技术的理解，提升数据分析应用能力。通过课程学习引导学生了解金融行业前沿方向，增强学生的数据处理能力和论文写作能力，保障金融硕士专业学位论文高质量。

2. 加强校企合作，将实习实践与专业学位论文写作相结合。学院依托校友资源和产教融合实习实践基地，探索多元社会育人模式。金融硕士专业学位论文要求与实践相结合，满足金融行业的实际需要，学院积极为研究生搭建实习实训平台，帮助学生了解行业前沿。学院积极与企业联合开展研究生培育项目，打造"同育课堂"深化校企合作，为研究生提供更多元化的学习和发展机会。学院与中国建设银行运营数据中心围绕金融科技领域的热点问题，共同开展课题研究，帮助研究生在课题研究中加深对行业的了解。学院与国泰君安证券共同开设"国泰君安班"，由国泰君安证券各业务管理条线专家、公私募基金经理、上市公司高管等业界专家进行授课，拓宽研究生的学术视野和实践经验。学院不仅将行业专家请进课堂，还鼓励学生积极参加实习实践活动，在实践中提高对专业的认识，增强对理论知识的运用。倡导学生在实践中洞察金融行业需求，捕捉行业热点课题，寻找适合的学位论文选题，并在实践中积累资料，为论文写作打下坚实的基础。

（三）优化师资队伍，提升老师指导质量

1. 打造优秀的校内导师团队。高水平的导师队伍是保障专业学位论文高质量的重要基石，金融学院高度重视金融硕士导师组的老师遴选和培养工作。在教师遴选上，学院引进和培养了一批具有高水平专业素养与教学能力的师资力量，这些老师不仅具备扎实的理论指导能力，还拥有丰富的金融领域实践经验或承担相关行业横向科研课题的经历，从而保证专业学位论文既拥有理论基础，又兼具鲜明的现实意义。在教师培养上，学院积极发挥学科优势，学院定期组织导师培训和交流研讨会，提升导师综合素质。通过邀请专家学者来校讲座，常态化举办"研究生培养体系改革提质研讨会"；经常听取导师对学生培养的意见，及时纾解思政、教学等方面存在的阻滞问题。学院研究生教育教学工作连年获评"优秀"等级，学院金融硕士导师组获校级优秀导师组。同时，学院与中国建设银行湖北省分行开展长期合作，选派教师到企业进行挂职锻炼，参与企业的课题研究，提升教师对金融实践的理解和感悟，鼓励老师们将社会需要融入到论文指导中，指导学生写更符合社会需要的学位论文。

2. 加强校外导师建设。金融硕士研究生的培养更注重实践性，因此邀请实践经验丰富的行业专家对学生进行指导是非常必要的。学院加大合作硕士生导师聘任力度，积极吸收在金融实践领域出名的专家担任导师，现有聘期内合作硕士生导师77人。校外导师参与到研究生学位论文写作的各个环节，对其论文的现实意义和应用价值进行指导，帮助研究生提升发现和解决金融实际问题的能力，创新学生的思维方式并增强实践能力，保证金融硕士专业学位论文的可行性和价值性。

（四）全过程管理，保证学位论文质量

1. 强化学位论文环节的质量管理。学院持续完善学位论文与学位授予管理，从开题、预答辩、盲审、毕业答辩等四个环节全方位对学位论文进行质量管控。（1）规范开题管理制度。学院要求研究生论文开题时需完成学位论文50%以上的工作量，学硕和专硕需分别提交1.5万字和1.2万字的开题报告，有效提高论文选题的合理性和可行性，提高开题质量。（2）规范预答辩管理制度。学院要求研究生需完成学位论文后才可申请预答辩，严格把控预答辩流程，同时进行弹性处理，根据实际情况进行二次预答辩，保障学位论文质量。（3）规范盲审管理制度。学院始终坚持对全部的研究生学位论文进行双盲评审，学位论文首送3个专家，严格执行论文盲审规则，确保评审的公正性和客观性，提高论文评审的质量和科学性。（4）规范答辩管理制度。学院要求研究生根据盲审意见完成修改及说明后方可申请答辩，答辩委员会中至少有一位校外相关领域专家，对学位论文严格把关，严格落实论文答辩淘汰制，确保学位论文高质量。

2. 加强专业硕士研究生教育文化氛围建设。学院坚持把研究生的学风建设贯穿全流程，营造风清气正的育人环境和求真务实的学术氛围。学院通过创新活动形式，如举办"科学道德和学风建设"系列活动、科风讲座、知识竞赛、学风主题三行诗等，加强学风建设，发扬优良的科研传统。学院通过把握关键时点，营造和加强学生严谨的学术氛围。在新生入学教育周、撰写学位论文前等时间点，进行集中宣讲和指导教育，让所有相关人员知晓各自所要承担的责任和义务。要求研究生严格遵守学术规范，潜心科研；敦促导师切实履行职责，加强学位论文指导。同时，学院主动协调专任教师，面向全体研究生开展以"Python与金融数据分析""金融学术能力提升""大数据应用与大数据技术"为主题的金融能力提升技能系列培训班，培训人次超过4000人次，为学生掌握数据处理能力和学位论文写作奠定了坚实的基础。

三、中南财经政法大学金融硕士专业学位论文质量管理成效分析

（一）专业特色明显

金融学院融通"经法管"，融合"产学研"，打造专业特色。学院积极响应国家发展战略和市场人才需求，通过与原国泰君安证券、中国碳排放权注册登记结算有限责任公司、中国建设银行、天风证券等行业领军企业的深度合作，将课程与实践教学紧密结合，打造了金融科技方向、财富管理方向、碳交易与碳金融方向、证券投资方向等特色鲜明的培养项目，推出了一系列特色课程。同时，学院积极深化校企合作，致力新金融人才培养，推动产学研一体化。学院通过与中国建设银行建立联合导师培养制度，打造产教融合共享课堂，启动"蓝星计划"共同课题研究。

（二）学位论文质量显著提高

学院在金融硕士专业学位论文的各个环节均严格把关，尤其注重学位论文选题的应用性，解决实际问题的效果及其应用价值，论文整体呈现质量高、应用广、创新强的特点。学院设立专项资金，鼓励导师组和教师打造优秀教学团队，参与研究生教育教学改革与创新，成功催生了一批富有启发性的教学案例，连续多年荣获全国优秀金融硕士教学案例奖项。近三年来，有4篇论文获得全国优秀金融硕士学位论文优秀奖，毕业后的学位论文抽检合格率100%，由于论文质量优良，学院受邀在2018年的教指委年度工作会议上，就论文指导经验进行了交流发言。

（三）金融专业硕士的综合能力大幅提升

通过一系列的学位论文质量管理与提升策略，金融硕士专业学位研究生不仅在学位论文质量上有显著的提升，同时在系统全面的学位指导下，研究生的综合素质也得

到了较大的提升。专业学位论文不仅能体现金融硕士研究生的理论基础和专业知识，也反映了其独立从事金融工作的综合能力。通过论文训练增强研究生对行业产业前沿领域的探索和了解，提高自身的实践能力，使其综合素质与社会需求相匹配，金融硕士专业学位研究生就业率多年保持在95％以上。

参考文献

［1］伏创宇．论《学位法》中学位授予具体标准的制定［J］．高校教育管理，2024，18（06）：43－45．

［2］靳利军，姜艳萍，邱家琴．黑龙江大学MPAcc项目学位论文质量管理与提升策略探析［J］．黑龙江教育（高教研究与评估），2024（10）：51－56．

［3］郭利华，李俊海．金融硕士生的实践培养：痛点问题、思路策略与现实案例［J］．学位与研究生教育，2024（06）：58－64．

［4］王琼，肖华东．数字经济背景下金融硕士专业学位人才培养探索——以江汉大学为例［J］．对外经贸，2024（04）：125－128．

［5］刘兴华．金融硕士专业学位研究生培养模式研究［J］．江西科技师范大学学报，2024（02）：99－107．

［6］祝爱武．我国学位授予质量管理保障体系发展特点分析［J］．研究生教育研究，2022（02）：37－42．

［7］周光礼．"双一流"建设中的学术突破——论大学学科、专业、课程一体化建设［J］．教育研究，2016，37（05）：72－76．

［8］李国义．金融硕士专业学位与学术型学位培养模式比较研究［J］．教育教学论坛，2015（06）：49－52．

［9］周春喜．金融硕士专业学位研究生培养模式探索与实践——以浙江工商大学为例［J］．金融教学与研究，2014（04）：60－64．

（作者单位：中南财经政法大学金融学院）

基于创新型税务硕士人才培养的仿真模拟教学改革*

薛 钢

摘 要：税收是实现中国式现代化的重要力量，发挥着基础性、支柱性与保障性功能，税务硕士正是为了应对国家治理的需要，满足社会对高层次税务专门人才要求所设立的专业学位。近年来，随着计算机技术和信息技术的迅猛发展，基于仿真模拟环境创新税收实践教学，能够显著提升税务硕士的教学水平和学生的综合素质，通过模拟案例引导学生进行自主学习，实现创新型优秀税务人才的培养目标。

关键词：税务硕士 仿真模拟教学 创新型人才 税收治理能力

税收是国家财政收入的主要来源，是政府提供公共产品和公共服务、促进经济发展和维护社会稳定的重要工具，在国家治理中充分发挥着基础性、支柱性和保障性作用。为适应我国税收现代化发展对专门人才的迫切需求，满足社会对高层次税务专门人才的要求，税务硕士专业学位（Master of Taxation，MT）应运而生。自 2010 年 1 月国务院学位委员会同意开设该项目以来，截至 2023 年底，全国共有 58 家税务硕士专业学位研究生的培养单位，正在为中国式现代化培养优秀的税务专业人才。

近年来，随着整个科学技术的蓬勃发展，以大数据、人工智能等为代表的技术能力对教育理念、教育方式、教育技术都产生了重要的影响。在这种背景下，虚拟仿真教学的重要性也在不断显现。自 2018 年 5 月开始，《教育部关于开展国家虚拟仿真实验教学项目建设工作的通知》对国家级的虚拟仿真实验教学项目提出了建设要求。2019 年 2 月，中共中央办公厅、国务院办公厅印发的《加快推进教育现代化实施方案（2018－2022 年）》明确提出"支持学校充分利用信息技术开展人才培养模式和教学方

---

* 基金项目：本文是湖北省教学改革研究项目"税收专业化教学改革、资源共享与机制保障"（项目编号：2024154）的阶段性成果。

法改革"。自党的二十大以来，在党的文件中，多次强调了教育、科技和人才对于实现国家治理现代化发展目标的重要性，在这个过程中，能否顺应时代与科技的发展，在税务硕士专业学位的培养中体现教学数字化的转型，是贯彻落实党的二十届三中全会精神，促进信息技术与教育教学深度融合的良好实践。

一、基于自主学习视角的仿真模拟教学模式

与常规的课堂教学与实验室教学环境不同，如果在税务硕士专业学位人才培养中引入仿真模拟教学模式，能够极大地改变现有教学格局，通过精心设计的教学项目与任务教学，通过模拟税收实践中的业务场景和工作流程，实现专业理论向税收业务的转变、课本知识向业务程序的转变、税收政策向实务场景的转变，迅速改变文科背景教学枯燥的局面，有效提升学生对专业知识的实践运用能力，从而为学生掌握税务专业的知识与技能提供自主学习的动力。

（一）自主学习

自主学习是一种主动的、建构性的学习过程，在学生综合素质的形成与社会贡献的实现过程中发挥着重要的中介效应。通常认为，学生自主学习的能力主要会受到自我教育意识、教师教学方式、外部教学环境三个因素的深刻影响，能否实现以学生为中心，鼓励学生对知识的主动探索、主动发现和主动运用是自主学习成功与否的关键。长期以来，对知识的传播更多来自教师的"传道、授业、解惑"，不是说这种方式不可行，只是这种方式忽视了受教育者的自身动力，更忽视了受教育者自身借助学习方法与渠道主动获取信息的主观能动性。因此，将信息转变为知识，将知识转变为能力，将能力转变为创新力，是高校需要真正传授给学生的基本技能，也是高校进行高素质人才培养的主要目标。

（二）仿真模拟教学

仿真模拟教学以学生的自行探究学习为主体，以提高学生的研究和创新能力为目标，以研究、讨论、案例分析等为内容，以多媒体等现代教育技术为支撑所开展的教学形式。它能够为学习创造一种更加自由、宽松的外部教育环境，借助特定真实业务冲突的"场景再现"，更能够激发学生的自身动力，促进学生的自主学习，实现创新性人才的培养。它的学习特征在于：

1. 认知方式更加具有多元性与显性化。在仿真模拟教学平台下，教学环境的改变直接给学生提供更多图像引导和场景交流，学生接受信息的主要方式由教师围绕知识

点讲授教材转变为以业务案件为核心的师生共同探讨解决方法。在这个过程中，相对于传统教学模式，通过更加直观的图形引导、语言交流或场景变化，能够使学生的认知方式从单一性转化为多元性，从隐性转化为显性。

2. 学习动力更加具有自主性与主动性。基于自主学习的仿真模拟教学，学习的内容进度安排、知识点的重构与运用存在差异性，学生也可以依据自身或团队的知识结构进行合理选择，这种自由度的提升会影响到学习动力的变化，学生会更具有参与的积极性，也会在无形之中对模拟教学的内容与方式提出不同意见，实现了学生从单纯的、被动的受教育者向主动要求学习者的角色的变化。

3. 学习思维更加具有跳跃性与协作性。在仿真模拟教学的模式下，一方面，学习的过程不再是由教师主导，教学内容也不再是简单的课本，大量的学习机会来自学生的学习需要，完成知识从理解到运用的创造，有助于培养和引导学生的创新意识。另一方面，仿真模拟具有自我更新的功能，能够依据政策的变化和业务的需要适时进行优化与完善，这就让学生的学习始终处于变化之中，真正提升对于现实社会的认识，并且在学习中形成团队意识、协作思维与沟通能力。

二、创新型税务硕士人才培养的素质需求与教学现状

税务硕士作为专业型硕士，与学术型硕士相比，必须注重培养学生对专业知识的实际运用能力，使其毕业后能够胜任不同领域、不同部门、不同场景的税收工作，将其培养成为高端复合型的专业税务人才。

（一）创新型税务硕士专业人才的基本特征

1. 具有正确的纳税意识。创新型税务硕士应当具备正确的纳税意识，这种纳税意识并非空洞的概念，而是将纳税意识具象化于对国家的情感和责任上，充分认识到依法纳税对于国家治理的基础性、支柱性和保障性意义，从实现国家治理现代化的角度认识到依法纳税行为的重要性，才能在依法治税的背景下遵守税收法治、维护国家税收利益与纳税主体的合法权益。

2. 具有强烈的求知欲望。随着经济的快速发展，新问题和新业务层出不穷，从而导致税收政策与管理流程也是快速变化的，由于不同的行业存在各自的特点，如何准确地认定、计量、申报、检查这些涉税经济事项与风险是业务实践工作的难点。作为创新型税务硕士人才，应该具有强烈的求知欲望，具备自我提升和持续发展的能力，积极寻找多元化的学习方式，主动查阅相关文献或进行调查研究和参与社会实践，以发现与解决"真问题"为出发点寻求税收治理的最佳方案。

3. 具有独特的思维方式。对于税收实务难题，传统的税务专业学生往往会限于常规思路，难以突破原有的思维惯性与税收原理，限制了实践中的创新。相比之下，创新型税务硕士不受传统束缚，擅长从不为其他人关注的视角审视问题、进行分析和寻找解决方案，展现出解决税收疑难问题的独特能力。

4. 具有敏锐的发现能力。开展税收工作，尤其是面临税收争议问题，取得成功的关键是发现和提出问题，并且能够对问题进行多维度分析，理解经济业务的本质，进而提出税收解决方案。创新型税务硕士应具备敏锐的问题发现能力，在思考和认知上不盲从已有观点，敢于对税收争议问题提出异议，才能发现涉税风险和解决现实问题。

5. 具有较强的实践能力。在知识运用的过程中，创新本身也是一种实践，但是这种实践注定是存在障碍的，需要发散性的思维与突破性的应用。创新型税务硕士应当在实践领域拥有更强的竞争力。在学习过程中，不能只满足于一般的验证性学习与经验性判断，更需要在实践中不断总结税收治理的规律。

（二）国家治理现代化对创新型税务硕士的素质要求

1. 基本素质要求。税务硕士的培养需要突出税务专业硕士的职业素养和自我学习能力，道德素质与政治素质保障了税务专业硕士能够具有正确的世界观、人生观、价值观，身体素质和心理素质赋予了税务专业硕士迎接复杂工作的承担能力，学习能力和实践能力能够帮助税务专业硕士在不断地学习与实践中提升自身价值。

2. 专业基础能力要求。税收工作一方面联系着纳税人、缴费人；另一方面联系着税务机关，基本上所有经济业务都会与税收产生关联。因此，要处理好税务实践问题，需要不同经济、法律、管理等学科知识的沉淀与积累，具有很强的融合性。尤其在数智时代，除了专业基础知识以外，对于数据的采取、分析与应用能力的训练也显得相当重要，还需要开设应对数智经济时代挑战的课程，培养数智时代的数字素养。

3. 专业技能能力要求。税务专业能力主要需要围绕税务专业的税收制度、税务税收、税收征管、税务稽查、纳税申报、税收合规等课程体系进行培养，同时，对于企业税收管理的不同环节（投资、融资、经营、分配等）的涉税风险管理能力也需要加以培养。

4. 综合应用能力要求。通过综合性实训，让学生将理论知识和实际运用相结合，创新型人才不仅是要具备扎实的专业技能，更需要能够在实践工作中，将不同学科、不同专业的知识、技能与方法运用于税务问题的解决之中。因此，培养税务专业硕士对复杂涉税业务的问题发现综合分析、解决能力就显得格外重要。

（三）现阶段税务硕士教学现状

目前，社会发展已经进入"税感时代"，飞速发展的税收改革与日益复杂的税收征管，引导社会对于高水平的税收专业人才提出了更高的要求，在注重专业理论知识学习的同时，更要注重科学研究素质和创新能力的培养。而目前的税务硕士教学实践中还存在下列问题：

1. 教学主体的单一性。从教学主体来看，税务硕士项目的多数教师在教学中居于单一主导地位，课堂设计主要还是教师以内容讲授的方式直接传授学生知识，教师成为课堂教学的主导者；而税务硕士的学生还多以本科学习方式为主，处于被动接受学习内容的状态，不利于学生发挥自身学习的主动性、积极性与创造性。

2. 教学模式的常规性。从教学模式来看，常规的教学模式不利于学习效率的提高。通常课堂教学模式是教师在讲台上讲课，学生主要依靠阅读、记忆、思考、回答等方式获取知识，这种学习模式时间过久容易引发学生的疲倦心理，从而导致教学效果不够理想，学生的学习兴趣会随着教学时间的长度有所下降。

3. 教学内容的主观性。从教学内容来看，传统教学不利于开阔学生视野，容易导致信息闭塞。一般来说，在传统的教学过程中，教学内容仅限于从固定选取的法规和教师个人已知的知识领域中对学生进行教育，课程安排的主观性较强，所以学生学到的知识和技能主要受限于教师的业务能力，相关知识传授与能力培养存在主观性与有限性，难以保证教学内容的时效性与拓展性。

三、税务硕士仿真模拟教学的课程标准与实施思路

（一）税务硕士仿真模拟情景下的课程标准

1. 仿真课程内容的综合性。传统教学内容更受制于教材或专题讲座的逻辑，知识运用较为碎片，以税收政策专业为例，更多是源于某个税种或某个环节展开，课堂教学内容也较为集中于一个主题进行授课。仿真模拟的场景可以突破常规教学的限制，更加强调知识运用的综合性，对于税收制度、税收政策与税收征管的运用是全方面的，不断拓展专业学习的广度和深度。

2. 仿真课程形式的互动性。仿真教学的课程安排主要是通过项目进行，在完成工作项目的过程中，可以采取多种方式，例如团队合作或争议谈判等，学习者的身份是随着学习方式的变化而不断变化，以这种角色的转变来进行仿真项目的学习与实践，会大大提高课程信息的利用率，并充分发挥自己的学习自主权。

3. 仿真课程过程的技术性。与传统的课程教学不同，仿真教学更多通过实验项目、教学平台进行模拟教学，其教学效果更倾向于工作实践，而操作系统的技术性也在不断提高。因此，学习过程中，仿真课程需要学生掌握一定的技术平台应用能力。

（二）税务硕士仿真模拟教学情景下的具体实施

1. 明确模拟岗位的专业知识需求。通过仿真课程专业知识的需求调查，进而在实验中合理设计与运用行业岗位所需的专业知识点。这一过程对仿真教学的设计者提出了较高的要求。首先，教师在设计教学方案时，需要通过各种方式充分了解社会的岗位特点，以便确定实验中的职位需求与能力标准，更为重点的是满足这些职位所需的税收专业知识和税务技能。其次，通过了解学习者的情况，掌握其知识基础和课程经历对岗位所需税收执业能力的适应程度，并根据课堂学习内容和岗位执业能力需求之间的差异进行合理的教学设计。

2. 选择合适的教学平台合作单位。不同的教学平台合作单位特点是存在差异的，目前的仿真模拟教学平台主要是院校开发与企业开发两种类型。两种类型的优劣各有不同，前者比较规范，后者比较真实，鉴于仿真教学平台的设计将对教学质量产生重要影响，建议与社会教育机构合作，共同开发平台，以持续降低仿真模拟教学案例的开发成本，并增强教学案例的实用性。

3. 合理设计仿真实验目标。课程实验目标的确立是仿真模拟教学实施的核心内容，合适的仿真模拟项目设计需要考虑到两个目标，即职业能力目标与岗位操作目标。通过两个目标的确认，便能够以岗位工作过程为导向，确定职业能力目标，再确定完成前述岗位工作所需要掌握的知识体系。

4. 多方积累实验项目素材。依据仿真模拟实验目标，参考相应岗位的能力要求与操作流程，就应该进行实验素材的设计与整合。所谓素材设计既不是将有关知识点进行简单的合并与罗列，也不是将众多案例进行简单汇总，而是应该依据职业能力对相关知识点进行归类处理与重新组合，并根据专业知识的变化适时进行更新与优化，以维护仿真教学项目的实用性。

5. 设计实验模拟项目。项目训练设计是一个个知识点的模块组合，也是组成职业能力的关键培养点。在选择试验项目的单元模块时，要注意前后仿真实验项目的横向联系和纵向引导，不同的仿真模拟实验项目之间应该具有连续性，能够将相关知识点通过实验项目进行顺利的衔接，并引导学生针对试验项目进行创造性学习和创新性研究。

6. 教学注重教师积极引导。在执行仿真模拟教学时，教师需要从传统的"演员"角色转变为"导演"角色。作为教学活动的"导演"，教师负责在整个教学过程中对专业知识进行引导，并将其运用于税务实践之中。在应用专业知识和满足岗位需求时，教师需要深入理解税收风险和税收流程，并根据实验项目的目标不断优化教学内容。并且，教师应能够准确利用实践素材来完善课堂教学，对课程内容与教学方式进行方案设计。

7. 实施项目考核评价。教学水平的考核评价是衡量教学改革是否成功的关键环节，需要得到足够的重视。在以自主学习为基础的仿真教学评价中，应该强化对学习过程的评估，建立以过程性考核为主、结果性考核为辅的教学评价模式。

四、提升税务硕士仿真模拟教学质量需要考虑的相关问题

（一）仿真模拟教学需要不断提高教师引导者的能力

在仿真模拟教学中，作为设计者和引导者的教师应对具体岗位的需求具有良好的敏锐性，虽然仿真模拟教学需要充分发挥学生的自主学习动力与能力，但是教师对于仿真模拟教学实验的设计、引导将直接影响学生的学习水平，原来只注重教材教学的教师需要更多地深入社会实践部门，真正熟悉与了解税收业务的操作方法与政策支撑，必须自身拥有更加强大的工作能力，才能将自身的工作能力转化为仿真模拟实验项目的素质目标，并依据业务需求与税收政策确定最合适的仿真训练项目进行练习。

（二）仿真模拟教学需要不断追踪政策变动与征管变化

税务仿真模拟教学与传统教学最大的优势在于它"接地气"，能够通过税收工作的场景再现，引导学生进行"体验式""任务型"的学习，并且及时依据政策与征管改革而更新脚本。而仿真模拟教学软件则存在一定的时滞性，在税制改革频发的新时代，一旦出现税收制度、税收政策与税收征管的变化，就会对仿真模拟教学提出更高的要求，需要及时对这种变化予以反馈，尽量缩短教学软件与教学模块调整的时间，保证税务硕士专业学习的时效性。

（三）仿真模拟教学需要不断激励教学主体角色转变意愿

与传统教学模式相比，仿真模拟教学需要师生双方更多的投入，很明显，在缺乏约束与激励的背景下，这种主体教学角色的转变需要一定的外部力量。一方面，需要加大对仿真模拟教学水平的考核。其中对教师的考核主要包括对社会需求能力的调查、模拟项目知识目标的确立和学生完成项目质量等情况。对学生的形成性考核包括课堂交流、实验项目完成情况等，而终结性考核包括学生自主学习情况、学生团队表现等。另一方面，需要加大对仿真模拟教学团队的激励。学校对从事仿真模拟教学的师资队伍或团队予以激励，尤其在教学项目开发时期，更需要进行物质与考核方面的照顾，吸引更多年轻的教师积极参与仿真模拟教学的改革。

参考文献

［1］马林元，张伟，张萍萍．面向新商科的虚拟仿真实验教学共享平台建设应用［J］．科技与创新，2024（02）：185－187．

［2］潘晨，周耿．经济学虚拟仿真实验教学探索［J］．中国现代教育装备，2024（11）：1－4．

［3］唐娅娇．"新文科"建设背景下高校经济类专业开展虚拟仿真实验教学路径分析［J］．大学，2023（23）：117－120．

［4］陈岩，高洁．如何提高虚拟仿真实验教学项目的学习效果？——基于国际经济与贸易专业159份问卷的分析［J］．现代教育技术，2021（05）：75－81．

［5］朱柏铭．提升税务硕士专业学位研究生的法律素养［J］．研究生教育，2021（05）：58－64．

［6］王传毅，李福林．实习如何"赋能"专业学位硕士研究生——基于研究生满意度调查［J］．中国高教研究，2021（10）：81－87．

（作者单位：中南财经政法大学财政税务学院）

"教学做合一"视域下法律硕士人才培养路径研究

——以中南财经政法大学法律硕士人才培养为例*

王广波　　胡雨卿

摘　要：发展素质教育，培养创新能力，加快建设高质量教育体系是新时代的要求。法律硕士专业学位研究生教育作为创新人才培养的重要途径，在法治国家建设中起着重要作用，肩负着输送人才的重要使命。以陶行知"教学做合一"的教育理念为基础，用真教实学达到"教学做合一"，通过导学团队育人专家组的建设致力于打造一支自主、探究、合作的专业团队；以国家法治建设、人才输送为基石创建全新的课程模块，最终定位于法律硕士人才创新实践能力的培养，落实"教学做合一""三位一体"的创新培养模式。

关键词："教学做合一"　导学团队建设　课程模块　创新培养体系

仓廪虚兮岁月乏，子孙愚兮礼义疏。百年大计，教育为先。党的二十大报告对实施科教兴国战略、强化现代化建设人才支撑作出重大部署，明确了科教兴国战略在新时代的科学内涵和使命任务。教育是国之大计、党之大计。培养什么人、怎样培养人、为谁培养人是教育的根本问题。坚持教育优先发展、人才引领驱动，加快建设教育强国、人才强国，坚持为党育人、为国育才，全面提高人才自主培养质量。法律硕士教育是一种专业学位教育，是一种职业养成过程，是一种精英教育。法律硕士专业学位是为法治实务部门和各行业领域培养具有社会主义法治理念，德才兼备的高层次专门型、复合型、应用型法治人才。法律硕士专业学位研究生培养是创新人才培养的重要途径，在科教兴国战略中，起着为法治国家建设输送人才的重要作用。由于培养模式

---

　　* 基金项目：中南财经政法大学 2025 年度研究生教育教学改革项目"新时代产教融合协同育人培养模式创新实践研究——以法律硕士实习基地建设为视角"（项目编号：SJJD202506）的研究成果。

的限制，法律硕士人才培养仍存在培养定位模糊、培养模式单一、导师作用不明确和人才培养体系不完善等问题。法律硕士人才培养输送质量与社会预期仍存在一定差距，关键原因是教学做的分离所致。先生拿做来教，乃是真教；学生拿做来学，方是实学。不在做上用功夫教，教固不成为教，学也不成为学。做是学的中心，也就是教的中心。通过真教实学，达到"教学做合一"，才能突破法律硕士人才培养的瓶颈，有效发挥高等教育人才培养功能，为法治国家建设和中华民族伟大复兴源源不断地输送高素质法治人才。

一、陶行知"教学做合一"教育理念

陶行知在《中国师范教育建设论》中提出，教学做是一件事，不是三件事。我们要在做上教，在做上学。在做上教的是先生，在做上学的是学生。从先生对学生的关系说，做便是教；从学生对先生的关系说，做便是学。先生拿做来教，乃是真教；学生拿做来学，方是实学。不在做上用功夫，教固不成为教，学也不成为学。陶行知强调，从前是先生教，学生学。教而不做，不是真教；学而不做，不是真学。故教而不做，不是先生；学而不做，不是学生。在做上教，才是真教，在做上学才是真学。真教乃是先生，真学乃是学生。这就是我们主张的"教学做合一"。陶行知特别强调，要想获得人类全体的经验，必须"教学做合一"方为最有效力；生活教育就是"教学做合一"；"教学做合一"不但不忽视精神上的自动，而且因为有了在劳力上劳心、脚踏实地的"做"为它的中心，精神便随"做"而越加奋发。"教学做合一"应集中在一个"做"字上面，这是当然的，因为"教学做合一"的理论也是集中在"做"之一字，所以必先要把"做"字彻底地说明一番，然后其余的问题，便可迎刃而解了。"做"字有个新而特别的定义，这个定义就是"在劳力上劳心"。单纯的劳力，只是蛮干，不能算"做"；单纯的劳心，只是空想，也不能算作真正的"做"，只是在劳力上劳心。"教学做合一"，强调的是三者的一体性。教以做为基石，学以做为基石，做是落脚点，即三位一体，不可分割。离开了做的教，是脱离了教学本质；违背了做的学是与实际脱钩。只有立足点放在做上，才能是真教实学，进而做到"教学做合一"。

二、法律硕士专业学位研究生培养存在的现实问题

2023年2月，中共中央办公厅、国务院办公厅《关于加强新时代法学教育和法学理论研究的意见》提出，法学教育和法学理论研究，承担着为法治中国建设，培养高素质法治人才提供科学理论支撑的光荣使命，在推进全面依法治国中具有重要地位和

作用，应加强新时代法学教育和法学理论研究。更新完善法学专业课程体系，一体推进法学专业理论教学课程和实践教学课程建设。适应"互联网＋教育"新形态新要求，创新教育教学方法手段。强化法学实践教学，深化协同育人，推动法学院校与法治工作部门在人才培养方案制订、课程建设、教材建设、学生实习实训等环节深度衔接。

教育是国之大计、党之大计。党的二十大报告从实施科教兴国战略，强化现代化建设人才支撑的高度，对办好人民满意的教育做出专门部署，凸显了教育的基础性、先导性、全局性地位，彰显了以人民为中心发展教育的价值追求，为推动教育改革发展指明了方向。新时代新征程，办好人民满意教育的重点任务是深化教育领域综合改革。要发挥学校育人主阵地作用，持续优化教育教学秩序和综合育人环境，拓展全方位、多层次、宽领域的教育对外开放格局，不断增强我国教育的国际影响力和竞争力。在中国式现代化进程中，全面建设社会主义现代化国家必须全面依法治国，而法治人才是法治国家建设的核心力量。

高校法律硕士专业学位研究生培养肩负着为法治国家建设输送高素质法治人才的重要历史使命。即面向 21 世纪，法学教育肩负着科教兴国战略和依法治国方略的双重历史使命。经过 20 多年的实践，我国探索出了一条较高的高层次专门型、复合型、应用型法治人才培养道路。法律硕士专业学位研究生培养形成了具有中国特色的培养模式，为法律实务部门培养了大批法治人才，提升了应用型法治人才的培养能力和培养水平，明确了法学教育的培养目标是应用型法治人才。培养高层次专门型、复合型、应用型法治人才成为法律硕士专业学位研究生教育的重要任务。法律硕士专业学位研究生人才培养对实施科教兴国战略、强化现代化人才支撑起着重要的作用，虽然法律硕士专业学位研究生教育取得了较大的成就，但仍然存在以下不足。

（一）法律硕士人才培养模式单一

法律硕士人才培养一般都是沿袭法学硕士研究生教育培养模式，缺乏有针对性的人才培养目标。法律硕士人才培养与法学硕士人才培养具有较大的差异性，不同于传统的学术学位法学硕士教育，也不同于一般的职业技能培训。因此，目前大部分高校的法律硕士人才培养模式较为单一，没有探索出针对高层次、专门型、复合型、应用型法治人才独具特色的教育培养模式。

（二）法律硕士人才培养体系有待完善

虽然全国法律专业学位研究生教育指导委员会颁布了指导性培养方案，但是各培养单位还是存在很多培养误区。培养理念的不同，对法律硕士人才培养定位的认识不充分，对导师的作用不明确，对培养模式缺乏正确认识等诸多因素，严重影响了法律硕士人才培养的创新教育，导致法律硕士人才培养体系不够完善。

（三）法律硕士人才输出质量与社会预期存有差距

党的二十大报告进一步从战略全局的高度，对加快建设人才强国提出新的要求，坚持全方位培养用好人才，做好人才工作的重点任务，指明新时代人才工作的战略重点。培养是基础，用好是目的。法律实务领域所需要的高层次法律人才具有明显的专业特征。法律职业具有高度专业化的重要特征，对人才的要求也具有特定性，但目前高层次专门型、复合型、应用型法治人才的培养能力和培养质量与现实需求不相适应。即法律硕士人才输出质量与社会用人需求预期存有差距，综合素质能力仍有待进一步加强，实践运用能力与社会需求仍存在一定差距。另外，法律硕士专业学位研究生的实践创新能力匮乏，法律硕士专业学位研究生的学术能力达不到法学专业硕士研究生的水平，专业实践创新能力也不尽如人意。

三、"教学做合一"与法律硕士人才培养

"教学做合一"，强调三者的统一性、不可分割性。教以做为基石，学以做为基石，三者统一于做，立足于做、立足于生活，培养的是综合素质与能力。不以法律职业为目标导向，没有进一步提出不同地区、不同层次的政法机关和不同职业分工的法律人才应当具备的特定的职业规格要求，进而使教学内容和教学方法脱离实际，重"学理"而轻"术业"。正是当前法律硕士人才培养的现实困境，即教学做三者分离。习近平总书记深刻指出，人才是衡量一个国家综合国力的重要指标，人才竞争已经成为综合国力竞争的核心。由人才大国迈向人才强国，必须切实提高对人才竞争在综合国力竞争中决定性作用的认识，充分开发利用国际国内人才资源，努力培养、引进、使用更多优秀人才，加快建立人才资源竞争优势，以进一步在国际竞争中赢得优势、赢得主动、赢得未来。因此，法律硕士人才培养应当"教学做合一"，助推我国整体法学教育和研究生教育的改革发展，为建设中国特色、世界水平的教育强国贡献力量，发挥高校服务社会的职能作用。

（一）宏观视角：基于高校服务社会职能的人才输出

党的二十大报告中指出，坚持和发展马克思主义，必须同中华优秀传统文化相结合。我们必须坚定文化自信，把马克思主义思想精髓同中华优秀传统文化精髓贯通起来，同人民群众日用而不觉的共同价值观念融通起来，要坚持守正创新，坚持问题导向。高举中国特色社会主义伟大旗帜，为全面建设社会主义现代化国家而团结奋斗。马克思主义教劳结合思想，为高校服务社会职能的实现提供了理论依据。陶行知先生

提出的"教学做合一"的落脚点即是做，也是教育同生产劳动相结合的具体体现。法律硕士人才的培养，应以法律职业为目标导向，将学理与术业有机结合，才能培养出学用相长、知行合一、德智体美劳全面发展的合格法律硕士人才，实现高校服务社会职能，为法治国家建设输送高素质法治人才。

（二）中观视角：基于法律硕士人才知识生产的转化

知识是包含在高等教育系统的各种活动之中的共同要素，科研创造它，学术工作保存它、提炼和完善它，教学和服务传播它。社会需求、社会责任及高校高质量发展诉求，共同推动高校知识生产模式变革，就成为驱动知识生产模式变革的核心动能。在此进程中，高校社会服务职能逐步萌生并发展。法律硕士人才的知识生产即是"教学做合一"中的"学"，它既是立足于知识转化的学，又是立足于履行高校社会服务职能的"学"。高校知识生产与社会服务呈现协同演进、教学合一的共生关系，二者不可分割，最终落足于"做"，即实现法律硕士人才知识生产向实践的转化。

（三）微观视角：基于法律硕士人才服务法治国家建设的现实导向

党的二十大报告提出，全面依法治国是国家治理的一场深刻革命，关系党执政兴国，关系人民幸福安康，关系党和国家长治久安。必须更好地发挥法治固根本、稳预期、利长远的保障作用，在法治轨道上全面建设社会主义现代化国家。同时，党的二十大报告指出，加快建设法治社会，弘扬社会主义法治精神，传承中华优秀传统法律文化，引导全体人民做社会主义法治的忠实崇尚者、自觉遵守者、坚定捍卫者，努力使尊法学法守法用法在全社会蔚然成风。法治社会是构筑法治国家的基础。加快建设法治社会，弘扬社会主义法治精神，必须推进多层次多领域依法治理，提升社会治理法治化水平。法律硕士人才培养，应立足于法律硕士人才服务法治国家建设的现实导向，立足于自身学科优势，培养国家和社会真正需要的人才即"教学做合一"，以"做"为导向培养学生的法治文化精神，培养学生深厚的法治理念和法律职业伦理。只有"教学做合一"，才能塑造并培养出具有健全人格，具有过硬政治素质、坚定理想信念、强烈家国情怀、扎实法学功底、德才兼备的高层次专门型、复合型、应用型法治人才。

四、"教学做合一"视域下法律硕士人才培养路径

法律硕士专业学位研究生培养是培养高级专门人才的重要路径之一。法律硕士教育是以法律职业为背景的硕士研究生层次的法律专业教育，培养目标具有明显的实践导向和法律职业背景，致力于培养传统法科学生不具备的学科知识复合和实践能力复合型人

才。法律硕士专业学位研究生教育应立足于高校服务社会职能的实现，适应法治国家建设的现实需求，为法治国家建设培养高层次复合型、专门型、应用型法治人才，将学理与术业有机结合，以"教学做合一"为指导理念，将法律教育与法律职业人才需求有机统一，满足法治实践与社会发展的现实需求。中南财经政法大学法律硕士教育以"教学做合一"为指导理念，强化团队、课程、实践三位一体的培养模式，取得了预期的成就。

（一）真教：中南财经政法大学法律硕士培养"导学团队育人专家组"的共建

知识的建构方式包括个体建构与协作，建构学习者之间的互动和所处情景，对于个体建构与协作建构有着至关重要的影响。陶行知指出，离开了做的教是脱离了教学本质，教应以做为基石。导学团队以导师制为依托，充分发挥导师的赋能作用，将导与学有机结合，将教学打造成基于做的学习共同体，通过"双导师制"的落实，在提升法律硕士专业学位研究生法律职业技能的同时，强化法律职业伦理教育。校内导师主要负责基础知识和基本理论素养的培养；校外导师通过实践微课、讲座等各种形式，培养法律专业学位研究生实践应用能力与实务职业技能。基于做的"双导师制"，两轮马车驱动，让教成为了真教，取得了较好的教学效果。中南财经政法大学法律硕士人才培养双导师团队基本情况，如图1所示。

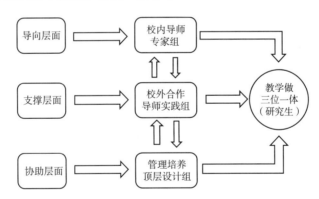

图1 中南财经政法大学法律硕士人才培养"导学团队育人专家组"

通过双导师制的有效实施，理论教育与实践教学两个环节相互促进、相辅相成，二者融会贯通，将理论与实践有效结合，"真教"导学团队育人专家组的教学效果显著，学生受益匪浅。

（二）实学：核心素质能力培养的创新课程模块打造

依托法学"双一流"学科的建设，中南财经政法大学法律硕士人才培养，立足于"做"为基石的实学，全力打造核心素质能力培养的创新课程模块，课程模块如图2所示。

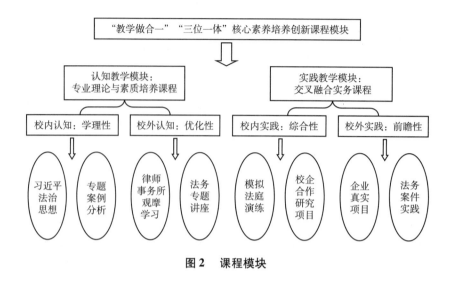

图 2　课程模块

（三）"教学做合一"：基于协同培养机制的创新实践能力培养

教育的目的与本质终究是围绕人的发展。陶行知提出，生活即教育，"教学做合一"。在知识生产模式变革之下，仍然要以人为本，培养学生的创新实践能力。管理部门创新，才能从顶层设计出创新人才培养模式；导学团队创新，才能让课程更具有优化性和前瞻性；联合培养单位创新，才能促进人才的实践创新动力。中南财经政法大学法律硕士人才培养，基于"教学做合一"的指导思想，将校企合作联合培养落到实处，做到教学做"三位一体"。中南财经政法大学法律硕士培养校内校外双导师组成比例（2019～2024 年），具体数据如图 3 所示。

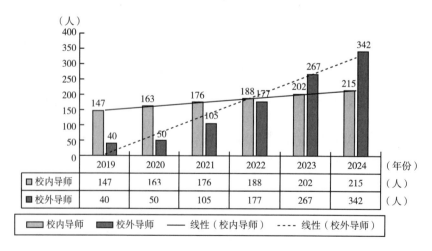

图 3　校内校外双导师组成比例

1. 应用型培养方向。2022 年，中南财经政法大学在全国率先进行法律硕士培养体制机制改革，进一步加强法律硕士人才培养顶层设计，优化人才培养方案，以实践为导向，深入推进法律硕士分类培养，打破以往按照法学理论、刑法学、民商法学、经济法学等学术型研究生培养分类方式，代之以行业为背景，以职业和市场需求为导向划分培养方向，共划分了社会治理、国家治理与立法、政务法治、刑事法律（含国家安全法律与实务、监察法律与实务、侦查法律与实务）（1＋3）、民事法律、经济法律（含金融法律与实务、企业破产并购法律与实务、工程建设法律与实务、人力资源管理法律与实务）（1＋4）、知识产权保护、环境资源保护、数字治理与合规和诉讼与非诉等十大类共 17 个培养方向①，实现了人才培养与社会需求的精准对接。培养过程中，学校采用跨学院校内双导师和校内外双导师制度，真正实现复合型知识输入和跨学科联动，以期有效对接法律实务，填补新兴学科和新兴领域稀缺人才缺口。

2. 案例研习型授课。授课教师在法律硕士的课堂讲授中主要以案例研习和实务分享为授课框架，不以本科教材知识为主干脉络，也不似学术型研究生以理论探讨为课堂核心，而是以真实案例和实务操作为课程核心，主要培养和考核学生在多层法律关系、多种法律问题的实际案例中剥茧抽丝来培养厘清问题、分析问题和解决问题的实践应用能力。

3. 实务导师进课堂。在工程建设法律实务方向法律硕士培养中，工程建设领域的实务律师和央企法务部部长担任实务导师，并为学生讲授《工程项目管理》《招标投标法律与实务专题》《建设工程总承包和施工总承包法律与实务专题》《建设工程纠纷解决机制专题》等实务课程，传授工程建设的法律知识和实务经验。在涉外律师方向法律硕士课程中，学校开设涉外律师法律职业课程，每一节课邀请不同律所的不同涉外业务领域的律师，如中伦、盈科和德恒等律所的律师和合伙人，并为学生们提供担任每节课律师助教的近距离接触。同时，校内授课教师带领学生到相关企业、仲裁机构、律师事务所等实务部门进行实地参观和学习。

4. 实践技能训练。法律硕士的授课教师以法律文书写作、法律实务谈判和模拟法庭演练为课堂内容来磨炼学生们的实务技能。在模拟法庭课程中，刘代华老师一直注重结合模拟法庭、案例分析等课程对学生加强实践方面的教导，让法律硕士学子切实感受到了"法律的生命在于实施，法律人的生命在于实践"的真谛。在仲裁实务课程中，徐伟功老师以"疫情下的租赁合同纠纷案"为主题，指导学生们分组担任申请人、被申请人和仲裁员完成模拟仲裁，最后各组撰写自己角色的仲裁法律文书，使学生们在课堂中体验不同的职业角色、磨炼实践技能。

5. 校企协同育人平台。中南财经政法大学法律硕士人才培养将校企协同育人放在

---

① 此外，中南财经政法大学法律硕士教育承担着涉外律师和国际仲裁两个国家专项人才培养任务。

重要的地位，通过校企协同培养，全面提升法律硕士专业学位研究生实践能力，充分发挥实训实践基地应有的育人功能，指导老师落实学生实践能力的培养，充分发挥校企合作协同育人机制的作用。为对接专业实习和高质量就业，学院为每个学生分配一位合作导师，每位校外导师指导 1～3 名法律硕士研究生。学生和校外导师结合方向意愿进行双向选择。学校与法院、检察院、律师事务所和企业合作签署实习协议，与律师事务所和企业共建"法律硕士实践创新基地"，为培养学生的实务专业能力提供高质量实践平台。对涉外律师和国际仲裁两个国家专项方向，学校与海外院校和武汉仲裁委签订联合培养协议，培养具有国际视野、通晓国际法律规则的高层次应用型涉外法治人才。校企合作能有针对性地培养学生的实践能力与专业能力，为学生们的毕业就业以及未来的职业规划"保驾护航"。

五、小结

法学教育肩负着为法治中国建设培养高素质法治人才提供科学理论支撑的光荣使命，在推进全面依法治国中具有重要地位和作用。新时代背景下，亟需深化法学教育改革与法学理论研究创新。法律硕士专业学位研究生人才培养应以"教学做合一"为指导理念：在教学层面，强调真教，创新课程模块，侧重导学育人团队专家组的建设，聚焦师者知识供给能力；在学习层面，强化实学，致力于培养学生实践创新能力；在育人模式上，深化协同育人，做到"教学做合一""三位一体"培养。同时，要以人为本，生活即教育，强调真人培养，为中国式现代化建设提供坚实的人才支撑。

参考文献

[1] 佚名. 增广贤文·朱子家训 [M]. 合肥：黄山书社，2002.

[2] 习近平. 高举中国特色社会主义伟大旗帜　为全面建设社会主义国家而团结奋斗——在中国共产党第二十次全国代表大会上的报告（2022 年 10 月 16 日）[M]. 北京：人民出版社，2022：30.

[3] 陶行知. 陶行知文集 [M]. 太原：山西教育出版社，2021.

[4] 陶行知. 中国教育的觉醒 [M]. 北京：群言出版社，2019.

[5] 中共中央办公厅、国务院办公厅《关于加强新时代法学教育和法学理论研究的意见》，中华人民共和国教育部，http://www.moe.gov.cn/jyb_xxgk/moe_1777/moe_1778/202302/t20230227_1047943.html.

[6] 孙春兰. 办好人民满意的教育 [M]. 北京：人民教育出版社，2022.

[7] 周世忠，陈宇波. 面向民族地区法律硕士培养的研究与实践 [M]. 南宁：广西师范大学出版社，2013.

[8] 窦衍瑞. 法律硕士人才培养中的六大关系研究 [M]. 北京：中国政法大学出版社，2018.

［9］吴瀚飞. 强化现代化建设人才支撑［J］. 经济日报，2022 – 11 – 14.

［10］王建. 构建以法律职业为目标导向的法律人才培养模式——中国法律教育改革与发展研究报告［J］. 法学家，2010（5）：150.

［11］［美］伯顿·克拉克，王晨旭等译. 高等教育论——多学科的视角［M］. 杭州：浙江教育出版社，2001.

［12］王瑜. 知识生产模式变革视角下高校社会服务的现实悖论与能力提升［J］. 黑龙江高教研究，2023（2）：48.

［13］付子堂. 法治社会是构筑法治国家的基础［J］. 法治日报，2022 – 11 – 23.

［14］张君博，霍学浩，高宇星. 基于导学团队育人共同体的研究生教育管理创新研究［J］. 江苏高教，2022（5）：58.

（作者单位：中南财经政法大学法律专业学位教育中心）

金融专硕《金融衍生工具》课程助推绿色金融人才培养的教学创新研究

刘向华

摘　要： 党的二十大报告和重要会议指出，要贯彻绿色发展理念，建设金融强国，发展绿色金融，推动经济社会高质量发展。本文探讨如何在金融专硕专业课程《金融衍生工具》中进行绿色金融教学，引导学生思考绿色金融如何促进中国式现代化推进国家创新发展，从我国实际出发着力解决中国问题，从而提高金融专业人才培养质量，推动绿色金融拔尖创新人才培养。在课程教学中，完整、准确、全面贯彻绿色发展理念，推进绿色金融和绿色金融衍生工具的合理运用，为国民经济平稳运行、产业转型升级和企业健康发展提供重要途径，提升金融服务实体经济质效。在课程设计中，探讨金融机构在绿色金融中的重要作用，创新运用绿色金融和绿色衍生工具市场服务绿色产业链风险管理、服务"三农"问题、化解中小企业融资难问题，加强绿色金融监管，注重绿色金融人才培养。通过创新课程教学，构建多层次课程教学体系，提升金融专硕人才质量，推进研究生教育强国建设与拔尖创新人才培养。

关键词： 绿色金融　金融衍生工具　金融专硕　拔尖创新人才培养

一、绿色金融教学对金融专硕《金融衍生工具》课程的重要性

绿色金融是为支持环境保护和改善、应对气候变化和资源节约高效利用的环保节能、清洁能源、绿色项目投资等的投融资、项目运营、风险管理等所提供的金融服务。绿色金融是推动经济可持续发展的重要力量。党的二十大报告指出，要构建高水平社会主义市场经济体制，推动经济高质量发展，要推动绿色发展，促进人与自然和谐共生。2023 年的中央金融工作会议明确提出建设金融强国的目标。党的二十届三中全会

提出，要积极发展科技金融、绿色金融、普惠金融、养老金融、数字金融的"五篇大文章"。要实现我国经济高质量发展，需要完整、准确、全面贯彻绿色发展理念，尊重和保护自然气候环境，大力发展绿色金融，坚持生态优先、绿色发展之路，推动绿色投资、绿色生产和绿色消费，满足人民群众日益增长的对美好生态环境的追求，推动绿色金融的健康快速发展，适应经济环境和气候环境变化，为企业融资、管理风险和投资决策提供有力支撑，提升人民美好生活水平，构建人与自然的和谐共生新格局。

《金融衍生工具》课程是金融专硕专业基础课程之一，是引导金融专硕研究生了解金融领域最新发展、应用金融服务实体经济的重要课程。欧美等西方国家在多年的市场经济发展过程中，已经形成比较完善的金融市场和金融衍生工具市场。金融衍生工具市场作为管理大宗商品价格风险、金融证券市场风险和信用风险的重要渠道，是个人、企业、金融机构和组织国家等主体应对风险、资产配置和财富管理的有力工具，在市场经济和社会发展中发挥着重要作用。学习和借鉴西方国家的经验和教训，发展中国特色的绿色金融工具和绿色金融市场，创新运用绿色金融和绿色衍生工具市场服务绿色产业链风险管理、推进产业升级转型、服务"三农"问题、提升金融机构竞争力、化解中小微企业融资难问题等，推动国家经济社会可持续高质量发展，是课程的重要教学内容。

《金融衍生工具》课程教学应归到运用金融衍生工具和金融衍生品市场推进我国国民经济高质量发展，促进环境保护、绿色发展和人与自然和谐共生。金融是经济的核心，绿色金融是金融"五篇大文章"之一，金融强国是每个金融从业人员的奋斗目标。课程应以党的二十大报告和各项方针文件精神为主旨，通过课程教学实践，熟悉各类创新金融产品和市场，将各项政策与课程教学相结合，提高理论与实践结合能力，注重实务操作，引导学生对运用最新金融创新工具管理风险、保护环境、稳定经济，解决我国现阶段各领域面临的实际问题，发挥应有作用。

二、绿色金融教学内容设计

金融强国建设，需要在强大经济实力、科技实力和综合国力基础上，同时具备一系列核心要素，包括要有强大的金融机构、强大的金融市场、强大的金融监管和强大的金融人才队伍等。金融强国建设是国家战略的重要组成部分，而金融衍生品市场的发展在金融强国建设中起着重要的作用。金融衍生工具市场具有价格发现、资产定价、风险管理功能，促进了改革开放和国际化，为经济平稳高质量发展提供了重要途径。绿色金融作为建设金融强国的"五篇大文章"之一，在绿色信贷、绿色债券、绿色信托、绿色理财等方面丰富了金融工具和深化了金融市场，推动经济社会高质量可持续发展。以绿色期货、气候衍生品、绿色 PPP + REITs 为代表的绿色衍生品是绿色贷款、绿色债券等之外绿色金融发展的一个重要方向。欧盟的碳排放权期货和期权已成为全球碳金融市场的成功创新产品。以 HDD 指数和 CDD 指数为标的的天气指数期货已在欧美市场得到广泛应用，气候衍生品成为管理气候风险的最新工具。ESG 基金投资和 ESG 指数衍生品已成为 ESG 投资领域的发展新趋势。我国的温度指数在场外业务中应用已经涵盖了服务农业的"温度指数保险 + 天气衍生品"和服务能源行业的"温度指数天气衍生品"。

金融机构在我国经济建设中起到至关重要的作用，通过提升金融服务实体经济质效，构建可持续金融体系赋能新质生产力发展。金融是实体经济的血脉，金融机构是现代经济体系中的重要组成部分，在资金融通、资源配置、风险管理等方面发挥着关键作用。金融机构通过发放绿色贷款、绿色投资和融资等服务，为实体经济提供了必要的资金支持，推动了各个行业的发展和建设。我国银行业等金融机构在绿色金融服务方面不断加大对绿色产业、清洁能源、节能环保等领域的信贷投放力度，支持企业绿色发展，助力实现"双碳"目标。截至 2024 年 6 月末，我国金融机构发放绿色贷款余额为 34.8 万亿元，同比增长 28.5%。金融机构不断进行绿色金融创新，绿色债券作为绿色金融产品的主力军，发挥作用重大，全国绿色债券规模不断扩大。我国绿色债券规模居全球第二位，截至 2023 年末，我国境内市场贴标绿色债券累计发行 3.49 万亿元，存量规模 1.99 万亿元；截至 2024 年 6 月底，境内市场贴标绿色债券累计发行 3.74 万亿元，存量规模 2.04 万亿元。在绿色债券中，碳中和债和碳减排绿色资产支持票据 ABN，更加专注于低碳减排领域，旨在通过募集资金支持具有碳减排效益的项目，有利于发挥金融支持绿色发展的功能，以资金配置引导产业结构、能源结构等向绿色低碳转型；同时有助于促进国际国内绿色金融标准融合，吸引境外社会责任投资者；对企业来说，尤其是能源企业和重污染行业，能够满足企业绿色低碳融资需求，推动企业关注社会责任及可持续发展，促进"双碳"目标的实现。绿色债券的发行与创设中，市场参与者包括发行主体以及为发行提供服务的各类中介机构。政府、金融机构和企业等绿色债券发行主体，通过发行绿色债券来筹集资金，用于支持绿色项目；评级机构、会计师事务所、律师事务所、绿色认证机构、投资银行和证券公司等中介机构，则主要在绿色债券发行过程中提供专业服务，确保债券的顺利发行和市场的规范运作；投资银行和证券公司等专业机构在绿色债券的承销、定价、交易、投资及风险管理等环节，通过提供专业的服务和产品，促进绿色债券的流通和交易，推动绿色金融的发展，在绿色债券市场中扮演着重要的角色。企业对绿色债券资金的使用，以及对绿债资金运用的监管，要确保绿色债券资金主要应用于可再生能源、清洁能源、节能环保等领域。绿色债券投资收益较为稳定，金融机构、实体企业、个人投资者和政府等投资者将绿色债券作为投资组合和资产配置的一部分，有比较丰富的交易策略可以使用，实现投资多元化和财富管理。

绿色衍生品市场是绿色贷款、绿色债券等之外绿色金融发展的新方向。绿色期货是为应对气候变化、可再生能源以及其他环境挑战和促进环境友好、低碳减排及可持续发展为核心宗旨的期货合约，涵盖碳排放权期货、电力期货、天气期货、环境质量指数期货等创新期货、与绿色发展相关的贵金属和有色金属期货以及农产品期货等。我国于2021年设立的广州期货交易所，已推出工业硅和碳酸锂的期货和期权，即将推出一系列绿色期货，包括以钴等新能源金属、电力、氢能、天气指数等以及金融资产如绿色债券、绿色股票、绿色基金等为标的物的标准化可交易合约。不同于其他商品期货，绿色期货的影响范围更为广泛，涉及环境、能源、经济等多个方面，而且主要是围绕新能源、新产业的发展。发展绿色期货是对绿色资源类交易有效且必要的补充和保护。参与绿色期货交易的投资者，可以是个人、实体企业、金融机构等，发挥期货市场价格发现、规避风险的功能，可以使绿色资源类交易价格更有代表性和竞争力，同时又能对绿色资源类交易现货头寸起到保护作用，有助于建立符合国内需求、对接国际规则的绿色金融市场体系。

绿色金融监管是推动绿色金融健康发展的重要保障。绿色金融监管内容更聚焦绿色性质，募集资金用途集中为绿色项目，需要完善第三方专业机构认证制度，信息披露要求更为严格。以绿色债券为例，绿色债券是可持续发展债券中规模最大的品种，国际上需符合气候债券倡议组织CBI定义的标准。近年来，我国各级政府高度重视绿色债券市场的发展，不断完善各项政策，如2021年4月，中国人民银行、国家发展改革委、中国证监会联合发布了《绿色债券支持项目目录（2021年版）》，为绿色债券募集资金投向项目的界定提供了统一标准；2022年7月，绿色债券标准委员会发布了《中国绿色债券原则》，进一步提高了募集资金用途上的管控要求；2024年7月，中共中央、国务院发布的《关于加快经济社会发展全面绿色转型的意见》提出，鼓励地方政府通过多种方式降低绿色债券融资成本。我国于2022年8月1日开始实施的《期货与衍生品法》，规范了绿色期货和衍生品的交易行为，保障各方合法权益，防范化解金融风险，促进绿色期货市场和衍生品市场服务国民经济，为绿色期货市场和衍生品市场的健康稳定发展提供了有力的法律保障。相信随着我国绿色金融监管不断完善，各地政府相关政策的实施和执行，我国绿色金融行业发展政策环境不断优化，行业发展也会健康稳健，推动国民经济绿色高效转型的效果进一步凸显。

大力培养绿色金融人才，是促进绿色金融健康快速发展的重要前提。绿色金融属于新型交叉领域，对绿色金融人才有环境科学、环保技术法规、金融知识、人工智能技术等复合型要求。绿色金融人才需具备专业绿色金融知识与技能，合理定价绿色金融产品价格，有效识别和把控绿色金融的潜在风险。例如绿色债券发行募集资金必须用于符合条件的绿色项目，资金必须专款专用于绿色项目，必须设立专门的资金监管账户等，不同于一般公司债券的要求，需要专业人员熟悉相关规定和实务。例如绿色债券价值可以分解为一份固定收益证券和一份挂钩碳价的期权的组合，绿色债券定价的基本原理是债券定价和期权定价的加总，涉及市场利率、碳价随机和期权定价等专业模型和方法。特别地，例如像电力期货这种绿色期货的设计和交易，是比普通商品期货或金融期货难定价的，因为电力作为期货标的不能储存以及电力价格预测需专门模型和技术。随着"双碳"目标的实施，我国绿色金融业务和市场发展迅速，许多银行、银行理财子公司以及期货证券公司等，会设计挂钩碳排放权的理财产品或资管计划，能源企业、农业部门、气象部门、监管部门需要掌握绿色金融专业知识的复合型人才，绿色金融人才需求潜力巨大，绿色金融人才的培养急需跟进和加强。

三、创新课程教学推进研究生教育强国建设 与拔尖创新人才培养

培养拔尖创新人才，探索建立拔尖创新人才培养的有效机制，促进拔尖创新人才脱颖而出，是建设金融强国、研究生教育强国，实现中华民族伟大复兴的历史要求，也是当前对金融专业硕士教育改革的迫切要求。要认真学习贯彻习近平总书记关于教育的重要论述，牢记为党育人、为国育才的初心使命，落实立德树人根本任务，健全体制机制、丰富培养路径、优化育人体系、革新培养模式，持续探索拔尖创新人才培养路径，为加快建设金融强国和研究生教育强国贡献力量。金融专硕要培养具有扎实的经济管理和金融学理论基础，富有创新和进取精神，较强的从事金融实际工作能力的高层次、应用型金融专门人才。金融专硕课程更要体现前沿性、交叉性和实践性，增强学生的家国情怀、国际视野和创新能力，培养绿色发展理念和金融报国信念，在课程学习中促进学生身心全面发展和提高综合素质能力。

结合我国现阶段以及较长一段时间所面临的国内外形势和国情，如何以中国式现代化实现全面推进中华民族伟大复兴、建设金融强国、发展绿色金融推进我国经济健康高质量发展，是课程教学的重要目标。在课程教学中引导研究生在新时代中国特色社会主义建设背景下了解我国新时代金融市场创新理论、预测识别技术、定价模型、风险管理措施、投资交易策略和资产配置方案并应用于实践，是课程要解决的关键内容。贯彻党的二十大精神、金融强国建设、绿色发展理念和课程内容，创新运用绿色金融和绿色金融衍生工具服务产业升级、服务"三农"问题、推动绿色发展、管理金融机构风险、化解中小微企业融资难问题，以及金融科技和人工智能技术应用等进行课程教学。在具体课程教学过程中，构建以专业课程和专业课专任教师为主的多层次教学体系，通过课堂教学、专题讨论、课后调研的课程教学方式，加强教材、案例、

数据库、实验平台、实习基地等多方面建设，重视学术会议、学术论文和科研项目申报，加强与学校当地所在相关部门、机构和企业的合作，利用课堂、线上、网络、实地等各种综合教学形式，深入对党和国家文件精神的解读和贯彻，挖掘绿色金融元素，创新教学方法，提高课程教学和人才培养质量。在专业课程专任教师的课程教学之上，广泛吸纳相关社会人员参与，通过走进课堂、参观访问、定期研讨、网络平台交流等形式，分析绿色金融新动态新进展，促进经验分享和资源共享，探索当地经济可持续发展模式，为当地绿色金融发展贡献智慧和力量，拓宽教师和学生对绿色金融的理解认知和畅通交流，推动课程改革创新不断深入。

通过绿色金融与课程教学的结合，让学生接触现实金融问题和我国国情实际情况，理解绿色发展理念、金融创新、套利定价、风险管理思想，利用金融专业知识分析具体问题，思考如何促进我国经济可持续高质量发展和增进民生福祉、如何提升我国金融机构和企业的绿色发展能力，提出中国特色的绿色建设和解决方案。通过绿色金融与课程教学的结合，培养学生具备良好的金融职业道德素质，充分了解绿色金融理论与实务，系统掌握绿色金融投融资管理技能、金融交易技术与操作、绿色金融产品设计与定价、财务分析、金融风险管理以及相关领域的知识和技能，成为具有较强的解决金融实际问题能力的高层次、应用型、复合型金融专门人才，推进研究生教育强国建设与拔尖创新人才培养，打造金融专硕研究生成为符合新时代要求的高素质专业复合型人才。

参考文献

［1］郭利华，李俊海．金融硕士生的实践培养：痛点问题、思路策略与现实案例［J］．学位与研究生教育，2024（06）：58－64.

［2］李慧，佟孟华，张国建．绿色金融改革创新试验区的碳减排效应——基于空间溢出效应与城市异质性的视角［J］．统计研究，2024（09）：44－58.

［3］倪晓玉，袁敏，孙师丹．研究生教育赋能新质生产力：核心要素、现实境遇与实践路径［J］．研究生教育研究，2024（08）：12－18.

［4］吴晓求．关于发展我国金融硕士专业学位研究生教育的若干思考［J］．学位与研究生教育，2012（01）：48－51.

［5］杨超，立枝．产教融合背景下专业学位研究生校企合作培养：价值逻辑、构成要素与优化路径［J］．黑龙江高教研究，2024（11）：72－78.

（作者单位：中南财经政法大学金融学院）

工商管理"企业进课堂"创新教学模式下学生学习热情的培育机制研究

甘　莎

摘　要：基于详尽可能性模型这一信息处理理论基础为依据，剖析了"企业进课堂"创新教学模式对学生学习热情的影响，探讨了认知和情感两方面路径的影响机制。主要研究结论包括：（1）"企业进课堂"教学有助于学生学习热情的培养；（2）学生在课堂中对"企业进课堂"这一模式的认知，具有中心信息处理和边缘信息处理两种路径；（3）教师与企业人员的协作方式对学生学习热情有着促进作用。研究结论为"企业进课堂"创新教学模式的实践效果提供了实证线索依据，为当前高校工商管理课堂教学创新改革提供有价值的借鉴。

关键词：企业进课堂　创新教学　详尽可能性模型　学习热情

一、引言

2019 年，教育部、科技部、工业和信息化部等 13 部门联合启动"六卓越一拔尖"计划 2.0，提出新文科建设战略目标①。在该背景下，我国工商管理教学实践中不断地在发出提倡新文科特色的声音。新文科的核心理念在于理论与实践、学术与应用、基础与前沿的深度融合，与之相契合，相比传统的"讨论式"教学、"翻转课题"式教学以及"慕课"，企业进课堂这种创新教学模式恰恰为推动工商管理新文科建设提供了一种极具实践性和创新性的助推（樊帅等，2018）。以上海交通大学为例，其采用了"课赛创一体"的校企协同人才培养模式，与行业领先企业合作，推进校企课程建

---

① https://news.gmw.cn/2021-01/01/content_34511402.htm.

设和管理制度；自 2018 年以来，已开设了 150 门校企课程，超 40 家企业加入到合作开课实践，约覆盖 7000 人次学生[①]。

该教学模式能够深度融合理论与实践，企业进课堂意味着本科学生有机会直接接触企业管理人员，这能帮助其理解业界的最新理念、管理创新和市场战略。尤其是对于工商管理相关专业的学生而言，这是将其所学理论知识与实践应用相结合的良机，能够将课本知识体系落地到商业现象中，扎根于祖国大地的现实土壤，由此增强学生前瞻性的实践应用能力。同时，企业人员能够将商业社会的最新知识和理念引入课堂，帮助学生了解最新的行业动态、前沿技术以及人才需求，这能大大拓宽他们的知识视野，把握培养实际操作能力的方向。可以预见，企业进课堂在未来的工商管理课堂教学中将不断地释放无限的潜力，能够对本科教学产生深远影响。

然而，企业进课堂在推广过程中也面临着诸多挑战，例如如何选择合适的企业人员进课堂，何种课堂呈现方式能够确保教学质量，以及学生学习效果如何等问题，都亟待在实际运行过程中分析。但总的来说，企业进课堂可以说是适应我国新文科背景下的一种创新教学模式，它对本科教学的质量和效果势必产生重要的影响。因此，鉴于这种教学模式兼具实践性和前瞻性，但它在推广过程中的效果如何，其作用机制又是怎样的，都需要我们进行深入的研究，在这个过程中，实证数据信息的支持将是至关重要的。

二、文献综述

（一）企业进课堂相关研究

企业进课堂（Business in the Classroom）通常指的是，在课堂教学过程中将企业人员及其商业实践引入到教学活动中的一类教学模式（杨雷等，2021）。这种模式的兴起反映了课堂教学寻求与职业培养建立更强的关联这一诉求，尤其是在当前的"乌卡"时代（即指我们正处于一个易变性、不确定性、复杂性、模糊性的世界里），学生亟须在校园掌握符合未来商业市场需求的技能体系，明确培养方向。基于该方面的核心特点，探索企业进课堂的教学模式的重要性日益凸显。尤其是对于工商管理学科而言，企业进课堂能为学生提供最前沿的商业实践信息，这种学习体验不仅能够加深学生对理论知识的认识，而且也能帮助其清晰地建立未来职业发展定位。本文将对企业进课堂的相关研究进行概述，分析相关研究脉络。

1. 企业进课堂的模式类型。本质上来讲，企业进课堂是将企业实践和商业现实信

[①] https：//new. qq. com/rain/a/20221022A03IYU00. html.

息引入课堂教学活动的模式，这种模式的呈现方式多种多样，概况而言，主要包括以下两大类型：首先，实践项目类，这主要涵盖线下户外课堂参访企业的实地考察、与企业协同完成商业项目以及企业赞助类的课堂活动。这类模式主要以项目的方式展开，通过与业界企业的合作，学生可以接触到真实的商业问题并开展实际的项目（陈裕先等，2016）。例如，学生可以完成企业发布的调研项目，并在课堂进行小组展示，从而将课堂学习与实际的商业问题建立紧密的联系。其次，嘉宾演讲则是另一种普遍应用在企业进课堂教学模式的方式，这主要是通过邀请企业代表人员、行业专家或其他业界从业人员来课堂进行课程讲授或专题分享。从频率来看，通常可采用的形式包括短期的讲座、研讨会或课堂客串，以及长期的联合开课或企业人员单独开课等。例如，国际高等商学院协会（AASCB）就尤为注重学生的实践能力指标，倡导校企的交叉融合；美国威斯康星大学就实施过"驻校高管计划"（Executives in residence），通过将商业从业人员引入校园，协助其独立或合作开课的方式来促进理论知识讲学和实践信息讲学的互通融合。这种教学模式使得学生可以在课堂学习之余，获取其他帮助其拓宽视野以及了解当前商业趋势的信息，由此激发学生的兴趣和塑造职业目标。

2. 企业进课堂教学模式的实现路径。关于企业进课堂的实现路径有许多学者从不同的角度展开了分析（韩黄英等，2012；兰瑞瑞，2019），从实现路径来看，主要包括不同的企业进课堂模式以及企业人员这一角色所带来的两方面影响。一方面，研究表明，企业进课堂能够有助于学生学习体验和学习动机的提升，因为其能够帮助学生更接地气地理解理论知识如何应用在商业实践。例如，企业商业环境模拟有助于学生将理论知识应用于实际情境，提高他们的学习动机和参与度（HuangY. M. et al.，2022；黄传峰等，2014）。学生在这个过程中获得的经验和技能也对他们的职业发展产生积极的影响（Pittaway L. et al.，2007）。另一方面，从授课角色来看，企业进课堂能够为学生提供与业界人员交流的机会，这能够直观地让学生通过互动去从业界人员那里获得经验和见解，可以在传统讲学以外直接获得最新行业知识和未来的职业发展建议，或是为学生建立未来职业关系提供机遇。例如，与行业专家的互动交流可以增加学生对所学内容的兴趣和理解、帮助学生发展职业技能并增加就业机会（陈裕先等，2016；Ashton D.，2009）。

不过，也正因此，企业进课堂还面临着一些限制或局限。一是这种创新教学模式的内容是否能嵌入到现有的教学体系中存在疑虑，这有赖于授课教师与企业人员的预先沟通和备课，需要授课教师在传统讲学的基础上投入许多时间和资源（陈裕先等，2016；李小斌，2018）。同时，也需要进入课堂的企业人员具备充分的商业知识和教学经验。因而企业进课堂的效果很可能因为教学内容、对应的学生群体以及企业人员自身素养而产生相差甚远的差异（肖炜，2017）。总之，如何根据特定的教学课程以及学生群体来定制适应不同教学情境的企业进课堂教学模式是重中之重。

毋庸置疑，企业进课堂是一种颇具潜力的教学模式，在增强学生学习动机和未来职业发展势必具有积极的效用，仍需要更多教学研究和实践来全面探讨其最佳的实施路径和策略，以进一步撬动企业进课堂这一教学模式在新文科建设进程中的作用。

3. 企业进课堂教学模式的评价。对企业进课堂教学模式的评价可以涵盖多种层面，从教学对象来说，学生的学习效果是重中之重，这直接决定着该教学模式为什么存在以及是否应继续保留等关键问题。从教学主体来说，对授课教师以及企业人员的贡献评价同样值得关注，这决定着授课教师教书育人的工作成效和企业社会责任及声誉建设工作的开展。从学科发展来说，这决定着长期教学方式的迭代、人才培养体系的优化以及产学研融通导向的落地。

首先，对学生学习效果的评价可以从知识获取和技能培养两个方面综合评估。相关研究表明，这种教学模式对增强学生对所学内容的理解有积极作用，能够促进在实践中运用所学知识（Pittaway I. et al. ,）。此外，企业进课堂的教学模式能够在提高学生解决实际问题和团队协作方面有积极影响（Dochy F. et al. , 2006）。可见，企业进课堂能够与传统教学相辅相成，既能够在学以致用方面提供助力又能够为锤炼实训技能提供契机。其次，教师在企业进课堂中的角色同样是评价的重要方面。企业进课堂不仅能为学生带来新的内容，也能为教师在未来的教学大纲更新、教案设计以及企业案例选取等方面提供启发，这尤其为课程建设工作提供了丰富的原始积累（杨雷等，2021）。同时，对企业人员而言，如何与教师联合扮演好指导学生的角色同样至关重要，不仅在宣传企业品牌，而且在检验其业界经验是否与传统教学理论体系相融通或实现了革新，同样值得分析。此外，这种教学方式还为其未来企业内部培训工作提供有价值的借鉴。最后，企业进课堂教学模式的评价还需要更多维度的认可，通过实践项目和嘉宾演讲的方式分享业界前沿经验和见解，打通高校与行业之间的隔阂，这为企业未来与学校之间的多样化合作打下坚实的基础，进而有助于相互融入到产学研融通的工作中来。

综上所述，企业进课堂教学模式在教学领域中持续得到广泛的关注和探索，通过各式各样的实训项目和嘉宾演讲等方式，为在校学生提供了不出校就能感受到校外商业环境气息的学习体验。同时，这种教学模式创新不仅有助于优化学生的学习活动，对教师角色、企业人员以及校企合作均具有一定的贡献价值。然而，对于不同的企业进课堂教学模式到底如何促进课堂教学效果方面，仍有待更多的实证线索来评估最佳实践方案，对该方面知识的丰富显然对推动企业进课堂教学模式的发展是极具价值的，这也是现有研究相对匮乏的方面。

（二）ELM 模型在教学研究中的应用

详尽可能性模型（Elaboration Likelihood Model，ELM）是有关说服和态度形成的一类心理学理论，其通过诠释个体如何进行深入信息加工（中心路径）和依赖边缘线索（边缘路径）来分析说服的认知过程，前者需要个体相对投入较多的认知资源来仔细评估线索；后者则表现为依赖信息源的可信度和魅力等方面线索。此外，动机和能力是两方面关键因素，其促进或制约着中心路径和边缘路径的说服效果。基于ELM在信息设计、解释和预测态度转变方面的作用，其已经在广告、营销和传播等多个领域得到的广泛应用（Eagly A. H. et al.，1993）。

实际上，ELM模型在教学研究中也具有适用性，其广泛地运用在以学生为研究对象的教学研究中，基于说服的两条主要路径：中心路径和边缘路径，对学生在具体情境中学习态度的形成产生多样化的影响。例如，帕迪拉·安古洛等（Padilla - Angulo et al.，2022）探讨了创业类学习活动如何对学生创业态度产生积极影响，研究发现创业活动内容质量因素通过中心路径发挥作用，而包括受邀人员、教师和其他班级同学的因素则通过边缘路径发挥作用。舒和斯科特（Shu and Scott，2014）则借助ELM模型探究了学生对信息评估有用性的影响因素，验证了观点质量和观点来源可信度能够通过中心和边缘两条路径共同影响学生对信息的感知有用性。易捷瑞卡等（Ihejirika et al.，2021）则基于ELM模型分析学生对校园图书馆的态度，考察了图书馆平台内容推送策略如何影响学生态度的形成。刘易斯等（Lewis et al.，2022）对学生的信息处理深度机制进行了研究，对比分析了中心路径和边缘路径的有效性，结果发现学生信息检索的动机和处理信息的能力因素影响着其信息处理的深度，继而制约着两条路径的说服效果。张等（Zhang et al.，2021）在课堂实验中检验学生对社会责任的态度构建问题，研究结果指出，社会责任论证信息的质量作为中心路径因素，信息源的可信水平作为边缘路径因素，共同驱动影响了学生的态度构建。韦尔贝克和韦斯特（Weilbaker & West，1992）则把ELM理论作为教学培训素材，并在其销售课堂中运用ELM理论作为教学理念来诠释如何运用中心路径因素和边缘路径因素（如展示和销售达成闭环的）的力量来达成交易，提升销售有效性。李（Lee，2012）则关注工商管理专业学生对课堂中采纳信息技术意愿的态度，他发现，教学项目内容质量作为中心路径因素，教学人员可信度水平作为边缘路径因素，对学生在课堂中的采纳信息技术意愿都具有显著的影响。

三、假设提出

基于详尽可能性模型，本文提出促进学生对企业进课堂教学模式评价的研究模型，如图1所示。其中，企业进课堂评价线索包括中心线索（学习卷入度）和边缘线索（企业人员非语言行为），其通过学习热情的中介机制最终影响学生的课堂学习情感效价。

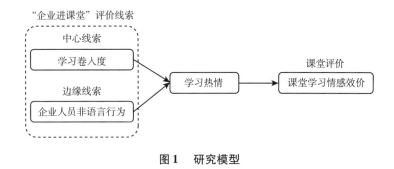

图1　研究模型

（一）"企业进课堂"评价线索与课堂学习情感效价

课堂学习情感效价（Classroom learning affective valence）指的是学生对课程、内容和教师的态度，以及学生对预期的课堂行为的态度（Pogue L. L. et al.，2006）。相关研究表明，这是直接衡量学生课堂评价的关键方面，能够揭示学生的课堂满意度、对学习体验的感知和学习过程中的收益（Post L. S. et al.，2019）。基于此，本文以学生课堂学习情感效价为关键的研究结果，旨在揭示相应的前因及其影响机理。学习卷入度（Student involvement）通常衡量的是学生在课堂学习中所投入的精力和时间，其卷入度水平越高，在课堂中的参与和认知水平也越高（Astin A. W.，1984；Laichkowsky J. L.，1985）。根据详尽可能性模型中的观点，中心路径的线索通常需要个体投入较多的认知资源以深入理解所接收到的线索内容（Petty R. E. et al.，1986）。此外，当个体对信息感兴趣或认为意义重要时，其也会采用中心路径进行处理（Petty R. E. et al.，1986）。从该方面而言，学生对企业进课堂的卷入度越高，对该课堂教学模式的认同和接受水平也越高，继而在课堂中能产生相对更积极持久的态度，更可能采用中心路径来处理课堂信息，其对课堂教学模式的评价也越积极。基于此，提出假设：

H1a：学生在企业进课堂的教学模式情境中，其学习卷入度正向影响课堂学习情感效价。

企业人员非语言行为，或称为非语言即时性（Nonverbal Immediacy），其描述的是身体及面部表情等非语言行为所展现的亲近或热情程度，继而在沟通方面产生影响（Richmond V. P. et al.，2003）。相关研究表明，在课堂教学中，授课教师的非语言行为对学生的课堂学习表现具有重要的影响（Richmond V. P. et al.，2003）。非语言行为与讲授者所述的内容有所不同，该方面线索的信息处理并不需要个体投入过多的认知资源来深刻理解，因此，在详尽可能性模型的视角下，学生对企业人员非语言行为的线索评价则主要依托边缘路径。例如，积极的面部表情和得体的身体语言可能会使学生更轻松积极地接受讲授，从而有助于提高其满意度和课堂评价（Hees

J. A. et al. , 2001）。尽管该方面线索并不意味着企业人员讲授的内容是优异的，但仍然对充实学生的课堂体验具有积极的影响，能够激发更多更积极的情感体验。基于此，提出假设：

H1b：学生在企业进课堂的教学模式情境中，企业人员非语言行为正向影响学生的课堂学习情感效价。

（二）学习热情的中介作用

学生的学习热情（Learning enthusiasm）衡量的是驱动学生参与并投入学习的因素，能够增强学习动力，激发学生的求知欲（Pekrun R. et al. , 2002）。如前所述，学习卷入度水平越高，学生对课堂学习的认知和理解水平也越投入，因而其能在课堂中投入更多更持久的精力。这意味着这些学生能够十分积极地参与课堂讨论、思考和其他活动中，在这个过程中他们的体验则可能得到进一步的增强。从动机的角度来看，学习热情反映了学生强烈的学习动机，或者说，衡量着学生对企业进课堂这一教学模式过程的热爱和兴趣，表现为对参与课堂的强烈驱动力（MacInnis D. J. et al. , 1991）。因此，在这种投入更多学习精力的过程中，能够获得更多的满足感，激发更强的学习动机，表现为学习热情的高涨。而课堂情感效价正是描述学生对课堂教学体验的关键方面，可以推断，学习热情中所蕴含的课堂满意度或喜爱度能够进一步对学生的课堂情感效价产生正强化的功效，即当学习热情提升时，其课堂情感评价也更积极。基于此，提出假设：

H2a：学习热情在学生学习卷入度与课堂学习情感效价之间起中介作用。

在实际的课堂教学中，非语言行为是教师在教学活动中的重要部分，关乎教学礼仪。通过积极的身体语言以及亲善的面部表情能够传递教师自身积极的情感信息和情感状态（Fallah N. , 2014），这种边缘信息能够有效地引导学生的注意力（如边缘情景线索会使个体投入更大的注意力资源，增加个体对边缘线索的注意力与内在认知）（孙锐等，2022），激发学习热情，继而提升其对信息的理解和接受。根据详尽可能性模型的观点，边缘路径的信息在某些情境下的说服水平甚至产生强于中心路径线索（Xiang D. et al. , 2019），这取决于个体信息处理动机和能力在中心和边缘路径中的影响，学习动机越强，信息处理能力越高，学生学习的态度和效果相应会更加积极，情感体验也更加高昂。因此，在接受企业人员进课堂这种创新教学模式时，学生更可能会基于新奇感产生更强的学习动机，同时，企业人员的讲授内容往往更加大众化而非课本中的理论观点，知识的接受门槛较低，学生对其信息处理的流畅性也越好。基于此，提出假设：

H2b：学习热情在企业人员非语言行为与课堂学习情感效价之间起中介作用。

四、研究设计与方法

（一）样本概述

本文采用问卷调查法收集数据以验证假设。问卷调查的样本数据来源于 Credamo 问卷平台和某公立高校中的学生样本。为了确保问卷调查的有效性，本文采取了三个方面的措施：（1）在填写问卷前，告知受访者本次调查以匿名的方式进行，不仅确保了问卷回答的真实可靠性，也避免了受访者的后顾之忧。（2）为了保障答题的有效性，在问卷设计环节，对受访者进行了筛选，即设计了"在您过去所修的课程中，是否经历过企业人员受邀参与课堂讲学？"的问题，若选择"否"，则直接结束问卷。同时，在问卷中设计了甄别题，若不通过则自动拒绝问卷。（3）筛选并剔除回答存在逻辑错误、信息不全、完全相同以及回答时间小于 120 秒或超过 410 秒等不合格的样本数据。具体来说，共回收问卷 376 份，其中有过"企业人员进课堂"经历的样本数据为 322 份，剔除了 78 份不合格样本，最终获得 244 份有效样本用于假设检验。表 1 展示了受访者的统计信息。

表 1　　　　　　　　　　　受访者的统计信息

变量	类别	频率	占比（％）
性别	男	78	32.0
	女	166	68.0
年龄	20 岁及以下	84	34.4
	21～25 岁	145	59.4
	26～30 岁	9	3.7
	30 岁以上	6	2.5
专业	管理类	158	64.8
	非管理类	86	35.2
年级	已毕业	3	1.2
	本科阶段（1～4 年级）	207	84.8
	硕士阶段及以上	34	14.0

（二）变量与测量

本文涉及的 4 个变量的测项均来源于国内外高质量期刊文献中开发且验证过的成熟量表和权威评估项目 NSSE[①]，并采用李克特 5 点进行测量，其中"1"代表完全不

---

① 　NSSE. Information About the 2013 Update. https：//nsse. indiana. edu/nsse/survey－instruments/engagement－indicators. Html.

同意；"5"代表完全同意。为了确保受访者精准理解测量题项，本文结合"企业进课堂"的特殊情景，对各个测项的措辞酌情修改。随后，选取有过"企业进课堂"经历的小样本试填，并结合其意见加以修订和完善。具体测量题项如表2所示。

表2　　　　　　　　　　　变量与测量题项

变量	测项	因子载荷	Cronbach's α	AVE	CR
学习卷入度	我认为企业人员参与到课程中是重要的	0.723	0.748	0.584	0.808
	我认为企业人员参与到课程中是有意义的	0.812			
	我认为企业人员在课堂上讲的内容是吸引我的	0.755			
企业人员非语言行为	这位企业人员在讲课过程中经常面带微笑	0.780	0.746	0.501	0.800
	这位企业人员在讲课过程中经常与我或其他同学进行直接的眼神接触	0.721			
	这位企业人员用温和、亲切的语调给我们讲课	0.653			
	这位企业人员在讲课过程中的身体姿势很放松	0.671			
学习热情	我会将此次企业人员进课堂所学习到的内容与现实生活或社会问题相联系	0.716	0.690	0.434	0.748
	我会将此次企业人员进课堂所获得的想法与我之前的一些经验和知识联系起来	0.458			
	我会将此次企业人员进课堂所学习的经验应用到未来的小组作业报告或演讲	0.676			
	我会在课外总结我在此次企业人员进课堂学到的东西	0.745			
课堂学习情感效价	这种企业进课堂的授课模式让我感到激动	0.809	0.833	0.567	0.839
	这种企业进课堂的授课模式激发了我的兴趣	0.791			
	这种企业进课堂的授课模式让我受到了启发	0.648			
	这种企业进课堂的授课模式让我感到快乐	0.754			

其中，学习卷入度，参照蔡奇科夫斯基（Zaichkowsky，1985）的研究，包含3个测项，如"我认为企业人员在课堂上讲的内容是吸引我的"等；企业人员非语言行为，借鉴里士满等（Richmond et al.，2003）的研究，包含4个测项，如"这位企业人员在讲课过程中经常面带微笑"等；学习热情，来源于NSSE项目、王小青和牛彤琰（2022）的研究，包含4个测项，如"我会将此次企业人员进课堂所学习到的内容与现实生活或社会问题相联系"等；课堂学习情感效价，根据沃森等（Watson et al.，1988）的研究改编，包含4个测项，如"这种企业进课堂的授课模式让我受到了启

发"等。此外，为了消除其他相关变量对统计结果的影响，本文将学生性别、年龄、专业、年级作为重要的控制变量，通过引入这些变量有助于其对主要变量的潜在影响。

五、数据分析

（一）共同方法偏差检验

为了有效控制共同方法偏差问题，本文采用 Harman 单因子法进行共同方法偏差检验分析。将所有测量题项做探索性因子分析，未旋转提取出 4 个特征值大于 1 的因子，最大方差解释率为 35.764%，小于 40% 的临界值，即不存在显著的共同方法偏差问题。

（二）信度和效度检验

本文使用 SPSS 23.0 检验量表的信度和效度。首先，检验量表的信度。参照唐朝永等（2023）的研究，Cronbach's α 值接近 0.7 时可接受。如表 2 所示，各个变量的 Cronbach's α 值均大于或接近 0.7，表明量表具有较好的信度。其次，检验量表的效度。参照科姆雷和李（Comrey and Lee，1992）的建议，因子载荷值大于 0.32 为可接受，大于 0.55 为较好，大于 0.7 为理想状态。表 2 显示，除学习热情第二个测项的因子载荷值为 0.458（大于 0.32），其余测项均大于或接近 0.7，表明量表具有良好的结构效度。参照海尔等（Hair et al.，1998）的建议，AVE 值可接受范围为 0.36 ~ 0.50，大于 0.5 为理想状态。表 2 显示，4 个变量中除学习热情的 AVE 值为 0.434（大于 0.36），其余变量均大于 0.5，且组合信度 CR 值均大于 0.7，说明量表具有较好的聚合效度。表 3 显示，各个变量 AVE 平方根值均高于它与其他变量的相关系数，说明量表的区分效度良好。

表3　　　　　　　　　　　均值、标准差与相关系数

变量	1	2	3	4	5	6	7	8	方差膨胀因子
性别	—								1.061
年龄	−0.030	—							1.108
专业	−0.212 **	0.037	—						1.058
年级	−0.052	0.270 **	0.101	—					1.091
学习卷入度	−0.015	0.160 *	0.045	0.066	0.764				1.388
企业人员非语言行为	0.006	0.047	0.001	0.047	0.394 **	0.708			1.254

续表

变量	1	2	3	4	5	6	7	8	方差膨胀因子
学习热情	−0.103	0.121	0.046	0.034	0.456 **	0.367 **	0.659		1.355
课堂学习情感效价	−0.027	0.178 **	0.004	0.077	0.442 **	0.469 **	0.508 **	0.753	—
均值	0.680	21.67	0.352	3.240	4.210	4.098	3.948	3.918	—
标准差	0.467	2.815	0.479	1.546	0.559	0.616	0.561	0.689	—

注：** 、* 分别表示在 0.01、0.05 水平下显著（双尾检验）；对角线粗体数据为各变量 AVE 的平方根值。

（三）描述性统计与相关性分析

根据波德萨科夫等（Podsakoff et al., 2003）的建议，本文测试了方差膨胀因子（见表 3），结果显示 VIF 值介于 1.058 ~ 1.388，小于 5 的临界值，表明各个变量间不存在多重共线性问题。同时，主要变量之间存在显著的相关性，这为本文理论假设的检验提供了初步的依据。

（四）假设检验

1. 主效应检验。主效应检验的结果如表 4 所示。根据表 4 可知，在控制了学生的性别、年龄、专业和年级后，学习卷入度对学生的课堂学习情感效价有显著的正向影响（M1：β = 0.425，$P < 0.001$），假设 H1a 得到验证；企业人员非语言行为对学生的课堂学习情感效价有显著的正向影响（M2：β = 0.461，$P < 0.001$），假设 H1b 得到验证。

表 4　中介效应回归分析结果

变量	课堂学习情感效价 M1	课堂学习情感效价 M2	课堂学习情感效价 M3	课堂学习情感效价 M4	课堂学习情感效价 M5	学习热情 M6	学习热情 M7
性别	−0.022	−0.027	0.024	0.014	0.010	−0.095	−0.098
年龄	0.105	0.152 **	0.110	0.085	0.113 *	0.051	0.106
专业	−0.026	−0.009	−0.021	−0.028	−0.018	0.005	0.023
年级	0.022	0.013	0.034	0.028	0.021	−0.015	−0.020
学习卷入度	0.425 ***				0.253 ***	0.447 ***	
企业人员非语言行为		0.461 ***			0.324 ***		0.363 ***
学习热情			0.497 ***	0.385 ***	0.377 ***		
F	12.574 ***	15.432 ***	17.999 ***	18.965 ***	22.690 ***	13.368 ***	8.831 ***

续表

变量	课堂学习情感效价 M1	课堂学习情感效价 M2	课堂学习情感效价 M3	课堂学习情感效价 M4	课堂学习情感效价 M5	学习热情 M6	学习热情 M7
R^2	0.209	0.245	0.274	0.324	0.365	0.219	0.156
$Adj-R^2$	0.176	0.212	0.241	0.291	0.332	0.194	0.131

注：*** 表示在 0.001 水平下显著，** 表示在 0.01 水平下显著，* 表示在 0.05 水平下显著。

2. 中介效应检验。如表 4 所示，学习卷入度对学生的学习热情有显著的正向影响（M6：$\beta = 0.447$，$P < 0.001$），企业人员非语言行为对学生的学习热情也有显著的正向影响（M7：$\beta = 0.363$，$P < 0.001$），学习热情与学生的课堂学习情感效价也呈显著正相关关系（M3：$\beta = 0.497$，$P < 0.001$）。由主效应检验结果可知，学习卷入度和企业非语言行为与学生的课堂学习情感效价分别具有显著的正向关系。在加入中介变量学习热情后，学习卷入度对课堂学习情感效价的回归系数显著（M4：$\beta = 0.253$，$P < 0.001$）且有所减弱，企业人员非语言行为对课堂学习情感效价的回归系数显著（M5：$\beta = 0.324$，$P < 0.001$）并有所减弱。因此，学生的学习热情在学习卷入度、企业人员非语言行为与学生的课堂学习情感效价的关系中起到部分中介的作用，假设 H2a、假设 H2b 得到验证。

3. 稳健性检验。本文采用 Bootstrap 方法来验证学习热情中介效应的稳健性。根据该方法的要求对各变量进行标准化处理后，将样本量设定为 5000，置信区间为 95%，选用 model 4 进行分析。检验结果如表 5 所示。学习卷入度到课堂学习情感效价的直接效应显著（$\beta_{直接效应} = 0.253$，LLCI = 0.133，ULCI = 0.373，区间不包含 0），学习热情的间接效应也显著（$\beta_{间接效应} = 0.170$，LLCI = 0.095，ULCI = 0.264，区间不包含 0）。因此，学习热情部分中介了学习卷入度对课堂学习情感效价的影响。企业人员非语言行为到课堂学习情感效价的直接效应显著（$\beta_{直接效应} = 0.324$，LLCI = 0.213，ULCI = 0.436，区间不包含 0），学习热情的间接效应也显著（$\beta_{间接效应} = 0.136$，LLCI = 0.069，ULCI = 0.216，区间不包含 0）。因此，学习热情部分中介了企业人员非语言行为对课堂学习情感效价的影响。由此，进一步支持了假设 H1a、假设 H1b、假设 H2a 与假设 H2b。

表5　　　　　　　　　　　　　Bootstrap 中介效应检验结果

		效应量	标准误	下限 LLCI	上限 ULCI
学习卷入度→学习热情→课堂学习情感效价	直接效应	0.253	0.061	0.133	0.373
	间接效应	0.170	0.044	0.095	0.264
企业人员非语言行为→学习热情→课堂学习情感效价	直接效应	0.324	0.057	0.213	0.436
	间接效应	0.136	0.037	0.069	0.216

六、研究结论与展望

（一）研究结论

1. 企业进课堂激活学生的双重信息处理路径。根据详尽可能性模型的观点，企业进课堂的教学创新模式主要从两方面激发学生的信息处理路径，其中，中心路径关乎课堂内容本身线索的评价，边缘路径关乎企业人员角色本身线索的评价。本文分析并佐证了中心路径中的学习卷入度和边缘路径中的企业人员非语言行为，对促进学生课堂情感效价这一关键评价因素的显著积极作用。总的来说，学生对这种创新教学模式的评价符合详尽可能性模型中有关双重信息处理路径的论断，其主要对课堂内容以及企业讲授人两方面线索因素来综合评估企业进课堂教学模式的效果。由此，本文研究拓宽了详尽可能性模型在教学情境中的应用，滋养了其在企业进课堂教学场景中的理论土壤。

2. 学生学习热情在促进课堂评价方面具有关键的中间机制作用。在倡导新文科教学的背景下，对课程内容的革新以及教学手段的创新变得越发迫切，而在该过程中，如何进一步激发学生的学习热情，内化课堂学习动机，改善课堂学习行为成为了核心关注面。企业进课堂这种新型的教学方式能够通过课堂内容创新诱发的学习卷入度以及企业人员所呈现的非语言行为感知能够从认知和情感两方面增强学生的学习热情，提高其对课堂的参与和交流，继而增强学生的情感连接，最终服务于学生的课堂满意和学习效果的提升。因此，学习热情的培育在企业进课堂的线索评价与学生课堂评价之间扮演着颇为重要的机制作用，可以预见，该方面机制不仅对学生的课堂评价具有积极作用，对促进学习动机的内化，改善学习态度和行为等方面也具有重要作用。

（二）教学启示

企业进课堂教学模式破除了传统教师作为唯一授课角色的边界，倡导本科教学融通更多商业前沿信息，拥抱数字化时代的新变化和新思想。通过这种教学模式的引进，逐渐优化和革新传统讲学的内容体系，能够丰富学生所接受知识的广度、深度和新鲜度。在具体实施过程中，可以重点考察以下两个方面：

1. 革新新文科背景下师生的角色定位。在传统教学惯例中，教师是课堂的唯一主导者、组织者、讲授者和评判者，学生大多为被动的知识接收者。教师通过提纲挈领式的讲授培育学生思维，继而建立思维框架。即便如此，仍然可能面临着知识体系不符合当前商业前沿、存在偏颇、观点遗漏等潜在问题，因此，在倡导新文科教学方针的背景下，重塑师生角色定位，引入第三方企业人员进课堂的形式来充实传统教学的知识体系，填充课堂教学的丰富水平，继而激发学生的学习热情，达到优化教学评价的目标。在这种角色定位重塑的当下，教师如何借助好企业人员的角色来更新、升华和完善以往的教学体系是重中之重，在该过程中，学生的角色定位也相应地能够通过参与多样化课堂活动来实现其学习热情，最终服务于更高水平的学习效果。

2. 激活课堂学习的双重信息处理路径。在企业进课堂的教学活动中，教师可以借助详尽可能性模型关于中心路径和边缘路径的评判来综合地提高学生学习热情。其中，中心路径关乎教学内容本身的信息线索，即教师可通过内容的设计和编排来融入企业人员的观点，联合开课和嘉宾演讲是常见的课堂讲学形式，而内容是否能够与传统教学相辅相成、相得益彰，而不是相互排斥或独立于传统教学大纲则是教学设计中的重点。此外，关于边缘路径中的线索大多与企业人员个人行为相关，得体的形象和讲演技巧对提高学生学习体验具有十分重要的影响力。通过本文提供的实证线索，在未来企业进课堂教学模式探索方面，应着力从教学内容的编排和企业人员的甄选两个方面并行，缺一不可，两者均是有效教学策略的重要组成部分，对提高学生的学习满意度和课堂效果均具有直接影响。

参考文献

［1］樊帅，张丽君，郑有佳. 高校"对分课堂"学习动机内化的影响机制研究——基于微信的应用［J］. 高等教育评论，2018（01）：156 – 174.

［2］杨雷，吴宾，黎明. 企业高管与高校教师合作授课的创新教学模式［J］. 学位与研究生教育，2021（08）：28 – 32.

［3］陈裕先，宋乃庆. 校企合作构建"企业课堂"［J］. 中国高等教育，2016（11）：52 – 53.

［4］韩黄英，郭娟. "课堂进企业"模式下工学深度融合研究［J］. 教育理论与实践（学科版），2012（06）：27 – 29.

［5］兰瑞瑞. "企业课堂"人才培养创新与实践——以浙江东方职业技术学院物业管理为例［J］. 中国商论，2019（07）：250 – 252.

［6］黄传峰，田美霞，张正堂. 应用型高校"虚拟企业"教学模式与评价体系的建构与探索［J］. 现代教育管理，2014（03）：37 – 41.

［7］李小斌. 移动电商专业"任务导向式"教学模式改革与实践［J］. 现代营销（经营版），2018（11）：233 – 234.

［8］肖炜. "企业进校园、课堂进企业"高职教育校企合作实践教学平台的创新与改革初探——以旅游管理专业为例［J］. 旅游纵览，2017（10）：241 – 242.

［9］孙锐，朱秋华，王伟，唐文龙，周颖芮，韦志颖. 言行不一？态度元认知视角下在线用户"隐私悖论"研究：ERPs 证据［J］. 南开管理评论，2023（06）：1 – 18.

［10］王小青，牛彤琰. 20 余年来美国 NSSE 项目的发展及其对中国大学生学情调查的影响［J］. 高等教育研究，2022（12）：87 – 100.

［11］唐朝永，师永志，李逸波，等．失败学习与企业绩效：组织韧性与环境动态性的作用［J］．管理评论，2023（04）：291．

［12］Huang Y. M．，Silitonga L. M．，Wu T. T. Applying a business simulation game in a flipped classroom to enhance engagement，learning achievement，and higher-order thinking skills［J］．Computers & Education，2022：104494．

［13］Pittaway L．，Cope J. Entrepreneurship education：A systematic review of the evidence［J］．International Small Business Journal，2007（05）：479 – 510．

［14］Ashton D. Making it professionally：Student identity and industry professionals in higher education［J］．Journal of Education and Work，2009（04）：283 – 300．

［15］Dochy F．，Segers M．，Van Den Bossche P．，et al. Effects of problem-based learning：A meta-analysis［J］．Learning and Instruction，2003（05）：533 – 568．

［16］Petty R. E．，Cacioppo J. T．，Petty R. E．，et al. The elaboration likelihood model of persuasion［M］．Springer，1986．

［17］Eagly A. H．，Chaiken S. The psychology of attitudes［M］．Harcourt brace Jovanovich college publishers，1993．

［18］Padilla-Angulo L．，García-Cabrera A. M．，Lucia-Casademunt A. M. Unpacking Entrepreneurial Education：Learning Activities，Students' Gender，and Attitude Toward Entrepreneurship［J］．Academy of Management Learning & Education，2022（04）：532 – 560．

［19］Shu M．，Scott N. Influence of social media on Chinese students' choice of an overseas study destination：An information adoption model perspective［J］．Journal of Travel & Tourism Marketing，2014（02）：286 – 302．

［20］Ihejirika K. T．，Goulding A．，Calvert P. J. Do they "like" the library? Undergraduate students' awareness，attitudes，and inclination to engage with library social media［J］．The Journal of Academic Librarianship，2021（06）：102451．

［21］Lewis N．，Rossmann C．，De Bruijn G. J．，et al. Dual process models and information engagement：Testing effects of seeking，scanning，and trust in sources on attitudes toward marijuana［J］．Journal of Communication，2022（01）：59 – 82．

［22］Zhang X．，Zhou S．，Yu Y．，et al. Improving students' attitudes about corporate social responsibility via 'Apps'：A perspective integrating elaboration likelihood model and social media capabilities［J］．Studies in Higher Education，2021（08）：1603 – 1620．

［23］Weilbaker D. C．，West J. S. Application of the elaboration likelihood model to teaching personal selling［J］．Marketing Education Review，1992（02）：37 – 43．

［24］Lee W. K. An elaboration likelihood model based longitudinal analysis of attitude change during the process of IT acceptance via education program［J］．Behaviour & Information Technology，2012（12）：1161 – 1171．

［25］Pogue L. L．，Ahyun K. The effect of teacher nonverbal immediacy and credibility on student motivation and affective learning［J］．Communication Education，2006（03）：331 – 344．

［26］Post L. S., Guo P., Saab N., et al. Effects of remote labs on cognitive, behavioral, and affective learning outcomes in higher education ［J］. Computers & Education, 2019: 103596.

［27］Astin A. W. Student involvement: A developmental theory for higher education ［J］. Journal of College Student Personnel, 1984 (04): 297 – 308.

［28］Zaichkowsky J. L. Measuring the involvement construct ［J］. Journal of Consumer Research, 1985 (03): 341 – 352.

［29］Petty R. E., Cacioppo J. T. The effects of involvement on responses to argument quantity and quality: Central and peripheral routes to persuasion ［J］. Journal of Personality and Social Psychology, 1984 (01): 69.

［30］Richmond V. P., Mccroskey J. C., Johnson A. D. Development of the nonverbal immediacy scale (NIS): Measures of self-and other-perceived nonverbal immediacy ［J］. Communication Quarterly, 2003 (04): 504 – 517.

［31］Hess J. A., Smythe M., 451 C. Is teacher immediacy actually related to student cognitive learning? ［J］. Communication Studies, 2001 (03): 197 – 219.

［32］Pekrun R., Goetz T., Titz W., et al. Academic emotions in students' self-regulated learning and achievement: A program of qualitative and quantitative research ［J］. Educational Psychologist, 2002 (02): 91 – 105.

［33］Maclnnis D. J., Moorman C., Jaworski B. J. Enhancing and measuring consumers' motivation, opportunity, and ability to process brand information from ads ［J］. Journal of Marketing, 1991 (04): 32 – 53.

［34］Xiang D., Zhang L., Tao Q., et al. Informational or emotional appeals in crowdfunding message strategy: An empirical investigation of backers' support decisions ［J］. Journal of the Academy of Marketing Science, 2019: 1046 – 1063.

［35］Watson D., Clark L. A., Tellegen A. Development and validation of brief measures of positive and negative affect: the PANAS scales ［J］. Journal of Personality and Social Psychology, 1988 (06): 1063.

［36］Comrey A., Lee H. Interpretation and application of factor analytic results in A. L. Comrey, H. B. Lee (eds.), A first course in factor analysis ［M］. Hillsdale, NJ: Lawrence Erlbaum Associates, 1992.

［37］Hair J. F., Black W. C., Babin B. J., et al. Multivariate data analysis. Uppersaddle River ［J］. Multivariate Data Analysis (5th ed) Upper Saddle River, 1998 (03): 207 – 219.

［38］Podsakoff P. M., Mackenzie S. B., Lee J. Y., et al. Common method biases in behavioral research: a critical review of the literature and recommended remedies ［J］. Journal of Applied Psychology, 2003 (05): 879.

（作者单位：中南财经政法大学工商管理学院）

▶▶▶ 招生就业·综合保障

专业学位博士招生考核评价指标体系研究*

张玉婷

摘　要： 国家研究生教育布局明确以国家重大战略、关键领域和社会重大需求为重点，进一步提升专业学位研究生比例，大幅增加博士专业学位研究生招生数量，分类完善学术学位与专业学位研究生的人才选拔机制。深化专业学位博士研究生招生考核评价体系的建设，不仅是响应国家对高层次、创新型人才迫切需求的外部压力，也是推动内部教育改革、提升人才培养质量的内在动力。针对专业学位博士招生考核，构建评价指标体系要素、架构和实施路径，助力高层次实践应用型人才的教育质量提升。

关键词： 专业学位　博士研究生　招生考核　评价指标

博士研究生教育位于高等教育体系的最高层次，为全面建设社会主义现代化国家提供了重要的智力支持和人力保障。专业博士学位的重点则是在于面向行业产业需求，培养具备扎实专业基础、较强实践能力、较高职业素养的应用型专门人才。我国于1997年首次在临床医学领域设置专业学位博士，并于1998年开展首次招生；2010年发布的《国家中长期教育改革和发展规划纲要（2010 – 2020 年)》，强调加快专业学位研究生教育的步伐，并提出提高研究生整体质量的目标，特别是博士生的培养质量，为专业学位博士研究生教育的持续发展奠定了基础；2020年发布的《专业学位研究生教育发展方案（2020 – 2025)》则明确指出，应以国家重大战略、关键领域和社会重大需求为导向，增设新的博士专业学位类别，并显著扩大博士专业学位研究生的招生规模；2023年发布的《教育部关于深入推进学术学位与专业学位研究生教育分类发展的意见》再次重申了扩大博士专业学位研究生招生数量的重要性。2024年7月31日，

---

　* 基金项目：教育部产学合作协同育人项目"数字赋能高层次人才选拔的师资培训研究"（项目编号：241006580295351）；中国学位与研究生教育学会人才选拔与评价委员会课题"以就业为导向的高层次人才数字化选拔体制机制改革研究"。

国务院学位委员会办公室公布了新增博士硕士学位授权审核专家的核查及评议结果公示,相较于 2020 年新增的专业博士学位点 89 个,此次新增的专业学位博士点数量达到了 351 个,呈现出显著增长的趋势。

一、专业学位博士招生考核评价指标体系构建的必要性

以国家重大战略、关键领域和社会重大需求为焦点,构建面向专业学位博士的招生考核评价体系,对于提升高层次实践人才培养质量,实现分类化、精准化的人才选拔策略,以及推动选拔机制的革新等方面,均具有极其重要的价值和意义。

(一) 外部期待:国家社会对高层次拔尖创新人才的需求

拔尖创新人才是驱动新质生产力生成的关键资源,博士研究生教育则是高层次拔尖创新人才的首要保障。新质生产力的核心是创新驱动,而创新驱动的本质是人才驱动。因此,新质生产力的形成与发展需要博士生教育发挥拔尖创新人才培养梯队的重大作用。近年来,为贯彻国家关于人才发展的重大战略,培养紧缺型、实用型、高技能人才,我国针对行业产业需求设置了 36 个博士专业学位类别。据已公布数据,2022 年专业学位博士生招生人数为 2.46 万人,招生规模比 2017 年增长 8 倍。专业学位研究生教育为国家培养实践型、应用型拔尖创新人才,构成了形成新质生产力所需高素质人才的生力军。

(二) 内部驱动:研究生教育改革对分类选拔机制优化的需求

自 1990 年我国设置专业学位以来,相关高校在课程体系优化调整、校企合作培养模式探索、双导师制实践、案例库建设等方面不乏优秀成果。然而,相较于学术学位研究生教育而言,专业学位在培养目标的定位精准度上仍有待优化;同时,在满足国家与社会需求的维度上,其培养成果也未能充分展现预期效果。

考试招生制度的改革构成了教育评估体系变革的核心元素,发挥着指挥棒和红绿灯的导向作用。依据《国务院关于深化考试招生制度改革的实施意见》,考试招生制度在提升教育质量与支持创新型国家建设方面扮演着不可或缺的关键角色。《专业学位研究生教育发展方案 (2020 - 2025)》提出了对研究生教育实施学术导向与专业实践分类招生的要求,并着重优化博士专业学位研究生的申请考核选拔机制。根据《教育部关于深入推进学术学位与专业学位研究生教育分类发展的意见》,招生单位应优化人才选拔机制,在专业学位研究生领域,选拔过程应侧重于评估考生的综合实践能力、运用专业知识解决实际问题的能力,以及其未来在职业领域的成长潜力。

因此，招生考试政策优化是提升博士专业学位研究生教育品质的关键驱动因素。

（三）现实困境：专业学位与学术学位研究生教育趋同的惯性

专业学位博士的招生机制固有地承袭了学术型博士考试与招生体系的特征。其核心体现在三个方面，一是政策导向的趋同管理，专业学位博士的招生流程通常依据《2014 年招收攻读博士学位研究生工作管理办法》进行，这在"考试与评价"的框架下更侧重于学术型博士的评估标准。除此之外，目前我国高校的研究生导师多为学术型博士出身，这在某种程度上导致了考核专家小组组成往往缺少具有丰富企业经验和高级工程师背景的专业人士。因此，考核方式与学术型博士的评价体系趋同就难以避免。二是培养环节的路径依赖，长期以来，中国学术型博士的定位、标准及培养模式，伴随着研究型大学概念引进与建设实践，得到了广泛认同，在人才培养全过程形成了思维定式，使培养单位更习惯于基础研究与学术人才培养。相比之下，专业学位博士的培养一直处在规模较小、基于经验摸索的阶段，其招生与考试体系往往难以脱离学术型博士评价机制的既定模式，从而陷入制度性的惯性循环中。三是出口导向的选择依赖，在博士毕业生就业选择中，多数用人单位更倾向于招聘具有学术学位的求职者，这一倾向客观上造成了专业学位教育发展的困境，特别是与学术学位培养模式"趋同"问题，"出口"环节的学术成果强化选择倒逼"入口"环节与学术学位的标准趋同。

二、专业学位博士招生考核评价指标体系构建

博士研究生招生考试具有招生单位强自主性的特点，结合专业学位博士人才培养需求来设计考核内容、形式，通过构建以思想品德考核为首位、专业能力考核为主体、创新能力考核为核心的指标体系，选拔出"德智体美劳"全面发展的高层次人才。

（一）指标要素重点

当前我国的博士研究生教育体系内，主要有三种主流招生方式：普通招考、硕博连读以及直接攻读博士学位。通过查询 148 所国家"双一流"建设高校 2024 年博士研究生招生简章，其中 140 所（约占 94.59%）高校的普通招考采用了"申请—考核"制。"申请—考核"制下，考生根据招生单位的要求提交申请材料，招生单位组织评审专家小组进行材料评议，材料评议合格的考生进入后续考核环节。招生单位可通过笔试、面试、实践操作等，结合具体选拔需求，灵活设计考核内容和形式，有助于专业学位博士和学术学位博士的分类选拔。

构建专业学位博士招生考核评价指标体系，首先需要将专业学位博士与学术学位

博士、专业学位硕士区分开。一方面，相较于学术学位博士追求理性探索与学术研究的定位，专业学位博士主要为满足经济、社会和政治发展需求，注重解决实际问题的能力，要求加强与产业部门和社会各界的联系，强化产教融合协同育人。另一方面，相较于专业硕士学位，二者主要差异体现在解决实际问题的自主性和问题的复杂度上。专业学位博士的实践研究应具备运用现代科学理论、尖端知识以及原创思维解决更为复杂、贴近实际生活问题的能力，并以此产生具有深远实践意义的创新成果；能够开展跨学科的高层次创新工作，推动不同学科领域的融合与突破；能够在某一实践领域进行深度学习，培养成为高阶创新者，通过知识创新、个人能力提升、产品或系统开发来驱动个体与组织层面的持续创新。

（二）指标要素架构设计

招生考核评价指标设计应具有可观测、可推广的属性，在一级、二级指标的基础上，进一步细化各项指标的观测点、考查方式、权重分配等，形成较为完整的评价体系架构（见表1）。

表1　　　　　　　　专业学位博士研究生招生考核评价指标体系

一级指标	二级指标	观测点
思想品德考核	思想政治素质	拥护中国共产党的领导，品德良好，遵纪守法。能够理论联系实际，具备政治觉悟和新时代价值观以及独立思考的能力
	学术道德品质	坚守学术诚信、原创性科研，具备较高的学术责任意识，自律性强，珍惜学术名誉等
	职业伦理素养	热爱职业，坚守岗位，服务群众，奉献社会，树立正确的价值取向与职业认同，严格遵循职业法律规范，主动践行职业道德准则，展现高度的职业责任感与道德操守等
专业能力考核	专业实践能力	专业基础知识扎实，具备专业实践所需的跨学科知识、实践操作能力、实践报告撰写能力等
	可迁移能力	具备较好的沟通交流能力、团队合作能力，有一定的组织管理能力、适应能力等
创新能力考核	既有的创新成果	具有一定的创新基础，并通过论文、专著、研究或实践报告、新型实用性成果等进行具象化反映
	未来的创新潜力	具有主观上的创新意识、探索精神、质疑精神，具有客观上创新思维、对于前沿领域的把握能力

1. 首位：思想品德考核。党的二十大强调，要培养"德智体美劳"全面发展的社会主义建设者和接班人。"立德树人"一直是党和国家教育工作坚守的方针，良好的思想品德修养是研究生成长为社会主义建设者和接班人的基础和前提。教育部办公厅

《关于做好 2017 年招收攻读博士学位研究生工作的通知》明确要求"坚持立德树人，加强思想品德考核""推进完善'申请—考核'招生选拔机制"。并特别强调，招生单位要把思想政治素质和品德考核作为博士研究生招生考核的重要内容和录取的重要依据。遵循实事求是的原则认真考核考生本人的现实表现，内容应包括政治态度、思想表现、道德品质、遵纪守法等方面，特别要注重考查考生的科学精神、学术道德、专业伦理、诚实守信等方面的情况。对于思想品德考核不合格者不予录取。因此，应将思想品德考核放在专业学位博士研究生招生考核的首要位置，科学有效评价考生的思想政治、公民道德、学术道德、职业道德等，进而选拔出德才兼备的高素质人才。

（1）思想政治素质。习近平总书记指出，办好思政课，就是要开展马克思主义理论教育，用新时代中国特色社会主义思想铸魂育人。习近平新时代中国特色社会主义思想是当代中国马克思主义、21 世纪马克思主义，贯通马克思主义哲学、政治经济学、科学社会主义，贯通历史、现实和未来，贯通改革发展稳定、内政外交国防、治党治国治军等各领域，为思政教育提供了科学指引。对于专业学位博士研究生招生的思想政治考核，不应局限于单纯的记忆性知识考察，要强调理论与实践的紧密结合，设置开放、灵活的考核内容，探索考生对当前社会问题和热点事件的理解深度。此外，考核还应关注考生的政治觉悟和新时代价值观以及独立思考的能力，可以更全面地选拔出具备深刻政治见解、积极价值观以及创新解决问题能力的优秀人才。在招生考核的过程中，用真理的强大力量引导考生，让考生知其然、知其所以然、知其所以必然，将招生考试过程与育人工作有机结合。

（2）学术道德品质。专业学位博士研究生的学术道德品质是其产出高质量实践创新成果的重要保障，不仅对确保个人及团队研究成果的可信度与真实性至关重要，更对相关行业的发展路径和产业进步产生深远影响。因此，准确评估考生的学术诚信、学术责任感、自律精神、原创性科研能力、学术名誉等的增值程度，是专业学位博士研究生招生录取的必备基础。

（3）职业伦理素养。职业伦理素养直接影响到专业学位博士研究生毕业后职业发展，良好的职业道德不仅能引导专业学位博士研究生树立正确的世界观、人生观与价值观，对其职业能力的成长起到积极促进作用，还将使其在服务于国家和社会发展的过程中，更加高效且负责任地贡献自己的专业知识与技能。评估职业伦理素养时，主要关注考生的这些方面：热爱目前或未来从事的职业，坚守岗位，服务群众，奉献社会，具有正确的义利观和职业认同感，遵守职业法律法规，主动践行职业道德准则等。将职业伦理考察融入到专业考核中，既可以直接考核具体专业的伦理知识，又可以结合具体专业案例中的伦理活动和伦理困境进行分析决策，实现综合评价。

2. 主体：专业能力考核。专业学位博士研究生招生考核应立足于专业实践水平，选拔出符合培养需求的高层次应用型专门人才，进而在未来发展中突出职业导向性、岗位适配性。专业能力考核可重点考查考生的专业基础、实践经历等，经过对现有文献的梳理，有研究者将专业能力划分为专业实践能力和可迁移能力。

（1）专业实践能力。专业实践能力是将专业学位博士研究生与相应职业资格进行衔接的关键指标。《教育部关于深入推进学术学位与专业学位研究生教育分类发展的意见》特别强调了加强专业学位类别与对应职业资格认证之间衔接机制的重要性。职业资格认证确立了从事特定职业所需的基础知识、技能和能力的标准，尤其强调专业实践能力作为核心评估指标。专业实践能力的考察主要聚焦于以下四个方面：一是扎实的专业基础知识，确保考生具备深入理解与应用专业知识的能力；二是跨学科知识的掌握，强调考生能够整合不同领域的知识以解决复杂问题；三是实践操作能力的考察，关注考生在实际工作环境中的操作技巧与执行效率；四是实践报告撰写能力的评估，旨在检验考生分析、总结和表达专业实践成果的能力。这些维度共同构成了全面评价考生专业实践能力的标准框架。

（2）可迁移能力。可迁移能力反映了考生将专业知识应用于生活实践的潜力。有研究者指出，可迁移能力指的是个体在日常的学习、生活以及工作环境中应掌握的核心技能，强调了个体具备的基本素质对其多领域活动的普遍适用性，并认为学习能力、沟通与合作能力、人际交往能力以及环境适应能力是其关键要素。这些能力不仅能够促进个体在当前环境中的成功，而且还能帮助他们在未来面对不同情境时灵活应对，实现个人成长与职业发展的多元化需求。也有研究者认为，可迁移能力的构成元素涵盖沟通能力、信息处理能力、自主学习能力、团队协作精神、人际交往能力等。基于此，招生考核应着重评估考生在既往的学习经历、工作或实践经历中反映出的沟通与表达能力、团队协作能力、组织与领导力以及环境适应性等方面的能力。

3. 核心：创新能力考核。专业学位博士研究生教育服务于国家和社会发展的前提在于创新能力的培养。党的二十大报告指出，坚持创新在我国现代化建设全局中的核心地位，加快实施创新驱动发展战略，以国家战略需求为导向，积聚力量进行原创性引领性科技攻关，坚决打赢关键核心技术攻坚战。专业学位博士研究生在学习和实践的过程中，基于专业领域深入研究，通过创新能力推动，产出新颖且实用的创新成果。考生既有的创新成果和未来的创新潜力，共同构成创新能力考核的主要内容。

（1）既有的创新成果。既有的创新成果是创新能力的具象化表现形式，直接体现了考生在既往学习实践过程中的创新能力增值情况。专业学位博士研究生招生考核作为对最高层次应用型人才的选拔，要求考生必须具有一定的创新基础，并通过论文、专著、研究或实践报告、新型实用性成果等进行具象化反映。

（2）未来的创新潜力。未来的创新潜力是创新能力推进博士研究生阶段继续深入研究的核心，一方面，考生应有不畏困难、主动创新的内在驱动力；另一方面，考生应具备朝着正确方向创新的思维能力。未来创新潜力的考量因素主要体现在考生主观上的创新意识、探索精神、质疑精神，客观上创新思维、对于前沿领域的把握能力。

4. 指标权重分配。考核指标的权重设置决定了考核工作能否充分实现考核目标。依据布迪厄的"场域—惯习—资本"理论，在考试这一特定场域中，行政管理者、导师与考生等多元主体凭借各自的惯习与资本力量，共同影响并决定了考试结果的发展趋势。专业学位博士研究生招生考试的重点在于"专业型"，思想品德考核（20% ~ 30%）、专业能力考核（40% ~ 60%）、创新能力考核（20% ~ 30%）在权重上构成"橄榄型"分配格局。专业能力是主体，建议权重分配不低于40%。思想品德考核是首要因素，在合理设置权重的同时，应具有"一票否决"的特性，即思想政治品德考核不合格者不予录取。创新能力考核能进一步确认考生与专业培养需求的契合度，专业导师、行业专家可在权重范围内结合专业和社会需求进行综合考量。

（三）实现路径

为了确保专业学位博士招生考核评价指标体系的顺利实施，招生单位还需进一步优化招生考核分类评价理念、强化内外保障、融合考核环节与方法，从而形成可细化、易实施的招生考核办法（见图1）。

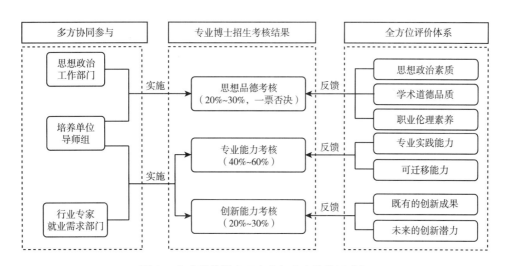

图1　专业学位博士研究生招生考核协同路径

1. 理念优化，树立区别于学术型博士的评价定位。主动更新考核评价观念，清晰区分学术学位与专业学位博士研究生的考核评价体系，以面向行业产业发展需求为考核重心。招生专业设置、选拔考核工作应充分考虑国家、社会当前的重大需求和产业、行业面临的重大问题，强化专业性、实践性、综合性，为培养高质量的高层次专业人才把好"入口关"。

2. 内外保障，构建校内外、学科内外、专业内外的多方协同机制。招生单位内部形成"招生—培养—就业"联动体系，在学位点设置和招生计划分配中主动对接国家重大战略需求，培养环节整合学科专业资源，充分彰显学科融通、专业互通、产教融合等特色，对标社会需求和专业学位博士就业特点不断优化培养方案。招生单位从外部引入企业、单位、协会等实务机构全周期参与，将行业、产业对人才的需求标准引入到专业学位博士研究生的研究方向设置、招生命题、面试评价以及培养环节，防止招生培养与社会需求"脱轨"。通过完善内外保障机制，在以博士培养单位（导师组）为主体的同时，与思想政治工作部门合作实施思想品德考核，与行业专业联合实施专业能力考核、创新能力考核，最终形成校内资源聚合优化、企业行业协同参与的内外部质量提升体系。

3. 融合考查，形成方式、内容、环节相互渗透的高效考核办法。实施综合、多元、全面的评价考核办法，融合使用考核要素和考核环节，既有通过笔试、面试直接量化各项考核内容的显性评价，又有在实践操作、时事热点交流等环节中渗透考核要素的隐性评价。通过既往项目经验、实践活动来了解考生的专业积累、实践应用能力、团队协作能力，通过时事热点交流来了解考生的思想品德状况、政治立场观点、学术观念等，招生单位、考官在接收考生输出的多维度评价信息的同时，也能够将育人理念向考生进行输入，在招生考试环节践行"立德树人"理念。

参考文献

[1] 徐岚，魏庆义. 非学术部门就业对博士生的质量需求——胜任力分类理论视角下基于招聘信息内容的分析 [J]. 高校教育管，2023，17（04）：87-101.

[2] 武学超，杨晓斐. 荷兰应用科学大学专业博士学位项目改革及启示 [J]. 学位与研究生教育，2024（02）：86-93.

[3] 马健生，张芳铫. 论教育博士专业学位的职业性及其实现 [J]. 北京师范大学学报（社会科学版），2024（01）：60-69.

[4] 赵金敏，周文辉. 美国高等教育专业如何培养高校管理人员——以专业型硕士学位为例 [J]. 中国高教研究，2024（04）：93-101.

[5] 孟卫青，吴开俊，姚远. 面向非学术性职业：比较视野下博士生教育改革与启示 [J]. 学位与研究生教育，2024（03）：85-93.

[6] 王雷，赵萌. 我国体育博士专业学位的内涵辨析、价值审视与实施方略 [J]. 北京体育大学学报，2024，47（01）：13-23.

[7] 陈越，赵欢. 行业企业参与高等职业教育评价：深层动因、行动主体与实践策略——基于制度创业理论框架的分析 [J]. 大学教育科学，2023（02）：71-78.

[8] 王顶明，黄葱. 以博士生教育高质量发展促进新质生产力形成 [J]. 学位与研究生教育，2024（04）：58-65.

[9] 杨晨美子，李爱彬，范宇琪. 专业学位研究生增值评价的价值意蕴、指标体系及实现路

径——以学生发展为中心的视角 [J]. 研究生教育研究, 2024 (01): 94 – 102.

[10] 陈涛, 卢铮松, 陈冠云, 等. 工程类博士专业学位考试招生制度改革路径研究 [J]. 天津大学学报 (社会科学版), 2022, 24 (03): 230 – 236.

[11] 彭国华, 姜家宗. 博士研究生招生中的思想品德考核探析 [J]. 中国高等教育, 2022 (06): 32 – 34.

[12] 顾剑秀, 罗英姿. 是"管道的泄漏"还是"培养的滞后"——从博士毕业生的职业选择反思我国博士培养变革 [J]. 高等教育研究, 2013, 34 (09): 46 – 53.

[13] 翟亚军, 王战军, 王晴. 从二元到三元: 我国学位类型划分的新思维 [J]. 北京大学教育评论, 2022, 20 (02): 174 – 185.

[14] 彭涛, 唐德先, 董俊. 对专业学位研究生职业道德教育的思考 [J]. 思想教育研究, 2015 (02): 60 – 64.

[15] 董维春, 姜璐, 刘晓光. 博士学位制度起源与博士生培养模式演变 [J]. 学位与研究生教育, 2024 (06): 6 – 15.

(作者单位: 中南财经政法大学研究生院、党委研究生工作部)

专业学位研究生生源质量分析
及优化路径探讨
——以 Z 校为例

刘　桐

●　●　●

摘　要：随着专业研究生教育不断发展，如何确保和提升其质量已成了政府和社会关注的热点话题。本文以湖北省某"双一流"建设高校 Z 校为例，对 2022～2024 年该校专业学位硕士研究生的生源质量及结构进行统计分析。研究发现，三年间生源质量在报录情况、生源年龄、生源地、毕业院校、推免情况、学科背景等方面存在差异，并据此对提升专业学位硕士研究生生源质量提出路径优化建议。

关键词：专业学位　生源质量　生源结构　研究生教育

一、背景与研究现状

居于国民教育体系顶端的研究生教育，肩负着培育高层次人才与促进科技革新的双重使命，是驱动经济社会进步的核心动力，同时也是实施创新驱动发展战略、构建创新型国家的基石。作为全球研究生教育规模最为领先的国家，中国从最初的规模较小且相对薄弱的阶段，历经发展，已建立起庞大的教育体系并展现出强大的实力，实现了历史性的发展跨越。近年来，我国的硕士研究生招生与报名规模呈现出显著的增长态势，这一现象清晰地揭示了其发展的持续性提升。2015～2023 年，我国硕士研究生报考人数依次为 164.9 万人、177 万人、201 万人、238 万人、290 万人、341 万人、377 万人、457 万人、474 万人；录取人数分别为 57.06 万人、58.98 万人、72.22 万人、76.25 万人、81.13 万人、99.05 万人、105.07 万人、110.35 万人、114.84 万人；录取率则分别为 34.60%、33.32%、35.93%、32.04%、27.98%、29.05%、27.87%、

24.15%、24.23%。鉴于当前就业市场的动态变化和研究生教育的规模化扩张，一些高校已开始倾向于增加专业学位研究生的招生名额。这一策略的实施，明显促进了专业硕士申请人数的快速增长。这不仅凸显了合理平衡招生规模、学生来源构成与培养质量间关系的迫切性，而且强调了在教育体系中灵活应对市场趋势与提升教育质量的必要性。

2020年9月25日，国务院学位委员会、教育部印发的《专业学位研究生教育发展方案（2020-2025）》中提出，到2025年，硕士专业学位研究生招生规模扩大到硕士研究生招生总规模的2/3左右；要大力提升专业学位研究生教育质量。如何在规模增长的同时提高培养质量、走好内涵式发展道路，是专业学位研究生教育面临的重大命题。

高质量的研究生教育无疑是一个具有长链条、包含多环节的完备人才培育体系，其涉及"招生选拔""培养过程""毕业标准"等多个方面。而在这个复杂的长链条体系之中，起始端是招生环节。稳定且优质的生源无疑是研究生招生质量的坚实保障，并且在一定程度上对研究生教育的高质量发展起着不可忽视的间接制约作用。随着质量保障运动在高等教育领域逐步兴起并不断发展，众多学者深刻地认识到研究生招生工作与研究生培养规划之间存在着极为直接的紧密关联。正因如此，他们进而高度关注生源在研究生教育的整体格局中所具有的重大意义，一致认为生源乃是保障研究生教育高质量发展的核心关键要素；有相关研究依据翔实的招生数据，深入分析了政策实施后非全日制研究生在报考人数、生源身份以及生源结构等方面所呈现出的具体变化情况。而在生源特征与结构的研究领域，众多学者大多从生源的数量规模大小、性别构成比例、年龄层次分布、生源学科专业的具体分布状况、生源地的地域分布以及推免录取的相关情况等多个维度对研究生生源展开全面而细致的分析，基于此，提出了若干旨在有效提升与确保生源质量的战略性建议。在构建生源质量评估框架时，着重于以下几个关键维度：第一，每年的录取比率与招生规模；第二，重点院校学生的占比；第三，跨学科专业学生的比例；第四，来自高评价学科评估的生源数量。通过系统地分析这四个方面，我们可以全面而深入地评估并优化生源质量。

然而，目前学界仍然缺乏专门针对专业学位硕士研究生招生质量的深入研究，尤其是在专业学位硕士研究生的生源特征、生源结构演化过程以及培养过程优化等关键方面的研究更是明显不足。鉴于此，本文主要围绕专业学位硕士研究生近三年（2022～2024年）Z高校专业学位硕士的招生数据展开全面分析，高度聚焦于其生源特征与结构演化的具体情况，深入剖析招生质量的变化动态，积极探寻造成变化的各类因素，进而从生源结构差异以及质量提升的独特视角，提出一系列进一步优化招生与培养质量的切实可行的建议。

二、招生质量与生源结构分析

本文选取湖北某"双一流"建设高校作为研究对象，该校自1995年成功获取首个专业学位硕士授权点——工商管理硕士（MBA）起，其专业学位研究生教育便取得了显著进步。历经长期的摸索与建设，Z校现拥有21个硕士专业学位授权类别。近年来，该校专业学位硕士研究生教育实现了良好发展，且招生规模保持稳定（每年招收人数超2000人），在专业硕士研究生教育方面进行了富有成效的探索，具备一定的代表性。

该研究采集的资料主要来自Z校在2022～2024年专业学位硕士研究生的招生数据，包括了初试成绩、申请人数、上线人数、最终录取人数以及每年复试的分数线等方面。同时，还涉及了反映生源背景的数据，如人口社会属性（性别、年龄、居住地）、本科教育背景（教育经历、最终学位授予学校、专业领域）等。通过使用描述性统计学等方法，本文从客观角度详细分析了Z校专业学位硕士研究生的生源质量、特点及其结构的演变。

（一）专业学位硕士研究生报录情况

自2022年以来，在全国硕士研究生考试报考人数减少的大趋势下，Z校的报考人数略有下降，但总体上报考人数稳定在12000人以上，如表1所示。与此同时，近三年来Z校录取人数呈逐年增长趋势，2022年录取人数为2026人，2023年增至2074人，2024年继续增加至2094人，占当年硕士研究生总录取人数的比例稳定在58%以上，并呈增长趋势。随着报考人数的稳定以及对录取人数的增长，Z校连续三年的报录比持续下降，为提升生源质量把好第一道关。

表1　　　　　　　　　**2022～2024年Z校专业学位硕士研究生报录情况**

年份	报考人数（人）	全国硕士研究生报考人数（人）	专业学位硕士研究生录取人数（人）	录取人数占当年总录取人数比例（%）	非全日制专业学位硕士生录取人数（人）	报录比
2022	17184	4570000	2026	58.54	434	8.48：1
2023	16159	4740000	2074	58.99	460	7.79：1
2024	12893	4380000	2094	58.89	454	7.15：1

2019年8月，教育部颁布《2020年全国硕士研究生招生工作管理规定》，针对非全日制专业硕士生的生源提出了全新要求，着重强调非全日制专业硕士研究生原则上应招收在职定向就业人员。由表1能够看出，Z校非全日制专业学位硕士生的录取情况基本呈现出增长态势。在非全日制专业硕士生的招生类别当中，管理类非全日制专业

硕士生的招生规模以及报考人数均处于前列位置。故而，在推动专业学位研究生招生实现高质量发展的进程中，也需要从计划管理、生源组织、考核录取等方面对非全日制研究生可能引发的"隐性失衡"问题予以关注，进而提升其"含金量"与"认同度"。

（二）专业学位硕士研究生生源质量总体情况

在上线生源质量方面，表2统计了自2022年以来，Z校专业学位硕士研究生（非专项计划）各专业方向的复试分数线情况。可以看出，Z校三年来自主划定的复试分数线（非专项计划）逐年提高，2022年复试分数线的平均成绩为320.61分，2023年复试分数线平均成绩为326.04分，2024年的复试分数线平均成绩则提高至333.74分，总体生源质量得到较大提升。

表2　2022～2024年Z校各专业学位硕士研究生复试分数线（非专项）情况（分专业方向）

专业名称	2022年		2023年		2024年	
	Z校分数线	高于国家分数线	Z校分数线	高于国家分数线	Z校分数线	高于国家分数线
社会工作（方向1）	385	50	366	40	373	42
国际商务（方向1）	384	24	366	20	363	25
税务	381	21	386	40	362	24
金融	369	9	376	30	374	36
保险	378	18	360	14	350	12
英语笔译（方向1）	367	0	363	0	398	33
英语笔译（方向2）	367	0	363	0	397	32
英语口译	370	3	371	8	385	20
俄语笔译		—			397	32
法语笔译					378	13
新闻与传播	386	19	375	12	366	1
汉语国际教育	—		370	20	—	
国际商务（方向2）	381	21	371	25	354	16
资产评估	386	26	371	25	360	22
农业管理	342	90	367	116	351	100
农村发展（方向1）	332	80	275	24	353	102
农村发展（方向2）	332	80	275	24	353	102
工商管理（方向1）	170	0	170	3	162	0
工商管理（方向2）	170	0	170	3	162	0
审计	194	0	197	0	201	0
会计	239	46	256	59	246	45

续表

专业名称	2022 年		2023 年		2024 年	
	Z 校分数线	高于国家分数线	Z 校分数线	高于国家分数线	Z 校分数线	高于国家分数线
社会工作（方向2）	386	51	343	17	360	29
公共管理	189	11	197	22	174	1
应用统计	388	28	382	36	363	25
计算机技术			324	51	325	52
人工智能			348	75	273	0
大数据技术与工程	—		350	77	336	63
网络与信息安全			351	78	324	51
电子信息	344	71	—			
法律（非法学）	343	8	344	18	335	4
法律（法学）	345	10	342	16	351	20

通过分析各专业方向 Z 校复试分数线超出国家线的数据，发现近三年仅有 13.92% 的专业方向复试线与国家线持平；超出国家线 1~40 分的占主体，约为 60.76%；超出国家线 41~80 分的占比 20.25%；另外 5.07% 的专业方向复试线超出国家线 81 分及以上（见图1）。按年度来看，2022 年复试线与国家线持平的专业方向为 5 个，2023 年与 2024 年均为 3 个。经过对比 2022~2024 年各年考生初试成绩发现，考生初试平均分从 2022 年的 274.21 分，增加至 2023 年的 277.79 分，2024 年达到 280.87 分，尤其是高密度分数段也得到提高，生源成绩高密度段的提高意味着生源质量的逐年提高，这背后的原因既包括生源特征和结构本身的优化，也包括招生学校的招生要求、吸引力、社会认同等方面的因素。

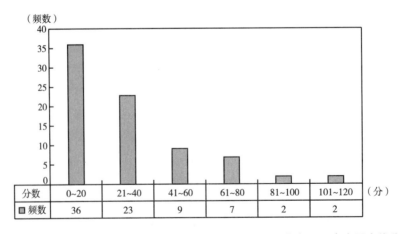

分数	0~20	21~40	41~60	61~80	81~100	101~120	（分）
频数	36	23	9	7	2	2	

图 1　2022~2024 年 Z 校各专业学位硕士研究生复试分数线（非专项）高出国家线分布情况

（三）专业学位硕士研究生生源特征分析

深入领会历年的生源特征与生源结构，对于优化招生方案以及提升招生质量起着至关重要的作用。本文采用实证分析方法，聚焦于 Z 校过去三年的专业学位硕士研究生招生录取数据，旨在深入探索并描绘出新生源群体的特性及其构成模式，从而形成所谓的"生源画像"。

重点对录取研究生生源的年龄范围、生源地域、本科毕业院校类型、推免情况以及本硕学历学科专业类别等信息予以统计。如表 3 所示，在 2022～2024 年总计录取的 6094 名生源当中，有 4711 名学生的年龄处于小于 25 岁的区间，占总体的比例为 76.06%；2296 名学生的所在地为湖北省，占总体的 37.07%；4180 名学生的毕业院校属于"双非"高校，即非原"985 工程"高校或原"211 工程"高校，占总体的比例达 67.48%。此外，本科毕业于本校的学生为 683 人，占比 11.03%；通过推免方式被录取的学生有 910 名，占总体的 14.69%；大约一半的学生本硕专业学科类别存在差异，占比为 49.10%。因此，纵观 2022～2024 年的生源特征，Z 校专业学位硕士研究生的录取考生的整体画像大致如下：年龄处于 25 岁以下的年龄段，生源地主要集中在湖北省，毕业院校多为非原"985 工程"高校或原"211 工程"高校，大约一半的生源属于跨学科报考。

表 3　2022～2024 年 Z 校 6094 名专业学位硕士研究生录取生源特征总体情况

项目		人数（人）	占比（%）
年龄	<25 岁	4711	76.06
	25～29 岁	778	12.56
	30～34 岁	401	6.47
	35～39 岁	223	3.60
	≥40 岁	81	1.31
生源地	湖北省	2296	37.07
	河南省	331	5.34
	江西省	326	5.26
	其他	3241	52.32
毕业院校类型	"双一流"高校	2014	32.52
	其他	4180	67.48
	本校	683	11.03
推免生	本校	151	2.44
	总人数	910	14.69
本硕学科门类对口	一致人数	3153	50.90

通过对 Z 校过去三年专业学位硕士研究生招生来源结构的深入剖析，我们观察到尽管每年的招生概况与表 2 所示的基本特征一致，即整体上保持稳定，但其内部结构展现出了一种趋向于多元均衡的发展趋势。这一现象意味着，在维持传统生源渠道优势的同时，招生政策和实践正在积极吸引来自不同背景、具有多样特性的学生群体，从而丰富了研究生教育的生态，促进了学术与行业间的更广泛融合（见表 4），主要表现在以下几个方面：

表 4　　2022～2024 年 Z 校各年份专业学位硕士研究生录取生源结构情况

项目		年份					
		2022		2023		2024	
		人数（人）	占比（%）	人数（人）	占比（%）	人数（人）	占比（%）
年龄	<25 岁	1561	77.05	1564	75.41	1586	75.74
	25～29 岁	248	12.24	250	12.05	280	13.37
	30～34 岁	125	6.17	146	7.04	130	6.21
	35～39 岁	67	3.31	82	3.95	74	3.53
	≥40 岁	25	1.23	32	1.54	24	1.15
生源地	湖北省	752	37.12	770	37.13	774	36.96
	河南省	103	5.08	103	4.97	125	5.97
	江西省	118	5.82	104	5.01	104	4.97
	其他	1053	51.97	1097	52.8	1091	52.10
毕业院校类型	"双一流"高校	726	35.83	663	31.97	625	29.85
	其他	1300	64.17	1411	68.03	1469	70.15
推免生	本校	237	11.70	231	11.14	215	10.27
	本校	51	2.52	37	1.78	63	3.01
	总人数	318	15.70	301	14.51	291	13.90
学科专业背景	本硕学科门类对口人数	916	45.21	1053	50.77	1184	56.54

1. 生源年龄情况：生源的年龄分布正逐渐朝着均衡的方向演变。主要以 25 岁以下的年轻群体为主体，同时也涵盖了更具工作经验的群体。其中，尽管在 2022～2024 年 25 岁以下年龄段的生源人数始终最多，然而自 2022 年（占比 77.05%）之后，这一特征的显性程度呈降低的趋势。在 2023 年降至低谷（占比 75.41%）后，2024 年又稍有增长至 75.74%。25～29 岁年龄段的生源作为第二大生源群体，呈现出显著增多的态势，从 2022 年的 12.24%增长至 2024 年的 13.37%。由此可见，Z 校专业学位硕士研究生的生源年龄分布正在发生均衡演变，逐渐吸纳了越来越多处于 25～29 岁的年龄分布中段生源，考生年龄段分布的均衡性得以彰显。

2. 生源地情况：表 4 列出了 2022～2024 年 Z 校专业学位硕士研究生生源占比较高

的省份。占比在5%以上的省份基本稳定在3个，这些省份的生源占2022～2024年招生总数的将近一半。其中，以湖北省省内高校的生源为主，占比稳定在37%左右。紧随其后的是河南省和江西省，在2024年分别占比5.97%和4.97%，且均为湖北省的邻省。这表明学生在选择就读院校时具有较为明显的就近倾向。

3. 毕业院校情况：目前我国高等院校根据办学层次和水平不同，本文暂以"双一流"高校和其他高校进行区分。Z校2022～2024年专业学位硕士研究生生源主要来源于一般普通高校，即其他高校占比超过2/3；而来源于"双一流"建设高校的学生占比在29.85%～35.83%。同时，从表4还可以发现，近三年来，专业学位硕士学生来源于"双一流"建设高校的比例总体呈下降趋势，因而生源质量有所下降。

进一步细分各个年度来自"双一流"建设高校的生源情况，从表5不难看出，Z校2022～2024年来每年均有"双一流"生源高校约107所。招生人数前10名的高校依次稳定在中南财经政法大学、武汉理工大学、郑州大学、河南大学、南昌大学、华中农业大学、安徽大学、武汉大学、中国地质大学（武汉）、华中师范大学等，湖南师范大学、海南大学、湘潭大学等时有上榜。可以看出，Z校专业学位硕士研究生"双一流"生源高校基本在武汉市内，或者湖北省周边省份，稳定生源高校具有明显的地域特征。

表5　　　　近三年Z高校生源排名前十的"双一流"建设高校情况

2022 年			2023 年			2024 年		
高校	人数（人）	占比（%）	高校	人数（人）	占比（%）	高校	人数（人）	占比（%）
中南财经政法大学	237	11.7	中南财经政法大学	231	11.1	中南财经政法大学	215	10.3
武汉理工大学	34	1.7	河南大学	32	1.5	河南大学	26	1.2
郑州大学	27	1.3	武汉理工大学	25	1.2	武汉理工大学	24	1.1
南昌大学	25	1.2	郑州大学	18	0.9	郑州大学	20	1.0
河南大学	24	1.2	海南大学	13	0.6	华中师范大学	15	0.7
华中农业大学	19	0.9	南昌大学	13	0.6	湘潭大学	15	0.7
合肥工业大学	15	0.7	武汉大学	13	0.6	安徽大学	14	0.7
安徽大学	12	0.6	华中师范大学	12	0.6	武汉大学	14	0.7
中国地质大学（武汉）	11	0.5	华中农业大学	11	0.5	华中农业大学	12	0.6
湖南师范大学	9	0.4	中国地质大学（武汉）	11	0.5	海南大学	11	0.5

4. 推免生情况：推免生在硕士录取总人数中的占比依旧处于偏低水平。Z高校在2022～2024年专业学位硕士研究生中的推免生人数呈递减态势，从2022年的318人减少至2024年的291人，这与生源对于提升学历水平、优化教育背景的实际诉求相契

合。此外，各年度推免生在推免生总数中所占比例虽有波动但整体呈增加趋势，2022年占比为15.99%，2023年降至12.29%，2024年则猛增至21.65%。在教育部推免政策的影响下，推免生不再被限制留在本校，获得推免资格的学生往往更倾向于选择平台和层次高于本校的学校，然而Z校来自本校的推免生源却反而增加，这在一定程度上说明本校在拔尖人才培养等方面对学生具有较强的吸引力，从这个角度来看，生源质量也得到了提升（见表6）。

表6　　　　　　　2022~2024年Z高校专业学位硕士生源学科背景情况

学科门类	2022年		2023年		2024年	
	计数	占比（%）	计数	占比（%）	计数	占比（%）
哲学	6	0.3	1	<0.1	1	<0.1
经济学	473	23.3	580	28.0	561	26.8
法学	221	10.9	226	10.9	273	13.0
教育学	4	0.2	8	0.4	7	0.3
文学	168	8.3	167	8.1	209	10.0
历史学	1	<0.1	1	<0.1	3	0.1
理学	82	4.0	92	4.4	93	4.4
工学	171	8.4	229	11.0	208	9.9
农学	8	0.4	6	0.3	8	0.4
医学	9	0.4	10	0.5	4	0.2
军事学	—				2	<0.1
管理学	636	31.4	624	30.1	615	29.4
艺术学	4	0.2	30	1.4	34	1.6
其他	244	12.0	100	4.8	76	3.6

5. 学科专业背景情况：2022~2024年，Z校专业学位硕士研究生的生源学科专业背景呈现出复合性发展态势，涵盖了所有的学科门类。其中，管理学、经济学、法学学科背景的占比排名位居前三，并且法学类、理学类的生源比例逐年提升。为深入剖析各专业学位类别具体的变更情况，本文以公共管理专业学位硕士（MPA）为例。总体来看，MPA的生源数量呈增长趋势，管理学学科生源占比维持在25%以上，比例明显呈逐年增加的变化趋势。同时，教育学、理学等学科的生源比例也得到了一定程度的增长。并且还出现了哲学、历史学、艺术学等新增学科门类的生源。总体而言，三年间Z校MPA生源的学科专业背景既体现了专业契合度的增长，也展现了学科复合性、交叉性的演变（见表7）。

表7　　　　　2022~2024年Z高校公共管理专业学位硕士生源学科背景情况　　　　单位：%

学科门类	2022 年	2023 年	2024 年
哲学	—		0.88
经济学	15.53	16.67	15.04
法学	8.74	7.89	3.54
教育学	0.97	0.88	2.65
文学	19.42	7.89	14.16
历史学	—		0.88
理学	2.91	3.51	4.42
工学	18.45	30.70	21.24
农学	2.91	1.75	0.88
医学	3.88	1.75	0.88
管理学	27.18	24.56	29.20
艺术学	—	4.39	6.19

三、提升专业学位研究生生源与培养质量的分析与路径探讨

（一）推进选拔方式改革

着重评估研究生的综合能力，此举旨在保障研究生教育的生源质量。秉持"按需招生、全面衡量、择优录取、宁缺毋滥"的核心原则，致力于将"把研究作为衡量研究生素质的基本指标"付诸实践。同时，我们明确将政治觉悟、爱国情怀、责任意识等基础性要求视为选拔过程中的基本门槛。为此，需全面开展考生在专业知识、外语水平、创新能力、体育素质以及心理状态等多维度的综合评估与全面检测，确保每位被录取的研究生不仅具备扎实的专业基础和卓越的研究潜力，而且拥有高尚的道德情操和社会责任感。

采用科学、有效、多样化且持续优化的选拔机制对于提高研究生招生质量至关重要。针对不同层级、不同类别及学科背景的研究生，应设计并实施差异化的选拔标准与流程，以期实现精确的人才选拔目标。以国家重大战略、关键领域以及社会重大需求为重点，紧密结合国家平台建设规划与长江经济带发展，进一步优化研究生的学科专业结构，确保落实专业学位研究生比例要求，稳步推进博士研究生专业学位建设。一方面，健全与经济社会发展相适应的研究生招生计划调节机制，积极鼓励引导研究生招生计划向专业学位倾斜；另一方面，在复试阶段，鼓励增加一定比例具有行业实践经验的专家参与其中，重点考查考生的综合素质、运用基础理论和专业知识分析解决实际问题的能力以及职业发展潜力。

（二）增强招生宣传效果

招生宣传对于确保生源质量至关重要，同时也是成功吸引优质生源的关键策略。招生宣传手段应具备多样性，具体可从以下几方面着手实施。一是多维度推进招生宣传。自学校至学院，由导师组至学科领域，从专职教师至行政人员，协同赴生源集中区域，着重展现学院的教育特色及专业强项，精准实施招生宣传活动。通过学科教授、研究生导师及其专职教师依据其专业范畴开展招生宣传活动。二是通过多元途径实施招生宣传。除了传统的现场咨询会议与电话招生宣传外，应积极利用暑期夏令营与校园开放日活动进行招生宣传，使申请者能亲临校园，直接体验学院的教育规模、教师团队实力以及人才培养体系等方面的特点。为达此目标，须强化与学生间的沟通，并吸引杰出学生赴学校深造。三是与其他高校建立优质生源基地。基于过往的招生与研究生培养成效，精挑细选优质生源基地，以激励更多该高校学子在申请保研与考研时，优先考虑本校。在巩固现有优质生源的基础上，还应发掘并培育具有发展潜力的新生成为招生工作的重点。

（三）优化培养模式

优化专业学位研究生的培养方式，实施个性化教学策略，旨在吸引更多优秀学生报考。区别于学术型研究生的培养模式，专业学位研究生教育着重于将学术研究与职业实践紧密融合，旨在产出既具备深厚理论素养又契合特定产业或职业具体工作需求的高级应用型专业人才。因此，培养方案的设定、教学策略、课程内容、学位授予的准则与要求等关键要素存在显著差异。在充分考虑培养对象及用人单位实际需求的基础上，因材施教，通过分类充实导师队伍建设、分类优化培养方案与课程体系、分类培育教材与案例建设、分类强化协同育人平台、分类优化质量评价体系、分类建立就业反馈机制等方面，切实做到学以促用、用以促学、学用相长。

（四）提高服务管理与信息宣传力度

建立招生数据库，以确保维持高水平的新生录取质量。当前，专业学位研究生的培养群体中，企事业单位的在职员工占据显著比例，这批学生不仅拥有丰富的工作实践经验，还展现出较高的业务能力，构成了专业学位研究生教育优质生源的关键来源。然而，由于工作压力较大，他们时常会疏忽掉专业学位研究生考试的在线注册、现场确认乃至考试等重要环节。鉴于此，建议借助现代信息技术手段，在考生主动同意的基础上，为那些有意于进一步深造的宝贵人才建立个人资料数据库。通过发送短信及电子邮件的方式，实时提醒考生按照既定流程完成在线报名、现场确认及参加考试等关键步骤，以防止因非竞争性原因导致优秀人才丧失入学机会。此举旨在消除企事业单位在职员工的后顾之忧，确保优质生源的录取比例，从而实现教育资源的有效配置与优化。

参考文献

［1］中华人民共和国教育部．教育部关于印发《2020年全国硕士研究生招生工作管理规定》的通知［EB/OL］．http://www.moe.gov.cn/srcsite/A15/moe_778/s3113/201908/t20190819_395052.html.

［2］蔡劲松，刘建新，马琪，等．生源结构视角下非全日制MPA研究生招生质量及培养优化研究——基于某"双一流"建设高校近五年的招生数据［J］．学位与研究生教育，2023（06）：42-48.

［3］李圣，李勇，王海燕．研究生教育质量评价指标体系模型构建与研究——基于PSO-AHP分析方法的应用与实证［J］．研究生教育研究，2016（05）：53-59.

［4］周文辉，曹镇玺．非全日制研究生招生新形势、问题及对策［J］．中国高教研究，2018（01）：81-86.

［5］李海生，龚小娟．来华留学研究生教育中的生源问题及对策分析［J］．学位与研究生教育，2017（08）：32-37.

［6］孙健．研究生教育生源结构问题及调整研究［J］．江苏高教，2013（02）：73-76.

［7］张静，杨春雷，郭长荣，等．西北农林科技大学1986—2006年研究生生源情况分析与思考［J］．西北农林科技大学学报（社会科学版），2007（06）：190-194.

［8］李玮，李国敏，王蕾．新时代研究生教育高质量发展评估体系构建［J］．教育教学论坛，2020（53）：1-4.

（作者单位：中南财经政法大学研究生院、党委研究生工作部）

高校就业育人效果评价的指标体系探究[*]

兰玉娟　蔡晨磊

●●●--

摘　要：就业育人是落实立德树人的内在要求和实现高质量就业的关键之举。对就业育人效果的评价事关育人目标的实现，是高校育人工作科学化、规范化的内在要求，必须深刻理解就业育人的内涵和目标，构建科学、系统、可操作的评价指标体系，以结果为导向反馈就业育人效果。本文从价值内容、机制保障和就业结果三个维度对就业育人的内涵进行理论分析和界定，通过实证研究方法构建形成了具有 3 个一级指标和 19 个二级指标，以毕业生为评价主体，满分为 100 分的评价指标体系。结果发现，在一级指标中，就业结果维度的权重最高，机制保障维度的权重最低，反映了高校就业育人以结果为导向的价值取向。在应用上，该指标体系可以进行同一所高校不同时期的纵向比较，以及不同高校同期之间的横向对比，为系统科学地评价高校就业育人实效和持续改进就业育人工作奠定了基础。

关键词：就业育人　高校毕业生　指标体系　层次分析法（AHP）

　　高校毕业生就业事关民生福祉和人才强国战略。教育部提出就业育人新思路和新举措，要求各地各高校把毕业生就业作为立德树人的重要环节，作为"三全育人"的重要内容，以就业育人的温度强化高校毕业生就业工作力度。就业育人是落实立德树人根本任务的内在要求，是实现高质量就业的关键之举。做好这项工作，不仅要以系统、长远的眼光综合施策、完善就业链条、健全长效机制、汇聚多方合力，还要以科学、系统的评价指标即时反馈监测，为就业育人工作取得实效提供保障。当前，学者对"就业育

----

　　* 基金项目：本文受 2024 年湖北本科高校省级教学改革研究项目"基于可就业力'3C'模型的研究生职业发展促进体系研究"（项目编号：2024166）；教育部人文社会科学研究青年基金项目"中国组织情境下职业生涯晚期工作重塑的内涵、诱因及影响结果研究"（项目编号：21YJC630053）；湖北省教育科学规划 2024 年度专项课题"构建中国特色高校生涯教育自主知识体系研究"（项目编号：2024ZX023）；中央高校基本科研业务费专项资金资助"领导风格对公务员生涯适应力的影响机制研究"（项目编号：2722023BY022）课题的资助。

人"的研究主要聚焦于工作机制的构建和工作经验总结，对就业育人效果评价的探索较少，对结果的关注不够，导致尽管就业育人的思路和举措众多，却尚未形成可供推广的评价体系。开展就业育人的效果评价，必须深刻理解就业育人的内涵和目标，构建科学、系统、可操作的评价指标体系，以结果为导向反馈就业育人工作实效。

一、高校就业育人的内涵

科学界定就业育人内涵，是准确评价就业育人效果的前提。教育部《关于做好2021届全国普通高校毕业生就业创业工作的通知》首次提出要"强化就业育人实效。"在2023年第三届中国高校就业育人大会上，教育部原副部长林蕙青提出，要把高校毕业生就业工作作为"立德树人"的重要内容持续下功夫；作为教育了解、适应社会需求的重要途径下功夫；作为推动教学改革的重要抓手下功夫。东北师范大学时任党委书记杨晓慧（2022）认为，就业育人是以立德树人为根本任务，通过各级就业机构和各个就业环节开展思想政治教育和职业生涯发展教育，对学生在理想信念、价值理念、道德观念、职业素养和生涯发展能力方面施加积极的影响，使之趋向于高校办学和育人目标的实践活动。董世洪等（2023）认为，就业育人是以立德树人为根本，培养学生认识自我、认识社会，理顺自我与社会的关系，引导学生在职业选择中树立家国情怀的教育理念和实践。任丹（2023）剖析了高校就业育人工作在定位、理念和功能等方面的困境，提出将就业育人工作前置于高校人才培养定位、融入进人才培养过程、延伸至人才培养反馈。综合政策和学界对就业育人的论述，本文认为，可以从价值内容、机制保障和就业结果三个维度对就业育人的内涵进行理论分析。

（一）价值内容维度

就业育人的根本宗旨是立德树人，培养社会主义的建设者和接班人。学生以社会主义核心价值观为引领，坚定理想信念，建立职业使命，肩负时代重任；处理好个人"小我"与国家人民"大我"之间的关系，与时代同步伐，与人民共命运；提升职业能力，实现人生价值，升华人生境界。

（二）机制保障维度

就业育人的工作方法以"三全育人"为依据，构建全员、全过程、全方位的育人格局。充分发挥高校管理队伍、学生工作者队伍、专业教师队伍等不同育人主体的作用，分层分类分阶段地将就业教育融入课程、科研、实践、文化等人才培养全过程，使学生在短期内建立职业认知、培养职业精神、提升职业素养，长远看具备生涯发展的能力。

（三）就业结果维度

相比于其他育人形式，高校就业育人具有明确的结果导向，即促进毕业生更充分和更高质量就业。一方面，就业育人将促进毕业生更充分就业。通过千方百计促就业行动，聚焦国家发展重点领域、重点工程、国际组织、基层项目、民生所需等板块，缓解供需结构性失衡矛盾。另一方面，就业育人将促进毕业生更高质量就业。通过全员、全过程、全方位育人活动的开展，大学生的自我概念充分发展，对自己的职业兴趣、能力、价值观、性格特质等具有全面清晰的认知，同时对社会经济发展和职业信息建立认知模式，在就业过程和就业绩效上有更高的获得感和满意感，达到高质量就业的标准。

综上所述，本文认为就业育人以立德树人为根本，以社会主义核心价值观为引领，通过"三全育人"工作机制，教育引导学生树立职业理想，厚植国家情怀，建立职业认知，提升职业能力，实现更充分和更高质量就业，服务于国家建设与发展，成长为社会主义的建设者和接班人。

二、高校就业育人效果评价指标体系的建构

（一）指标体系建构的原则

高校就业育人效果评价是根据高校就业育人工作目标，利用可操作的技术手段，做出量化评判的过程。其中最重要的是采取什么样的指标和标准，也就是就业育人效果的表征系统。有了完善的指标体系才有对就业育人效果全面的描述、分析、解释和预测。根据就业育人内涵的三维度分析，高校就业育人成效的评价，要突出价值引领，检验机制有效性，并以就业结果为重点开展评价。同时，指标的选择需要遵从一定的原则：（1）在评价主体上，以学生为评价主体设计指标。就业育人的实施对象是大学生，目标也是大学生的成才成长，他们是就业育人活动的参与者和获得者，是就业和职业发展的主体，理应结合他们在就业育人中的主观体验和客观收获进行评价。在实际操作中，本文以高校毕业生为评价主体，他们既是就业育人全过程的见证者，也是直接交出就业答卷、呈现就业去向和就业质量的群体，因此，在育人效果的评价上，他们最有发言权。（2）在评价内容上，兼顾共性和个性、主观和客观指标。（3）在评价结果上，兼顾短期就业结果和长期职业发展情况。据此，本文通过四个步骤构建高校毕业生就业状况评估体系：首先，根据前文对于高校就业育人内涵的界定，从政策文件和权威文献收集有关高校就业育人三个维度内容的相关论述，初步梳理指标条目。其次，通过实地走访调查确定测量指标，清晰界定其含义并给指标赋值。再次，运用

层次分析法，确定各指标权重，构建测评模型。最后，对标各高校就业主管部门负责人的访谈，对评价指标体系进行反馈检验。

（二）测量指标的确定和释义

首先，通过文献收集和走访调研，根据 2024 年教育部办公厅《关于进一步做好普通高等学校毕业生就业监测工作的通知》中的毕业去向分类界定和"三全育人"工作体系，自编《高校就业育人效果评价调查问卷》，共计 185 题，通过分层随机抽样方式向全国不同层次、不同专业特色的 22 所高校的就业部门工作人员发放并回收 645 份有效问卷，调查各高校对所调查指标的使用情况和评价，通过统计分析得到 3 个一级指标和 44 个二级指标。接着，邀请政府和高校在就业育人领域工作的相关负责人对 44 项指标进行二级评价，评价标准是重要性和统计的难易程度，最终得到 3 个一级指标和 19 个二级指标，可以从普适性的角度反映高校就业育人成效情况（如表 1）。

表1 　　　　　　　　　　　高校就业育人效果综合评价体系

一级指标	二级指标	二级指标含义	测量方法
价值内容维度	理想信念	将个人职业理想与祖国发展、社会需要相结合，围绕国家大局进行职业选择	根据描述的符合程度从低到高 1～5 评分；维度得分 =（得分 × 权重 × 100）/5
	情感认同	热爱祖国、热爱人民，愿意在职业发展中为了国家和人民的利益牺牲小我利益	根据描述的符合程度从低到高 1～5 评分；维度得分 =（得分 × 权重 × 100）/5
	职业认知	识别不同就业机会，分析职业信息，了解国家重点、社会需要的领域	根据描述的符合程度从低到高 1～5 评分；维度得分 =（得分 × 权重 × 100）/5
	素质培养	专业知识技术、任务执行能力、人际互动能力	每项能力根据掌握情况从低到高 1～5 评分；维度得分 =（三项能力平均分×权重×100）/5
	习惯养成	遵守职业规范、劳动纪律、法律法规	每项习惯根据遵守情况从低到高 1～5 评分；维度得分 =（三项习惯平均分×权重×100）/5
机制保障维度	育人主体的多样性	是否有从事就业育人的教师队伍，包含专业教师、学工教师、党政管理人员等	根据落实情况从低到高 1～5 评分，维度得分 =（得分×权重×100）/5
	计划落实的阶段性	大学各年级（阶段）是否有接受不同的就业育人安排	根据落实情况从低到高 1～5 评分，维度得分 =（得分×权重×100）/5
	教育形式的丰富性	是否在课程、科研、实践、文化等各领域都融入了就业育人内容	根据落实情况从低到高 1～5 评分，维度得分 =（得分×权重×100）/5

续表

一级指标	二级指标	二级指标含义	测量方法
机制保障维度	学生参与情况	结合自己对学校就业育人相关活动的认识,对自己的参与程度进行评分	根据自己的参与程度从低到高 1~5 评分,维度得分 =(得分 × 权重 × 100)/5
	育人机制保障	就你的了解,学校是否有保障机制(比如制定计划、设置目标、开展考核、支持系统等)促进各类就业育人活动的开展	是 =1,否 =0;维度得分 = 得分 × 权重 ×100
就业结果维度	就业落实	是否就业(含落实工作和自主创业),删除国内外升学数据	是 =1,否 =0;维度得分 = 得分 × 权重 ×100
	就业经济区	根据国务院发展研究中心发布提出的综合经济区域划分	未就业 =0,东北板块 =1,西部板块 =2,中部板块 =3,东部板块 =4;维度得分 =(得分 × 权重 ×100)/4
	基层项目	是否到国家基层和地方基层项目就业	是 =1,否 =0;维度得分 = 得分 × 权重 ×100
	重点领域	是否到现代农业、能源动力、材料化工、智能制造、信息通信、生态环保、国防军工、生命健康、前沿科技等领域就业	是 =1,否 =0;维度得分 = 得分 × 权重 ×100
	单位类型	党政机关、事业单位、国有企业、外资企业、民营企业、其他组织、未就业	党政机关 =6,事业单位 =5,国有企业 =4,外资企业 =3,民营企业 =2,其他组织 =1,未就业 =0;维度得分 =(得分 × 权重 ×100)/6
	平均月薪	包括工资、奖金、业绩提成、现金福利补贴等所有的现金收入后每月的平均值,即调查期整体年薪/12 个月	15001 以上 =6,10001~15000 =5,7001~10000 =4,5001~7000 =3,3001~5000 =2,3000 以下 =1,未就业 =0;维度得分 =(得分 × 权重 ×100)/6
	工作满意度	学生从就业岗位、薪酬、环境、劳动关系等各方面综合判断,给出总体满意度评价	根据满意程度从低到高 1~5 评分;维度得分 =(得分 × 权重 ×100)/5
	人职匹配	学生从兴趣、能力、专业、薪酬、发展等自己觉得重要的各方面进行综合判断,评价就业状况与自己期待的主观相符程度	根据匹配程度从低到高 1~5 评分;维度得分 =(得分 × 权重 ×100)/5
	生涯适应力	国际公认的生涯适应力量表(简版)	合计 12 题,每题 5 点评分;维度得分 =(总分 × 权重 ×100)/12

一是对价值引领成效的评价。(1)理想信念,评价学生是否树立为国家和社会需要建功立业的价值观。(2)情感认同,评价学生对国家和人民的热爱,对自己所属群体身份的认同,继而产生对职业的认同和热爱。(3)由职业价值引领的职业现实指

标，评价学生是否建立职业认知框架，能够识别国家社会需求；是否具备可迁移的通用职业素养和职业操守，以践行社会主义核心价值观。

二是对机制保障过程的评价。秉承主观与客观评价相结合的原则，评价就业育人过程机制是否受到学生主观认可和行动支持。（1）育人主体的多样性，评价就业育人是否全员参与，是否建立专班队伍提供服务；（2）计划落实的阶段性，评价全过程就业育人落实情况，是否针对不同年级学生制定了特定的育人方案；（3）教育形式的丰富性，评价全方位就业育人落实情况，是否在开展形式上采取全方位渗透和融合；（4）学生参与情况，学生根据参与经验，对学校育人过程进行总体性打分；（5）保障机制的评价，即高校是否通过设置目标、计划、考核、支持体系等保障措施确保就业育人扎实落地。

三是对就业结果的评价。（1）对就业充分程度进行评价，排除升学数据，选用就业机会作为指标评价学生是否落实工作或自主创业。（2）对就业结构的评价，选择就业经济区、基层项目、重点领域和单位类型作为指标。就业经济区相比于行政区划分更能反映学生区域就业的特点，对于经济区的界定，参照国家发展改革委对我国经济带的区划方法和国家统计局统计制度分类标准，将全国分为四大经济板块和八大综合经济区，并根据四大经济板块的整体经济发展水平从高到低依次计分。基层就业、重点领域和单位性质，反映了学生满足国家社会需求情况，评价时根据教育部有关高校毕业生去向登记和就业统计核查等通知要求，将基层就业划分为国家基层和地方基层，将单位性质划分为党政机关、事业单位、国有企业、外资企业、民营企业、其他组织，依次从高到低计分。（3）对就业质量的评价，选择平均月薪、工作满意度、人职匹配和生涯适应力作为指标。薪酬水平能够直接反映高校毕业生的市场价值情况。一般来说，毕业生找工作的平均起薪越高，表明该毕业生的就业质量越高。总体工作满意度是学生对就业岗位、薪酬、环境、劳动关系等各方面做出综合整体的判断，给出满意度的评价，分数越高代表满意度越高。人职匹配情况能够反映学生需求与社会需求的相适性，学生从兴趣、能力、专业、薪酬、发展等自己觉得重要的各方面进行综合判断，评价就业状况与自己期待的主观相符程度，分数越高代表匹配度越高。除了短期就业质量，本文还追踪毕业生长期生涯发展情况，依据适应新时期新形势的生涯建构理论，以其核心概念生涯适应力为指标进行评价，计算方式为马焦利（Maggiori）等学者开发的，中国学者引进并检验过的生涯适应力简版问卷的项目平均分。

（三）指标权重的确定方法

权重是各评价指标的相对重要程度的量值。指标权重的确定方法一般应结合主观和客观评价两方面。常用的做法包括专家会议法、德尔菲法（Delphi）和层次分析法（Analytical Hierarchy Process，AHP）。其中，（1）专家会议法是通过召集专家开会并统一讨论以确定各个指标的权重,其主观性较大,专家意见容易受非理性因素的影响而偏离度较大。(2)德尔菲法也称匿名专家评定法,通过收集不同专家对指标权重的评价结果,计算平均值、各专家评价结果的标准差,然后反馈给专家进行修改、调整和完善,多次往复,最终形成一致意见。该方法避免了面对面的一些主观因素影响,但重复调整的过程比较冗杂,时间成本很大。(3)层次分析法是一种相对客观的方法,将复杂问题分解成不同层次,在每个层次之间的因素进行两两比较,确定各层次各因素之间的相对重要性,增强了判断的准确性,层次分析法也可以计算打分矩阵的标准化特征向量判断分数的一致性情况,从而得到比较客观的评价标准。有研究比较了德尔菲法和层次分析法之间的差异,发现二者得出的权重和指标排序大体一致,但层次分析法比德尔菲专家法对各指标有更好的区分度,一致性检验的结果更加确保各专家评定的信度。综上所述,本文采用层次分析法确定各指标权重。

(四)用层次分析法确定指标权重

第一,编制评分表。对高校毕业生就业育人成效评价指标按照层级进行编码:第一层是评价目标,即高校就业育人成效(A);第二层是描述目标的主要因素(B),由价值内容(B1)、机制保障(B2)和就业结果(B3)三个一级指标构成;第三层是对一级指标的进一步分解,由19个二级指标(C)构成。

第二,专家评定。影响指标权重的因素主要有两个,一个是指标本身对于总目标的意义和价值,导致它的权重不同;另一个是评价指标的主体对评价对象理解的差异,所以选择评价对象十分重要。本文选择了地方就业主管部门的负责人和业务骨干,以及就业典型工作经验高校的专家等三类专家代表共发放问卷15份,汇总专家意见。专家评定的基本规则是:将每个层级的各个元素依次进行两两比较,再判定分数,最高分为9分,评分的标准是:假设这两个元素分别为i和j,如果i比j同等重要,计1分;稍微重要,计3分;明显重要,计5分;强烈重要,计7分;极端重要,计9分。如果重要性介于上述标准之间的,分别计为2、4、6、8分;如果重要情况正好相反,即i没有j重要,则分别计为上述1~9分的倒数。

第三,构建各级指标判断矩阵并计算权重。整理专家对一级指标的判断结果,剔除极端分数,将专家对各因素两两对比评分进行简单加权平均,其对角线的对称位置上的值取倒数,得到一级指标判断矩阵。

第四,判断矩阵的一致性检验。这是为了确保专家在判断指标重要性出现不一致的情况时,不至于出现互相矛盾的结果。比如,若出现甲比乙重要,乙比丙重要,丙又比甲重要的情况是违背逻辑的。因此,需要对矩阵的权重值进行一致性检验,即计算最大特征根判断矩阵的元素个数之间的相对误差，记为 CI①。CI 的值越大，表明判断矩阵偏离完全一致性的程度越大；CI 越小，表明判断矩阵的完全一致性越好；完全一致时，$CI=0$。对于包含不同元素数量的判断矩阵是否具有满意的一致性，需要引入随机一致性指标 RI 的值，萨蒂（Saaty）计算出当 N 为 1 – 10 时对应的 RI 的值。本文中，一级指标数 $N=3$，对应的 $RI=0.58$；二级指标中，价值内容和机制保障指标数 $N=5$，对应的 $RI=1.12$；就业结果 $N=9$，对应的 $RI=1.45$。萨蒂进一步提出，判断矩阵的一致性指标 CI 与 RI 比值记为 CR，当判断矩阵的元素只有两个元素，也就是二阶矩阵时，判断总是完全一致的；而当判断矩阵的元素大于或等于 3，只有 $CR<0.10$ 时，判断矩阵的一致性较好，否则就需要调整评价。通过上述步骤，计算出 3 个一级指标的 $CR=0.032<0.10$，说明一致性较好。

同理，根据上述计算步骤，分别对二级指标构建判断矩阵，计算各二级指标在所属一级指标中的权重，并进行判断矩阵一致性检验。结果发现，在价值内容下的 5 个二级指标的 $CR=0.024<0.10$，在机制保障下的 5 个二级指标的 $CR=0.028<0.10$，在就业结果下的 9 个二级指标的 $CR=0.023<0.10$，二级指标都具有较好的判断一致性。

最后，通过上述计算得到的二级指标的权重是指它们在各自所属的一级指标下的权重，为方便整体计分，用该二级指标的权重乘以其所在一级指标的权重系数，得到该二级指标占所有指标的综合权重，转换后所有二级指标综合权重的绝对值之和为 1（见表 2）。

表 2　　　　　　　　　　　　高校就业育人效果评价的指标体系权重

评价指标 A	一级指标 B	一级指标权重系数	二级指标 C	二级指标权重	综合权重	综合排序
高校就业育人效果 A（19）	价值内容 B1（5）	0.31	理想信念 C11	0.22	0.068	6
			情感认同 C12	0.17	0.053	10
			职业认知 C13	0.25	0.078	3
			素质培养 C14	0.27	0.084	2
			习惯养成 C15	0.09	0.028	15
	机制保障 B2（5）	0.14	育人主体的多样性 C21	0.09	0.013	19
			计划落实的阶段性 C22	0.18	0.025	17
			教育形式的丰富性 C23	0.14	0.020	18
			学生参与情况 C24	0.30	0.043	13
			育人机制保障 C25	0.29	0.041	14

---

① CI 的计算方法为：$CI=\dfrac{\lambda_{\max}-n}{n-1}$；其中，最大特征根 $\lambda_{\max}=\dfrac{1}{n}\sum_{i=1}^{n}\dfrac{(AW)_i}{W_i}$，$n$ 是该维度的指标数。

续表

评价指标 A	一级指标 B	一级指标权重系数	二级指标 C	二级指标权重	综合权重	综合排序
高校就业育人效果 A（19）	就业结果 B3（9）	0.55	就业落实 C31	0.11	0.066	7
			就业经济区 C32	0.13	0.072	5
			基层就业 C33	0.08	0.044	12
			重点领域 C34	0.11	0.066	7
			单位类型 C35	0.05	0.028	16
			平均月薪 C36	0.17	0.094	1
			工作满意度 C37	0.14	0.077	4
			人职匹配 C38	0.12	0.055	9
			生涯适应力 C39	0.09	0.050	11

资料来源：笔者自行整理。

三、指标体系的应用说明与讨论

本文建构了高校就业育人效果评价指标体系，共包含 3 个一级指标和 19 个二级指标，评价主体是高校毕业生，满分为 100 分。秉承科学测量的原则，当毕业生完成所有 19 个指标所对应的问题时，根据各指标计算方式求和即可得到该毕业生在就业育人工作中的收益与成效。同时，还可以进行同一所高校不同时期的纵向比较，以及不同高校同期之间的横向对比。在一级指标中，就业结果的权重最高，机制保障的权重最低。在二级指标中，平均月薪、素质培养、职业认知、工作满意度和就业经济区是相对重要的指标；而工作机制保障中的育人主体多样性、计划落实的阶段性和教育形式的丰富性等指标权重相对偏低，这就反映了高校就业育人以结果为导向的价值取向，即评价就业育人的实效，关键看人才培养质量和满足社会需求情况，而育人的工作方法和工作机制是实现成效的手段，起到辅助支持作用，所以工作本身不能仅停留在机制的建设或方法铺陈，而应真正关注学生的就业质量和生涯成长。

本文从对不同高校统一适用的评价指标着手，构建相对普适的评价指标体系，同时也要认识到，不同学校就业育人工作的评价重点必然存在差异性，因此，就业育人效果的评价也要充分结合学校办学特色及人才培养方案等特点开展。就业育人工作是一项需要久久为功、持之以恒、不断深入探索推进的事业。对就业育人成效的评价是高校育人工作科学化、规范化的要求，更是深化教育革新、推进学校高质量发展的重要环节。随着高校对就业育人内涵和外延的认识不断深刻，对就业育人的评价将会更加完善和科学。

参考文献

［1］林蕙青. 立德树人新要求，就业育人新思路——在第一届中国高校就业育人大会上的致辞［J］. 中国大学生就业，2022（17）：3－4.

［2］中华人民共和国教育部. 教育部关于做好2021届全国普通高校毕业生就业创业工作的通知［EB/OL］.［2020－11－26］https：//www. gov. cn/zhengce/zhengceku/2020－12/01/content_5566303. htm.

［3］杨晓慧. 就业育人：时代价值、内涵意蕴与实践进路［J］. 中国大学生就业，2022（17）：5－9.

［4］董世洪，胡昌翠，应好. "双一流"高校就业育人的价值内涵、困境审思与路径优化［J］. 中国大学生就业，2023（03）：91－97.

［5］任丹. 论高校就业育人体系的构建［J］. 学校党建与思想教育，2023（08）：70－72.

［6］中华人民共和国国家发展和改革委员会［EB/OL］.［2020－09－09］https：//www. ndrc. gov. cn/xxgk/jd/wsdwhfz/202009/t20200909_1237892. html.

［7］国家统计局. 统计制度和分类标准［EB/OL］.［2021－07－27］http：//www. stats. gov. cn/hd/lyzx/zxgk/202107/t20210730_1820095. html.

［8］教育部办公厅［EB/OL］.［2021－05－12］http：//jyt. hunan. gov. cn/jyt/sjyt/bys/tzgg_1/202105/t20210514_16548110. html.

［9］中华人民共和国中央人民政府［EB/OL］.［2023－06－08］https：//www. gov. cn/zhengce/zhengceku/202306/content_6888023. htm.

［10］Maggiori C. ，Rossier J. ，Savickas M. L. Career Adapt－Abilities Scale－Short Form（CAAS－SF）：Construction and Validation［J］. Journal of Career Assessment，2017，25（02）：312－325.

（作者单位：兰玉娟，中南财经政法大学就业指导服务中心教研室
蔡晨磊，湖北省高校毕业生就业指导服务中心创业服务部）

"三全育人"理念下研究生
就业促进工作策略研究

曾怡然

摘　要： 着力培养担当民族复兴大任的时代新人，已成为新时代我国高校人才培养的根本目标和任务。时代新人肩负建设好社会主义新时代的重大使命，其培养应以当下时代的发展需求为导向，打造出一支素养全面的优秀队伍，汇入为我国现代化建设添砖加瓦的建设者中。因此，高校的就业促进工作不仅是推动学生个人发展的关键动力，更是新时代高校思想政治教育落地生根的重要体现。本文以"三全育人"理念为指引，通过探讨当下高校就业促进的现实困境及其原因，从构建全员参与、全程贯穿、全方位覆盖的就业育人体系的角度出发，提出部分工作策略，旨在促进高校毕业生更加充分、更高质量就业，让高校毕业生顺利踏上个人职业生涯发展和建设现代化社会的道路。

关键词： 三全育人　研究生就业　就业指导

党的十八大以来，以习近平同志为核心的党中央高度重视就业工作，将就业工作摆在战略优先地位，多措并举坚持抓稳、抓实、抓好就业这一最大的民生工程，通过实施更加积极的就业政策，努力通过稳定就业来切实增强人民群众获得感、幸福感和安全感。我国高等教育阶段有着庞大的研究生学生群体，近年来每年的研究生毕业生人数已达百万。因此抓好研究生就业促进工作已成为高校育人工作的重要环节和育人成效的测评指标。但目前在高校就业工作的具体实践中，落实"三全育人"工作理念尚不完善，就业促进工作主要局限于宏观层面督促学生尽快签约以提升总体就业率，落实到具体个体时，对学生在求职过程中的育人因素挖掘不够，刺激学生就业兴趣仍然主要在于强调高薪福利、社会地位、个人前途等现实因素，尚需进一步拓展运用对响应国家需要和时代召唤等精神信仰层面的育人元素。因此，如何通过深入融通"三全育人"理念，促进就业工作走深走实走心，已成为就业育人工作中的重点工程。本文结合某学院研究生毕业生就业情况，探索分析以"三全育人"理念指引研究生就业促进工作的策略。

一、研究生就业促进工作的现实困境及"三全育人" 理念的指导意义

随着近年来高校研究生毕业生规模不断扩大，关于"学历贬值"的讨论已在研究生毕业生中愈演愈烈。大量的应届毕业生与尚未消化就业需求的往届生共同出现在求职市场上，争夺越来越少的就业机会，在无形中使得就业岗位的学历要求与能力要求水涨船高。同时，不仅就业竞争压力变大，当下学生对就业的心理需求也与以往有了极大不同。在不少毕业生中出现了"慢就业"甚至"不就业"的思想。究其原因可以从以下几个方面进行分析：

（一）家庭经济水平的普遍提升降低学生的就业迫切心理

随着当今社会经济条件的高速发展，人民的富裕程度有了明显提升。相较于过去，不少研究生毕业生的家庭经济状况有了显著改善，无须他们立刻就业以换取经济能力。根据马斯洛需求理论的研究，当满足温饱需求不再是学生求职时的重要考虑因素时，他们对通过就业实现自我价值有了更清晰的追求；同时学生也会更多考虑职业道路的起步与发展问题，对于第一份工作的选择会更为谨慎，具体体现在就业心态上更为看重职业对个人发展的影响。

（二）新型产业高速发展引发人力资源供需不匹配

知识经济和人工智能快速为经济发展注入新鲜动力，产业升级和更新比以往任何时候都迅捷，一大批如共享经济、直播电商、无人驾驶等新型产业快速涌现，因此为各行业带来了冲击，各产业都亟需迅速吸取新知识以便尽快跟上革新的脚步。对于求职学生来说，接收到的各类信息呈现爆炸式增长，如何筛选确定有效信息具有更高难度。企业对应聘者的需求除了传统高等教育传授的基础知识外，对于求职者跨专业、多元化、链接式知识的需求增加，这就容易造成培养的应届毕业生所学知识与社会需求不匹配，导致学生面临就业时容易丧失信心不足，而企业则难以在应届毕业生中获得满意的人才。

（三）就业期望与现实就业市场有差距

通过高校日常教育和培养方案设计，学生在毕业前夕已经基本具备了专业相关知识与运用能力，对于未来的职业发展道理有高昂的信心与期待，渴望尽快投身就业市场，获取一份满意的工作。甚至不少学生在无形中抱有"一考定终生"的想法，期望通过择业期间的应试，拿到一份各方面都满意的工作邀约，并在这个工作岗位持续工

作。但现实是当今社会就业岗位的不确定性和不稳定性大大增加，职场人应秉持终身学习、持续充电的观念来对待工作岗位的需求变化。况且对于涉世未深的应届生来说，很难在就业之初就明确了解自身的求职优长与发展志趣，因此在毕业之际就拿到完全满意的工作机会具有相当高的难度。在面对这种现实状况时，大部分学生能够在求职季积极调整心态，适当降低预期；但仍有不少学生对就业市场认识不够充分，期待过高从而引发挫败感，进而对就业产生回避畏惧的心态。

（四）来自原生家庭的就业观念与时代需求脱节

部分家长的就业观念也在无形中影响着其子女在职业选择时的偏好，以某学院为例，因其专业性质特殊性，学生及家长普遍对体制内工作有更强的倾向，这样导致了学生在寻求就业机会时将重心放在报考各类公务员、选调生。此类家长不仅不急于要求子女就业，甚至还会要求子女必须报考、不惜多次报考直至考上为止。

这些因素共同作用，导致了"慢就业"现象的产生和持续存在。为解决这一问题需要从多方面入手，特别是对于高校来说，需要从各个方面提供更多的就业指导和支持，帮助毕业生顺利过渡到职场。

我国目前正处于中国式现代化建设的关键时期，以立德树人为根本要求的高等教育工作为现代化建设提供了源源不断的有生力量支持。当今时代已经赋予当代青年新使命、新任务，亟须通过高校培养一批又一批可靠的青年投身建设大军，这些现实要求对高校就业工作提出了更高的标准。"三全育人"是指全员、全过程、全方位育人，这一理念能够充分挖掘利用高校各类育人要素，有机结合形成育人合力，实现育人工作的全面覆盖和深度融合，在高校开展的和就业相关的一切教学、服务和管理活动中贯穿育人理念，发挥就业工作育人的最大效果。

二、高校当前就业促进工作存在的局限性

（一）时间安排不够合理

高校就业指导工作多集中于学生毕业前一年，虽有大规模宣讲和就业课程，但未充分结合学生实际需求，形式化问题突出，对学生帮助有限。毕业前一年的指导时间过于仓促，毕业生难以在短时间内满足用人单位要求。大部分用人单位均要求学生具有较强的学习能力和一定的工作经验，也就产生了用人单位需求和学生能力素质之间不匹配的现象。同时，某学院由于大量学生都在备考公务员，甚至不惜"二战""三战""全国巡考"，也由于大部分体制内工作单位的政审流程非常长，因此他们的就业签约进度普遍较为滞后，每年在毕业季前期，研究生的就业率普遍不高。

（二）指导内容不够精准

对形势政策方面的宣传比较充分，但对实际就业中遇到的困难、矛盾重视不够，实践操作层面练习较少，对学生的就业心理没有做到跟踪随访，难以结合学生的具体专业和学科的人才培养特点，来合理有效的规划毕业生的就业指导工作。例如，法学研究生的主要就业取向在考公务员特别是从事与专业相关的业务范围，原则性有余而灵活性不足，因此普通的就业指导工作很难真正解决他们在面试中遇到的困难。

（三）工作形式不够新颖

就业指导工作形式较为单调，缺乏个性化设计。就业指导中心在开展工作时，多以面向全体毕业生的政策宣传和大会宣讲为主，忽视了学生的个性化需求和择业心理辅导。针对所有毕业生来讲的政策和要求，难以满足学生们的个性化就业指导需要。学生容易在各种参会学习中逐渐产生厌倦情绪，从而抵触学习就业技能相关知识信息。

三、"三全育人"理念下研究生就业促进工作策略

（一）全员树立就业育人理念

高校应将就业育人作为立德树人的一部分，引导学生树立正确的就业观念，将个人发展与国家需求相结合。加强就业实践活动，通过组织学生参观实习公检法司等政务部门，增强家国情怀，坚定服务社会的信念。

（二）全过程健全就业育人机制

从新生入学开始，开展阶梯式就业教育，根据学生不同年级阶段的特点，实施普及性教育、专业性教育、技能与实训教育、实践教育，构建多层次、交叉性、立体化的就业育人体系，抓好各个节点的育人重点工作：

1. 职业生涯启蒙教育。在学生入学时进行职业生涯规划意识的启蒙教育，激发学生的职业生涯规划意识。

2. 创新创造能力培养。在校期间着重培养学生的创新创造能力，通过参与职业生涯规划大赛、综合项目培训等，提升学生的就业本领。

3. 就业创业技能竞赛。通过模拟真实的职业场景和创业环境，为学生提供了一个将理论知识与实践技能相结合的平台。它不仅涵盖了专业知识的运用，还涉及团队协作、沟通能力、创新思维和问题解决能力等综合素质的培养。

（三）全方位构建就业育人平台

1. 构建内外循环的就业育人体系。对内构建高质量就业育人体系：根据国家战略

区域、国企央企、科研院所、党政机关等领域的需求,提高人才培养与社会需求的契合度。对外联动发力搭建平台:开展"访企拓岗促就业"专项行动,推动招聘单位提前介入就业工作;搭建云就业平台,向学生高效精准推送各类就业辅导资源。

2. 开展理想信念教育,多措并举引导研究生服务国家重大需求。强化就业指导与服务:开设《研究生职业生涯规划与就业指导》课程,打造研究生"一站式"就业指导服务中心,提供咨询、指导与服务。组织研究生实地参观学习,帮助研究生了解产业发展、行业最新动态与企业用人需求。

(四)发挥辅导员育人工作第一线效能

1. 建立"一生一册"台账,引导树立正确就业观。辅导员应熟悉每个毕业生的情况,建立详细的毕业生信息台帐,包括家庭情况、大学期间的学习、工作、生活情况以及就业意向等。通过这些信息,辅导员可以帮助学生分析优劣势,进行合理定位,明确求职方向,并引导学生建立"先就业、后择业"的就业观。

2. 开展就业政策解读,分步指导提升就业技能。及时宣讲政策动向,帮助毕业生知晓政策、享受政策,更好助力毕业生就业创业。通过就业动员会、座谈会、网络宣传等多种形式,解读最新的就业形势、宣讲就业创业政策。利用互联网平台,依托就业指导网站、24365等就业服务平台筛选就业信息,获取最广泛的就业信息,并及时有效地传递给求职学生,做到精准推送。

3. 对困难群体特殊关注,开展精准指导与服务。充分掌握学生的真实个性情况,有针对性地提供就业指导。对于求职困难学生,要掌握学生的求职意向,耐心指导,同时加强心理健康教育,避免学生在求职不顺中心里受挫从而产生消极情绪。

(五)健全优化就业指导服务体系

1. 加强就业指导服务师资力量。建立以就业指导服务中心为核心,小班网格化服务与就业网络体系相结合,就业工作人员、二级学院就业辅导员与学生工作条线全员相互协作的就业指导服务机制。针对不同学科研究生的就业指导服务需要专业的师资力量,就业中心可以以"大学科"为脉络,选拔该学科的杰出校友、知名教师、优秀毕业生等具有高相关性就业指导经验的资源担任就业指导兼职教师,提升就业指导服务的专业性和实效性。

2. 优化就业指导服务内容。开展多种形式的就业咨询和辅导,定期组织就业政策与法律保障宣讲,开展就业咨询和职业发展、求职方法讲座;定期举办"校园招聘月""就业促进周"等活动,提供定向的升学信息、实习信息和就业信息等通知渠道。同时就业指导服务通过个性化求职咨询服务,实现精准匹配服务需求。鉴于每个人的求职情况及需求不同,高校就业指导服务应提供个性化的求职咨询服务,例如针对特定职位的面试技巧或特定城市的招聘信息等。

3. 延伸校友资源，拓展就业渠道。由就业指导中心发挥主导作用，联合各二级学院协同合作。发展长期稳定的用人单位、公共关系、校友联系等，持续拓展就业渠道，巩固长期合作模式。加强与用人单位及地方就业工作行政主管部门的联系：积极开拓省内外就业市场，提高学院的知名度，为毕业生提供更加充足的人才需求信息。

就业工作作为高校育人工作的"最后一公里"，需要全体教职工将立德树人作为根本任务，强化育人意识和责任担当，同时整合校内资源，共同制定就业指导方案，从学生入学到毕业的整个过程中形成合力，共同为毕业生提供优质的就业指导服务。在"三全育人"理念指导下，全面提升高校研究生的就业促进工作，帮助学生顺利过渡到职场，实现个人价值与社会需求的有机结合。

参考文献

[1] 贺筱华，潘光堂. 后疫情时代研究生就业工作"三全育人"机制构建探析 [J]. 学位与研究生教育，2021（03）：32 – 37.

[2] 郑秀英，张璇，杨栋强."三全育人"理念下大学生就业指导工作探索 [J]. 北京教育（高教），2016（11）：57 – 59.

[3] 周熙，刘琛，瞿明丽. 基于"三全育人"思想的大学生就业指导工作体系建设研究 [J]. 中国大学生就业，2019（12）：44 – 48.

[4] 武艳柔，叶丽. 高校提升大学生创新创业能力的就业育人体系建设研究——基于"三全育人"理念 [J]. 产业创新研究，2024（13）：184 – 186.

[5] 张莎."三全育人"视域下高校就业育人体系的构建与实践 [J]. 就业与保障，2024（07）：178 – 180.

[6] 杨晓慧. 就业育人：时代价值、内涵意蕴与实践进路 [J]. 中国大学生就业，2022（17）：5 – 9.

[7] 姚奎栋."三全育人"背景下高校就业育人定位与实践路径 [J]. 沈阳大学学报（社会科学版），2021，23（05）：602 – 606.

[8] 侯士兵，姚思含，沈延兵. 大数据背景下研究生就业精准服务体系的探索与实践 [J]. 学校党建与思想教育，2018（05）：69 – 71.

[9] 邵顿. 研究生就业育人的现实挑战与因应策略 [J]. 黑龙江高教研究，2023，41（06）.

[10] 牟艳娟，欧阳胜权. 增强研究生就业教育实效性的策略研究 [J]. 社会科学家，2011（12）：136 – 138.

[11] 任丹. 论高校就业育人体系的构建 [J]. 学校党建与思想教育，2023（08）：70 – 72.

（作者单位：中南财经政法大学法学院）

立德树人视域下大学生就业素养培育的影响机制分析*

曹丽萍　杨　嵘

摘　要：立德树人是我国高等教育的根本任务。大学生就业素养培育受德育主体、德育环境、德育管理等外部因素，以及大学生认知、大学生心理等内部因素层面的影响。为探索德育对于大学生就业素养的影响机制，本文通过变量的建构进行相关的研究假设。经过回归检验，结果表明个人认知水平（H1）、德育课程效果（H2）、学校德育支持力度（H4）以及数字媒体与德育融合度（H5）均对心理资本中的希望和乐观具有显著正向影响，并且心理资本作为中介机制，对职业选择素质（H6）、职业获取素质（H7）、职业保持素质（H8）以及职业发展素质（H9）具有强化作用，德育教师影响力对心理资本的影响作用（H3）并不显著。

关键词：立德树人　大学生就业素养　影响机制

习近平总书记在全国教育大会上指出，建设教育强国是一项艰巨而复杂的系统工程，必须紧密围绕立德树人这一根本任务，坚定不移地朝着实现教育强国战略目标迈进。培养具备较高德育素养的人才是高等教育的重要目标。综合德育视角，大学生就业素养培育的影响因素可以从社会认同、学生参与以及自我效能等层面进行研究。

一、国内外文献综述

（一）社会认同

在国际学术界，对于认同理论的探讨，我们首先需从"认同"这一术语入手。该

---

* 基金项目：本文系研究生教育教学改革项目"研究生综合素养的培育与提升（项目编号：YRTD202210）"（项目编号：YRTD202210）的阶段性成果，以及2023年湖北省研究生思想政治教育规划课题"研究生德育赋能行动框架研究（项目编号：2023ZX008）"的研究成果。

术语源自拉丁语"idem"，意指"相同"或"相似"。认同理论最初作为一个哲学理念出现，随后得到广泛运用，其核心内容主要涵盖了个体与集体两个维度。

在个人维度上，塔菲尔（Tajfel）以著名的"最简群体实验范式"为基础，提出了社会认同概念的基本定义。他指出，个体认识到自己属于某个特定的社会群体，并感受到作为该群体成员的情感和价值意义①。在这一维度上，社会认同涉及个体对自身的认识，包括个体对自己作为社会集体成员身份的理解，以及对所属社会集体和文化价值的认同。社会认同是人类固有的情感需求，通过与他人建立联系并获得社会的肯定与接纳得以实现。社会认同的发展是动态变化的，受到个体所处社会环境和成长经历的影响。当社会认同与社会价值观相契合时，个体能够感受到安全感和归属感，增强自信，个体的行为和心理状态受到正面影响；反之，当社会认同与社会价值观相冲突时，可能导致个体出现心理困扰和自我怀疑。

自我认同的形成关键在于个体对环境的信任以及对未来的确定性。一方面，当个人的社会身份遭遇威胁时，例如个体认为现有的群际关系不公，为了维护自尊，个体可能会采取措施以增强自尊心。例如，弱势群体可能会选择与优势族群进行竞争性对抗，而优势群体也可能通过政策和军事手段来控制弱势群体，以维持自身的优势地位，但这同样可能激发团体内部的利益冲突。另一方面，个体在集体中的表现之所以相对稳定，是由于社会角色的要求，而非其内在的亲社会性。当个体失去社会认同感时，他们容易产生认知偏差，甚至面临社会认同危机。这种认知偏差表现为个体对外界信息的理解和评价出现偏差，导致出现主观臆断。

在群体维度上，为了解释自我认同的理论根基，美国社会学家查尔斯·霍顿·库利（1989）提出了"镜中自我"（the looking glass - self）的概念②。他认为，个体自我认同的形成受到他人的影响，个体无法孤立地建立自我认同。他进一步指出，他人的作用形成机制就像是一面镜子，反映出个体的自我认同，而各种社会关系也反映了这种认同。个体在这种反映过程中逐渐形成自己的身份认同。

在国内研究领域，学者们主要聚集于特定群体研究社会认同理论。例如，娄君庭和陈松林指出，近年来，党和国家全面推进社会主义核心价值观融入教材、课堂和头脑，大学生社会主义核心价值观认同教育取得了显著成效。在网络空间的价值认同方面，应从理性认知、文化认同和行为认同这三个角度引导大学生践行社会主义核心价值观③。冯霞和廖金香从经济、政治和文化困境三个方面探讨了新生代农民工的社会

① Tajfel H. Experiments in intergroup discrimination, scientific american [J]. Introducing Psychological Research, 1970 (223): 69 - 73.
② Cooley, C. H. (1983). Human Nature and the Social Order [M]. 1st ed. NewYork: Transaction Publishers, 1902: 96.
③ 娄君庭，陈松林. 大学生社会主义核心价值观认同教育路径探究 [J]. 领导科学论坛，2022，200（06）: 144 - 147.

主义核心价值观的社会认同现实困境①。王中会等通过对北京流动儿童进行问卷调查得知,社会认同对儿童的学校适应具有显著影响。这些研究也为理解不同群体的社会认同提供了重要的视角②。

(二) 学生参与

在 20 世纪 30 年代,西方教育心理学家泰勒 (Tyler) 首次提出了"学生投入"的概念,通过"time – on – task"(任务的时间性)来描述学生在学业上的时间和精力投入。他认为,学生在学业上的投入越多,他们获得的知识也就越多,这为学生参与理论的发展奠定了基础。这一概念强调了学生在学习过程中的积极性和参与度,而不仅仅是被动地接受知识③。

20 世纪 60 年代,佩斯 (Pace, 1982) 在泰勒的理论基础上进一步提出"学生投入"的概念,用于描述学生的"努力质量"④。经过三年的调查研究 (1979 ~ 1982 年),他发现,影响大学生学习成效的关键因素在于其行动方式。大学生在课堂内外所投入的时间与精力,与其付出的努力和所获得的成果之间存在显著的正相关性。这一发现强调了学生在学习过程中的主动性和选择性,而不仅仅是按照课程要求完成任务。

随后,阿斯汀 (Astin, 1984) 在佩斯的理论基础上提出了"学生参与理论"(Student Involvement)⑤。这一理论认为,学生在与学业相关的活动中积极参与,将为他们带来实质性的收益,并提高他们对校园生活的满意度。学生参与理论的核心观点是,学生的个人学习和发展程度与他们在学业上的投入质量和数量密切相关。这一理论的出现为教育者提供了一种新的视角,即关注学生的参与和投入,而不仅仅是关注他们的成绩和表现⑥。阿斯汀的学生参与理论不仅关注学生的内在动机和投入,还强调了实际的参与行为。他认为,学生通过积极参与课外活动、与同学和教师的互动交流等方式,可以获得更多的个人成长和收获。这种理论认为,学生的参与和投入不仅仅是为了完成课程要求或获得学分,更是为了个人发展和成长。

此后,文森特·丁托 (Vincent Tinto, 1975) 提出了学术与社会整合理论。在这一理论框架中,他特别强调了整合 (Integration) 过程的重要性,这个过程涉及学生与学

---

① 冯霞,廖金香. 新生代农民工社会主义核心价值观培育路径研究 [J]. 法制与社会, 2019 (26): 172 – 173.

② 王中会,童辉杰,程萌. 流动儿童社会认同对学校适应的影响 [J]. 中国特殊教育, 2016 (03): 6.

③ 赵晓阳,刘金兰. 对大学生发展影响的实证研究——以学生参与度及学校环境感知为视角 [J]. 西南交通大学学报 (社会科学版), 2014, 15 (02): 107 – 115.

④ 陈琼琼. 大学生参与度评价: 高教质量评估的新视角——美国"全国学生参与度调查"的解析 [J]. 高教发展与评估, 2009, 25 (01): 24 – 30, 121.

⑤ Astin A. W. Four critical years: Effects of college on beliefs, attitudes and knowledge [M]. San Francisco: Jossey-Bass. 1977: 1 – 30.

⑥ Astin A. W. Student involvement: A developmental theory for higher education [J]. Journal of College Student Personnel, 1984 (25): 297 – 308.

生、学生与教师之间的互动交流①。丁托认为，这种良性的互动对学生个人的成长和收获具有直接的影响。这一理论不仅进一步发展了学生参与理论，而且为其注入了新的元素和视角。丁托的研究着重指出，在关注学生参与质量和数量的同时，我们不能仅仅停留在表面现象，而应该深入探究其内在的人际关系整合。他坚信，只有通过全面而深入的整合，我们才能达到预期的教育效果，从而有效地促进学生的全面发展。这种观点特别强调了学生在学习过程中的社交和情感需求，而不仅仅是关注他们的认知发展。这也意味着教育不应只局限于知识的传递，而应更多地关注学生的情感、社交和精神层面的成长。这一理论为我们提供了一个更完整、更丰富的学生发展观，引导我们思考如何在教育中更好地促进学生的全面发展。

总之，学生参与理论是一个不断发展和丰富的理论框架。它强调了学生在学习过程中的主动性和选择性，关注他们的内在动机和实际参与行为。通过深入了解学生参与理论的概念、特点和影响因素等方面的知识，教育者可以更好地设计和实施教育方案，以促进学生的全面发展和成长。

（三）自我效能感

自我效能感这一概念最初由心理学家班杜拉（Bandura，1977）提出，作为社会认知理论的重要组成部分，它定义了个体对自己是否具备完成某项任务所需技能的信心。自我效能感被视为影响行为改变的关键因素，因为它能够有效地激发和促进个人行为的积极转变。

自我效能感这一概念，最初由心理学家班杜拉于1977年提出。作为社会认知理论的核心构成要素，它界定了个体对自己是否拥有完成特定任务所需技能的信心②。自我效能感能够有效地激发并促进个人行为的积极转变，是影响行为变革的关键因素。

在早期，人们主要关注行为本身及其产生的动机、过程和结果，而忽视了知识和技能在行为结果中的作用。基于此，班杜拉（Bandura，1986）创新性地提出自我效能感这一中介因素，其能够将个体的知识和技能转化为个体实际可感知的水平，从而影响行为结果③。自班杜拉提出这一概念后，许多学者开始深入探索自我效能感理论，将其引入并广泛应用于不同的领域，如身心健康、情绪问题、职业选择等。施瓦泽等（Schwarzer et al.，2006）认为，当个体根据自身的自我效能感预测出某一事件的正面

---

① Tinto，Vincent. "Dropout from Higher Education：A Theoretical Synthesis of Recent Research." Review of Educational Research，1975（45）：94 – 98.

② 蒋晓莲、薛咏红，刘辉. 班杜拉自我效能理论及其对护理教育的启示［J］. 护士进修杂志，2004，19（4）：352 – 354.

③ Bandura，Albert. Social foundations of thought and action：asocial cognitive theory［M］. New Jersey：Prentice – Hall，1986.

结果时，他们更有可能积极主动地采取行动。此种积极的预测激励着个体满怀信心地面对挑战，并致力于达成既定目标[①]。孟慧等（2010）强调，自我效能感是指个体对自己完成特定工作任务所需能力的自我评估与判断。他们深入研究了企业员工的自我效能感在学习目标定向与主观幸福感之间所起的中介作用。该研究为我们提供了理解员工工作态度与幸福感的新视角。[②] 李永周等（2015）进一步指出，自我效能感是指一个人对自己能否成功地控制和完成某项特定工作或任务的信念和信心。这种信念源于个体对自己能力的评估，包括他们对自己技能、知识和经验的判断。他们通过实证研究验证了工作投入在自我效能感与工作绩效之间的中介效应，从而为自我效能感理论提供了有力的证据支持[③]。张凯丽等（2018）则从另一视角阐释了自我效能感的深层含义，认为其体现了个体对自己处理问题能力的信心以及对行为的掌控程度[④]。这种观点突出了个体在面对挑战时的自信和自主性。值得注意的是，随着自我效能感理论在众多领域的广泛运用，施瓦泽等（Schwarzer et al.）（1995）提出，不同领域个体的自我效能感存在显著差异。他们针对不同情境与对象，进一步将自我效能感细分为一般自我效能感与特殊自我效能感。特殊自我效能感是指个体在特定领域的自我效能感，如职业决策自我效能感、教学自我效能感等[⑤]。这种分类有助于更精确地理解不同领域中个体的自我效能感特点和作用。

班杜拉在他的研究中明确指出，个体的自我效能感主要受以下四个因素影响：亲身经历的直接经验、通过观察他人而获得的间接经验、言语上的鼓励以及个人的心理状态。这四个要素共同塑造了个体的自我效能感[⑥]。自我效能感理论构成了社会认知理论的核心部分，后者强调自我效能与社会环境之间的互动关系，并对人的行为过程产生深远影响。特别是社会认知职业理论，它将自我效能感理论拓展至职业领域，基于社会认知理论，全面阐释了兴趣的形成、职业选择以及行为取向的整个过程。自我效能感理论特别强调了人本主义与认知理论的融合。该理论指出，即便两个人具备同等技能水平，在不同的环境条件下，或在相同环境条件下执行相同任务时，他们的表现和任务完成情况可能会存在差异。这种差异性正是班杜拉社会认知理论中自我效能

① 周文霞，郭桂萍. 自我效能感：概念，理论和应用 [J]. 中国人民大学学报，2006（01）：7.

② GU, Jiani & Meng, Hui & Fan, Jinyan. Social Self-Efficacy：Dimension, Measurement and Its Mechanisms [J]. Advances in Psychological Science, 2014（22）：179110.

③ 李永周，王月，阳静宁. 自我效能感、工作投入对高新技术企业研发人员工作绩效的影响研究 [J]. 科学学与科学技术管理，2015，36（02）：173-180.

④ 张凯丽，唐宁玉，尹奎. 离职倾向与行为表现的关系：自我效能感和主动性人格的调节作用 [J]. 管理科学，2018，31（06）：117-127.

⑤ Schwarzer, Ralf & Born, Aristi. Optimistic self-beliefs：Assessment of general perceived self-efficacy in thirteen cultures [M]. World Psychology, 1997：177-190.

⑥ Bandura, Ralf & Born, Albert. Optimistic Self-efficacy：Assessment of general percived self-efficacy in thirteen cultures [M]. World Psychology, 1997：177-190.

机制的体现。

近年来，自我效能感理论得到了广泛的关注和深入研究，其内涵和外延都得到了极大的丰富和发展。这不仅增强了我们对自我效能感的理解，也为相关领域的研究和实践提供了更坚实的理论基础。

二、相关研究假设

通过上文理论研究可以得出，高校是为社会输送人才的必要平台之一，而德育作为高校培育中的重要一环，自然也对大学生的就业素养培育有着不可或缺的促进作用。德育是对大学生道德水平以及人际交往能力的培养，德育对大学生就业素养培育的影响体现在道德品质的塑造、社会责任感的培养、沟通与表达能力的提升、团队合作能力的发展、自我管理和创新能力的提高以及持续学习和发展等方面。

心理资本这一概念最早由国外学者提出，从组织行为学和积极心理学的角度将其定义为：心理上一种可测量的积极状态，并且可以激发个人通过积极奋斗，将个人潜力转变为实际能力。最广为认可的理论认为，心理资本可以划分成四个维度来测量，分别是自我效能、希望、乐观和韧性。（1）"自我效能"是个体对自己能够有效完成特定任务或应对特定情境的信心和信念，反映了个体对自身的信念与信心；（2）"希望"是个体对未来发生积极事件的期待和坚定信念，希望使个体能够在面对挑战和困难时保持积极的态度，并持续追求自己的目标和梦想；（3）"乐观"是个体对生活和未来的持续积极期待和信心，其反映了个体对于事物发展的积极解释和评价，相信未来会更好；（4）"韧性"是个体面对逆境和挑战时保持稳定、积极和适应的能力，韧性使个体能够在面对挑战时保持积极的态度，从中学习和成长，继续向前迈进。因此本文选取心理资本这一概念来更详细地研究德育对大学生就业素养培育的影响过程，我们从中选取了希望与乐观作为更加切合德育影响的特征。

关于德育水平的评估，基于明钰英通过扎根理论对思政课的编码研究[①]，本文将高校德育现状分为四个层面："个人认知水平""德育课程效果""德育教师影响力""学校德育支持力度"，分别代表高校德育中的学生因素、课程因素、教师因素以及学校因素。除此之外，本文还考虑了新媒体因素对高校德育的影响，当下新媒体的发展成为高校传播自身校园文化的重要途径之一，因此本文进而引入了"数字媒体与德育融合度"的变量来反映德育通过新媒体产生的影响。

本文沿用了宋晓华（2017）对于就业素养的分类方式，将就业素养视为一种个体

---

① 明钰英.扎根理论视域下思政课对高校人才培养质量的影响研究——以南京邮电大学为例［D］.南京：南京邮电大学，2022.

在整个就业过程在各个阶段所需要的各方面素质的养成，包括寻求工作、保持工作产出、在工作中晋升以及后续再就业获取提升等各阶段①。依据上述需求，将就业素养培育分成了四个不同方面："就业选择素养""就业获取素养""就业保持素养""就业发展素养"，分别反映了个体在不同工作阶段所展现的能力素质。

为进一步研究德育与大学生就业素养培育之间的相互影响，以及探索德育对于大学生就业素养培育的影响机制，我们进行相关的研究假设：德育通过大学生心理资本中的希望和乐观特征，影响大学生就业素养培育。首先，我们进行变量的建构。德育主要包括个人认知水平、德育课程效果、德育教师影响力、学校德育支持度、数字媒体与德育融合度等五个潜变量；心理资本主要包括希望和乐观两个潜变量；大学生就业素养培育包括就业选择素质、就业获取素质、就业保持素质、就业发展素质四个潜变量。

个人认知水平反映了个体对德育的重视程度，个人认知水平被认为是个体思维和认知能力的一种体现，它既体现了个体对于德育的自愿意识以及参与意愿，还反映了个体对于相关信息的理解和处理的能力。许海元将心理资本界定为大学生在自我成长期间的一种心理动力②。个体对德育的重视程度越高，会更倾向于自愿参与高校所组织的诸多德育项目活动，从而提高自身的道德水平与责任感。并且较高的个人认知水平往往伴随着更强的目标设定与规划能力，个体在参与德育活动的同时，也会更加清晰地认识到自己的目标，并且为实现这些目标会制定更加具体的实施计划，从而更加坚定自身的决心与执行力，这种过程便加强了个体心理资本中希望与乐观主义的水平，因而，本文提出以下假设：

H1：个人认知水平对心理资本中的希望和乐观特征具有正向影响。

德育课程效果反映的是高校德育课程的教学效果以及对学生的影响，德育课程在高校教育中扮演着重要角色，它旨在培养学生的思想道德、文化修养和社会责任感。"学生参与理论"指出，高度参与学校活动的学生会提高个人对校园生活的满意度，并且得到精神和心理上的成长（Astin，1984）③。优秀的德育课程会更加重视学生的参与程度，并且通常注重培养学生的积极人生态度、社会责任感和价值观念。除了上述理论知识之外，更重要的是培养学生的全面发展和素质提升。在德育课程中，学生有机会参与各种社会实践、团队活动和志愿服务等活动，这些活动有助于培养学生的团队合作精神以及应对挑战的能力，并且在教学中，学生接触的教育内容往往强调团队合作、乐观积极的心态和对未来的希望。而这些正向的教育内容有助于激发学生的乐

---

① 宋晓华，尹德斌. 基于就业活动过程的大学生就业能力结构与培养策略探析［J］. 职业教育研究，2017（10）：59－62.

② 许海元. 大学生心理资本发展现状的评估与分析［J］. 中国高教研究，2015（07）：79－83.

③ 朱红. 高校学生参与度及其成长的影响机制——十年首都大学生发展数据分析［J］. 清华大学教育研究，2010，31（06）：35－43，63.

观主义和对未来的希望感。从而增强其心理资本，因而，本文提出：

H2：德育课程效果对心理资本中的希望和乐观特征具有正向影响。

德育教师影响力表现为德育课程的任课教师个人素质对学生的影响程度，德育教师在高校德育过程中担任着关键角色，他们的教学方式和态度对学生产生着深远的影响。德育教师是学生的榜样和引导者。通过言传身教，他们可以给予学生积极的激励和鼓励，鼓舞学生面对挑战时保持乐观态度，培养对未来的希望感。他们教授的德育内容不仅仅是知识，更是人生智慧和价值观念。德育教师自身对道德的观念以及身为人师的责任感，会潜移默化地引导学生探讨积极的生活态度、乐观的心态以及对未来的希望，从而在学生心中种下积极的种子，促使其培养良好的心理资本，德育教师的正能量和鼓励可以激发学生积极面对生活的态度，培养其面对挑战时报以乐观的心态。因而，本文提出：

H3：德育教师影响力对心理资本中的希望和乐观特征具有正向影响。

学校德育支持力度代表高校对德育发展的重视程度，代指学校为学生提供德育资源、服务和环境的程度，包括课程设置、心理辅导、社会实践等方面的支持。学校德育支持力度高意味着学校致力于营造积极向上的教育环境，为学生提供良好的学习和成长氛围。并且德育指标也将作为校内考核的重要指标之一，引起学生的重视。在这样的环境中，意味着学校重视学生的全面发展，不仅关注学术成绩，还注重学生的人格品质、社会责任感等方面的培养。学生更容易受到鼓励和激励，培养乐观主义和对未来的希望，从而提升学生的心理资本。因而，本文提出：

H4：学校德育支持力度对心理资本的希望和乐观特征具有正向影响。

数字媒体与德育融合度指的是数字技术在德育教育中的应用程度，包括课堂教学、在线资源、教学平台等方面的融合程度。瑞贝卡（Rebecca，2011）指出媒体在对个人态度和信仰方面具有显著影响作用[①]。而数字媒体也为学校德育提供了丰富多样的信息资源，包括视频、音频、图像等形式的资料，并且数字媒体也给学生提供了一种更为熟悉的传播途径。例如微博、微信公众号等。这种个性化的学习可以根据学生的特点和需求进行定制化的教学，从而激起学生参与其中的自觉性。新媒体技术也使得德育教育的学习空间得以拓展，学生可以在任何时间、任何地点进行学习。通过数字媒体，学校可以向学生传递更多、更直观的德育内容，而这种个性化学习体验有助于满足不同学生的学习需求，提高他们的学习成就感和自信心，从而提升学生的心理资本。因而，本文提出：

H5：数字媒体与德育融合度对心理资本的希望和乐观特征具有正向影响。

---

① Sawyer, Rebecca. The Impact of New Social Media on Intercultural Adaptation. [D]. Intercultural Communication Studies, 2011: 151 - 152.

就业选择素养反映了大学生是否能正确认识自身优劣势，从而选择适合自己个人特征的就业方向的判断。就业选择是一个涉及个人未来发展和生活方向的重要决策，在这个过程中，个体可能面临各种挑战和困难，如职业不确定性、就业压力等。

朱晓妹等（2012）提出，心理资本对大学生的就业预期发挥了重要的影响作用[①]。心理资本中具备较高希望特征的个体在面对复杂的职业选择问题时，拥有对未来的希望可以使其更有信心地做出决策，而不是被恐惧或焦虑所左右，从而可以更加从容地面对自身职业选择的方向。具备较高乐观特征的个体可以在更为积极的心理氛围下，更加愿意面对职业选择的挑战和困难。他们会更有动力去探索不同的职业领域，勇于追求自己的梦想和目标，从而更有可能找到适合自己的职业方向。因而，本文提出：

H6：心理资本中的希望和乐观特征对就业选择素养具有积极作用。

就业获取素质反映了大学生在求职过程中与他人竞争的资质，表现为个人的特长、技术以及抗压能力等方面。在求职过程中，个体会面临各种潜在的挫折与困难，这要求其具备较强的情绪调节能力以及积极迎接挑战的心态。

赵朝霞等（2014）指出，心理资本对大学生的就业成功率具有显著促进作用[②]。心理资本中具备较高希望特征的个体在面对求职招聘时，更倾向于愿意付出更多的努力和行动，努力寻找机会、投递简历、参加面试等，从而更容易与他人建立良好的社会关系和人际网络，获得更多的求职机会。具备较高乐观特征的个体更能够以积极的心态对待挫折，从失败中汲取经验教训，坚持不懈地寻找机会，增强了他们的抗挫折能力，并且不易受到负面情绪的影响，更容易面对求职过程中的种种压力。因而，本文提出：

H7：心理资本中的希望和乐观特征对就业获取素养具有积极作用。

就业保持素质反映了大学生在获得工作后在该工作岗位的工作素养和胜任力，表现为是否能稳定完成工作上的诸多指标以及是否能和同事维持和谐的合作关系等。

路桑斯（Luthans，2006）指出，心理资本可以促进员工的工作满意度，并且降低在工作中遭遇挫折的负面情绪[③]。心理资本中具备较高希望特征的个体在面对工作环境中的变化与压力时，其更有可能快速适应环境的变化，保持良好的工作状态，提升自身实力。具备较高乐观特征的个体，面对工作中的挑战与变化，该个体更倾向于寻找解决问题的方法，不是被困境所困扰，从而提升了就业保持素养。因而，本文提出：

H8：心理资本中的希望和乐观特征对就业保持素养具有积极作用。

就业发展素养反映了个体在工作岗位上能否有晋升的资质、面对岗位调动的适应

---

① 朱晓妹，丁通达，连曦. 大学生就业预期的影响因素研究回顾［J］. 黑龙江高教研究，2012，30（04）：58－62.

② 赵朝霞，李秉宸. 心理资本对大学生就业成功率的影响［J］. 应用心理学，2014，20（02）：165，179.

③ 路桑斯，尤瑟夫，阿沃里欧. 心理资本：打造人的竞争优势［M］. 李超平，译. 北京：中国轻工业出版社，2008：9－13.

力以及再就业发展的相关素养。就业发展素养在大学生后续工作中取得突破机会以及抓住机遇等方面发挥了重要作用。

心理资本中具备较高希望特征的个体能够保持对未来的积极展望和信心，在职业发展过程中，他们倾向于看到机会和可能性，并且更愿意尝试新的岗位、学习新的技能，从而提升了多方面的工作素养。具备较高乐观特征的个体，更愿意建立积极的自我认知和自我效能感。他们相信自己能够克服困难，实现职业发展目标，因此更愿意投入时间和精力去发展自己的就业素养，从而提升了职业发展素质。因而，本文提出：

H9：心理资本中的希望和乐观特征对就业发展素养具有积极作用。

三、研究模型设计

结合心理资本理论和就业素养培育相关理论研究，本文提出了如下研究模型（见图1）及相关假设。

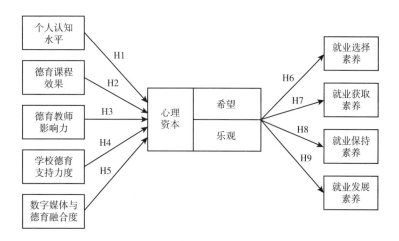

图1　研究模型

（一）变量测度

由于有关德育方面的已有量表较为欠缺，因此关于德育评估水平，本文借鉴了思政方面的评估量表，原因在于思政课也是属于高校德育的重要方式之一，并且相关变量测度较为成熟。曾狄（2015）提出了思政课评估的"思想性"与政治性；周远（2020）为新时代高校的思政工作提出了新的理念与模式。在上述基本思想之下，本文选取了明钰英（2022）对于思政课的编码研究。除此之外，根据王占可（2016）对于高校政治课程考评体系的研究，本文作出了更加切合高校德育现状的改进，具体测度如表1所示。

表 1   德育评估水平量表

变量	定义	编号及表现内容	来源
个人认知水平	反映了个体对德育的重视程度	X11 我对校内开展的德育教育的相关活动很感兴趣； X12 我多次参与过校内开展的德育相关活动； X13 我认为参与德育教育活动对未来生活、学习及就业的发展有很大帮助	曾狄（2015）； 王占可（2016）； 周远（2020）； 明钰英（2022）
德育课程效果	反映了德育教学课程的教学效果	X21 在德育教育活动（如思政课、志愿者活动）中，同学们的参与积极性很高； X22 我能充分理解德育课程（如思政课）所教的内容； X23 目前我所学过的德育课程的考核方式是合理的	
德育教师影响力	表现为德育课程任课老师的个人素质对学生的影响程度	X31 我认为德育课的教师的教学方法很切合同学的需求； X32 我认为任教教师的专业素养和教学能力很高，能帮助我对这门课程的学习； X33 我认为任教教师的师德师风表现对我行为的影响很大	
学校德育支持力度	高校对德育发展的重视程度	X41 我认为校内开展的德育相关活动（如志愿服务、德育标兵讲座等）的种类很多样； X42 学校鼓励支持学生参与德育相关活动； X43 我认为奖学金评定中的"德育基本素质"这一指标的设置是合理的	
数字媒体与德育融合度	体现为德育通过新媒体平台产生的影响	X51 校内媒体平台（如微信公众号）经常发布有关德育的相关活动与课程介绍； X52 通过新媒体的教学方式（线上网课等），可以更有利于我对德育知识的学习； X53 数字媒体对道德培育的宣扬有利于形成良好的社会风气	刘佳慧（2017）； 张蓓（2020）

　　心理资本方面，本文以业界认可度最高的卢桑斯（Luthans，2010）对于心理资本的测量量表为基础，再以张阔（2010）经过本土化，并且具有良好信效度的《积极心理量表》进一步改进，从自我效能、韧性、希望和乐观四个维度中选取了希望和乐观这两个最为切合的维度，作为本文的研究中介变量，具体测度如表 2 所示。

表 2   心理资本量表

变量		定义	编号及表现内容	来源
心理资本	希望	反映了个体可以设定一条新的发展方向的心理特征	M12 我正在为实现自己的目标而努力； M12 对自己的学习和生活，我有一定的规划； M13 我很清楚自己想要什么样的生活	Luthans（2010）； 张阔（2010）
	乐观	反映了个体对当前和将来业绩的积极归属感	M21 情况不确定时，我总是预期会有很好的结果； M22 我总是看到事物好的一面； M23 大多数的时候，我都是意气风发的	

就业素养方面，本文将宋晓华等（2017）的就业素养培育结构作为基础，并且沿用了吴佳（2021）对于该结构下的测量量表总结，最终根据当代大学生的切实就业情况做了更为切合的调整，具体测度如表3所示。

表3 就业素养量表

变量	定义	编号及表现内容	来源
就业选择素养	反映大学生能否对适宜自己主体特征的就业方向进行正确选择，具体包括自我认知、就业认知、目标选取和职业信息分析评价等方面	Y11 我清楚自己将来要从事哪种工作； Y12 我清楚自己所具备的优劣势； Y13 我了解自己打算从事职业的现状及发展前景； Y14 我明确自己具备几种就业选择	曹圣伟（2011）； 宋晓华，尹德斌（2017）； 吴佳（2021）
就业获取素养	反映的是学生在求职应聘时所表现出来的竞争资质，使得他能够获得应聘岗位	Y21 我能够充分表现，突出自己的特点； Y22 我有较强的交流沟通能力； Y23 我能抵抗较强的外界压力； Y24 面试时我注重礼节，包括个人形象、精神风貌与谈吐修养； Y25 我能从繁杂的信息中提炼出关键问题或概念	赵冬（2009）； 张瑞（2017）； 宋晓华，尹德斌（2017）； 谢娟（2012）； 吴佳（2021）
就业保持素养	表现为对具体就业岗位的胜任度，能够保持现有工作的稳定	Y31 我有责任感，不会推脱自己应尽的责任； Y32 我会仔细了解我要应聘的公司的文化，并且能够对公司保持忠诚； Y33 面对困难我不会轻易放弃，并调整好自己的状态； Y34 我对人真诚、守信，有正义感 Y35 我能够及时进行自我反省	赵冬（2009）； 张瑞（2017）； 宋晓华，尹德斌（2017）； 谢娟（2012）； 吴佳（2021）
就业发展素养	往往与具体工作的联系不是很紧密，但却是与未来适应岗位间流动、职务升迁或再就业相关的素质紧密相关	Y41 在正式或非正式的学习环境中，我都愿意学习且能较快掌握新的知识与技能； Y42 我能适应环境的改变和迎接不同的挑战； Y43 我对自己各方面综合分析，制定了较清晰的职业生涯规划； Y44 当我工作一定时间后就能够具备职务升迁的能力； Y45 我常能打破局限，提出新的思路和方法	赵冬（2009）； 张瑞（2017）； 宋晓华，尹德斌（2017）； 谢娟（2012）； 吴佳（2021）

（二）调查问卷设计及信度效度检验

经过前期对变量测向的设置以及对预测问卷题项进行信度与效度检验后，本文对高校大学生进行了大规模的问卷发放与数据收集工作，通过问卷星的方式，最终收回问卷总共1056份，回收率为100%。经过筛查后，其中有效问卷总共835份，有效率达79.05%。

本文采用Cronbach's alpha（CA）、综合信度（CR）、平均方差提取（AVE）三个指标来评估信度以及收敛效度。由表4可知，各项维度的 CA 值均达到了0.8以上，代表各维度样本的结果一致性较高，该问卷的信度较好。CR 均大于0.9，AVE 均大于0.7，具有较好的收敛效度，适合进一步进行数据分析。

表4   信度及收敛效度检验

变量	CA	CR	AVE
$X1$	0.836	0.901	0.753
$X2$	0.888	0.930	0.817
$X3$	0.897	0.936	0.831
$X4$	0.878	0.925	0.805
$X5$	0.925	0.952	0.869
$Y1$	0.924	0.946	0.814
$Y2$	0.931	0.948	0.783
$Y3$	0.939	0.953	0.804
$Y4$	0.939	0.954	0.805
M	0.912	0.932	0.694
$M1$	0.898	0.936	0.831
$M2$	0.924	0.952	0.868

区分效度反映了因子显著性和其他变量无关的程度。当各因子的 AVE 大于其与其他因子的相关值，且结构载荷在相应变量上高于其他变量时，可以用 AVE 的平方加以验证。本文通过评估指标因子载荷和具有构间相关性的 AVE 来评估区分效度。如表5所示，每个构间（对角线项）AVE 的平方根均大于构间相关（非对角线项），代表该问卷各变量测量准确，具有较高的区分效度。

表5   区分效度检验

变量	$X1$	$X2$	$X3$	$X4$	$X5$	$Y1$	$Y2$	$Y3$	$Y4$	M	$M1$	$M2$
$X1$	0.868											
$X2$	0.803	0.904										
$X3$	0.766	0.879	0.911									
$X4$	0.748	0.827	0.832	0.897								
$X5$	0.756	0.779	0.788	0.873	0.932							
$Y1$	0.519	0.509	0.508	0.570	0.554	0.902						
$Y2$	0.510	0.521	0.517	0.567	0.558	0.765	0.885					
$Y3$	0.522	0.552	0.573	0.664	0.637	0.649	0.729	0.896				
$Y4$	0.554	0.558	0.564	0.626	0.600	0.725	0.761	0.813	0.897			
M	0.649	0.680	0.654	0.715	0.695	0.748	0.736	0.711	0.756	0.833		
$M1$	0.612	0.638	0.610	0.707	0.677	0.690	0.661	0.713	0.737	0.907	0.911	
$M2$	0.559	0.590	0.572	0.583	0.577	0.663	0.669	0.569	0.627	0.902	0.635	0.932

（三） 多重共线性检验

本文采用方差膨胀因子（VIF）检验变量是否存在多重共线性问题，结果如表 4 - 6 所示，表中各变量方差膨胀因子均小于 5，由此表明，本文模型各变量通过多重共线性检验。

表 6 多重共线性检验

变量	VIF	变量	VIF	变量	VIF
X11	2.584	M11	2.571	Y11	2.946
X12	1.774	M11	2.745	Y12	3.318
X13	2.030	M12	3.383	Y13	3.680
X21	2.396	M12	3.518	Y14	2.822
X22	2.548	M13	2.682	Y21	3.281
X23	2.855	M13	2.929	Y22	3.381
X31	3.232	M21	3.540	Y23	3.116
X32	4.157	M21	3.767	Y24	2.977
X33	2.290	M22	4.379	Y25	3.670
X41	2.198	M22	4.486	Y31	3.341
X42	2.748	M23	3.138	Y32	2.956
X43	2.459	M23	3.497	Y33	3.975
X51	3.586			Y34	3.578
X52	3.596			Y35	3.433
X53	3.395			Y41	4.071
				Y42	4.551
				Y43	2.935
				Y44	3.920
				Y45	3.792

四、实证结果分析

（一） 描述性统计结果分析

本文使用了 SPSS 软件进行数据统计与分析，并且再通过 Smart PLS 软件进行结构方程建模来检验已提出的假设并且检验研究模型。

本文初步统计了被试人群的基本特征，选取性别、年龄、学历、专业和政治面貌五个方面作为控制变量进行描述性统计，上述变量均为高校大学生常见的个人基本特征，其结果如表7所示：（1）在性别方面，本文主要调查高校为综合类高校，故而调查女性比例相比男性较高。（2）在年龄方面，本文的调查人群集中在18~35岁，占比为95.5%，主要为高校在读大学生，调查人群的学历也因故主要为本科与研究生。（3）在读专业方面，本文主要调查了人文学科专业的高校生，原因是该类专业下的大学生就业方向更为自由，更考察自身的就业素养。（4）在政治面貌方面，本文主要以共青团员为主，占比为68.75%，这也与目前大部分高校的普遍情况类似，体现了本调查的普遍性。

表7 人口学变量上的差异状况

描述指标		频数	百分比（%）
性别	男	99	24.75
	女	301	75.25
年龄	18岁以下	0	0
	18~25岁	382	95.5
	26~35岁	15	3.75
	36~50岁	2	0.5
	50岁以下	1	0.25
学历	高中及以下	36	9
	本科	178	44.5
	硕士及以下	186	46.5
专业	工学科	14	3.5
	理学科	6	1.5
	人文学科	372	93
	其他	8	2
政治面貌	群众	12	3
	共青团员	275	68.75
	中共党员	112	28
	其他	1	0.25

（二）相关假设检验结果分析

本文采用了PLS算法来验证所有假设，通过按照先前的研究依次分别加入自变量、中介变量以及因变量来进行假设检验。表8显示了所提模型的路径系数和解释方差以及显著性系数，其中各路径的T统计量均为正值；除H3路径外，其余路径的P值均达到了0.1以下，代表各假设具有显著影响。表9总结了假设检验的结果。

表 8   **路径系数检验**

路径	初始样本	样本均值	标准差	T 统计量	$P-Value$
$X1 \rightarrow M$	0.148	0.150	0.085	1.750	0.081
$X2 \rightarrow M$	0.171	0.170	0.080	2.129	0.034
$X3 \rightarrow M$	-0.021	-0.024	0.094	0.226	0.822
$X4 \rightarrow M$	0.309	0.306	0.098	3.163	0.002
$X5 \rightarrow M$	0.196	0.202	0.085	2.309	0.021
$M \rightarrow M1$	0.907	0.908	0.009	104.872	0.000
$M \rightarrow M2$	0.902	0.902	0.011	83.371	0.000
$M \rightarrow Y1$	0.748	0.750	0.029	25.627	0.000
$M \rightarrow Y2$	0.736	0.737	0.043	16.943	0.000
$M \rightarrow Y3$	0.711	0.711	0.032	22.057	0.000
$M \rightarrow Y4$	0.756	0.756	0.028	26.922	0.000

注：$X1$ = 个人认知水平、$X2$ = 德育课程效果、$X3$ = 德育教师影响力、$X4$ = 学校德育支持力度、$X5$ = 数字媒体与德育融合度、M = 心理资本、$M1$ = 希望、$M2$ = 乐观、$Y1$ = 职业选择素质、$Y2$ = 职业获取素质、$Y3$ = 职业保持素质、$Y4$ = 职业发展素质。

表 9   **假设检验总结**

序号	假设	结果
H1	个人认知水平→心理资本（+）	成立
H2	德育课程效果→心理资本（+）	成立
H3	德育教师影响力→心理资本（+）	不成立
H4	学校德育支持力度→心理资本（+）	成立
H5	数字媒体与德育融合度→心理资本（+）	成立
H6	心理资本→职业选择素质（+）	成立
H7	心理资本→职业获取素质（+）	成立
H8	心理资本→职业保持素质（+）	成立
H9	心理资本→职业发展素质（+）	成立

结果表明个人认知水平（H1）、德育课程效果（H2）、学校德育支持力度（H4）以及数字媒体与德育融合度（H5）均对心理资本中的希望和乐观具有显著正向影响，并且心理资本作为中介机制，对就业选择素养（H6）、就业获取素养（H7）、就业保持素养（H8）以及就业发展素养（H9）具有强化作用。

而经过回归检验，德育教师影响力对心理资本的影响作用（H3）并不显著。通过进一步的调查与分析，原因如下：第一，德育教师与学生之间缺少深层次的沟通与反馈。当今高校德育教师与学生之间大部分的互动都是通过时间有限的课堂进行的，而大规模的单一授课方式往往更加考察课程的授课内容，无法体现出授课教师的个人素质差异,因而大部分学生无法体会到德育教师对他们心理资本的影响。第二,教师的影响力不足以引起学生的心理改变。成年人的心理状态是一个复杂的过程,受到多种因素的交互影响,高校通过德育来使学生的心理得到成长是一个潜移默化的过程,而教师影响力作为个人因素较为薄弱,很难直接切实影响到学生的个人心理资本。第三,德育教师个体道德素养普遍较高,差异性较小。高校具有完善的监督机制,并且教师自身普遍经过合理的职业培训,因而具备较高的道德水平以及职业素养,所以学生个体很难感受出授课教师之间的道德水平差异,因而教师影响力对心理资本的影响过程并不显著。

综上所述,本文发现了在立德树人视阈下当前高校大学生就业素养培育的影响因素以及各因素的具体影响过程。研究表明,目前高校的德育现状评估可以分成学生个体的认知水平、德育课程效果、学校德育支持力度以及数字媒体与德育融合度这几个部分,上述各部分都会从道德品德、社会责任、人际交往能力等方面不同程度地影响大学生心理资本中的希望与乐观特征,而个人的心理资本也会进而转换成个人实际素养增强的动力,这体现在大学生的就业素养培育层面上。本文发现,心理资本会影响大学生在就业生涯中所需要的各方面的就业素养,包括就业选择素养、就业获取素养、就业保持素养以及就业发展素养,上述各方面的素养构成了大学生的综合就业素养。因此,本文得出,高校德育通过心理资本对大学生就业素养培育具有确切的影响作用。

参考文献

[1] Tajfel H. Experiments in intergroup discrimination, scientific american [J]. Introducing Psychological Research, 1970, 223: 69 – 73.

[2] Cooley, C. H.. Human Nature and the Social Order [M]. 1st ed. NewYork: Transaction Publishers, 1902: 96.

[3] 娄君庭,陈松林. 大学生社会主义核心价值观认同教育路径探究 [J]. 领导科学论坛, 2022, 200 (06): 144 – 147.

[4] 冯霞,廖金香. 新生代农民工社会主义核心价值观培育路径研究 [J]. 法制与社会, 2019 (26): 172 – 173.

[5] 王中会,童辉杰,程萌. 流动儿童社会认同对学校适应的影响 [J]. 中国特殊教育, 2016 (3): 6.

[6] 转引自赵晓阳,刘金兰. 对大学生发展影响的实证研究——以学生参与度及学校环境感知为视角 [J]. 西南交通大学学报 (社会科学版), 2014, 15 (02): 107 – 115.

[7] 转引自陈琼琼. 大学生参与度评价:高教质量评估的新视角——美国"全国学生参与度调查"的解析 [J]. 高教发展与评估, 2009, 25 (1): 24 – 30, 121.

[8] Astin, A. W. Four critical years: Effects of college on beliefs, attitudes and knowledge [M]. San Francisco: Jossey-Bass, 1997: 1 – 30.

［9］Astin，A. W. Student involvement：A developmental theory for higher education ［J］. Journal of College Student Personnel，1984（25）：297－308.

［10］Tinto，Vincent. Dropout from Higher Education：A Theoretical Synthesis of Recent Research ［J］. Review of Educational Research，1975（45）：94－98.

［11］蒋晓莲，薛咏红，刘辉. 班杜拉自我效能理论及其对护理教育的启示 ［J］. 护士进修杂志，2004，19（04）：352－354.

［12］Bandura，Albert. Social foundations of thought and action：asocial cognitive theory ［M］. New Jersey：Prentice－Hall，1986.

［13］转引自周文霞，郭桂萍. 自我效能感：概念，理论和应用 ［J］. 中国人民大学学报，2006（01）：7.

［14］GU，Jiani & Meng，Hui & Fan，Jinyan. Social Self－Efficacy：Dimension，Measurement and Its Mechanisms ［J］. Advances in Psychological Science，2014（22）：1791. 10.

［15］李永周，王月，阳静宁. 自我效能感、工作投入对高新技术企业研发人员工作绩效的影响研究 ［J］. 科学学与科学技术管理，2015，36（02）：173－180.

［16］张凯丽，唐宁玉，尹奎. 离职倾向与行为表现的关系：自我效能感和主动性人格的调节作用 ［J］. 管理科学，2018，31（06）：117－127.

［17］Schwarzer，Ralf & Born，Aristi. Optimistic self－beliefs：Assessment of general perceived self-efficacy in thirteen cultures. World Psychology. 1997：177－190.

［18］Bandura，Albert. Self-efficacy：the exercise of control ［M］. New York：W. H. Freeman，1997.

［19］明钰英. 扎根理论视域下思政课对高校人才培养质量的影响研究——以南京邮电大学为例 ［D］. 南京：南京邮电大学，2022.

［20］宋晓华，尹德斌. 基于就业活动过程的大学生就业能力结构与培养策略探析 ［J］. 职业教育研究，2017（10）：59－62.

［21］许海元. 大学生心理资本发展现状的评估与分析 ［J］. 中国高教研究，2015（07）：79－83.

［22］转引自朱红. 高校学生参与度及其成长的影响机制——十年首都大学生发展数据分析.

（作者单位：中南财经政法大学法学院）

基于个体应对机制的研究生压力管理课程模式探究

何红娟

摘　要： 本文立足于发展性心理健康教育理念，构建适用于研究生认知特征的积极压力管理课程体系。针对研究生群体普遍存在的学业压力、就业焦虑与心理适应问题，基于积极心理学理论框架，构建以心理资本培育为导向的压力管理干预课程。通过优势发掘、认知重构、社会支持强化等模块化设计，探索研究生压力管理从"病理修复"向"潜能激发"的范式转型。

关键词： 压力管理　应对机制　课程模式　积极心理学

近年来，研究生群体心理健康问题日益引发社会关注。世界卫生组织 2022 年全球心理健康报告指出，高等教育阶段学生抑郁、焦虑障碍的终身患病率已达 34.6%。其中，研究生群体因科研竞争加剧、职业前景不确定性增加等因素，心理问题检出率显著高于本科生群体。《中国国民心理健康发展报告（2021—2022）》显示，研究生群体抑郁检出率为 35.7%，焦虑检出率为 25.9%，研究生心理健康水平显著低于本科生，博士生群体心理问题更突出（抑郁风险比硕士生高 18%）。《研究生培养质量白皮书（2023）》显示，研究生焦虑水平峰值在以下阶段：研三（焦虑检出率 41.5%）、博四及以上（焦虑检出率 47.2%）。

当前高校心理服务体系仍以"问题修复"为主导模式，过度依赖心理咨询与危机干预，忽视了研究生群体高认知水平、强成就动机的群体特征，导致传统压力管理方案存在"治标不治本"的实践困境。积极心理学的兴起为压力管理提供了范式转型的可能。塞利格曼（Seligman，2011）提出的 PERMA 模型强调，通过培育积极情绪、心流体验、社会联结、意义感知与成就动机五大要素，可重塑个体的压力评价系统。

一、高校研究生群体主要压力源及压力应对现状

高校研究生群体的压力源具有多维性和交织性，既包含学术体系本身所提出的诸多刚性要求，同时也受到社会转型期结构性矛盾的影响。《中国青少年健康行为网络调查报告（2022）》显示，研究生心理问题的主要诱因如下：论文发表压力（61.2%）、导师关系困扰（38.4%）、经济压力（42.7%）。《Nature 2022 年全球研究生调查》的中国区数据显示，中国研究生抑郁焦虑自报率为 43%，高于全球平均值 39%，其压力源排名前三位为：未来职业不确定性（65%）、科研产出压力（58%）、工作与生活失衡（52%）。

研究生在压力应对过程中采取的不恰当策略主要包括以下四种。

（1）消极回避："保全面子"很大程度上会导致学生不愿暴露困难，选择沉默逃避。其具体表现为拖延科研任务，如逃避论文写作、实验操作；沉迷虚拟世界，如过度游戏、社交媒体依赖；刻意回避与导师沟通，如因畏惧批评而减少组会汇报。

（2）过度自我归因：具体表现为将学术挫折（如论文进展不顺）归因为个人能力缺陷，如"我天生不适合搞科研""我当初就不应该选择这么难的研究方向"等自我评价；也表现对导师负面评价过度内化，往往因一次批评就陷入全盘自我否定，出现回避沟通、消极抵抗等行为。习惯性自我批评的研究生，其压力感知水平显著高于同龄人，且更容易出现学业倦怠。

（3）非理性补偿行为：具体表现为因焦虑而暴饮暴食，甚至发展成为摄食障碍。学生通过过度消费等物质刺激短暂缓解焦虑，或通过报复性熬夜以获得"掌控时间"的错觉从而抵消失控感等。

（4）病态竞争比较：具体表现为通过贬低他人成果获得短暂优越感，如"他们的论文都是水出来的""他只是更擅长溜须拍马"等；也表现为过度关注同龄人进度，如病态关注同学的科研进展、生活安排，以及每日刷新学术社交网络上的成果更新，导致自己陷入慌乱，无法做出正向积极的行为来改变现状。

二、基于个体应对机制的研究生压力管理课程设计

（一）理论依据

1. 压力管理理论：基于 Lazarus 的认知交互理论，帮助学生重构压力认知，提升应对资源（如时间管理、社会支持）水平。

2. 积极心理学视角：通过培养心理资本（包含自信、希望、韧性、乐观等），将

"问题干预"转向"潜能激发"。

3. 社会情绪学习框架：强调自我意识、自我管理、社会意识、人际关系与决策能力的整合培养。

（二）设计原则

1. 预防性：通过知识讲授和体验式教学，掌握即时情绪调节工具，降低情绪耗竭风险，使得个体压力免疫训练先于危机出现。

2. 体验性：通过嵌入生活实景、课堂演练等方式，增加课堂的体验性，避免单调的理论知识讲授。

3. 适配性：在充分了解研究生压力源的基础上，针对研究生特有的学术压力（如论文盲审、实验失败、导师沟通、生涯发展压力等）设计内容。

4. 递进性：按照从"认知重构"到"技能训练"再到"实践应用"的顺序，逐步深化干预效果。

（三）教学实施路径

1. 混合式教学：线下授课，包括理论课（40%）和体验工作坊（60%）。

2. 过程性评价：设置心理资本成长档案袋，内含压力日记、积极情绪记录、优势行为记录等。

（四）教学模块设计

1. 压力认知与归因分析。

（1）帮助学生识别压力源，区分"可控压力"与"不可控压力"，减少绝对化、灾难化思维。可引导学生在课堂进行"研究生压力源图谱绘制"的小组活动，从学术、经济、人际、生涯等维度分析，根据学生绘制的图谱进行进一步细化，并通过小组分享和大组分享开展同辈支持。

（2）理论讲授压力生理—心理—行为反应机制，结合脑科学知识（如皮质醇分泌的影响），帮助学生了解压力的生理机制以及发生发展规律，介绍压力产生的躯体化症状和心身疾病，提醒学生通过关注身体来预防因压力过大而导致的各种疾病。

（3）认知偏差矫正：引用 Ellis 的情绪 ABC 理论，通过理性情绪疗法，鼓励学生进行分享，结合论文被拒稿、个人职业规划与导师沟通不畅、其他人际冲突等实际情境，进行认知重构训练，破除"完美主义陷阱""过度泛化"等非理性信念。

2. 情绪调节技术训练。

（1）生理层面：引导学生运用正念冥想、渐进式肌肉放松、安全岛技术、保险箱技术等方法进行放松训练。

（2）认知层面：通过课堂、小组活动和日记等方式学习认知重评、接纳承诺疗法等技术。

（3）行为层面：引导学生进行音乐、运动、社交等个性化清单设计，选择符合自己的情绪管理方法，可借助线上教学工具进行打卡。

3. 学术场景中的压力应对。

（1）在论文写作阶段，运用目标拆解与时间管理的方法（如甘特图、番茄工作法、四象限时间管理法、时间馅饼法等）完成学术任务。条件允许可邀请研究生导师或高年级研究生分享应对经验。

（2）通过情景剧等方式，演示当遭遇挫折，如选题失误、实验失败、数据异常等情况出现时，如何进行心理建设，进行成长型思维训练。

（3）通过课堂角色扮演，如模拟导师与学生发生冲突，学习如何向导师求助、高效参与组会、应对同行评审意见。

（4）意义构建，强化学术使命感。美国心理学家米尔顿·罗克奇（Milton Rokeach）在《人类价值观的本质》中提出了 13 种价值观，通过团体心理活动探索生命价值，建立价值观和日常生活的联系，促进价值观和使命感的具象化。

4. 社会支持系统构建。

（1）同辈互助小组的建立：通过问卷调查等方式，将学生面临的主要压力源转化为结构化议题，如"延期焦虑""与导师关系紧张"等。基于这些议题，组建同辈互助小组，聚焦具体问题，提供情感支持和实际建议，从而有效减少学生的孤独感和无助感。

（2）家庭沟通策略：针对科研压力和求职压力，制定有效的家庭沟通策略。当个人职业发展规划与家人的期望发生冲突时，学生需要学会如何清晰、理性地向家人解释自己的选择，并寻求理解与支持。

（3）跨学科交流活动：通过组织非学术性的跨学科交流活动，接触不同学科思维模式，帮助学生降低单一身份认同带来的压力。例如，通过文科的叙事性思维与理工科逻辑性思维的碰撞，增强应对复杂问题的心理弹性；通过参加表达性艺术团体、读书会、运动打卡小组、传统手工学习等活动增强文化包容性。

（4）拓展其他社会支持力量：鼓励学生利用学校相关专业机构的资源，如心理咨询中心，参与团体沙盘游戏等活动。通过这些活动，学生可以绘制社会支持地图，可视化自己的重要支持资源，从而更好地理解和利用这些资源来应对压力。

5. 课程评估设计。

（1）过程性评估：通过情绪调节技能实操考核（如两两一组现场演示正念呼吸流程）和压力应对方案设计（针对真实学术场景提出解决策略）进行评估。

（2）结果性评估：采用 PSS – 10 压力感知量表、PANAS 情绪量表等量化工具进行前后测对比。

（3）质性反馈：主要通过个体心理资本成长档案记录等进行分析。

（4）长效追踪：结课后三个月随访，评估技能迁移效果，如学业拖延改善、人际冲突减少、主观幸福感提升等。

本文创新性地将心理资本理论引入研究生教育场域，提出"压力适应—资本积累—优势发展"的递进式干预逻辑；通过整合优势识别、认知重构、社会支持等模块，着力将压力情境转化为心理韧性培育的契机，实现"化压力为成长动力"的范式突破。

参考文献

［1］傅小兰，张侃. 中国国民心理健康发展报告（2021—2022）［M］. 北京：社会科学文献出版社，2023.

［2］樊富珉. 结构式团体辅导与咨询应用实例［M］. 北京：高等教育出版社，2015.

［3］World Health Organization. World mental health report：transforming mental health for all［M］. Geneva：WHO Press，2022.

［4］Seligman M. E. P. Flourish：A visionary new understanding of happiness and well-being［M］. New York：Free Press，2011.

［5］Bai Y.，et al. Mental health status of postgraduate students in China：a meta-analysis［J］. Journal of affective disorders，2022（306）：240 – 247.

［6］Crum A. J.，Jamieson J. P.，Akinola M. Optimizing stress：an integrated intervention for regulating stress responses［J］. Emotion，2020，20（01）：120 – 125.

（作者单位：中南财经政法大学心理健康教育咨询中心）

法治教育融入研究生管理工作的实践路径

王 毅

摘 要： 高校法治教育是坚持全面依法治国的重要内容。新时代加强高校法治教育有利于为学生成长成才助力、为校园法治建设聚心、为法治中国建设赋能。然而，高校法治教育在实施过程中面临多方面挑战，尤其是在研究生管理工作中，如何有效融入法治教育、突出解决好"培养什么人、怎样培养人、为谁培养人"成为关键问题。为此，从实践维度，可以从丰富宣传教育形式、维护法治教育环境、政校联动共建法治校园三个方面入手，借助多方合作和集体努力，共同营造新时代高校法治教育的良好氛围，不断增强其育人效果与育人实质，在价值层面聚焦培养社会主义合格建设者与可靠接班人这一人才培养目标，在技术层面着力培养高层次研究生人才，服务国家创新驱动发展战略，努力为国家经济社会发展服务，实现中华民族伟大复兴的中国梦。

关键词： 研究生管理工作 高校 法治教育

习近平总书记指出，法治是人类政治文明的重要成果，是现代社会治理的基本手段。近年来，党和国家大力推动法治教育，高校法治教育成效显著，顶层设计逐步完善，为高等教育改革与发展奠定了坚实的基础。2020 年 7 月，《教育部关于进一步加强高校法治工作的意见》① 出台，文件对新形势下的高校法治工作作了进一步部署，对高校法治教育提出了具体要求，"开展以宪法教育为核心的法治教育"被明确为高校法治工作五项重点内容之一。2021 年，《全国教育系统开展法治宣传教育的第八个五年规划（2021－2025 年)》② 强调，要深入学习贯彻习近平法治思想，进一步提升教育系统普法工作质量和水平，厚植学生的法治信仰。

---

① https：//www. gov. cn/zhengce/zhengceku/2020－07/28/content_5530645. htm.

② http：//www. moe. gov. cn/srcsite/A02/s5913/s5914/202111/t20211111_579070. html.

高校教育的核心任务之一是培养大学生的法治意识，这对维护校园秩序和推动法治国家建设具有关键作用。硕士研究生既是国家和社会未来的栋梁，又是高等教育人才培养的对象，硕士研究生法治知识的培育，不仅影响自身权益的实现，也对完善社会公平正义的法治保障体系、建设社会主义法治国家起到重要作用。因此，学校在引导学生树立法治观念方面扮演着重要角色，对于新时代的人才培养至关重要。本文意图从法治教育融入研究生管理工作的价值意蕴、高校法治教育活动各要素面临的困惑分歧，以及具体实践路径等方面进行深入探讨，切实增强高校研究生法治教育的有效性和实效性，提升研究生法治教育质量。

一、法治教育融入研究生管理工作的实践价值和意义

（一）落实立德树人根本任务

党的十八大以来，习近平总书记围绕"为谁培养人、培养什么人、怎样培养人"的问题发表了一系列重要论述，多次强调立德树人是教育的根本任务和中心环节。习近平总书记强调，要把立德树人作为中心环节，注重培养德智体美劳全面发展的社会主义建设者和接班人。因此，将以习近平法治思想为核心的法治教育融入高校教育中，能够有效推动立德树人的根本目标，实现道德修养与法治观念的同步提升。这一过程充分体现了马克思主义在高等教育中的指导性作用，帮助学生树立宪法和法律至上的观念。只有在教育中充分融合法治思想，才能确保培养出既具备高尚品德又具备法律素养的新时代人才，从而实现全面发展的教育目标。

（二）提高研究生法治素养

在法治社会，公民应树立法治意识，普及法律知识是推进全面依法治国持久且根本的任务。法治教育和宣传作为一种社会性传播活动，需要深入校园，贴近学生。研究生正经历心理发展和社会身份的特殊转型期，这一阶段的法治宣传教育尤为关键。法治思想不仅是高校思想政治教育的重要组成部分，更在塑造研究生全面发展的过程中发挥着至关重要的作用。它帮助并引导学生树立正确的法治观，增强其法治意识和实践能力，从而在升学、就业等重要抉择中做出更明智的决策，确保学生在追求个人目标的同时，也能够理解和尊重社会规范，维护社会公正和秩序。

此外，法治教育的融入还有助于提升研究生的批判性思维能力，使他们能够更加理性地分析和解决复杂问题。这种能力对于他们在学术研究和职业发展中取得成功至关重要。通过法治教育，研究生能够更好地理解法律与道德的联系，以及如何在现实生活中运用法律原则来指导行为。

（三）为法治中国建设提供支持

党的二十大报告明确指出，坚持全面依法治国，推进法治中国建设。作为培养法治人才的核心基地，高校对法治中国的建设具有重要影响。提升高校的法治教育质量，不仅是推进依法治国战略的关键一步，也是加强社会主义民主法治建设的必然要求。大学治理是社会治理的重要组成部分，是全面推进依法治国的重要举措，是推进依法治校的基础前提，是实现立德树人的必然要求，也是建设和谐校园的可靠保障。在新时代背景下，必须加快推进法治教育，深化学生对法律的理解和应用能力，积极引导学生深入学习先进法治思想，坚定践行良法善治。坚持以马克思主义法学思想和中国特色社会主义法治理论为指导，深入学习贯彻党的二十大精神，有助于师生深化对习近平法治思想的理解，促进法治思维在体制机制创新中的应用，进而提升治理体系和治理能力的现代化水平。

二、法治教育融入研究生管理工作的挑战

（一）高校法治教育环境复杂

在法治时代背景下，高校作为培养法治人才的核心基地，对法治中国的建设具有深远的影响。然而，高校法治教育环境的复杂性，为研究生管理工作带来了显著挑战。网络环境、社会现象与学校教育之间的不协调性，削弱了法治教育的实际效果。网络环境中的负面信息对法治教育形成了冲击，学生在网络空间中接触到的偏颇法治观念，常常难以被监管纠正，这种信息的泛滥容易使他们陷入法治观念的误区。社会中的不良现象，如执法不公、司法不力等问题，也对法治教育产生了消极作用，不仅降低了学生参与法治教育的积极性，更影响法治环境的完善。

此外，算法推荐技术在网络平台的广泛应用，虽然满足了用户个性化、差异化的信息需求，但也可能导致"信息茧房"效应，使研究生等青年群体深陷同质化、唯我的思维模式中，束缚了他们的认知。这种现象不仅影响了法治环境的完善，也对研究生的法治价值观形成构成了障碍。高校法治教育的实效性甚微，当前高校法治教育在保障体系、课程体系建设、师资队伍建设等方面仍有待加强。

（二）高校学生法治意识淡薄

法律素养是衡量个体对法律理解和应用能力的重要标准，它通常体现在个人对法治知识的掌握程度上。在法律职业领域，高标准的门槛确保了只有那些通过严格资格考试的专业人士才能担任关键职位，如检察官、法官或律师。这些考试的难度较大，

通过率通常较低，反映出法律学习的深度和复杂性。因此，对于非法学专业的学生而言，他们对法律的了解往往局限于基础层面，缺乏深入的理解和实践经验。这种浅层次的法律知识可能导致他们对法律的认知不全面，进而影响他们对司法系统的信任度，甚至可能形成错误的法治观念。

在校园环境中，违法行为的频发，如校园贷、欺凌、电信诈骗和网络赌博等，暴露出学生在识别和应对这些行为方面的不足。这些行为不仅对个人的财产安全构成威胁，严重时甚至可能危及生命安全。同时，一些学生对违法行为的认识不足和法律防范意识的普遍缺乏，可能会无意中触犯法律。这种意识的缺失，不仅增加了他们成为犯罪受害者的风险，也可能导致他们在面对侵害时无法有效自救或寻求帮助。

（三）法治宣传方式略微单一

高校在培养学生的法治精神、法治思维和法律意识方面存在一些普遍的不足。第一，比较突出的问题是，许多高校并没有设置专门的普法课程，也缺少成体系的普法教材。法律知识的传授往往依赖于通识教育课程，这限制了学生对法律知识的深入理解。部分开设的通识课程中法律内容相对简单，课程时长也有限，且法律相关内容在"思修"课程中仅占不到1/3，授课教师往往不是法学专业人士，导致学生对基本法律概念理解不够，如违法与犯罪的界限、权力与权利的区别等。第二，高校在法治教育中未能充分发挥新媒体和智慧教育的潜力，往往依赖于传统的宣传手段，导致法治教育的覆盖面和影响力受限。例如，微信公众号、微博、抖音等大学生常用的网络媒介，本可以成为良好的网络法治教育平台，但目前这些渠道的利用并不充分，常用的电子屏、宣传栏和横幅等传统方式在信息传播上缺乏互动性和吸引力。第三，传统教育模式下的法治宣传主要是单向传播，信息传达后缺乏有效的反馈和互动，导致受众参与积极性不高，兴趣和主动性不足。这些问题都显著影响了法治教育的效果和学生的法律意识。

三、法治教育融入研究生管理工作的实践路径

（一）丰富宣传教育形式

积极寻求将法治教育与校园文化建设相融合的新途径。首先，借助公众广泛关注的特殊日子，如3月15日的国际消费者权益日、6月26日的国际禁毒日、12月4日的国家宪法日等，组织相关的法治教育专题活动，有效增强法律知识的传播和普及。其次，在法治思想教育中发挥党日活动的作用。通过将法治思想融入党日活动中，借助党员的示范和传帮带作用，不仅能提高党员的法治意识，还能带动其他师生对法治

教育的重视和学习。最后，拓展"互联网＋法治"的宣传模式，积极运用现代技术手段，增加法治教育的覆盖面和效果。例如，在微博、微信公众号、抖音等新媒体平台上发布法律知识普及内容，包括典型案例分析、普法小视频、图文并茂的法律宣传资料等，这样既能吸引更多师生的注意，又能提升法治宣传的互动性和吸引力。

（二）维护法治教育环境

在塑造健全的法治环境方面，辅导员发挥着不可或缺的作用。辅导员应主动掌握学生对法律教育的需求，并巧妙地将国家法治建设中的议题融入日常实践工作中。这包括在课堂上、研讨会以及其他学生活动中引入相关的法治话题，确保教育内容紧跟时事和政策变化。辅导员还应协调班级和院级的法治教育活动，形成系统而一致的法治教育氛围。同时，需特别关注留学生等特殊群体的需求，制定针对性的法治教育计划，帮助他们更好地理解和适应所在国家的法律环境，从而提高他们的法律意识和素养。

此外，通过举办相关法治讲座培训和充分利用网络资源，高校思政教师的法学素养能够得到进一步提升，确保其能够真正理解并传授以习近平法治思想为核心的法治教育。同时，可以充分发挥高校法学院系的师资力量，将相关专业的教师吸纳到高校思政教师队伍中来，专门讲授习近平法治思想的相关课程和专业要求较强的法治教育课程。相关授课教师必须坚持理论与实践的统一，在确保法言法语准确性的前提下，通过通俗易懂的方式讲授习近平法治思想相关课程。这不仅要求推动习近平法治思想融入专门的思政课程之中，还要求推动其融入其他日常课程中，将思政元素融入专业课教学中。通过不断提升教师的课程思政能力，高校思政教师队伍的法治素养和法治水平能够得到进一步提高，从而推动习近平法治思想准确、系统、全面且深入地融入高校思政教育中。

（三）建立政校联动机制

在探索高校法治教育的深化与创新过程中，建立政校联动机制显得尤为关键。该机制旨在促进高等教育机构与地方司法机关之间的紧密合作，共同推进法治教育的全面实施。在此框架下，通过设立专门的法治实践基地，可以为学生提供丰富的普法活动，例如巡回法庭、法院开放日和模拟法庭等。这些活动不仅为学生提供了直接参与和观摩法律程序的机会，也有助于加深他们对法律运作的直观理解。

进一步地，通过邀请法律专业人士，如执业律师、法官等，进入课堂与学生进行面对面的交流，讨论诸如校园欺凌、电信诈骗以及民法典相关知识等大学生普遍面临的法律问题。这种互动不仅帮助学生理解法律知识在现实生活中的应用，而且增强了他们的自我保护意识和能力。案例分析作为法治教育的重要组成部分，尤其是反面案例的讲解，对于警示学生具有显著效果。通过分析具体案例，学生可以学习法律的严肃性和权威性，从而树立正确的法治观念，并明确法律底线。

在学生事务管理中，辅导员可以通过日常管理和指导，将法治教育融入学生生活的各个方面，如组织法治主题的班会、讨论会和讲座，可以在潜移默化中提高学生的法律素养。此外，辅导员还可以通过个案辅导，帮助学生解决法律问题，提供法律咨询，从而在实际生活中应用法律知识。

青年一代的理想信念和综合素质彰显了一个国家未来的发展潜力。高等院校的法治教育在实现全面依法治国目标中发挥着至关重要的作用，是推动创新型法治国家发展的核心手段。因此，在新时代背景下，强化法治教育对于培养卓越人才和推进教育教学改革具有深远的意义，必须不断探索和完善法治教育的实践路径，以确保每一位大学生都能成为法治的积极传播者和坚定捍卫者，共同为建设社会主义法治国家贡献力量。

参考文献

［1］郭声琨．从党的百年法治奋斗史中汲取智慧和力量　奋力推动新时代全面依法治国高质量发展［J］．中国信息安全，2022（07）：18－23.

［2］金科，刘超群．依法治校视野下的高校学生事务管理法治化研究［J］．大学教育，2021（11）：192－195.

［3］李敏，王永花．新媒体时代提升高校法治宣传教育效果的思考［J］．新媒体研究，2022，8（04）：42－44.

［4］李牧，董明皓．论全面依法治国视域下的大学生法治教育［J］．思想理论教育导刊，2022（07）：65－70.

［5］林颖璐．习近平法治思想融入高校法治教育之进路［J］．教育教学论坛，2024（05）：173－176.

［6］刘超．高校法治宣传教育工作探析［J］．法制与社会，2020（36）：147－148.

［7］栾云镪，肖金云．新时代高校法治教育现实困境与对策思考［J］．法制与社会，2021（18）：164－165.

［8］万美容，刘志．新时代中国特色社会主义教育事业发展的根本遵循［J］．中国高校社会科学，2020（05）：16－24，156.

［9］习近平．高举中国特色社会主义伟大旗帜为全面建设社会主义现代化国家而团结奋斗——在中国共产党第二十次全国代表大会上的报告［J］．中国人大，2022（21）：6－21.

［10］严亚萍，赵科颖．加强高校法治宣传教育工作初探［J］．法制与经济，2020（06）：182－183.

［11］汪永安，孙增耀．从导学一体到数智嵌入：研究生思想政治教育引导力的时代转向［J］．学位与研究生教育，2024（07）：26－33.

［12］刘笑月．在全面依法治国背景下开展高校法治宣传教育工作实践路径研究［C］∥2024 文化

建设与思想政治的关系研究论坛论文集［C］.中国文化信息协会、中国文化信息协会文教成果交流专业委员会，中国文化信息协会，2024：4.

［13］蔺伟，王军政，纪惠文.研究生思想政治教育协同育人机制构建论析［J］.学位与研究生教育，2022（01）：48－53.

［14］陈一远.法治化：实现研究生教育内涵式发展的有力保障［J］.学位与研究生教育，2019（12）：56－61.

［15］孙霄兵.以全会精神全面推进高等教育治理法治化［J］.中国高等教育，2014（22）：1.

［16］孙明春.“大思政”视野下的北京高校法治宣传教育改进研究［J］.高教学刊，2020（34）：1－5.

［17］黄文艺.论习近平法治思想的“大法治观”［J］.法治研究，2023（02）：3－21.

［18］习近平.思政课是落实立德树人根本任务的关键课程［J］.奋斗，2020（17）：4－16.

（作者单位：中南财经政法大学信息工程学院）

校园景观对研究生心理辅导教育的作用

耿少哲

摘　要： 本文聚焦于校园景观对研究生心理辅导教育的作用展开研究。通过对相关理论及实际案例的分析，探讨校园景观如何从空间环境、文化氛围等方面对研究生心理产生积极影响，为研究生心理健康教育提供新的视角与途径。研究发现，良好的校园景观不仅能缓解研究生学业与科研压力，还能促进其社交互动、培养积极心理品质，对完善研究生心理辅导教育体系具有重要意义。

关键词： 校园景观　研究生　心理辅导教育

一、引言

随着高等教育的发展，研究生群体规模不断扩大。然而，由于学业、科研、就业等多方面压力，研究生心理健康问题日益凸显，心理辅导教育作为维护研究生心理健康的重要手段，受到广泛关注。传统的心理辅导教育多侧重于心理咨询、课程教学等方式，而校园景观作为一种潜在的教育资源，其对研究生心理辅导教育的作用尚未得到充分挖掘。校园景观不仅是美化校园的元素，更是承载着文化、情感与教育功能的空间载体，对研究生的心理和行为有着潜移默化的影响。深入研究校园景观对研究生心理辅导教育的作用，对于创新心理辅导教育模式、提升研究生心理健康水平具有重要的现实意义。

二、校园景观与研究生心理健康概述

（一）校园景观的内涵与构成

校园景观是指在校园范围内，由自然要素（如地形、水体、植物等）和人工要素

（如建筑、道路、小品等）共同构成的，具有一定观赏价值、文化内涵和使用功能的空间环境。它可分为自然景观和人文景观两大部分。自然景观包括校园内的绿地、湖泊、树林等，体现了校园的生态特色；人文景观则涵盖了教学楼、图书馆、雕塑、文化长廊等，反映了学校的历史、文化与精神风貌。

（二）研究生心理健康现状及需求

研究生作为高等教育的高层次人才，一方面面临着学业压力，如课程学习、科研项目、论文撰写等；另一方面就业竞争、人际交往等方面的压力也给他们的心理健康带来挑战。相关研究表明，部分研究生存在焦虑、抑郁、压力过大等心理问题。他们渴望有一个能缓解压力、放松身心、促进交流与成长的环境，这种环境需求不仅包括舒适的室内学习生活空间，还包括宜人的校园景观环境。

（三）校园景观对研究生心理辅导教育作用的理论基础

1. 环境心理学理论。环境心理学认为环境对人的心理和行为有着重要影响。舒适、宜人的校园景观环境能够满足研究生的心理需求，如私密性、领域感等，从而缓解压力，促进心理健康。例如，在安静的校园湖边，研究生可以获得独处的空间，进行自我反思与情绪调节。

2. 文化生态学理论。文化生态学则强调文化与环境的相互作用。校园景观作为校园文化的物质载体，蕴含着学校的历史、价值观等文化信息。研究生在与校园景观的互动过程中，能够受到文化的熏陶，增强归属感和认同感，促进积极心理品质的形成。

三、校园景观对研究生心理辅导教育的具体作用

（一）缓解压力与调节情绪

1. 自然景观的疗愈作用。绿色植物、水体等自然景观元素具有缓解压力、调节情绪的功效。研究表明，当人们处于自然环境中时，血压、心率会降低，焦虑、紧张等负面情绪会得到缓解。在校园中，大片的绿地和优美的湖泊为研究生提供了亲近自然的机会。当他们在科研或学习压力下感到疲惫时，漫步在校园的花园中，欣赏花草树木，呼吸新鲜空气，能够放松身心，减轻压力。例如，清华大学的水木清华景观，以其湖光山色吸引着众多研究生在此休憩，成为他们缓解压力的理想之地。

2. 景观空间的放松效应。合理设计的校园景观空间，如宜人的广场、宁静的庭院等，能为研究生提供舒适的休息与放松场所。这些空间具有良好的尺度感和围合感，让人感到安全与舒适。例如，北京大学的未名湖周边的庭院空间，研究生可以在此静

坐、阅读，享受宁静的时光，使紧张的情绪得到舒缓。

（二）促进社交互动与团队合作

1. 社交空间的营造。校园景观中的社交空间，如校园中心广场、休闲步道等，为研究生提供了交流互动的场所。这些空间的设计注重开放性和可达性，鼓励人们聚集与交流。例如，一些大学校园的中心广场经常举办各类活动，吸引研究生参与，增进了他们之间的交流与互动。在互动过程中，研究生可以分享学习经验、交流科研想法，缓解孤独感，增强人际关系。

2. 景观设施的引导作用。校园中的景观设施，如长椅、亭子等，也能引导研究生的社交行为。设置在风景优美处的长椅，方便研究生停留休息并与同伴交流。而校园中的亭子，更是可以作为小型聚会或讨论的场所。例如，在厦门大学的芙蓉湖边，亭子里经常有研究生进行小组讨论或社团活动，促进了团队合作精神的培养。

（三）培养积极心理品质与价值观

1. 文化景观的熏陶。校园中的文化景观，如校训石、名人雕像、文化墙等，承载着学校的历史文化和价值观。研究生在日常的校园生活中，通过与这些文化景观的接触，能够受到潜移默化的影响。例如，复旦大学的校训石"博学而笃志，切问而近思"，时刻提醒着研究生追求知识、坚定志向。这种文化熏陶有助于培养研究生的积极心理品质，如责任感、使命感、坚韧不拔的精神等。

2. 景观教育的引导。部分校园景观还具有教育功能，通过景观设计传达特定的教育理念。例如，一些校园的生态景观展示区，向研究生传递生态环保理念，培养他们的环保意识和社会责任感。这种景观教育以一种生动、直观的方式，引导研究生树立正确的价值观。

四、基于心理辅导教育的校园景观设计策略

（一）注重景观的人性化设计

1. 满足不同需求。在校园景观设计中，要充分考虑研究生的多样化需求。例如，为喜欢安静学习的研究生设计一些私密的阅读角落，配备桌椅和遮阳设施；为运动爱好者打造运动场地和健身步道，满足他们的运动需求。同时，要考虑到不同学科研究生的特点，如理工科研究生可能更需要具有科技感的景观元素，而文科研究生可能对文化氛围浓厚的景观更感兴趣。

2. 无障碍设计。确保校园景观的无障碍性，方便所有研究生使用。例如，设置无

障碍通道、无障碍卫生间等，使身体有特殊需求的研究生也能自由地享受校园景观带来的益处。

（二）强化景观的文化内涵

1. 挖掘历史文化。深入挖掘学校的历史文化，将其融入校园景观设计中。可以通过恢复历史建筑、展示校史资料等方式，让研究生了解学校的发展历程，增强他们的归属感和认同感。例如，南京师范大学随园校区，保留了许多明清时期的建筑风格，彰显了深厚的历史文化底蕴，让研究生在校园中感受历史的传承。

2. 体现时代精神。在传承历史文化的基础上，校园景观也要体现时代精神。例如，运用现代科技手段打造互动性景观，展示前沿科技成果，激发研究生的创新意识和探索精神。

（三）营造丰富的景观体验

1. 多感官体验设计。设计丰富多样的景观元素，调动研究生的多种感官。例如，种植不同颜色、香味的植物，让研究生在视觉和嗅觉上都能得到享受；设置流水景观，让研究生听到潺潺流水声，获得听觉上的愉悦；铺设不同材质的地面，让研究生在行走过程中感受触觉上的变化。

2. 动态景观设计。引入动态景观元素，如喷泉、灯光秀等，增加景观的趣味性和吸引力。例如，在校园的重要节点设置音乐喷泉，在特定时间表演，为研究生带来新奇的体验，丰富他们的校园生活。

五、案例分析——以中南财经政法大学为例

（一）校园景观概况

中南财经政法大学分为南湖校区和首义校区。南湖校区以现代建筑与自然景观相结合为特色，有广阔的晓南湖、大片绿地及现代化教学楼。首义校区则保留了许多历史建筑，具有浓厚的历史文化氛围。校园内还有众多文化雕塑、长廊等人文景观，与自然景观相得益彰。

（二）对研究生心理辅导教育的作用

1. 压力缓解。通过对校内研究生的问卷调查发现，约80%的研究生表示在感到压力时会选择到校园的自然景观区域放松，其中70%的研究生认为这些景观能有效缓解压力。如晓南湖边的宁静氛围使研究生在学习间隙得到身心放松，降低焦虑情绪。

2. 社交促进。学校广场举办的各类活动吸引了大量研究生参与。据统计，每年在广场举办的学术交流、文化活动达数十场，参与研究生人数达上千人次。通过这些活动，研究生之间的交流频率明显增加，约60%的研究生表示在活动中结识了新朋友，拓展了社交圈子。

3. 价值观培养。校园内的文化景观对研究生价值观的塑造产生积极影响。约75%的研究生表示，校训石、名人雕像等文化景观让他们对学校的价值观有更深刻的理解，激励他们在学习与生活中践行。法治文化长廊的设置，使约80%的法学专业研究生增强了法治意识与社会责任感。

（三）如何利用校园景观促进研究生的心理健康

1. 优化景观设计。

（1）深化自然与人文融合。

一是自然景观升级。南湖校区内的晓南湖、云水湖是核心自然景观，应进一步提升其生态品质。沿湖种植更多种类的水生植物，像菱角、芡实等，丰富水生生态系统，吸引水鸟栖息，营造充满生机的湖滨景观。同时，在湖边设置生态观察点，配备望远镜等设备，方便研究生观察自然生态，增强与自然的连接，缓解学习压力。在校园绿地方面，增加本地特色花卉和树木，如湖北海棠、紫薇等，打造四季有花、四季有色的植物景观，让研究生在不同季节都能感受到自然之美。

二是人文景观强化。校园内的建筑、文化雕塑等人文景观承载着学校的精神内涵。对于教学楼、图书馆等建筑，可在其周边设置小型文化广场，以浮雕或壁画的形式展示学校的学术成就、知名校友事迹等，增强研究生的认同感和自豪感。对于现有的文化雕塑，定期维护并更新部分雕塑的主题，融入当下社会热点和学术前沿元素，如反映大数据、人工智能等领域成果的雕塑，激励研究生与时俱进，勇于探索。

（2）提升景观舒适度与便利性。

一是景观设施优化。对南湖校区内的长椅、亭子等景观设施进行全面升级。采用更符合人体工程学的设计制作长椅，选择耐候性好且舒适的材料，如木质与金属结合的材质，在座椅上增加柔软的坐垫，提升舒适度。在亭子的修缮中，不仅要确保其结构稳固、遮风挡雨功能良好，还可在亭内设置智能设备充电接口、小型书架等，方便研究生在休憩时阅读或使用电子设备。

二是标识与导览系统完善。针对部分景观区域标识不清晰的问题，设计一套具有南湖校区特色的标识系统。在重要景观节点，如晓南湖畔、图书馆前广场等位置，设置造型独特且信息丰富的导览牌，除了标注位置信息外，详细介绍景观的设计理念、文化内涵以及对心理健康的积极影响。同时，开发专门的南湖校区景观导览App，利用手机定位和虚拟现实（VR）技术，为师生及访客提供沉浸式的线上导览服务，包括景观的 3D 展示、语音讲解以及个性化的游览路线推荐，帮助研究生更好地了解和利用校园景观促进心理健康。

2. 丰富景观功能。

（1）拓展休闲与运动功能。

一是休闲空间多元化。在现有休闲空间基础上，进一步打造多样化的休闲区域。在南湖校区的大片绿地，规划建设"森林氧吧"休闲区，设置林间步道、吊床区、瑜伽平台等设施，让研究生在漫步中享受清新空气和自然宁静。吊床区配备舒适的吊床和遮阳设施，供研究生放松身心。瑜伽平台则铺设专业瑜伽垫，周围设置景观小品，营造宁静的氛围，满足研究生瑜伽、冥想等休闲需求。

二是运动景观融合。结合南湖校区的景观布局，增加运动设施与场地。沿着晓南湖岸线打造一条集健身、观景于一体的多功能运动步道，步道采用环保材料铺设，设置不同的运动区域，如慢跑区、健步走区、轮滑区等，并配备里程标识、运动指导标识以及休息驿站。在休息驿站，设置健身器材、自动售卖机等设施，方便研究生在运动过程中补充能量和进行简单的健身锻炼。此外，在校园的开阔区域，建设小型极限运动场地，如滑板场地、攀岩墙等，丰富研究生的运动选择，促进他们的身心健康发展。

（2）强化学习与交流功能。

一是户外学习空间打造。在图书馆、文泰楼等教学科研建筑周边的花园或广场，精心打造多个户外学习空间。这些空间配备可灵活组合的桌椅，采用遮阳性能好的遮阳伞或搭建遮阳棚，确保在不同天气条件下研究生都能舒适地进行学习。同时，为每个学习空间配备无线网络和电源插座，满足研究生线上学习和使用电子设备的需求。在学习空间附近设置小型智能书架，研究生可以通过手机 App 借阅书籍，方便随时查阅资料。此外，还可以在这些区域设置展示板，供研究生展示学习成果、交流学术观点。

二是交流场所创新。在南湖校区的中心区域或人员流动密集的地方，设计一系列创新的交流场所。例如，建设圆形的"学术交流岛"，岛中心设置一个大型的互动显示屏，研究生可以在这里进行学术报告、小组讨论等活动，通过显示屏展示研究成果、分享观点。岛周围设置一圈半开放式的卡座，提供相对私密的交流空间。另外，在校园景观中设置一些透明的"交流泡泡屋"，内部配备舒适的沙发、茶几和智能会议设备，为研究生提供一个独特的、不受外界干扰的交流空间，适合进行深度的学术探讨、心理咨询等活动。

3. 强化景观与心理健康教育融合。

（1）开展景观主题心理健康活动。

一是景观导览与心理调适。由学校心理健康教育中心、后勤保障部和相关学院联合组织南湖校区景观导览活动，融入心理调适内容。在导览过程中，专业教师或志愿者不仅介绍晓南湖的生态知识、校园建筑的文化背景，还结合环境心理学原理，教授研究生心理调适方法。比如，在晓南湖边，引导研究生进行深呼吸练习，感受自然气息，缓解焦虑情绪；在文化广场，讲解如何通过欣赏校园文化景观增强自我认同感和心理韧性。定期举办此类导览活动，并鼓励研究生以小组形式参与，促进交流与互动。

二是心理健康拓展活动。充分利用南湖校区的景观资源开展丰富多样的心理健康拓展活动。在春季，组织"春日寻心之旅"活动，让研究生以小组为单位，在校园内寻找能代表不同心理状态的自然元素，如盛开的花朵代表积极乐观，凋零的树叶代表情绪低落等，然后通过小组讨论分享如何应对不同的心理状态。在秋季，举办"秋意绘心"活动，鼓励研究生利用校园内的落叶、枯枝等自然材料进行艺术创作，表达内心感受，促进情感宣泄和心理健康。此外，还可以在特定景观区域，如"森林氧吧"休闲区，定期举办户外冥想、正念训练等活动，帮助研究生放松身心，提高专注力和心理调适能力。

（2）开发景观—心理健康教育课程。开设特色选修课程。学校开设"景观与心理健康"特色选修课程，系统讲解校园景观对研究生心理健康的影响机制、环境心理学相关知识，以及如何在日常学习生活中利用校园景观促进心理健康。课程采用理论教学与实践体验相结合的方式，理论教学部分通过课堂讲授、案例分析等方式，让研究生了解景观与心理的关系；实践体验部分则组织学生实地考察南湖校区的各类景观，进行心理测评和反馈，引导研究生制定个性化的景观利用计划。课程还可以邀请校外专家、校友分享他们在不同环境中利用景观促进心理健康的经验，拓宽研究生的视野。

六、结论

校园景观作为研究生学习生活环境的重要组成部分，对其心理辅导教育具有不可忽视的作用。它能够缓解研究生的压力、调节情绪，促进社交互动与团队合作，培养积极心理品质与价值观。通过注重人性化设计、强化文化内涵和营造丰富的景观体验等策略，可以进一步优化校园景观，使其更好地服务研究生心理辅导教育。高校应充分认识到校园景观的教育价值，将其纳入心理辅导教育体系，为研究生的心理健康发展创造更加有利的条件。未来，随着对校园景观与心理健康关系研究的深入，有望探索出更多创新的校园景观设计与应用模式，为研究生心理健康教育提供更丰富的资源和手段。

参考文献

［1］张明园．精神科评定量表手册［M］．长沙：湖南科学技术出版社，1998．

［2］阿诺德·柏林特．环境美学［M］．张敏，周雨，译．长沙：湖南科学技术出版社，2006．

［3］丁钢．文化的传递与嬗变：文化生态学的视角［M］．桂林：广西师范大学出版社，2000．

［4］刘滨谊．现代景观规划设计［M］．南京：东南大学出版社，2010．

［5］Ulrich, R. S. View through a window may influence recovery from surgery［J］. Science, 1984, 224（4647）：420－421.

［6］Kaplan R. , & Kaplan S. The Experience of Nature：A Psychological Perspective［M］. Cambridge University Press, 1989.

（作者单位：中南财经政法大学后勤保障部）